Nebel Verlag, Erlangen, 1999; Liberati, Bourbon/ROM Weltreich der Antike

11 Amphitheatrum Flavium (Kolosseum)
12 Thermen des Trajan
13 Tempel des Divus Claudius
14 Aquädukt Aqua Claudia
15 Circus Maximus

Dieses Werk wurde auf Grundlage eines zielorientierten Lehrplans verfasst. Konkretisierung, Gewichtung und Umsetzung der Inhalte erfolgen durch die Lehrerinnen und Lehrer.

Liebe Schülerin, lieber Schüler,

du bekommst dieses Schulbuch von der Republik Österreich für deine Ausbildung. Bücher helfen nicht nur beim Lernen, sondern sind auch Freunde fürs Leben.

VERITAS überprüft sorgfältig alle im Produkt angegebenen Suchbegriffe und Links, kann jedoch keine Haftung übernehmen, falls diese zu Websites führen, die zwischenzeitig geändert, entfernt oder kostenpflichtig wurden bzw. nicht schülergerecht sind. Die Nutzung erfolgt daher in eigener Verantwortung.

Texte werden nach der angegebenen Quelle zitiert; lediglich offensichtliche Tippfehler wurden korrigiert und die Rechtschreibung an die Regeln von 2006 (unter Berücksichtigung der Änderungen von 2017) angepasst. Mit R gekennzeichnete Texte sind nicht gemäß den aktuellen Rechtschreibregeln abgefasst und können aus urheberrechtlichen Gründen auch nicht verändert werden.

Mit Bescheid des Bundesministeriums für Bildung, Wissenschaft und Forschung vom 7. August 2019, GZ BMBWF-5.050/0059-Präs/14/2018, gemäß den derzeit geltenden Lehrplänen als für den Unterrichtsgebrauch an allgemein bildenden höheren Schulen für die 3. und 4. Klasse im Unterrichtsgegenstand Latein auch bezüglich Kompetenzorientierung und Bildungsstandards geeignet erklärt.

Schulbuchnummer (Buch): **195.065**
Schulbuchnummer (Buch mit E-Book): **195.876**

1. Auflage (2019)
Gedruckt auf umweltfreundlich hergestelltem Papier
Lektorat: Barbara Strobl-Kirnbauer
Herstellung: Tina Kiesenhofer
Bildredaktion: Raffaela Schuster
Umschlaggestaltung und Layout: Tina Kiesenhofer
Illustrationen: Lois Jesner, Linz
Karten/Kartografie: Wolfgang Thummerer, Waidhofen/Ybbs
Satz: satz@wolkerstorfer.at
Umschlagfotos: Alamy Stock Photo/Jan Wlodarczyk

Schulbuchvergütung/Bildrechte: © Bildrecht/Wien
Alle Ausschnitte mit Zustimmung der Bildrecht/Wien

Der Verlag hat sich bemüht, alle Rechtsinhaber ausfindig zu machen. Sollten trotzdem Urheberrechte verletzt worden sein, wird der Verlag nach Anmeldung berechtigter Ansprüche diese entgelten.
Soweit Personen fotografisch abgebildet sind und ihnen Namen, Dialoge und Ähnliches zugeordnet sind, dient dies nur der Veranschaulichung und dem besseren Verständnis des Inhaltes.

ISBN (Buch): 978-3-7101-3436-4
ISBN (Buch mit E-Book): 978-3-7101-3690-0

Für weitere Informationen steht Ihnen gerne Ihre VERITAS-Kundenberatung zur Verfügung.
Rufen Sie einfach an, schicken Sie ein Fax oder ein E-Mail!
Tel. +43 732 776451 2280, Fax: +43 732 776451 2239
E-Mail: kundenberatung@veritas.at
Besuchen Sie uns auf unserer Website www.veritas.at

Wolfram Kautzky · Oliver Hissek
(Mitarbeit: Martin Seitz)

MEDIAS IN RES!

Latein für den Anfangsunterricht

6-jähriges Latein L6

3 bis 4

VERITAS
Gemeinsam besser lernen

INHALTSVERZEICHNIS

INHALTSVERZEICHNIS

Salve, discipula! Salve, discipule!

Dieses Lateinlehrbuch für das sechsjährige Latein trägt den Titel *Medias In Res!*, was so viel heißt wie „Mitten hinein in die Dinge!" – oder noch kürzer gesagt: „Los geht's!".

Gemeint ist damit: Dieses Buch möchte dir in den dafür vorgesehenen zwei Jahren des Anfangsunterrichts die lateinische Sprache so kompakt wie möglich, aber zugleich so ausführlich wie nötig vermitteln. Mit anderen Worten heißt das: Die wichtigen Punkte der lateinischen Grammatik werden ausführlich behandelt und öfters wiederholt, auf weniger Wichtiges wurde nach der Devise „Weniger ist mehr" verzichtet.

Jedes der folgenden 35 Kapitel ist nach dem „Vier-Seiten-Prinzip" aufgebaut:

1. Seite: **Lektionstext:** Jeweils fünf Kapitel bilden eine inhaltliche Einheit (vgl. das Farbleitsystem!): So erfährst du abwechselnd etwas vom römischen Alltag, von antiken Sagengestalten und (in chronologischer Anordnung) von römischer und griechischer Geschichte. Unterhalb der Texte findest du jeweils eine auf den Text bezogene Arbeitsaufgabe.

2. Seite: **Vokabel** (*Vocabularium*) + Latein (und Griechisch!) im Alltag (Sprichwörter, Redensarten). Im unteren Abschnitt der Lektions- und Vokabelseiten gibt es, sozusagen als „Lektions-Goodies", die wichtigsten Infos über das **Leben der Römer** (*De Romanis*) bzw. **der Griechen** (*De Graecis*).

3. Seite: **Grammatik-Erklärungen** (*Grammatica*): Hier gilt das Motto: So ausführlich wie nötig, aber so übersichtlich wie möglich. Zum schnellen Nachschlagen der Formenlehre kannst du auch die Seiten 180 ff. benützen, wo du sämtliche Konjugationen und Deklinationen auf einen Blick findest.

4. Seite: **Übungen** (*Exercitationes*): Sie sind jeweils auf die aktuelle Lektion abgestimmt. Weitere zusammenfassende **Übungen** nach jeweils fünf Lektionen (*Repetitiones*), die du dir speziell vor Schularbeiten zu Gemüte führen solltest, gibt's ab Seite 166.

Eine Besonderheit dieses Buches ist die **„Wortklauberei"**, die nach jeweils fünf Kapiteln zwischen die Lektionen eingeschoben ist. Hier werden Themen behandelt, die sich nicht nur auf Latein, sondern auf Sprache insgesamt beziehen: Was sind Fremd-, was sind Lehnwörter? Worum handelt es sich bei einer Wortfamilie? Welche Verwandtschaft gibt es zwischen Latein und Englisch? Zusätzlich wirst du in diesem Abschnitt mit den wichtigsten Begriffen vertraut gemacht, die du später bei den Originaltext-Schularbeiten beherrschen musst.

Mit der Glühbirne sind im *Vocabularium* Wörter gekennzeichnet, die im Abschnitt **„Vokabellernen … leicht gemacht"** ab Seite 192 aufgegriffen werden. In diesem Abschnitt erfährst du Tricks, wie du dir Vokabel leichter merken und sie dauerhaft in deinem Gedächtnis verankern kannst.

Die **„Aufwärmübungen"** ab Lec. 31 versuchen dir das Übersetzen zu erleichtern – und bereiten dich auch schon auf die Lektüre von lateinischen Originaltexten vor.

Noch ein Tipp zum Abschluss: Passend zum Lehrbuch gibt es jede Menge praktische **Zusatzmaterialien**, die dir das Lernen erleichtern werden (vgl. auch die hintere Umschlagseite!):

- das *MIR*-**Übungsbuch** für das 6-jährige Latein
- das Deklinations- und Konjugationstraining **„Top in Form(en)"**
- das *MIR*-**Schularbeitentraining** für die ersten beiden Lernjahre
- das digitale **PLUS**-Angebot: interaktive Übungen zu jeder Lektion

So, und nun geht's *MEDIAS IN RES!* Viel Spaß beim Erlernen der *lingua Latina* wünschen dir

Wolfram Kautzky und Oliver Hissek

Fünf Fragen – fünf Antworten

❶ Warum heißt die Sprache der alten Römer „Latein" und nicht „Römisch"?

Die Deutschen sprechen Deutsch, die Franzosen Französisch und die Russen Russisch. Warum sprachen die alten Römer also Latein – und nicht Römisch? Dieser auf ersten Blick verwunderliche Umstand hängt mit der Entstehung der Stadt Rom zusammen: Als Rom der Sage nach 753 v. Chr. gegründet wurde („753 – Rom schlüpft aus dem Ei"), grenzte die Stadt an das Gebiet der Latiner. Von diesem Volk übernahmen die späteren Römer die Sprache – und die hieß eben *lingua Latina* (Latein). Noch heute heißt die italienische Provinz, die sich dort befindet, *Lazio* – wie auch der Name der Fussballmannschaft *Lazio Roma* zeigt. (Im Vereinswappen dieser Mannschaft scheint übrigens die berühmte Wölfin auf, die das Symbol des antiken Rom war, vgl. S. 35.)

❷ Verwendeten die Römer dieselben Buchstaben wie wir?

Großteils ja: Im lateinischen Alphabet (das aus dem griechischen entstanden ist) fehlen gegenüber dem deutschen nur die Buchstaben J, K und W (Y und Z kommen nur in griechischen Fremd- und Lehnwörtern vor). Außerdem gibt es im Lateinischen keine Umlaute (statt Ä wird AE, statt Ö wird OE geschrieben).

❸ Wie spricht man lateinische Wörter aus?

Eine der großen Annehmlichkeiten von Latein ist, dass man die Wörter so ausspricht, wie sie geschrieben sind. Nur beim Buchstaben C gibt es zwei unterschiedliche Varianten:

- Aussprache **immer als K**: *circus* → sprich Kirkus, *Caesar* → sprich Käsar. Diese Aussprache war die „klassische": Sie wurde zur Zeit Cäsars, also im 1. Jahrhundert vor Christus, verwendet.
- Aussprache als **K vor dunklen Vokalen** (a, o, u), aber als **Z vor hellen Vokalen** (e, i): *circus* → sprich Zirkus, *Caesar* → sprich *Zäsar*. Diese Variante war nicht die ursprüngliche, sondern setzte sich erst in der Spätantike (ab dem 4. Jh. n. Chr.) durch.

Wie du das C aussprichst, ist also keine Frage von richtig oder falsch, sondern von „klassisch" oder „spätantik"!

❹ Wie betont man lateinische Wörter?

Lateinische Wörter sind entweder auf der vorletzten oder drittletzten Silbe betont – meistens wirst du das gefühlsmäßig richtig machen (das lateinische Wort *familia* wird, wie das deutsche Wort „Familie", auf dem ersten und nicht auf dem zweiten -i- betont – also *família* und nicht *familía*). Wenn die Betonung nicht von vornherein klar ist (vor allem bei der Nennform von Zeitwörtern), findest du in diesem Buch einen Akzent auf der betonten Silbe.
Übrigens: Die Römer verwendeten lange Zeit nur Großbuchstaben und verzichteten überhaupt auf Satzzeichen (was wir natürlich nicht tun!).

❺ Wird Latein heute noch gesprochen?

Ab und zu wird behauptet, dass Latein eine „tote Sprache" ist. Das stimmt so nicht, denn Latein ist noch auf vielfache Weise lebendig: z. B. im Wortschatz der romanischen Sprachen (siehe die Karte auf der inneren Umschlagseite hinten), aber auch des Englischen und des Deutschen, in vielen Fremdwörtern (wirf beim Vokabellernen immer einen Blick auf die vierte Spalte des *Vocabulariums*!), in vielen Fachausdrücken (Grammatik, Medizin, Jus etc.) und Redensarten. Und: Latein wird tatsächlich auch noch gesprochen! Seit vielen Jahren strahlen sowohl der Finnische Rundfunk als auch Radio Bremen regelmäßig Weltnachrichten in lateinischer Sprache aus – so kannst du ein Gefühl dafür bekommen, wie sich die Weltsprache Latein „live" angehört hat!

Die griechisch-römischen Götter

	Griechischer Name	Römischer Name	Zuständigkeit	Attribute
1	Artemis	Diana,-ae	Jagd, Natur	Pfeil und Bogen
2	Apollo	Apollo, Apollinis	Musik, Weissagung	Lyra
3	Dionysos	Bacchus,-i	Wein	Trauben
4	Ares	Mars, Martis	Krieg	Lanze, Helm, Schild
5	Hera	Iuno, Iunonis	Ehe	Pfau
6	Zeus	Iuppiter, Iovis	Himmel, Recht	Blitze, Adler
7	Demeter	Ceres, Cereris	Ackerbau	Getreideähren
8	Athene	Minerva,-ae	Weisheit, Kunst	Helm, Lanze, Schild; Eule
9	Poseidon	Neptunus,-i	Meer	Dreizack
10	Hephaistos	Vulcanus,-i	Feuer, Schmiedekunst	Hammer und Amboss
11	Hermes	Mercurius,-i	Götterbote, Handel, Diebe	Heroldstab (mit zwei Schlangen), Flügelschuhe, Hut
12	Aphrodite	Venus, Veneris	Liebe	Muschel (die „Meerentstiegene“)
13	Nike	Victoria,-ae	Sieg	Flügel, Palmzweig
14	Eros	Amor, Amoris (= Cupido, Cupidinis)	Liebe	Flügel, Pfeil und Bogen

Weitere prominente Götter sind **Hades** (röm. **Pluto**), der Herrscher der Unterwelt, und **Hestia** (röm. **Vesta**), die Göttin des Herdfeuers. Beide haben keine typischen Attribute, mit denen sie dargestellt werden.

Latein in der Werbung

Du fragst dich, was das „alte" Latein mit moderner Werbung zu tun hat? – Mehr als man denkt! Bestimmt kannst du die lateinischen Wurzeln dieser Produktnamen entschlüsseln!

Fotos: VERITAS-VERLAG, Linz/Susanne Suk

? Kennst du selbst noch weitere Produkte, deren Namen sich aus dem Lateinischen herleiten?

1 DE[1] SCHOLA

Claudia, eine römische Schülerin, zeigt uns ihren allerliebsten Aufenthaltsort, ihre Klasse …

Hic sedet Iulia. Iulia **amica mea est.** Iulia **discipula bona** est. Amicae meae **semper** discipulae bonae **sunt**. Hic Quintus **et** Gaius sedent. Gaius **amicus** meus est. Gaius et Quintus amici boni, **sed discipuli mali** sunt. Quintus semper **laetus** est et **saepe ridet**. **Cur nunc** laetus **non** est? – **Pensum magnum** est. **Itaque** discipuli non **gaudent**. Pensa saepe magna sunt. Itaque discipuli **diu laborant**. Quintus non **libenter** laborat.

Grammaticus[2] severus[3] est. Saepe **interrogat**, discipuli **respondent**. Quintus non libenter respondet: Saepe falso[4] respondet. **Tum** discipuli et discipulae rident, grammaticus **clamat**. Itaque Quintus saepe non respondet. Sed Iulia, discipula bona, libenter respondet. Grammaticus tum non clamat, sed **laudat**.

1 de: „über"; **2 grammaticus:** „Grammaticus", „Sprachlehrer"; **3 severus/a/um**: „streng"; **4 falso** (Adv.): „falsch"

? RICHTIG oder FALSCH?
Lies den Text noch einmal genau durch und versuche dann die folgenden Aussagen auf ihre Richtigkeit zu überprüfen!

1. Gaius ist ein guter Schüler.	R	F
2. Quintus gibt immer falsche Antworten.	R	F
3. Meistens gibt's viel Aufgabe.	R	F
4. Der Sprachlehrer lobt Julia.	R	F

Non scholae, sed vitae discimus

„Nicht für die Schule, sondern für das Leben lernen wir": Dieses bekannte Zitat geht auf den römischen Autor Seneca zurück, wird aber eigentlich falsch zitiert. Er kritisiert nämlich die Tatsache, dass in der Redeschule zu viel Unnötiges gelehrt wird, mit den Worten *Non vitae, sed scholae discimus* (= „Nicht für das Leben, sondern für die Schule lernen wir").

Übrigens leitet sich das lateinische Wort ***schola*** („Schule") vom griechischen Wort *scholé* ab, das so viel wie „Freizeit" bedeutet – allerdings nicht im Sinn von „Unterhaltung", sondern von „Muße", also jener Zeit, die man für die wirklich schönen Dinge des Lebens (also z. B. Latein ☺) aufwenden kann.

Schule bei den Römern

Im Unterschied zu heute gab es bei den Römern kein staatliches Schulsystem und daher auch **keine Schulpflicht**. Trotzdem besuchten die meisten Buben und Mädchen zumindest die (private) Grundschule. Auch Sklaven konnten oft lesen und schreiben. Die Zahl der Analphabeten war also deutlich geringer als im Mittelalter.

picturedesk.com/akg-images

Der in der Mitte sitzende Grammaticus hält seinen Leseunterricht ab.

Die Ausbildung erfolgte – ähnlich wie heute – in drei Stufen:

a) Grundschule (*ludus*, 7 bis 12 Jahre): Beim *magister ludi* (oder *litterator*) lernte man zunächst Lesen und Schreiben. Der Unterricht begann vor Sonnenaufgang und dauerte (mit Mittagspause) bis zum späten Nachmittag. Zur Schule wurden die Kinder von einem Aufsichtssklaven (*paedagogus*) begleitet. Da der Staat keine Schulgebäude zur Verfügung stellte, wurde in zentral gelegenen Privaträumen unterrichtet. Schulbänke waren überflüssig, da die Schülerinnen und Schüler ihre Schreibtafeln (Wachstafeln) auf den Knien halten mussten. Der Unterricht war streng. Das zeigt sich unter anderem daran, dass der Dichter Horaz seinen Lehrer Orbilius als *plagosus* (= „Schlägerich") bezeichnete.

Vocabularium

schola f.	2.F. scholae	die Schule	*engl. school; siehe S. 12*
hic (Adv.)		hier	
sedet	sedi, sessum	er/sie/es sitzt	*vgl. Sediment (= Ablagerung), Re-sidenz (= Wohnsitz)*
amica f.	2.F. amicae	die Freundin	
meus/a/um		mein	*besitzanzeigendes Fürwort (Possessivpronomen)*
est		er/sie/es ist	
discipula f.	2.F. discipulae	die Schülerin	
bonus/a/um		gut	*vgl. Bona-Öl; der Bon (= Gutschein), der Bonus (= Vorteil)*
semper (Adv.)		immer	*S. 192; vgl. Semperit = „Es/Er geht immer"*
sunt	fui, ---	sie sind	
et		und	
amicus m.	2.F. amici	der Freund	
sed		1) aber; 2) sondern	
discipulus m.	2.F. discipuli	der Schüler	
malus/a/um		schlecht	*vgl. Malware (schädliche Software)*
laetus/a/um		froh, fröhlich	*vgl. die Vornamen Laetitia und Letizia*
saepe (Adv.)		oft	*S. 192*
ridet	risi, risum	er/sie/es lacht	*vgl. engl. ridiculous =*
cur?		warum?	
nunc (Adv.)		jetzt, nun	*S. 192; engl. now*
non		nicht	
pensum n.	2.F. pensi	die Aufgabe	*vgl. das Arbeitspensum*
magnus/a/um		groß	*vgl. Magnum (Eis, Waffe)*
ítaque		deshalb, daher	
gaudet	gavisus sum	er/sie/es freut sich	*vgl. die Gaudi (= Spaß)*
diu (Adv.)		lange	
labórat	laboravi, laboratum	er/sie/es arbeitet	*vgl. engl. lab(o)ur; das Labor*
libenter (Adv.)		gern	
intérrogat	interrogavi, -atum	er/sie/es fragt	*vgl. engl. interrogation mark (= Fragezeichen)*
respondet	respondi, responsum	er/sie/es antwortet	*vgl. Kor-respondenz (= Briefwechsel), Korrespondent*
tum (= tunc)		dann, damals	*S. 192*
clamat	clamavi, clamatum	er/sie/es ruft, schreit	*vgl. re-klamieren (= Einspruch erheben), Re-klame*
laudat	laudavi, laudatum	er/sie/es lobt	*vgl. Laudatio (= Lobrede)*

b) Literaturschule (12 bis 16 Jahre): Hier stand die Lektüre römischer und griechischer Autoren (z.B. Cicero, Vergil, Horaz bzw. Homer) auf dem Programm. Ihre Texte wurden laut gelesen, auswendig gelernt, interpretiert und grammatikalisch analysiert (daher der Name *grammaticus* für den Literaturschullehrer).

c) Redeschule (ab 16 Jahren): Sie bildete die Voraussetzung für alle, die den Beruf des Politikers oder Juristen ergreifen wollten. Der *rhetor* (Redelehrer), der die Redekunst in Theorie und Praxis unterrichtete, genoss höheres soziales Ansehen als die übrigen Lehrer. Ab der Kaiserzeit gab es auch vom Staat bezahlte Rhetorik-Lehrer.

Viele Römer (z.B. Cäsar, Cicero) schlossen ihre Ausbildung mit **Studienreisen nach Griechenland** (Athen, Rhodos etc.) ab, um dort in Rhetorik (Redekunst) und Philosophie dazuzulernen.

Alamy Stock Photo/North Wind Picture Archives

Andere Zeiten, andere Sitten: Schulszene auf einem Wandgemälde aus Herculaneum

1 Grammatica

Allgemeines

Es gibt im Lateinischen **keine Artikel**:

- *discipulus* = „**der** Schüler“ oder „**ein** Schüler“
- *discipula* = „**die** Schülerin“ oder „**eine** Schülerin“

Persönliche Fürwörter werden oft nicht geschrieben:

- *sedet* = „**er/sie/es** sitzt“
- *sedent* = „**sie** sitzen“

TIPP: Die wichtigsten Informationen stecken also in der lateinischen **Wortendung**!

Substantiva (= Nomina, „Namenwörter“)

Lateinische Substantiva werden nach ihrer Nominativendung in verschiedene **Deklinationsklassen** eingeteilt. Praktischerweise kannst du aus der Deklinationsklasse meistens das **Geschlecht** des Wortes ableiten:

	a-Deklination	o-Deklination	
	feminin (f.)	maskulin (m.)	neutrum (n.)
Sg. 1.F.	*amica* „die Freundin“	*amicus* „der Freund“	*pensum* „die Aufgabe“
Pl. 1.F.	*amicae* „die Freundinnen“	*amici* „die Freunde“	*pensa* „die Aufgaben“

NOTA BENE!
Die Endung *-a* ist leider doppeldeutig:

- *amica* → 1. Fall Sg. feminin
- *pensa* → 1. Fall Pl. eines neutralen Wortes (1. Fall Sg.: *pensum!*)

TIPP: Du solltest dir immer den 1. Fall Sg. (= die Form, die im Vocabularium steht) gut einprägen!

Adjektiva (Eigenschaftswörter)

Lateinische Adjektiva passen sich an die Substantiva an, auf die sie sich beziehen, und zwar in Fall, Zahl und Geschlecht:

*discipulus bon***us** – *discipula bon***a** – *pensum bon***um**

Adjektiva werden daher im Vokabelverzeichnis immer mit **drei Endungen** angegeben: *magnus/a/um*

	maskulin (m.)	feminin (f.)	neutrum (n.)
Sg. 1.F.	*bonus*	*bona*	*bonum*
Pl. 1.F.	*boni*	*bonae*	*bona*

Verba (Zeitwörter)

Lateinische Verba bestehen aus **Stamm** und **Personalendung** (z. B. *ama-t, sede-t*).
Der Endlaut des Stammes bestimmt, zu welcher **Konjugationsklasse** das Verbum gehört:

- Stamm auf *-a* → a-Konjugation
- Stamm auf *-e* → e-Konjugation

Die Endung für die **3. Person Sg**. lautet *-t*, jene für die **3. Person Pl.** *-nt* :

	a-Konjugation	e-Konjugation
Sg. 3.P.	*clama-t* „er/sie/es schreit“	*sede-t* „er/sie/es sitzt“
Pl. 3.P.	*clama-nt* „sie schreien“	*sede-nt* „sie sitzen“

Exercitationes

I. Ergänze die fehlenden Endungen und übersetze!

1. Pensum magn______ est.
2. Gaius discipul______ bon______ non est.
3. Amici laet______ sunt.
4. Iulia amic______ me______ est.
5. Claudia et Iulia discipul______ bon______ sunt.
6. Cur Iulia laet______ non est?

II. Stelle die angegebenen Adjektiva zu den (auch inhaltlich!) passenden Substantiva (Nomina) und übersetze die Wortgruppen dann!

boni – meus – laeta – bonae – magna – malum

1. Claudia ____________________
2. amicae ____________________
3. discipuli ____________________
4. pensum ____________________
5. amicus ____________________
6. schola ____________________

III. Ergänze die richtigen Endungen der Prädikate und übersetze!

1. Cur discipulae non respond______?
2. Hic amica mea sed______.
3. Quintus et Gaius non libenter labor______.
4. Cur amici semper rid______?
5. Quintus et amicae non gaud______.
6. Amicus laetus clam______.

IV. Setze in den Plural bzw. Singular!

1. Amicus meus laetus est.
2. Discipuli nunc gaudent.
3. Amica mea saepe ridet.
4. Pensa magna sunt.
5. Discipulus bonus libenter respondet.
6. Amicae meae laetae sunt.

V. Welches Wort passt nicht zu den anderen? Warum?

1. ☐ magna ☐ bona ☐ schola ☐ laeta
2. ☐ amica ☐ discipula ☐ pensa ☐ schola
3. ☐ libenter ☐ est ☐ sedet ☐ rident
4. ☐ laeti ☐ amici ☐ boni ☐ mali
5. ☐ pensa ☐ amicae ☐ schola ☐ discipuli
6. ☐ hic ☐ diu ☐ est ☐ tum

VI. Ordne die Satzhälften richtig zu und übersetze!

1. Quintus et Gaius ______
2. Pensa semper ______
3. Grammaticus[1] ______
4. Amica mea ______
5. Discipuli boni ______
6. Iulia et amica ______

a) saepe laudat. b) laeta est. c) magna sunt. d) saepe rident. e) amici boni sunt. f) diu laborant.

1 **grammaticus:** „Grammaticus", „Sprachlehrer"

VII. Übersetze ins Lateinische!

1. Hier ist meine Freundin.
2. Quintus und Gaius sind meine Freunde.
3. Die guten Schülerinnen und Schüler freuen sich.
4. Die Freundinnen sind immer fröhlich.
5. Warum lachen die Schülerinnen immer?
6. Die Aufgaben sind oft viel (= groß).

VIII. Setze die angegebenen Wörter an passender Stelle ein und übersetze!

bonae – clamat – discipulae – discipulus – laborant – libenter – magna – magnum

Iulia et Claudia saepe diu ______________ Itaque ______________ bonae sunt. Quintus ______________ malus est. Non ______________ laborat. Saepe ______________: „Cur pensum ______________ est?" Tum Iulia et Claudia, amicae ______________, rident: „Pensa ______________ non sunt, sed nonnulli[1] discipuli stulti[2] sunt."

1 **nonnulli/ae/a** (Pl.): „einige"; 2 **stultus/a/um**: „dumm"

2 QUID GRAMMATICUS[1] DOCET?

Wieder sind wir in Claudias Klasse. Die Schülerinnen und Schüler warten voller Begeisterung auf ihren Lehrer.

Ubi est grammaticus[1]? Discipuli grammaticum **iam** diu **exspectant**. Nunc grammaticus intrat et clamat: „**Salvete**, discipuli!" et discipuli respondent: „Salve, **magister**!"
Grammaticus magister bonus est. Itaque discipuli magistrum **amant**. Grammaticus **non solum linguam Latinam**, **sed etiam** linguam **Graecam docet**. Linguam Graecam amat. Saepe clamat: „**Quam pulchra** est lingua Graeca et quam pulchra sunt **verba** Graeca!" Sed discipuli linguam Graecam non amant. **Secum cogitant**: „Lingua Graeca non est pulchra, sed horrenda[2]!"

Quid magister nunc discipulos docet? **Pueri** et **puellae** gaudent, **quod** magister linguam Latinam docet. Magister interrogat: „**Quis** pensum secum non **habet**?" Quintus pensum secum non habet, sed non respondet, quod Iuliam, puellam pulchram, **spectat**. „Ubi sunt **oculi tui** et ubi est pensum tuum?" magister Quintum interrogat. Clamat: „Pueri semper pensa secum non habent et semper id unum[3] cogitant!" Claudia et Iulia rident, quod magister Quintum **monet**. Sed magister etiam puellas monet: „Et puellae semper rident!" Magister **iratus** nunc verba Graeca docet.

1 grammaticus, -i m.: „Sprachlehrer"; **2 horrendus/a/um**: „schrecklich"; **3 id unum**: „nur an das eine"

? RICHTIG oder FALSCH?
Lies den Text noch einmal genau durch und versuche dann die folgenden Aussagen auf ihre Richtigkeit zu überprüfen!

1. Der Sprachlehrer unterrichtet Latein und Griechisch.	R	F
2. Die Kinder freuen sich über den Latein-unterricht.	R	F
3. Quintus himmelt Claudia an.	R	F
4. Der Lehrer behauptet, dass die Mädchen die Aufgabe nie machen.	R	F

Barbarisch

Das lateinische Adjektiv *barbarus/a/um* war ursprünglich nicht abschätzig gemeint, sondern bedeutete „ausländisch", „fremd". Als *barbarus* galten für die zweisprachigen Römer alle, die nicht Latein und Griechisch konnten, also z. B. die Germanen und andere „unzivilisierte" Völker. Erst in weiterer Folge entwickelte sich daraus die bei uns geläufige Bedeutung „roh", „ungesittet".

Antike Schreibmaterialien

Die Römer kannten noch kein Papier (dieses wurde in China im 2. Jh. n. Chr. erfunden). Sie hatten stattdessen folgende Schreibmaterialien zur Auswahl:

a) **Wachstäfelchen:**
Holzrahmen mit einer Wachsschicht, in die man mit einem Griffel (*stilus*) Buchstaben einritzte. Mit der anderen Seite des Griffels, die wie ein Schraubenzieher abgeflacht war, konnte man das Wachs wieder glattstreichen. Für Anfänger praktisch waren Täfelchen, auf denen unter der Wachsschicht die Buchstaben vorgezeichnet waren.

SuperStock/DeAgostini

Wachstafel

Tintenfass

picturedesk.com/Philippe Maillard/akg-images

Calamus (Schreibrohr)

Vocabularium

quid?		was?	
docet	docui, doctum	er/sie/es lehrt, unterrichtet	*vgl. dozieren, Dozent (= Hochschullehrer)*
ubi?		wo?	
iam		schon	
exspectat	exspectavi, -atum	er/sie/es erwartet	*engl. to expect*
intrat	intravi, intratum	er/sie/es tritt ein, betritt	*engl. to enter*
salve!/salvete!		sei/seid gegrüßt!	*ital. salve*
magister m.	2.F. magistri	der Lehrer	*vgl. Maestro (= Dirigent)*
amat	amavi, amatum	er/sie/es liebt	*vgl. Amateur (= „Liebhaber", ↔ Profi)*
non solum – sed etiam		nicht nur – sondern auch	
etiam		auch, sogar	*↔ iam =*
lingua f.	2.F. linguae	1) die Zunge; 2) die Sprache	*engl. language*
Latinus/a/um	(Adjektiv!)	lateinisch	
liber m.	2.F. libri	das Buch	*vgl. engl. library (= Bibliothek); vgl. Libro*
Graecus/a/um	(Adjektiv!)	griechisch	*engl. Greek, Greece*
quam		wie	
pulcher/chra/chrum		schön, hübsch	
verbum n.	2.F. verbi	das Wort	*vgl. verbal (= durch Worte)*
secum		mit sich, bei sich	*z. B. secum cogitat = „er denkt (bei) sich"*
cogitat	cogitavi, cogitatum	er/sie/es denkt	
puer m.	2.F. pueri	der Bub	*vgl. pueril (= kindlich)*
puella f.	2.F. puellae	das Mädchen	
quod		weil	*↔ quid =*
quis?		wer?	
habet	habui, habitum	er/sie/es hat	*engl. to have*
spectat	spectavi, -atum	er/sie/es schaut an, betrachtet	*vgl. Spektakel, spektakulär; engl. spectator*
oculus m.	2.F. oculi	das Auge	*vgl. Mon-okel (= „Einglas"), Okular*
tuus/a/um		dein	
monet	monui, monitum	er/sie/es (er)mahnt	*vgl. Monitor (= elektronisches Anzeigegerät)*
iratus/a/um		zornig, erzürnt	

c) Pergament:
Geglättete Tierhaut (von Schafen oder Ziegen). Dieses Beschreibmaterial wurde in der kleinasiatischen Stadt Pergamon (daher der Name) erfunden. Da es billiger als Papyrus war, wurde es bald zum Exportschlager. Im Gegensatz zum Papyrus ist Haut wasserunempfindlich und auf beiden Seiten beschreibbar. Dem Pergament verdanken wir die Urform unseres Taschenbuches: Die Blätter wurden gefaltet und am Rand zusammengenäht. Auf Pergament schrieb man wie auf Papyrus mit einem zugespitzten Schreibrohr (*calamus*) und schwarzer Tinte, die aus Ruß, Klebstoff und Wasser hergestellt wurde.

Nachbildung einer Papyrusrolle.
Üblicherweise wurde von links nach rechts gelesen/gerollt.

2 Grammatica

Der Akkusativ (4. Fall)

Der Akkusativ hat folgendes „Erkennungszeichen“:

- Sg. → *-m*
- Pl. → *-s* (m. + f.) bzw. *-a* (n.)

		a-Dekl.	o-Deklination			
		feminin	maskulin			neutrum
Sg.	1.F.	*amica*	*amicus*	*magister**	*puer**	*pensum*
		↓	↓	↓	↓	↓
	4.F.	*amicam*	*amicum*	*magistrum*	*puerum*	*pensum*
Pl.	1.F.	*amicae*	*amici*	*magistri*	*pueri*	*pensa*
		↓	↓	↓	↓	↓
	4.F.	*amicas*	*amicos*	*magistros*	*pueros*	*pensa*

NOTA BENE!

1) Die Endung *-um* kann **Akkusativ** Sg. sein, bei neutralen Wörtern aber auch **Nominativ** Sg.:

- *amicum* → 4.F. von *amicus* = „den Freund“
- *pensum* → 1.F. von *pensum* = „die Aufgabe“ (z. B.: macht mir großen Spaß)
  → 4.F. von *pensum* = „die Aufgabe“ (z. B.: mache ich nicht)

2) Bei **neutralen** Wörtern sind **Nominativ** und **Akkusativ** immer **gleich**! Nom. und Akk. Plural enden bei allen Neutra auf *-a*.

Nach dem Akkusativ fragt man mit „WEN?“ oder „WAS?“:

Quintus Iuliam spectat. = „Quintus betrachtet Julia.“ (WEN betrachtet er?)

* Der Unterschied zwischen *magister* und *puer* besteht darin, dass bei *puer* in allen Fällen das *-e-* erhalten bleibt, während es bei *magister* ab dem Genetiv verschwindet.

Adjektiva (Eigenschaftswörter)

Die Adjektiva haben im Akkusativ dieselben Endungen wie die Nomina:

		m.	f.	n.
Sg.	1.F.	*bonus*	*bona*	*bonum*
		↓	↓	↓
	4.F.	*bonum*	*bonam*	*bonum*
Pl.	1.F.	*boni*	*bonae*	*bona*
		↓	↓	↓
	4.F.	*bonos*	*bonas*	*bona*

Wörter auf *-er*

Unter den männlichen **Nomina** der o-Deklination gibt es nicht nur solche auf *-us*, sondern auch einige auf *-er*. Abgesehen vom 1. Fall Sg. m. deklinieren diese Wörter aber wie die übrigen Wörter der o-Deklination:

- *magister* = „der Lehrer“ (Akkusativ Sg.: *magistrum* → das *-e-* verschwindet)
- *puer* = „der Bub“ (Akkusativ Sg.: *puerum* → das *-e-* bleibt erhalten)

Auch unter den **Adjektiva** haben einige in der männlichen Form *-er* statt *-us*:

pulcher (m.), *pulchra* (f.), *pulchrum* (n.) = „schön“

Exercitationes

I. Setze in den Akkusativ!

1. puella pulchra → ______________________
2. magister laetus → ______________________
3. amicae bonae → ______________________
4. pensa magna → ______________________
5. oculus pulcher → ______________________
6. discipuli mali → ______________________

II. Setze alle Satzglieder in den Plural bzw. Singular und übersetze die neuen Sätze!

1. Magister iratus puerum exspectat.
2. Cur amica irata est?
3. Magister discipulam bonam laudat.
4. Ubi sunt amici tui?
5. Pueri puellas pulchras spectant.
6. Discipulus librum Graecum amat.

III. Ergänze die fehlenden Endungen und übersetze!

1. Quam pulchr_______ sunt ocul_______ tu_______!
2. Magist_______ lingu_______ Graec_______ docet.
3. Magist_____ semper discipulos mal_____ interrogant.
4. Cur Quint_______ semper amicam tu_______ spectat?
5. Puer_______ laeti Claudi_______ exspectant.
6. Cur magist_______ Quintum non laudat?

IV. Übersetze ins Lateinische!

1. Quintus schaut gerne schöne Mädchen an.
2. Er liebt Julia.
3. Aber Julia schaut den Buben nicht an.
4. Daher denkt Quintus:
5. „Auch Claudia ist ein schönes Mädchen."
6. Aber Claudia liebt schon Gaius.

V. Übersetze!

1. Was unterrichtet der Lehrer?
2. Wer unterrichtet die Schüler?
3. Der Lehrer lobt die guten Schüler.
4. Claudia liebt das lateinische Buch.
5. Die Buben betrachten die hübschen Mädchen.
6. Wie schön sind deine Augen!
7. Julia liebt Quintus.
8. Quintus liebt Julia.
9. Sie ist zornig.
10. Er ist zornig.
11. Sie sind zornig.
12. Es ist schön.
13. Sie ist schön.
14. Er betrachtet Julia.

VI. Welches Wort passt nicht zu den anderen? Warum?

1.	2.	3.	4.	5.	6.
☐ magister	☐ oculus	☐ puerum	☐ bonum	☐ lingua	☐ pensa
☐ oculum	☐ iratus	☐ amicum	☐ laetum	☐ puella	☐ pueri
☐ schola	☐ Latinus	☐ pensum	☐ secum	☐ verba	☐ amicae
☐ amicus	☐ laetus	☐ magistrum	☐ pulchrum	☐ schola	☐ lingua

VII. Übersetze!

Iam diu magister, quod linguam Graecam amat, laetus verba Graeca docet. Quintus et Gaius, discipuli mali, linguam Graecam non amant. Itaque non magistrum spectant, sed puellas. Laeti sunt et saepe rident. Sed magister laetus non est. Iratus clamat et pueros monet. Etiam Claudia et Iulia, quod pensum magnum exspectant, iratae sunt. Secum cogitant: „Cur pueri semper rident?" Magister nunc pensum magnum dat[1]. Itaque non solum pueri, sed etiam puellae diu laborant.

1 **dat**: „er gibt"

3 QUAM PULCHRA ROMA EST!

Quintus und Gaius haben Besuch aus Griechenland bekommen: Ihre Freunde Alexander und Lydia wollen Roms Sehenswürdigkeiten kennenlernen.

Quintus et Gaius et amici **per vias** pulchras **ambulant**. **Multa aedificia** pulchra **vident**. Quintus Gaius**que** aedificia **clara monstrant**:

Quintus: „Videte, amici! Hic est amphitheatrum[1], ubi saepe **spectacula** pulchra videmus."

Alexander: „Quam magnum amphitheatrum est! Vide, Lydia, **ibi** multae **statuae** sunt!"

Lydia: „Statuas video. Quinte, cur ibi statuae sunt?"

Quintus: „Statuae **viros** claros monstrant."

Alexander: „Gai, habetis**ne** etiam theatrum[2]?"

Gaius: „**Certe** non solum amphitheatrum, sed etiam theatrum habemus."

Quintus: „Nunc **forum Romanum** intramus. Spectate templa pulchra!"

Lydia: „Quam multa **templa** hic sunt! Quinte, cur **tam** multa templa habetis?"

Quintus: „Hic multa templa sunt, quod multos **deos** habemus."

Gaius: „Etiam multas **deas** habemus. Sed multa aedificia templa non sunt. Ibi est curia[3], **ante** curiam basilicam[4] vides."

Alexander: „Et quid est **post** curiam?"

Quintus: „Post curiam puella pulchra est."

Alexander: „Dixi[5]: quid est, non quis est post curiam!"

Gaius: „Post basilicam carcer[6] est."

Nunc amici aedificia pulchra diu spectant, **solum** Quintus **ad** curiam ambulat.

1 **amphitheatrum**: „Amphitheater"; 2 **theatrum**: „Theater"; 3 **curia**: „Rathaus"; 4 **basilica**: „Basilika" (Markt- und Gerichtshalle); 5 **dixi**: „ich habe gesagt"; 6 **carcer**: „Gefängnis", „Kerker"

? RICHTIG oder FALSCH?
Überprüfe anhand des Lektionstextes, welche der folgenden Aussagen zutrifft und welche nicht!

1. Quintus und Gaius zeigen ihren griechischen Freunden auch das Forum und das Rathaus.	R	F
2. In Rom gab es so viele Tempel, weil die Römer viele verschiedene Götter hatten.	R	F
3. Gaius verabschiedet sich am Ende des Rundgangs zu einem Rendezvous.	R	F

Forum Romanum

Fotolia.com/borisb17

Curia – das besterhaltene Gebäude des Forums

Das Forum Romanum war ursprünglich der Marktplatz Roms und entwickelte sich im Laufe der Zeit zum politischen und gesellschaftlichen Zentrum. Dort befanden sich die wichtigsten öffentlichen Gebäude Roms: Rednertribüne (Rostra), Tempel, Markthallen (Basiliken), Statuen, Ehrensäulen, Triumphbögen sowie die **Curia** (Rathaus). Sie ist das einzige vollständig erhaltene Bauwerk am Forum Romanum. (Ihr Name lebt übrigens in der obersten Behörde des Vatikans, der päpstlichen Kurie, weiter.) Auf dem Forum befindet sich auch das Grab Cäsars, zu dem auch heute noch „Cäsar-Fans" Blumen legen.

Neben dem Forum Romanum entstanden in der Kaiserzeit weitere Foren, die in erster Linie die Macht und das Ansehen der Kaiser zur Schau stellen sollten, wie z. B. das Augustus-Forum und das Trajans-Forum.

Vocabularium

Roma f.	2.F. Romae	Rom	
per (Präp. + Akk.)		durch	*vgl. perforieren (= durchlöchern), per… (Mail, Post etc.)*
via f.	2.F. viae	der Weg, die Straße	*vgl. Viadukt (= Brücke über ein Tal)*
ambulo, -as	ambulavi, -atum	gehen, spazieren	*vgl. Ambulatorium, Ambulanz (siehe unten)*
multi/ae/a (Plural)		viele	*vgl. Multivitaminsaft, Multitasking, Multitalent*
multum (n. Sg.)		viel	*vgl. multiplizieren*
aedificium n.	2.F. aedificii	das Gebäude	
video, -es	vidi, visum	sehen	*vgl. das Video, Videorekorder*
-que		und	*z. B. Quintus Gaiusque = Quintus et Gaius*
clarus/a/um		1) berühmt; 2) hell	*vgl. klar; Clara (= „die Berühmte")*
monstro, -as	monstravi, -atum	zeigen	*vgl. Monstranz (= Behälter, in dem die Hostie gezeigt wird)*
spectaculum n.	2.F. spectaculi	das Schauspiel	*vgl. Spektakel; ↔ spectat =*
ibi		dort	*↔ ubi =*
statua f.	2.F. statuae	die Statue	
vir m.	2.F. viri	der Mann	*vgl. Triumvirat (= Dreimännerbund); viril (= männlich)*
-ne		(Fragepartikel, bleibt unübersetzt)	*z. B. Amasne Iuliam? = „Liebst du Julia?"*
certe (Adv.)		sicherlich	*engl. certainly*
forum n.	2.F. fori	das Forum; der Marktplatz	*vgl. Forensik = Gerichtsmedizin (weil das Gericht am Forum tagte)*
Romanus/a/um		römisch	*engl. Roman; vgl. Romanisierung*
templum n.	2.F. templi	der Tempel	
tam		so	*↔ tum =*
deus m.	2.F. dei	der Gott	
dea f.	2.F. deae	die Göttin	
ante (Präp. + Akk.)		vor	*vgl. Antipasto (= italienische Vorspeise)*
post (Präp. + Akk.)		nach; hinter	*vgl. post mortem (= „nach dem Tod")*
solum (Adv.)		nur	*vgl. non solum – sed etiam =*
ad (Präp. + Akk.)		zu, an, bei	*vgl. addieren (= dazugeben)*

Ambulatorium

Ein Ambulatorium (bzw. eine Ambulanz) ist eine ärztliche Beratungsstelle für Patienten, die nach der Behandlung nicht im Spital bleiben müssen, sondern wieder nach Hause gehen (= *ambulare*) können.

Latein im Alltag

Theater

Die Bauform des Theaters übernahmen die Römer von den **Griechen**. Die römischen Theater fassten erstaunlich viele Zuschauer. So hatte der erste steinerne Theaterbau in Rom, das Theater des Pompeius, 10.000 Plätze (vgl. die Wiener Staatsoper: 1.700 Plätze). Im Gegensatz zu den Griechen bevorzugten die Römer Lustspiele (Komödien) gegenüber Tragödien. Auch jede größere Provinzstadt gönnte sich ein eigenes Theater – besonders gut erhalten ist z. B. das römische Theater in Orange (Südfrankreich).

Wenig Ansehen genossen in Rom die **Schauspieler**. Meist handelte es sich um Sklaven oder Freigelassene. Da alle Schauspieler mit Masken auftraten, wurden sie nicht als individuelle Personen wahrgenommen.

Das römische Theater in Arausio (Orange in Südfrankreich), 2. Jh. n. Chr.

3 Grammatica

Konjugation (Abwandlung der Verba)

Da im Lateinischen nur selten persönliche Fürwörter geschrieben werden, sagt die **Endung** aus, um welche Person es sich handelt. Die folgenden Endungen gelten für alle Konjugationen im Präsensstamm (= Präsens, Futur, Imperfekt):

Sg.	1.P.	*-o**	(→ „ich")	Pl.	1.P.	*-mus*	(→ „wir")
	2.P.	*-s*	(→ „du")		2.P.	*-tis*	(→ „ihr")
	3.P.	*-t*	(→ „er/sie/es")		3.P.	*-nt*	(→ „sie")

* bei einigen Zeiten und Verben auch *-m* (→ S. 36, 44, 84)

Durch das Anfügen dieser Endungen an den **Stamm** ergeben sich für das Präsens folgende Konjugationsmuster:

		a-Konjugation		e-Konjugation	
Sg.	1.P.	*amo**	„ich liebe"	*mone-o*	„ich mahne"
	2.P.	*ama-s*	„du liebst"	*mone-s*	„du mahnst"
	3.P.	*ama-t*	„er/sie/es liebt"	*mone-t*	„er/sie/es mahnt"
Pl.	1.P.	*ama-mus*	„wir lieben"	*mone-mus*	„wir mahnen"
	2.P.	*ama-tis*	„ihr liebt"	*mone-tis*	„ihr mahnt"
	3.P.	*ama-nt*	„sie lieben"	*mone-nt*	„sie mahnen"

* entstanden aus *ama*-o

Imperativ (Befehlsform)

Der Imperativ ist die Befehlsform. Sie besteht im **Singular** aus dem reinen Stamm, im **Plural** aus dem Stamm + der Endung *-te*:

	a-Konjugation		e-Konjugation	
Sg.	*specta!*	„schau!"	*responde!*	„antworte!"
Pl.	*specta-te!*	„schaut!"	*responde-te!*	„antwortet!"

Vokativ (5. Fall, Anredefall)

Im Lateinischen gibt es einen eigenen Fall für die **direkte Anrede** von Personen: den Vokativ („Anrede-Fall"). Er sieht in der Regel aus **wie der Nominativ**:

Monstra mihi pensum, puer! = „Zeig mir die Aufgabe, Bub!"
Monstrate mihi pensa, pueri! = „Zeigt mir die Aufgaben, Buben!"
Monstra mihi pensum, puella! = „Zeig mir die Aufgabe, Mädchen!"
Monstrate mihi pensa, puellae! = „Zeigt mir die Aufgaben, Mädchen!"

Ausnahmen (nur im Singular!):

- Maskuline Wörter der o-Deklination auf *-us* → Vokativ Sg. auf *-e* (z. B.: *amice!* = „Freund!")
- Nomina auf *-ius* → Vokativ Sg. auf *-i* (z. B.: *Gai!* = „Gaius!")

Überblick:

		Normalfall			Ausnahmen	
Sg.	1.F.	*puella*	*puer*	*vir*	*amicus*	*Gaius*
	5.F.	*puella!*	*puer!*	*vir!*	*amice!*	*Gai!*

TIPP:
- Da der Vokativ der Anredefall ist, darfst du im Deutschen **keinen Artikel** davor setzen.
  Exemplum: „Ich liebe dich, Julia!"
- Einen Vokativ erkennst du am Beistrich davor und am **Ruf- oder Fragezeichen** danach.

Exercitationes

I. Forme die Aussagesätze zu Befehlen um und übersetze!

Bsp.: Iulia intrat. (Aussage) – Intra, Iulia! (Befehl)

1. Alexander et Quintus laborant.
2. Marcus respondet.
3. Discipuli forum spectant.
4. Amicae gaudent.
5. Gaius amicos exspectat.
6. Magistri discipulos laudant.

II. Ergänze die Endungen und übersetze!

1. Quintus Marcum interrogat: „Quid ibi vid________, Marc________?"
2. Gaius amicum interrogat: „Quid cogit________, amic________?"
3. Magister Claudiam Quintumque interrogat: „Cur rid________, Claud________ et Quint________?"
4. Claudia pueros interrogat: „Cur gaud________, puer________?"
5. Puellae Gaium interrogant: „Ubi sunt ocul________ tui, Ga________?"
6. Magister Iulium interrogat: „Cur non respond________, Iul________?"

III. Setze in den folgenden Sätzen alle Satzglieder in den Plural bzw. den Singular!

1. Puer puellam pulchram amat.
2. Ante templum statuam magnam video.
3. Videte, ibi templa clara sunt!
4. Iam diu pueros exspectamus.
5. Interroga magistrum!
6. Spectasne semper puellam pulchram, puer?

IV. Ordne die Gliedsätze den passenden Hauptsätzen zu und übersetze!

1. Magister iratus est, ________
2. Puellae saepe rident, ________
3. Puellae per forum ambulant, ________
4. Amici amphitheatrum intrant, ________
5. Quintus saepe pensum secum non habet, ________
6. Iulia multos amicos habet, ________

a) quod laetae sunt. b) quod tam pulchra est. c) quod pueri clamant. d) ubi multa templa sunt.
e) quod non libenter laborat. f) ubi spectacula clara spectant.

V. Übersetze ins Lateinische!

1. Quintus sitzt vor der Schule.
2. Gaius sieht den Freund und fragt:
3. „Warum sitzt du hier, Quintus?"
4. „Ich erwarte Julia. Nach der Schule spazieren wir zum Forum."
5. Jetzt lacht der Freund: „Julia und Alexander spazieren schon lang durch die Straßen und lachen viel."

VI. Setze die angegebenen Prädikate in die richtigen Sätze ein und übersetze!

ambulant – ambulat – clamat – est – exspectat – exspecto – salvete – spectamus – vide – videt

Quintus per forum ________________________. Tum Claudiam Iuliamque ________________________.

Quintus: „________________________, puellae! Spectatisne hic templa clara?"

Claudia: „Templa non ________________________, sed Iulia amicas ________________________."

Quintus: „Libenter vobiscum[1] amicas ________________________! Suntne pulchrae?"

Iulia: „Cur non laboras? Pensum magnum habemus!"

Quintus: „Pensum magnum non ________________________. Itaque hic ambulo."

Claudia: „________________________, Iulia! Ibi amicas tuas video."

Quintus et Claudia et Iulia ad amicas ________________________.

Puer nunc puellas spectat; tum ________________________: „Quam libenter vobiscum[1] maneo[2]!"

1 vobiscum: „mit euch"; **2 maneo**: „ich bleibe"

4 DE SPECTACULIS

Die Freunde statten nun auch dem Amphitheater einen Besuch ab.

Gaius Alexandro et Lydiae spectacula monstrat. Itaque **cum** amicis, sed **sine** Quinto, qui[1] adhuc[2] post curiam[3] est, amphitheatrum[4] intrat, ubi iam multi viri et **feminae** sunt. Spectacula clara exspectant. Nunc gladiatores[5] et bestiae[6] magnae intrant. Magnum est **gaudium** virorum feminarumque. Gaius amicis **narrat**: „Romani magnam **copiam** bestiarum **e terris alienis** apportant[7]."

Gladiatores nunc cum bestiis[6] **pugnant**. Sed non solum cum bestiis[6] pugnant, sed etiam bestias **necant**. Romani gaudent clamantque, sed Lydiae spectaculum non **placet**: „Cur gladiatores[5] bestias pulchras necant?" Gaius puellae non respondet, quod nunc gladiatores **novi** intrant. Alexander interrogat: „Cur **alius** gladiator **gladium** habet, sed **alius** sine gladio pugnat?" Gaius respondet: „Retiarius[8] est. Non gladium, sed reticulum[9] habet."

Diu pugnant, **postremo** gladiator retiarium **superat**, sed non necat. Gaius narrat: „**Si bene** pugnant, Caesar[10] viris **vitam donat**. – Videte! Ibi captivi[11] intrant. Nunc **pro** vita **sua** pugnant. Spectaculum pulchrum non est."

Itaque amici **ab** amphitheatro ad forum ambulant, ubi etiam Quintum vident. Interrogant: „Salve, Quinte! Cur hic sedes **neque** spectacula vidisti[12]?" Quintus respondet: „Salvete, amici! Alius[13] alia gaudia habet!"

1 **qui**: „der", „welcher"; 2 **adhuc**: „noch (immer)"; 3 **curia**, -ae f.: „Rathaus"; 4 **amphitheatrum**, -i n.: „Amphitheater"; 5 **gladiatores**: Pl. von gladiator: „Gladiator" („Schwertkämpfer"); 6 **bestia**, -ae f.: „(wildes) Tier"; 7 **apporto**, -as: „herbeischaffen"; 8 **retiarius**, -i m.: „Retiarius" („Netzkämpfer"); 9 **reticulum**, -i n.: „Netz"; 10 **Caesar**: „Kaiser"; 11 **captivus**, -i m.: „Gefangener"; 12 **vidisti**: „du hast gesehen"; 13 **alius**: hier: „jeder"

? WORTSCHATZTRAINING

Liste alle Verba aus dem Lektionstext auf, die zum Wortfeld (→ S. 142) „sprechen" gehören! Gib auch die Zeile an, in der das jeweilige Wort vorkommt!

Gladiatorenspiele

Nicht die Römer waren die Erfinder dieser „Sportart", sondern wahrscheinlich die **Etrusker**, die im 6. Jh. v. Chr. in Rom regierten: Sie wollten den Seelen ihrer Verstorbenen durch einen Zweikampf auf Leben und Tod die letzte Ehre erweisen und durch das dabei vergossene Blut die Unterweltsgötter versöhnen. Diese Leichenspiele wurden von Kriegsgefangenen mit dem Schwert (*gladius*) ausgetragen. Die **Römer** übernahmen diesen urspünglich religiösen Brauch, machten daraus aber im Laufe der Zeit ein Spektakel, das nur mehr der Unterhaltung des Volkes diente. Der Eintritt zu den Gladiatorenkämpfen war in der Regel frei, die Veranstalter waren hohe Beamten (Konsuln, Prätoren, Ädilen), später die Kaiser, die sich durch prächtige Spiele Beliebtheit beim Volk erhofften. Gladiatorenspiele wurden bis ins 5. Jh. n. Chr., also fast bis zum Ende des römischen Reiches, veranstaltet – also auch noch unter der Herrschaft christlicher Kaiser!

Alamy Stock Photo/Granger Historical Picture Archive

Gladiatoren im Kampf (Mosaik aus Rom, Villa Borghese)

Vocabularium

de (Präp. + Abl.)		1) von (... herab); 2) über	
cum (Präp. + Abl.)		mit	
sine (Präp. + Abl.)		ohne	
femina	feminae f.*	die Frau	*vgl. feminin, Feministin (= Frauenrechtlerin)*
gaudium	gaudii n.	die Freude	*vgl. „die Gaudi" (= ein Spaß)*
narro, -as	narravi, narratum	erzählen	*vgl. engl. narrator =*
Romani (Pl.)	Romanorum m.	die Römer	*engl. the Romans („die Römer")*
copia	copiae f.	die Menge, der Vorrat	*vgl. Kopie*
e / ex (Präp. + Abl.)		aus, von	*(siehe Grammatica)*
terra	terrae f.	das Land; die Erde	*vgl. Terrarium, Terrasse, Parterre (= Erdgeschoß)*
alienus/a/um		fremd	*vgl. Aliens (= die Außerirdischen/Fremden)*
pugno, -as	pugnavi, -atum	kämpfen	
neco, -as	necavi, -atum	töten	
placeo, -es	placui, -itum	gefallen	
novus/a/um		neu	*vgl. re-novieren (= erneuern); Innovation*
alius/a/ud		ein anderer	*↔ alienus/a/um =*
alius – alius		der eine – der andere	*z. B. alius interrogat, alius respondet =*
gladius	gladii m.	das Schwert	*vgl. Gladiator (= „Schwertkämpfer")*
postremo (Adv.)		schließlich	*S. 192*
supero, -as	superavi, -atum	1) besiegen; 2) übertreffen	
si		wenn, falls	
bene (Adv.)		gut	*vgl. Benefizkonzert (= Wohltätigkeitskonzert)*
vita	vitae f.	das Leben	*vgl. Vitamine; vital (= lebendig)*
dono, -as	donavi, donatum	schenken	
pro (Präp. + Abl.)		für	*Pro und Kontra (= Für und Wider)*
suus/a/um		sein, ihr	
a / ab (Präp. + Abl.)		von	*(siehe Grammatica)*
prae (Präp. + Abl.)		vor	*vgl. Präposition (= Vorwort)*
neque (= nec)		und nicht	*S. 196*

* Ab dieser Lektion musst du bei den Nomina den Genetiv und das Geschlecht unbedingt mitlernen!

Amphitheater

Typisch ist die elliptische Form der Arena; die Sitzreihen sind rundherum (griech. *amphi*) angeordnet. Ursprünglich wurden Amphitheater aus Holz, erst in der Kaiserzeit aus Stein gebaut. Die berühmteste Arena ist das *Amphitheatrum Flavium* in Rom, bekannter als **„Kolosseum"**. Diesen Namen erhielt es im Mittelalter, und zwar wegen einer Kolossalstatue (riesigen Statue) des Sonnengottes Helios, die in der Nähe aufgestellt war. Das Kolosseum wurde im Jahr 80 n. Chr. mit 100-tägigen Spielen eröffnet. Bei diesen Spielen sollen Tausende Gladiatoren gekämpft haben und 9000 Tiere getötet worden sein. Es war 60 m hoch, fasste 50.000 Zuschauer und konnte zum Schutz vor der Sonne mit einem riesigen Segel überspannt werden. In der Arena fanden neben Gladiatorenspielen und Tierhetzen fallweise sogar Seeschlachten statt.

Das Amphitheatrum Flavium („Kolosseum") in Rom; daneben die Statue des Helios (Rekonstruktionszeichnung um 1890)

4 Grammatica

Nomina der a-/o-Deklination

		a-Dekl.	o-Deklination			
Fall	FRAGE	feminin	maskulin			neutrum
Sg. 1	Wer?/Was?	*amica*	*amicus*	*magister*	*puer*	*templum*
2	Wessen?	*amicae*	*amici*	*magistri*	*pueri*	*templi*
3	Wem?	*amicae*	*amico*	*magistro*	*puero*	*templo*
4	Wen?/Was?	*amicam*	*amicum*	*magistrum*	*puerum*	*templum*
5	(Anrede)	*amica!*	*amice!*	*magister!*	*puer!*	*templum!*
6	* (z. B. *cum*)	*amicā*	*amico*	*magistro*	*puero*	*templo*
Pl. 1	Wer?/Was?	*amicae*	*amici*	*magistri*	*pueri*	*templa*
2	Wessen?	*amicarum*	*amicorum*	*magistrorum*	*puerorum*	*templorum*
3	Wem?	*amicis*	*amicis*	*magistris*	*pueris*	*templis*
4	Wen?/Was?	*amicas*	*amicos*	*magistros*	*pueros*	*templa*
5	(Anrede)	*amicae!*	*amici!*	*magistri!*	*pueri!*	*templa!*
6	* (z. B. *cum*)	*amicis*	*amicis*	*magistris*	*pueris*	*templis*

* Der 6. Fall (Ablativ) steht nach bestimmten **Präpositionen** (siehe unten) und auf bestimmte **Fragen** (→ S. 44 + 52).

Da manche Endungen mehrere unterschiedliche Fälle bezeichnen (z. B. *-ae* = 2. + 3. Fall Sg., 1. + 5. Fall Pl.), musst du beim Übersetzen nach den Fällen **fragen**:

Quintus Lydiae forum monstrat.
= „Quintus (WER? → 1. Fall) zeigt Lydia (WEM? → 3.F.) das Forum." (WEN?/WAS? → 4.F.)

Adjektiva der a-/o-Deklination

Analog zu *amicus, amica* und *templum* wandeln auch Adjektiva wie *bonus/bona/bonum* (= *bonus* 3) ab:

Fall	m.	f.	n.	Fall	m.	f.	n.
Sg. 1	*bonus*	*bona*	*bonum*	Pl. 1	*boni*	*bonae*	*bona*
2	*boni*	*bonae*	*boni*	2	*bonorum*	*bonarum*	*bonorum*
3	*bono*	*bonae*	*bono*	3	*bonis*	*bonis*	*bonis*
4	*bonum*	*bonam*	*bonum*	4	*bonos*	*bonas*	*bona*
5	*bone!*	*bona!*	*bonum!*	5	*boni!*	*bonae!*	*bona!*
6	*bono*	*bonā*	*bono*	6	*bonis*	*bonis*	*bonis*

Genauso deklinieren **Adjektiva** auf *-er*: 1.F. *pulcher, pulchra, pulchrum*, 2.F. *pulchri, pulchrae, pulchri* etc.

Präpositionen (Vorwörter)

a) Präpositionen mit **Ablativ**:

- *a / ab** = „von"
- *e / ex** = „aus", „von"
- *de* = 1) „von (... herab)"; 2) „über"
- *cum* = „mit"
- *sine* = „ohne"
- *pro* = „für"
- *prae* = „vor"

b) Präpositionen mit **Akkusativ**:

Nach allen anderen Präpositionen steht der Akkusativ, z. B. nach:

- *ante* = „vor"
- *post* = „hinter"
- *ad* = „zu", „an", „bei"
- *per* = „durch"

* ***ab*** und ***ex*** stehen vor Vokalen (Selbstlauten), z. B. *ex (ab) amphitheatro* (vgl. im Englischen: *an apple*)
a und ***e*** stehen vor Konsonanten (Mitlauten), z. B. *e (a) templo* (vgl. im Englischen: *a banana*)

Exercitationes

I. Bestimme die Fälle der fett gedruckten Wörter!

Heute will Markus **die Freundin** (_______) besuchen. Soll er **der Freundin** (_______) **Blumen** (_______) mitbringen? Sicher würden auch **den Eltern** (_______) **der Freundin** (_______) **Blumen** (_______) gefallen. Und **die kleinen Brüder** (_______) erwarten bestimmt auch **Geschenke** (_______). Vielleicht wäre es besser, wenn nicht **Markus** (_______) **die Freundin** (_______), sondern **die Freundin** (_______) **Markus** (_______) besuchen würde!

II. Bestimme Fall und Geschlecht und übersetze! (Es gibt meistens mehrere Möglichkeiten. Vokative brauchst du nicht anzugeben, bei Ablativen setze die Präposition *a* bzw. *ab* davor!)

1. aedificia: ______________________
2. puellae: ______________________
3. oculi: ______________________
4. magistro: ______________________
5. templum: ______________________
6. gladios: ______________________
7. viris: ______________________
8. terrarum: ______________________

III. Ergänze die Endungen der Objekte! Überlege, ob es sich um Dativ- oder Akkusativobjekte handelt!

1. Puellae Quint_______ pens_______ su_______ non monstrant.
2. Discipuli mali saepe magist_______ non respondent.
3. Quid pulchr_______ puell_______ donatis, amici?
4. Magister discipul_______ de terris alienis narrat.
5. Spectacula mult_______ vir_______ et femin_______ placent.
6. Quintus amic_______ Graec_______ nunc for_______ et vi_______ pulchr_______ monstrat.

IV. Ordne die Satzhälften richtig zu und übersetze!

1. Gaius ante _______
2. Puellae per _______
3. Claudia cum _______
4. Magister de _______
5. Quintus de _______
6. Discipuli post _______
7. Iulia pro _______
8. Pueri ad _______

a) deis Graecis narrat. b) amica ridet. c) scholam diu laborant. d) vias ambulant. e) templum sedet. f) statuas sunt. g) puellis pulchris cogitat. h) Quinto respondet.

V. Übersetze!

Alexander, puer Graecus, cum Quinto et puellis per forum ambulat. Iulia interrogat: „Gaium non video. Ubi est?" Quintus Iuliae respondet: „Gaius ad amphitheatrum est." Tum Gaius apparet[1] et ad amicos ambulat. „Salve, Gai!", Iulia clamat, „Narrasne amicis de templis claris?" Itaque puer amicis de templis narrat.

Tum etiam magister per forum ambulat et discipulos videt. „Salvete, discipuli! Quid hic spectatis?", interrogat. Iulia respondet: „Alexandro, amico Graeco, forum monstramus." „Bene!", magister discipulos laudat. „Forum Romanum clarum est. Hic templa multorum deorum sunt." Nunc magister diu de deis Romanis Graecisque narrat. Sed gaudium puerorum et puellarum magnum non est. Magister non solum narrat, sed etiam interrogat: „Ubi est templum Iovis[2], Gai?" Sed puer non respondet. Ubi est? Iam diu post statuam sedet et dormit[3].

1 apparet: „(er) taucht auf"; **2 Iuppiter** (Genetiv: Iovis): „Jupiter"; **3 dormit**: „(er) schläft"

5 DE THERMIS[1]

Nach dem Besuch der grausamen Darbietungen im Amphitheater diskutieren die Freunde über den „Unterhaltungswert“ der Gladiatorenspiele:

Lydia ad Gaium: „**Mihi** spectacula gaudio[2] non sunt.“ Gaius respondet: „Cur spectacula **te** non **delectant**? **Nonne** pulchra sunt? Multos **Romanos** delectant.“ Alexander: „**Ego** spectacula amo, sed multis **Graecis** non placent.“ – „**Ita** est!“, Lydia **inquit**, „Et **tu**, Gai? **Num tibi** spectacula **vestra** placent?“ Gaius respondet: „Mihi **quoque** non placent. Itaque **vobis** nunc thermas **nostras** monstrare **in animo habeo**. Certe non solum **nos**, sed etiam **vos** delectant!“

Tum Gaius Claudiam et Iuliam in foro videt: „Quis **vestrum nobiscum in** thermas venit[3]?“ – „Libenter **vobiscum** venimus!“, puellae respondent. Nunc amici **in** thermas[1] intrant. Gaius: „Hic est frigidarium[4],“ inquit, „ibi est caldarium[5]. Etiam palaestram[6] et bibliothecam[7] habemus. Itaque multis Romanis diu in thermis **manere** placet.“ Puellae ad caldarium[5] **properant**. „Quam pulchrum est in **aqua** calida[8] sedere!“, clamant. Sed pueris in aqua sedere non placet. Itaque **iterum** et iterum in aquam saltant[9]. Magnum gaudium est. Sed nonnulli[10] viri **minime** gaudent: „In aquam saltare vobis non **licet**! **Otium** nostrum turbatis[11]!“ Itaque Gaius Alexanderque nunc cum puellis in aqua sedent. Sed ubi est Quintus? **Sub** aqua est et puellas **terret**. Puellae clamant, tum rident – et otium virorum turbant[11].

1 **thermae**, -arum (Pl.): „Thermen“, „Bad“; 2 **gaudio non sunt:** „(sie) bereiten keine Freude“; 3 **venit:** „er/sie kommt“ (3.P.Sg.); 4 **frigidarium**, -i n.: „Kaltwasserbad“; 5 **caldarium**, -i n.: „Warmbad“; 6 **palaestra**, -ae f.: „Sportanlage“; 7 **bibliotheca**, -ae f.: „Bibliothek“; 8 **calidus/a/um:** „warm“; 9 **saltare** 1: „springen“; 10 **nonnulli/ae/a**: „einige“; 11 **turbare** 1: „stören“

? RICHTIG oder FALSCH?
Lies den Text noch einmal genau durch und versuche dann die folgenden Aussagen auf ihre Richtigkeit zu überprüfen!

1. Die meisten Griechen konnten sich für Gladiatorenkämpfe nicht begeistern.	R	F
2. In Thermen gab es manchmal auch eine Bibliothek.	R	F
3. Die Mädchen sitzen gerne im warmen Wasser.	R	F
4. Die Erwachsenen sind sauer, weil die Mädchen ins Wasser springen.	R	F

Wolfram Kautzky, Wien

Wanne aus den Caracalla-Thermen (Piazza Farnese, Rom)

Thermen

Bei den Thermen (abgeleitet vom griechischen Wort *thermós* = „warm“) handelte es sich um Badeanstalten, die selbst im Vergleich zu heutigen Thermen luxuriös waren. Neben den Räumlichkeiten für das Baden (*Caldarium* = Warmwasserbad, *Tepidarium* = Dampfbad, *Frigidarium* = Kaltbad, *Laconicum* = Sauna) umfassten sie auch Sportanlagen, Gärten, Tavernen, Bibliotheken und Vortragssäle. Geöffnet waren die Bäder von Mittag bis Sonnenuntergang und viele Römer verbrachten den ganzen Nachmittag dort. Ursprünglich waren die Baderäume für Männer und Frauen getrennt, später kam auch das gemischte Baden auf. Der Eintritt war entweder frei oder sehr billig.
Die größten und bekanntesten Thermen Roms wurden von Kaisern errichtet: die Caracalla-Thermen (heute im Sommer

Vocabularium

mihi / tibi / sibi	(Dative)	mir / dir / sich	*(siehe Grammatica)*
me / te / se	(Akkusative)	mich / dich / sich	*(siehe Grammatica)*
delectáre*	**delecto 1**, -avi,-atum	(jemanden) erfreuen	*sich an etwas delektieren (= erfreuen)*
nonne?		nicht?	*aus: non-ne? (Frage)*
ego / tu		ich / du	*(siehe Grammatica); vgl. Egoist*
Graeci (Pl.)	**Graecorum** m.	die Griechen	*↔ Graecus/a/um =*
ita		so	*ita est = „ja“ (wörtlich?)*
inquit		er/sie sagt(e)	*(in die direkte Rede eingeschoben)*
num?		etwa?	*z. B. Num dormis? = „Schläfst du etwa?“*
vester/tra/trum		euer, eure	
quoque	(nachgestellt)	auch	*z. B. etiam tu = tu quoque*
nobis / vobis	(Dative)	uns / euch	*(siehe Grammatica)*
noster/tra/trum		unser, unsere	*vgl. Pater noster = „Vater unser“*
in (+ Abl.)	(Frage: WO?)	in, auf	*in aedificio (WO?) = „im Gebäude“*
animus	**animi** m.	1) der Sinn, der Geist; 2) der Mut	*vgl. animieren (= „anregen“)*
in animo habére		vorhaben	*wörtl.: „im Sinn haben“*
nos / vos	(Nom. + Akk.)	wir; uns / ihr; euch	*(siehe Grammatica)*
quis nostrum		wer von uns	*(siehe Grammatica)*
quis vestrum		wer von euch	*(siehe Grammatica)*
nobiscum / vobiscum		mit uns / mit euch	*(siehe Grammatica)*
in (+ Akk.)	(Frage: WOHIN?)	in, nach; gegen	*in aedificium (WOHIN?) = „ins Gebäude“*
manére	**maneo 2**,mansi, mansum	bleiben	*vgl. permanent (= dauerhaft, bleibend)*
properáre	**propero 1**,-avi,-atum	eilen	
aqua	**aquae** f.	das Wasser	*vgl. Aquarium*
iterum (Adv.)		wieder(um)	*(Eselsbrücke: „iterum = wiederum“)*
minime (Adv.)		keineswegs; nein	*vgl. minimal (= sehr klein, sehr gering)*
licet (nur 3.P. Sg.)	licuit	es ist erlaubt, es ist möglich	*vgl. die Lizenz (= Erlaubnis, Berechtigung)*
otium	**otii** n.	die Freizeit, die Erholung, die Muße	
sub (+ Akk.)	(Frage: WOHIN?)	unter (... hin)	*vgl. Subvention (= finanzielle Hilfe)*
sub (+ Abl.)	(Frage: WO?)	unter	*vgl. engl. subway, submarine*
terrére	**terreo 2**, terrui, territum	(jemanden) erschrecken	*vgl. jemanden terrorisieren, Terrorist*

* Ab dieser Lektion findest du in der ersten Spalte bei Verben immer die **Nennform (Infinitiv)**, angegeben. In der zweiten Spalte steht zunächst, fett gedruckt, die 1. Person sowie die Konjugationsklasse, zu der das Verb gehört (unbedingt mitlernen!). Die letzten beiden, nicht fett gedruckten Formen, sind das aktive Perfekt (vgl. Lec. 6) und das Perfektpartizip (PPP, vgl. Lec. 20).

fallweise Schauplatz von Opernaufführungen) und die Diokletiansthermen. Dort konnten bis zu 3.000 Personen gleichzeitig baden. (Übrigens hat der größte Bahnhof Roms, der sich in der Nähe befindet, seinen Namen von ihnen: Stazione Roma Termini.)

Aquädukte

Über die römischen Wasserleitungen wurde aus den Bergen oder den Seen in der Umgebung Frischwasser in die Städte gebracht, das dort auf Brunnen und Bäder verteilt wurde. Private Wasseranschlüsse konnten sich nur wenige Reiche leisten. Typisches Merkmal der Aquädukte ist ihre Arkadenform (Arkaden = Bögen). Zu den besterhaltenen Aquädukten außerhalb Roms zählen der Pont du Gard in Frankreich und der Aquädukt von Segovia (Spanien).

SPA

Viele Hotels verfügen heutzutage über ein Spa. Gemeint ist damit eine Wellnessabteilung, in der es Saunen, Dampfbäder etc. gibt. Dementsprechend wird das Wort meist als Abkürzung von *Sanus per aquam* („Gesund durch Wasser") gedeutet.

Fotolia.com/lamax

Der Aquädukt Pont du Gard in Südfrankreich

5 Grammatica

Personalpronomina (Persönliche Fürwörter)

		1. Person		2. Person		3. Person (Reflexivpronomen)	
Sg.	1	*ego*[1]	„ich“	*tu*[1]	„du“	–	
	2	*mei*[2]	„meiner“	*tui*[2]	„deiner“	*sui*[2]	„seiner“, „ihrer“
	3	*mihi*	„mir“	*tibi*	„dir“	*sibi*	„sich“
	4	*me*	„mich“	*te*	„dich“	*se*	„sich“
	6	*a me*	„von mir“	*a te*	„von dir“	*a se*	„von sich“
		mecum	„mit mir“	*tecum*	„mit dir“	*secum*	„mit sich“
Pl.	1	*nos*[1]	„wir“	*vos*[1]	„ihr“	–	
	2	*nostri*[2]	„unser“	*vestri*[2]	„euer“	*sui*[2]	„ihrer“
		nostrum[3]	„von uns“	*vestrum*[3]	„von euch“	–	
	3	*nobis*	„uns“	*vobis*	„euch“	*sibi*	„sich“
	4	*nos*	„uns“	*vos*	„euch“	*se*	„sich“
	6	*a nobis*	„von uns“	*a vobis*	„von euch“	*a se*	„von sich“
		nobiscum	„mit uns“	*vobiscum*	„mit euch“	*secum*	„mit sich“

[1] Die Nominative des Personalpronomens werden nur bei besonderer Betonung geschrieben:
z. B.: ***Ego** Iuliam amo, **tu** Claudiam.* = „**Ich** liebe Julia, **du** (liebst) Claudia.“

[2] ***mei, tui, sui, nostri, vestri*** sind die (sehr selten vorkommenden) Objektsgenetive:
z. B.: *memor sum **tui*** = „ich gedenke **deiner** (= ich denke an dich)“

[3] ***nostrum*** und ***vestrum*** sind die (häufiger vorkommenden) Teilungsgenetive (Genetivus partitivus):
z. B.: *quis **vestrum**?* = „wer **von euch**?“

Possessivpronomina (Besitzanzeigende Fürwörter)

deklinieren wie Adjektive:

	1. Person		2. Person		3. Person	
Sg.	*meus/a/um*	„mein(e)“	*tuus/a/um*	„dein(e)“	*suus/a/um*	„sein(e)“ / „ihr(e)“
Pl.	*noster/tra/trum*	„unser(e)“	*vester/tra/trum*	„euer/eure“	*suus/a/um*	„ihr(e)“

suus ist **reflexiv** (rückbezüglich), d.h. es bezieht sich immer auf das **Subjekt** des Satzes und wird dementsprechend entweder mit „sein“ oder „ihr“ übersetzt:

Quintus amicam suam amat. = „Quintus liebt **seine** Freundin.“

Claudia amicam suam amat. = „Claudia liebt **ihre** Freundin.“

Quintus et Claudia amicos suos amant. = „Quintus und Claudia lieben **ihre** Freunde.“

Präpositionen mit Akkusativ oder Ablativ

Die Präpositionen ***in*** und ***sub*** stehen entweder mit Akkusativ oder Ablativ. Dementsprechend musst du bei ihnen (im Gegensatz zu allen anderen Präpositionen!) **fragen**:

- *in* + Akk. / *sub* + Akk. → Frage: WOHIN? (der Akk. gibt eine RICHTUNG an)
- *in* + Abl. / *sub* + Abl. → Frage: WO? (der Abl. gibt einen PUNKT an)

Beispiele:

in aquam saltat = „er springt **ins** Wasser“ (Akk. → WOHIN springt er?)
in aqua sedent = „sie sitzen **im** Wasser“ (Abl. → WO sitzen sie?)

Infinitiv (Nennform)

Der **Infinitiv Präsens Aktiv** ist an der Endung *-re* zu erkennen:

a-Konjugation		e-Konjugation	
amá-re	„(zu) lieben“	*moné-re*	„(zu) mahnen“

Exercitationes

I. Ergänze die Endungen!

1. Discipuli nunc certe in schol_______ sunt.
2. Quam diu Quintus sub aqu_______ manet!
3. Amici magistri in terr_______ alien_______ laborant.
4. Pueri cum puell_______ in schol_______ properant.
5. Vos post schol_______ in for_______ exspecto.
6. Pueri thermas[1] intrant et in aqu_______ properant.
7. Quintus gaudet, quod solus[2] cum Claudi_______ in templ_______ est.

1 thermae, -arum f.: „Thermen"; **2 solus/a/um**: „alleine"

II. Setze alle Satzglieder (auch die Pronomina) in den Plural bzw. den Singular!

1. Amici nos ad statuas exspectant.
2. Placetne tibi mecum ambulare?
3. Monstrate nobis pensa vestra, discipuli!
4. Ego amicam meam amo, tu amicam tuam amas.
5. Magistri amicorum nostrorum nos quoque docent.
6. Amica tua mihi quoque placet.
7. Narra mihi de te, amice!
8. Amici nostri pensa sua secum non habent.

III. Setze die Infinitive der angegebenen Verba in die passenden Sätze ein und übersetze!

ambulo – clamo – doceo – intro – sedeo – specto – video

1. Quis vestrum spectacula _______________ non amat?
2. Num vobis in schola _______________ placet?
3. Per vias pulchras _______________ nobis semper placet.
4. Amici Quinti forum _______________ in animo habent.
5. In schola _______________ discipulis non licet.
6. Magister verba Graeca _______________ in animo habet.
7. Cur tibi amphitheatrum _______________ non licet?

IV. Übersetze ins Lateinische!

1. Unser Lehrer spaziert mit uns am Forum.
2. Er erzählt uns und unseren Freunden viel.
3. Oft lobt er uns, immer ist er fröhlich.
4. Lacht auch euer Lehrer oft?
5. Wir lieben unseren Lehrer.
6. Liebt auch ihr euren Lateinlehrer[1]?

1 Lateinlehrer = magister Latinus

V. Setze die angegebenen Pronomina ein und übersetze!

ego – mea – meum – mihi – nobiscum – nos – tibi – tu – vestra – vobis – vobiscum – vos – vos

Post scholam Quintus Gaiusque ad Iuliam properant.

Gaius: „Salve, Iulia! Placetne _______________ nunc _______________ in thermas[1] venire[2]?

Iulia: „_______________ in thermas venire me semper delectat, sed pensum _______________ tam magnum est."

Quintus: „_______________ pensum magnum non habemus. Cur _______________ pensum magnum habes?"

Iulia: „_______________ quoque pensum magnum habetis, sed _______________ laborare non placet!"

Gaius: „Ita est. Sed pensa in thermis scribere[3] in animo habemus.

Iulia: „Consilium vestrum _______________ non placet. Iam video: _______________ in aqua sedetis et _______________ non solum _______________, sed etiam _______________ pensa scribo[5]."

1 thermae, -arum f.: „Thermen"; **2 venire** (Inf.): „kommen"; **3 scribere** (Infinitiv): „schreiben"; **4 consilium**, -i n.: „Plan"; **5 scribo**: „ich schreibe"

Wortklauberei

1 Die lateinische Sprache und ihre „Töchter"

Einer der (vielen) Gründe, warum dir der Lateinunterricht auch im Alltag Nutzen bringt, besteht darin, dass du dir beim Erlernen der sogenannten „romanischen Sprachen", die sich ja aus der lateinischen Sprache entwickelt haben, sehr leicht tun wirst.

? Liste mithilfe der Karte auf der inneren Umschlagseite hinten die fünf meistgesprochenen romanischen Sprachen auf!

____

Die enge Verwandtschaft dieser Sprachen untereinander lässt sich leicht am Beispiel des Begriffs „Freund" zeigen:

? Schaffst du es, herauszufinden, aus welcher dieser fünf Sprachen die in der Grafik angeführten Wörter stammen? (Ein Wort ist in zwei Sprachen gleich.)

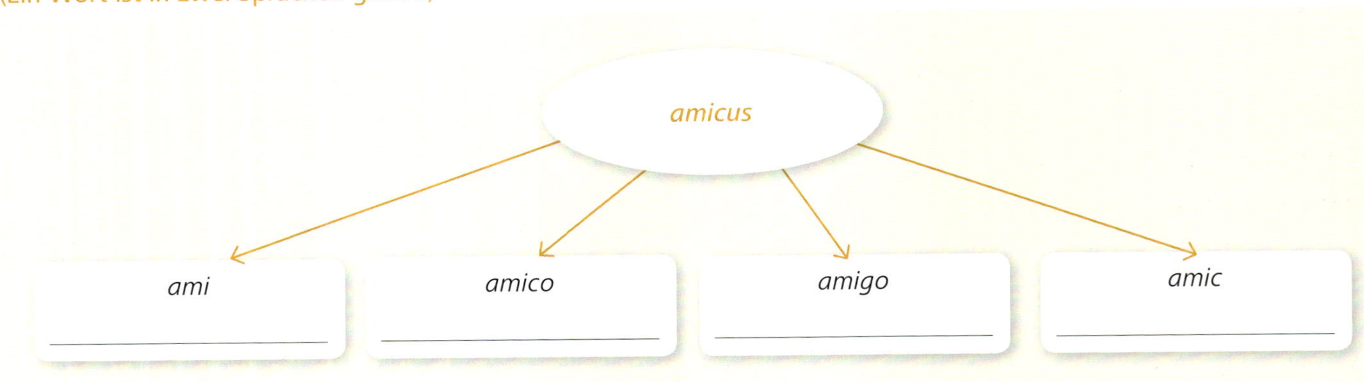

? Auch zwischen Latein und Englisch, das keine romanische, sondern eine germanische Sprache ist, besteht eine enge Verwandtschaft. Schätzungen zufolge gehen rund 50 bis 70 Prozent des englischen Wortschatzes auf lateinische Wörter zurück. Findest du heraus, welche lateinischen Wörter in den angegebenen englischen Begriffen enthalten sind?

a) to renovate: ______________________

b) spectator: ______________________

c) library: ______________________

d) entrance: ______________________

e) doctor: ______________________

f) multiple: ______________________

2 Groß- und Kleinschreibung großgeschrieben!

Beim Durcharbeiten der ersten fünf Lektionen wird dir schon aufgefallen sein, dass bei lateinischen Texten fast alle Wörter kleingeschrieben werden. Zwei Ausnahmen gibt es jedoch:

- Am **Satzbeginn** werden alle Wörter großgeschrieben.
- Alle **Eigennamen** werden großgeschrieben, z. B. *Romani* („die Römer"), *Roma* („Rom"), *Graeci* („die Griechen") etc.

Im Unterschied zum Deutschen gilt Letzteres aber nicht nur für Nomina, sondern auch für **Adjektiva**, z. B.: „das lateinische Buch" = *liber Latinus* (→ die Groß- und Kleinschreibung ist hier also genau umgekehrt wie im Deutschen!)*

* Das Lateinische entspricht hier dem Englischen, vgl. z. B. *the Roman culture* („die römische Kultur").

? Wie schreibt man lateinisch:

a) der römische Tempel = ______________________

b) das griechische Mädchen = ______________________

3 Vokale, Konsonanten & Co.

Lateinische Wörter bestehen aus drei verschiedenen Arten von Lauten:

- **Vokale** (Selbstlaute): A – E – I – O – U – (Y*)
- **Konsonanten** (Mitlaute): B – C – D – F – G – H – L – M – N – P – Q – R – S – T – V – X – (Z*)
- **Diphthonge** (Zwielaute = Kombination von zwei Vokalen): AE – AU – OE – EI (etc.)

*Y wurde von den Römern nur in griechischen Fremdwörtern geschrieben, z. B. *sympathia* („Übereinstimmung"), *symphonia* („harmonische Musik") etc. Auch Z wurde nur in griechischen Fremdwörtern und Eigennamen geschrieben, z. B. *zona* („Gürtel"), *Zacynthos*, *Zama* u. a.

? Welche drei Konsonanten kommen (abgesehen von Z) im Lateinischen nicht vor? ____________

? Welche Buchstaben werden stattdessen geschrieben? ____________

4 Grammatikalische Ausdrücke, die du nach den Lektionen 1 bis 5 können solltest

? Ergänze die zweite und die dritte Spalte:

Name	Übersetzung	deutsches Beispiel
Deklination		
Konjugation		
Nomen/Substantiv		
Adjektiv		
Verbum		
Infinitiv		
Imperativ		
Personalpronomen		
Possessivpronomen		

5 Präpositionen und Präfixe

Du hast in den ersten Lektionen schon eine Menge **Präpositionen** (Vorwörter) kennengelernt, die sich entweder mit dem Ablativ oder dem Akkusativ verbinden.

Zähle alle bisher gelernten Präpositionen auf:

a) Präpositionen mit **Ablativ**: ____

b) Präpositionen mit **Akkusativ**: ____

Manche Präpositionen können sich auch mit einem Verbum verbinden. Man spricht dann von einem **Präfix** bzw. einer **Vorsilbe**. Die Bedeutung dieser Vorsilbe ist meist eng verwandt mit der der Präposition (des Vorworts). Gut zu sehen ist das am Wort ***prae***: sowohl als Präposition als auch als Präfix bedeutet es „vor".

Das Präfix *prae-* kommt auch in vielen Fremdwörtern vor. Versuche, notfalls mithilfe eines Fremdwörterlexikons, die Bedeutung der folgenden Fremdwörter herauszufinden:

Fremdwort	Bedeutung
Präludium	
präparieren	
prähistorisch	
Prävention	

Fremdwort	Bedeutung
Präsident	
Präfekt	
Präfix	
Präposition	

6 DE ROMULO ET REMO

Procas, der König von Alba Longa, hatte die Herrschaft seinem älteren Sohn Numitor vermacht. Doch Amulius, der jüngere Sohn, riss die Herrschaft an sich. Damit ihm nicht einst Nachkommen des Numitor den Thron streitig machen würden, machte Amulius dessen Tochter Rhea Silvia zur Vestalin, zur Priesterin der Göttin Vesta. Als solche war sie zur Jungfräulichkeit verpflichtet.

Sed Rhea Silvia, **filia** Numitoris[1], **tamen duos filios** habuit, Romulum et Remum. Itaque Amulius pueros **parvos** in aqua exposuit[2]. **Paulo post** lupa[3] aquae **appropinquavit**, ubi Romulum Remumque vidit. **Liberos autem** non necavit, sed aluit[4]. **Deinde** pastor[5] pueros secum **portavit** et educavit[6].

Multis **annis post** Romulus et Remus – nunc iam viri **fuerunt** – **oppidum aedificare** in animo habuerunt. Duo autem viri in oppido novo **regnare** non **potuerunt**. Itaque auspicia[7] deorum spectaverunt. Remus **sex** vultures[8] vidit, Romulus autem paulo post **duodecim**. „Potesne auspicium videre?", Romulus interrogavit. „Ego **dis** (= deis) **gratus** sum: Mihi **di auxilium** suum promittunt[9]!"

Deinde cum aliis viris nonnulla aedificia et vallum[10] aedificavit. Remus nunc oppido novo appropinquavit. „Quam **magnificum** oppidum tuum est!", risit. „Sed vide: Tamen **trans** vallum tuum saltare[11] possum!" Romulus autem iratus Remum necavit clamavitque: „Sic deinde, quicumque[12] trans vallum oppidi mei saltat!"

1 **Numitoris** (2.F.): „des Numitor"; 2 **exposuit**: „(er) setzte aus"; 3 **lupa**, -ae f.: „Wölfin"; 4 **aluit**: „(sie) ernährte"; 5 **pastor**: „Hirte"; 6 **educare** 1, educavi: „erziehen"; 7 **auspicium**, -i n.: „Vorzeichen"; 8 **vultures** (Pl.): „Geier"; 9 **promittunt**: „sie versprechen"; 10 **vallum**, -i n.: „Wall", „Mauer"; 11 **saltare** 1, saltavi: „springen"; 12 **sic deinde, quicumque** ...: „so soll es in Zukunft jedem ergehen, der ..."

? **Ergänze die Lücken mithilfe des Lektionstextes!**

Rhea Silvia ist die Tochter des ________________. Ihr Onkel _____________ lässt die neugeborenen Zwillinge aussetzen. Diese werden aber von einer _____________ gerettet und von einem _____________ aufgezogen. Als sie erwachsen sind, verwenden Romulus und Remus im Streit um die Herrschaft __________________ als „Schiedsrichter".

Procas
(Kg. von Alba Longa)
↙ ↘
Numitor   Amulius
↓
Rhea Silvia + Mars
↙ ↘
Romulus   Remus

Der Ursprung Roms

Die kapitolinische Wölfin (Palazzo dei Conservatori, Rom)

Als Stammvater der Römer gilt **Äneas**, der Sohn der Göttin Venus. Nach seiner Flucht aus dem von den Griechen zerstörten Troja (in der heutigen Türkei) landete er nach langen Irrfahrten (die ihn auch zur karthagischen Königin Dido führten, vgl. S. 37) schließlich in Italien und gründete dort die Stadt Lavinium. Seine Nachkommen erbauten und regierten die Stadt Alba Longa (ca. 20 km von Rom entfernt), bis Romulus, wie oben erzählt, die Stadt Rom gründete.

Vater von Romulus und Remus ist übrigens der Kriegsgott Mars, der Rhea Silvia in ihrem Tempel geschwängert haben soll. Die Römer zählten also neben Jupiter (Ahnherr der Trojaner und somit auch des Äneas) und Venus (Mutter des Äneas) noch einen dritten Gott zu ihren Vorfahren.

Vocabularium

filia	filiae f.	Tochter	*vgl. Filiale (= Tochterunternehmen)*
tamen		dennoch, trotzdem	↔ *tam =*
duo/duae/duo	(3./6.F.: **duobus**)	zwei	*vgl. Duett, Duo*
filius	filii m.	Sohn	
parvus/a/um		klein	↔ *magnus =*
paulo post		wenig später	*S. 192*
post (nach Abl.)		später, nachher	↔ *post + Akk. =*
appropinquáre	appropinquo 1, **-avi***, -atum	sich nähern	*engl. to approach*
liberi (Pl.)	liberorum m.	die Kinder	↔ *libri, librorum =*
autem	(nachgestellt)	aber	*z. B.: ego autem = sed ego („aber ich")*
deinde		dann	*S. 192*
portáre	porto 1, **portavi**, -atum	tragen, bringen	*vgl. trans-portieren, ap-portieren („heranbringen")*
annus	anni m.	Jahr	*vgl. Annalen (= Jahrbücher); engl. annual („jährlich")*
esse	sum, **fui**, –	(zu) sein	*(siehe Grammatica)*
oppidum	oppidi n.	Stadt	
aedificáre	aedifico 1, **aedificavi**, -atum	erbauen	*vgl. aedificium =*
regnáre	regno 1, **-avi**, -atum	herrschen, regieren	*engl. to reign*
posse	possum, **potui**, –	können	*(siehe Grammatica); vgl. engl. possible*
sex		sechs	*vgl. Sextett*
duodecim		zwölf	*vgl. das Dutzend (= zwölf Stück)*
dis = deis	(3./6.F. Pl. m.)	den Göttern	
gratus/a/um		1) dankbar; 2) angenehm	*engl. grateful*
di (dii) = dei	(1.F. Pl. m.)	die Götter	
auxilium	auxilii n.	Hilfe	*vgl. engl. auxiliary verbs (= Hilfszeitwörter)*
nonnulli/ae/a (Pl.)		einige	*wörtl.: „nicht keine"*
magníficus/a/um		großartig, prächtig	*vgl. engl. magnificent*
trans (+ Akk.)		über; jenseits von	*vgl. Transit, Transfer, Transformator; „Transdanubien"*

* Ab diesem Kapitel gehört auch das fett gedruckte aktive Perfekt der Verba zum Lernstoff. Wenn du die letzte Form, das sog. Partizip Perfekt Passiv (PPP, vgl. Lec. 20) auch gleich mitlernst, ersparst du dir später die Mühe!

Die römische Wölfin: Die in der Gründungsgeschichte Roms erwähnte Wölfin wurde später zum Wappentier der Stadt. Die berühmteste Darstellung ist die sog. **kapitolinische Wölfin**. Die auf dem Kapitol im Konservatorenpalast ausgestellte Figur aus Bronze wurde lange Zeit für ein etruskisches Kunstwerk aus dem 6. Jh. v. Chr. gehalten. Neueste Untersuchungen legen aber nahe, dass die *Lupa Capitolina* aus dem Mittelalter stammt. Fest steht, dass die Figuren von Romulus und Remus erst in der Renaissance (16. Jh.) ergänzt wurden.

Eine weniger schmeichelhafte Deutung der in der Sage vorkommenden *lupa* besagt, dass es sich dabei nicht um eine Wölfin, sondern um eine Prostituierte gehandelt habe: Diese wurden nämlich wegen des Geheuls, das sie zum Anlocken der Kundschaft ausstießen, ebenfalls *lupae* („Wölfinnen") genannt.

Auch das Wappen des Fußballklubs AS Roma zeigt die Lupa Romana.

6 Grammatica

Perfekt Aktiv

Das Perfekt wird im Lateinischen nicht wie im Deutschen mit „haben" (z. B. „ich habe gegessen") oder mit „sein" (z. B. „ich bin gewesen") gebildet, sondern indem an den aktiven Perfektstamm bestimmte Endungen angefügt werden. Die lateinischen Perfektformen sind also im Gegensatz zum Deutschen einteilige Verbformen.

1. Der **aktive Perfektstamm** ist je nach Konjugation unterschiedlich:
   Bei der a-Konjugation lautet er meist ***-av-*** (z. B. *amav-*), bei der e-Konjugation meist ***-u-*** (z. B. *monu-*).

2. Die **Endungen**, die an den Perfektstamm angefügt werden, sind für alle Konjugationen gleich:

		Perfekt-Endungen	Perfekt der a-Konjugation		Perfekt der e-Konjugation	
Sg.	1. P.	*-i*	*amavi*	„ich liebte"	*monui*	„ich ermahnte"
	2. P.	*-isti*	*amavisti*	„du liebtest"	*monuisti*	„du ermahntest"
	3. P.	*-it*	*amavit*	„er/sie/es liebte"	*monuit*	„er/sie/es ermahnte"
Pl.	1. P.	*-imus*	*amavimus*	„wir liebten"	*monuimus*	„wir ermahnten"
	2. P.	*-istis*	*amavistis*	„ihr liebtet"	*monuistis*	„ihr ermahntet"
	3. P.	*-erunt*	*amavérunt*	„sie liebten"	*monuérunt*	„sie ermahnten"

3. Das **Perfekt** ist die lateinische **Erzählzeit**: Es beschreibt **einmalige**, in der Vergangenheit **abgeschlossene Vorgänge**.
   In Erzählungen wird es meist mit dem **Präteritum** wiedergegeben.

esse („sein") und *posse* („können")

Die Verba *esse* und *posse* werden unregelmäßig abgewandelt, weisen aber viele Parallelen zueinander auf: *posse* („können") ist nämlich eine Zusammensetzung aus *potis* („fähig") und *esse* („sein").

		Präsens			
Sg.	1. P.	*sum*	„ich bin"	*possum*	„ich kann"
	2. P.	*es*	„du bist"	*potes*	„du kannst"
	3. P.	*est*	„er/sie/es ist"	*potest*	„er/sie/es kann"
Pl.	1. P.	*sumus*	„wir sind"	*possumus*	„wir können"
	2. P.	*estis*	„ihr seid"	*potestis*	„ihr könnt"
	3. P.	*sunt*	„sie sind"	*possunt*	„sie können"
		Infinitiv Präsens			
		esse	„(zu) sein"	*posse*	„(zu) können"
		Imperativ			
Sg.		*es!*	„sei!"		–
Pl.		*este!*	„seid!"		–
		Perfekt			
Sg.	1. P.	*fui*	„ich war"	*potui*	„ich konnte"
	2. P.	*fuisti*	„du warst"	*potuisti*	„du konntest"
	3. P.	*fuit*	„er/sie/es war"	*potuit*	„er/sie/es konnte"
Pl.	1. P.	*fuimus*	„wir waren"	*potuimus*	„wir konnten"
	2. P.	*fuistis*	„ihr wart"	*potuistis*	„ihr konntet"
	3. P.	*fuerunt*	„sie waren"	*potuerunt*	„sie konnten"

NOTA BENE!
In einigen Formen von *posse* hat sich die Silbe *pot-* zu *pos-* verändert, und zwar immer dort, wo die nachfolgende Silbe mit *s* beginnt (z. B. *pot-sum* → *pos-sum*).
Man nennt das **Assimilation**
(→ S. 121).

TIPP: Wenn du bei den Formen von *posse* die Silbe *pos-* bzw. *pot-* weglässt, erhältst du die zugrundeliegende Form von *esse*!

Exercitationes

I. Übersetze die folgenden Perfektformen!

1. laudavistis: ______________________
2. habuerunt: ______________________
3. ambulavimus: ______________________
4. timuit: ______________________
5. placui: ______________________
6. superavisti: ______________________
7. risistis: ______________________
8. intravi: ______________________

II. Bestimme bei den folgenden Verbformen, ob es sich um ein Präsens oder Perfekt handelt!

laboravisti – clamatis – habuit – videt – vidit – monstrant – narraverunt – properas – licuit – terret – exspectavi – specto – cogitamus – cogitavimus – intrant – docuimus – docemus

III. Setze die folgenden Verba ins Perfekt (in derselben Person)!

1. narras: ______________________
2. properat: ______________________
3. monstro: ______________________
4. spectant: ______________________
5. terreo: ______________________
6. donatis: ______________________
7. sumus: ______________________
8. potes: ______________________

IV. Wähle die passenden Formen von *esse* („sein") oder *posse* („können") und übersetze!

Magister cum discipulis per Romam ambulavit. In foro *sum/sunt/esse* discipulis placuit. Nunc magister discipulique ante templum pulchrum *fuit/fuimus/fuerunt*. Magister interrogavit: „Ubi nunc *sumus/este/esse*? Quis vestrum respondere *potes/potest/possunt*? – Gai, *possum/potes/potest*-ne mihi respondere? Gai, *ubi es/est/sunt*?" – „Hic *sum/es/esse*, sed respondere non *possum/potes/posse*!" Deinde magister puellas interrogavit: „Claudia et Iulia, discipulae bonae *es/estis/sunt*. Certe vos respondere *possum/potes/potestis*!" Iulia respondere *potui/potuisti/potuit*: „Ante templum Vestae deae sumus/estis/sunt."

V. Ergänze die fehlenden Endungen und übersetze!

De Aenea[1]

Graeci multos annos ad Troiam, oppidum clarum magnificumque, pugnaverunt. Postremo oppid_______ expugnaverunt[2] multosque vir_______ necaverunt. Aeneas[1] autem fugere[3] potuit. Filium parvum quoque ex oppid_______ portavit et deinde cum multis viris et femin_______ Carthaginem[4], in oppidum novum et pulchrum, properavit. Regina[5] viros alienos vidit Aeneamque interrogavit: „Quis es?" Aeneas nunc de vit_______ su_______ narravit. Quod regina[5], femina pulchra, Aeneae plac_______, hic manere in animo habuit. Di autem aliud imperaverunt[6]. Itaque in Italiam[7] properavit, ubi diu cum nonnullis populis[8] pugna_______. Postremo eos[9] superavit et in Italia manere potuit. Nonnullis annis post Iulus, filius Aeneae[1], oppidum novum, Albam Longam, aedifica_______.

1 Aeneas, -ae m.: „Äneas"; **2 expugnare** 1: „erobern"; **3 fugere:** „flüchten"; **4 Carthaginem:** „nach Karthago"; **5 regina**, -ae f.: „Königin"; **6 imperare** 1: „befehlen"; **7 Italia**, -ae f.: „Italien"; **8 populus**, -i m.: „Volk"; **9 eos** (Akk.): „sie"

7 DE ROMANIS ET SABINIS[1]

Romulus war nun König der neuen Stadt Rom. Doch die Besiedelung der Stadt verlief nicht ganz ohne Probleme.

Paulo post Romulus in oppido novo regnavit. Multi viri in oppidum **venerunt**, quod ibi **habitare** in animo habuerunt. Sed viri feminas non habuerunt! Itaque, ut **apud** Livium[2] **legimus**, Romulus **consilium cepit**: **Nuntios** ad Sabinos[1], **populum** vicinum[3] **misit**. Nuntii Sabinis **dixerunt**: „Venite in oppidum nostrum! Vobis spectacula pulchra **parare** in animo habemus." Sabini verba nuntiorum magno cum gaudio **audiverunt** et libenter venerunt. **Nam** ita etiam oppidum novum spectare potuerunt.

Dum autem Sabini[1] spectacula vident, Romani **subito** filias Sabinorum **rapuerunt** et secum **domum** portaverunt. Sabini, quod **arma** sua secum non habuerunt, filias **adiuvare** non potuerunt et irati Romam **reliquerunt**. **Domi** autem, quod **iniuriam** Romanorum **tolerare** non potuerunt, arma ceperunt iterumque Romae appropinquaverunt. **Bellum gerere** in animo habuerunt. Sed filiae **inter** Romanos et Sabinos[1] **contenderunt** clamaveruntque: „Bellum gerere **necesse** non est: Libenter hic apud Romanos manemus. Nam viri boni sunt!"

1 **Sabini**, -orum m.: „die Sabiner" (Nachbarvolk der Römer); 2 **Livius**, -i m.: „Livius" (röm. Geschichtsschreiber); 3 **vicinus/a/um**: „benachbart"

? Ergänze die Lücken mithilfe des Lektionstextes!

1. Romulus schickte Boten zu den Sabinern, weil die Römer ______________________________.
2. Die Sabiner konnten ihren Töchtern nicht helfen, weil ______________________________.
3. Der Krieg zwischen Römern und Sabinern wurde dadurch verhindert, dass ______________________________

______________________________.

Die römische Frühzeit

Romulus gilt als erster von insgesamt **sieben Königen**. Der Sage nach soll er im Jahr **753 v. Chr.** Rom gegründet haben. (Merke dir den Spruch „753 – Rom schlüpft aus dem Ei"!) Die Stadt lag besonders günstig: an einer alten Handelsstraße und nicht allzu weit vom Meer entfernt (wo später Roms Hafen Ostia entstand). Außerdem boten **sieben Hügel** sichere und gesunde Wohnmöglichkeiten. Die Siedler sollen zuerst den Hügel *Palatin* besetzt haben. Später kamen die auf dem *Quirinal* lebenden Nachbarn dazu – ein Vorgang, der sich in der Geschichte vom Raub der Sabinerinnen widerspiegelt: Die fremden und feindlichen Sabiner wurden zu Mitbewohnern und Verwandten gemacht. Diese Fähigkeit, fremde Völker zu integrieren, zeichnete die Römer auch später immer wieder aus.

Die altitalischen Völker

Die Völker Italiens zur Zeit der Gründung der römischen Republik

Vocabularium

veníre	venio 4, veni, ventum	kommen	
habitáre	habito 1, -avi, -atum	wohnen; bewohnen	*vgl. engl. inhabitant (= Bewohner))*
ut		1) wie; 2) als	
apud (+ Akk.)		bei	
légere	lego 3, legi, lectum	lesen	*vgl. Lektüre, Legende*
consilium	consilii n.	1) der Plan; 2) der Rat	*consilium capere = „einen Beschluss fassen"*
cápere	capio M, cepi, captum	1) fassen, ergreifen; 2) fangen; 3) nehmen	*(vgl. S. 55!); vgl. kapieren (= verstehen), ein Schiff kapern (= erobern)*
nuntius	nuntii m.	1) der Bote; 2) die Nachricht	*vgl. Nuntius (= päpstlicher Botschafter)*
populus	populi m.	das Volk	*vgl. populär (= beim Volk beliebt), Populismus*
míttere	mitto 3, misi, missum	schicken	*vgl. Missionar (= einer, der ausgeschickt wurde)*
dícere	dico 3, dixi, dictum	1) sagen; 2) nennen	*vgl. Diktat; Diktion (= Ausdrucksweise)*
paráre	paro 1, paravi, -atum	1) (vor)bereiten; 2) erwerben	*vgl. etwas parat haben (= etwas vorbereitet haben)*
audíre	audio 4, -ivi, auditum	hören	*vgl. Audio-Datei, Audienz; Auditorium (= Hörsaal)*
nam		denn, nämlich	
dum (+ Präsens)		während	*S. 192*
subito (Adv.)		plötzlich	*S. 192*
rápere	rapio M, rapui, raptum	rauben	
domum		nach Hause	
arma (Pl.)	armorum n.	die Waffen	*vgl. Armee, Alarm (aus „Ad arma!" = „Zu den Waffen")*
adiuváre	ádiuvo 1, adiuvi, -iutum	unterstützen, helfen	*vgl. Adjutant (= Hilfsoffizier eines Kommandanten)*
relínquere	relinquo 3, reliqui, relictum	1) verlassen; 2) zurücklassen	*vgl. Reliquien (= Überreste von Heiligen), Relikt (= Überbleibsel)*
domi		zu Hause	*↔ domum =*
iniuria	iniuriae f.	das Unrecht	
toleráre	tolero 1, -avi, -atum	ertragen	*vgl. tolerant sein (= nachsichtig sein)*
bellum	belli n.	der Krieg	*vgl. Rebellion, Duell (duellum = bellum!)*
bellum gérere	gero 3, gessi, gestum	Krieg führen	
inter (+ Akk.)		zwischen	*vgl. international, Intercity-Zug, Intervall, interaktiv*
conténdere	contendo 3, contendi, contentum	1) eilen; 2) kämpfen	*Grundbedeutung = „die Kräfte anspannen"*
necesse est		es ist notwendig	*engl. necessary; vgl. das Necessaire (= Toilettttasche)*

Nach dem Tod des Romulus (er soll während einer Sonnenfinsternis plötzlich verschwunden und unter die Götter aufgenommen worden sein) regierten der Sage nach noch sechs weitere Könige die Stadt Rom. Die letzten von ihnen stammten aus dem Nachbarvolk der **Etrusker**. Sie wurden von den Römern *Tusci* genannt, wovon sich der Name *Toskana* ableitet. Von den Etruskern übernahmen die Römer die Zirkusspiele, den Triumphzug, den Bau von Wasserleitungen und Kanälen (z. B. die *Cloaca Maxima* zur Trockenlegung des Forums), die Toga, das Atriumhaus, die Zukunftsdeutung sowie (möglicherweise) die Gladiatorenspiele. Unter den Etruskern wurde Rom auch mächtiger: Mitte des 6. Jh. war Rom bereits die mächtigste Stadt in Latium. Angeblich im Jahr 510 v. Chr. wurde der letzte etruskische König von den Römern gewaltsam vertrieben (vgl. Lec. 8).

AUDI

Hättest du gewusst, dass diese Automarke eigentlich eine Befehlsform (Imperativ) ist? Der Gründer der Firma war ein gewisser Herr August Horch. Nachdem er sich mit dem Vorstand der von ihm gegründeten Firma zerstritten hatte, gründete er 1910 eine neue Autofirma – und benannte diese nach der lateinischen Übersetzung seines Familiennamens (Horch = höre = lat. *audi*)! Übrigens war das die Idee eines schlauen Gymnasiasten!

Veni, vidi, vici

Diesen wohl berühmtesten lateinischen Satz („Ich kam, sah, siegte.") soll Cäsar nach einem Blitzsieg (innerhalb von nur vier Stunden) gegen den kleinasiatischen König Pharnakes im Jahr 47 v. Chr. geäußert haben.

7 Grammatica

Konjugationen

Neben der a- und e-Konjugation gibt es noch drei weitere Konjugationsklassen, die einander sehr ähnlich sind und sich nur in Details voneinander unterscheiden. Wie a- und e-Konjugation sind auch sie nach dem Auslaut ihres Stammes benannt:

- **konsonantische Konjugation** (3): z. B. Inf.: *míttere* – 1. P. Sg. *mitto* (→ Stamm endet auf Konsonanten): *mitt-*
- **i-Konjugation** (4): z. B. *audíre – audio* (→ Stamm endet auf langes *i*): *audí-*
- **Mischkonjugation** (M): z. B. *cápere – capio* → (Stamm endet auf kurzes *i*): *capi-*

Vereinfacht gesagt, steht bei diesen drei Konjugationen im Präsens statt *-a-* bzw. *-e-* immer ein *-i-* (3.P. Pl.: *-u-*) vor der Endung:

		a-Konj.		e-Konj.	kons. Konj.*	i-Konj.	Mischkonj.
				Präsens			
Sg.	1.P.	*amo*	„ich liebe"	*mone-o*	*mitt-o*	*audi-o*	*capi-o*
	2.P.	*ama-s*	„du liebst"	*mone-s*	*mitt-i-s*	*audi-s*	*capi-s*
	3.P.	*ama-t*	„er/sie/es liebt"	*mone-t*	*mitt-i-t*	*audi-t*	*capi-t*
Pl.	1.P.	*ama-mus*	„wir lieben"	*mone-mus*	*mítt-i-mus*	*audí-mus*	*cápi-mus*
	2.P.	*ama-tis*	„ihr liebt"	*mone-tis*	*mítt-i-tis*	*audí-tis*	*cápi-tis*
	3.P.	*ama-nt*	„sie lieben"	*mone-nt*	*mítt-u-nt*	*áudi-u-nt*	*cápi-u-nt*
				Infinitiv Präsens			
		amá-re	„(zu) lieben"	*moné-re*	*mítt-e-re*	*audí-re*	*cápe-re*
				Imperative			
Sg.		*ama!*	„liebe!"	*mone!*	*mitt-e!*	*audí!*	*cápe!*
Pl.		*amá-te!*	„liebt!"	*moné-te!*	*mítt-i-te!*	*audí-te!*	*cápi-te!*

* Da bei der konsonantischen Konjugation der Stamm auf einen Mitlaut endet, tritt zwischen Stamm und Endung ein so genannter **Bindevokal**, der meistens *-i-*, manchmal auch *-u-* oder *-e-* lautet (in der Tabelle *blau* markiert).

Das **PERFEKT** wird bei allen Konjugationen mit den gleichen Endungen gebildet:
Perfektstamm + die Endungen Sg. ***-i/-isti/-it***; Pl. ***-imus/-istis/-erunt*** (→ S. 36)

Der **PERFEKTSTAMM** endet bei der i-Konjugation zumeist auf *-iv-*, bei den übrigen beiden Konjugationen musst du ihn – leider – zu jedem Verbum extra lernen (→ S. 199 ff.).

NOTA BENE!
Zu welcher Konjugationsklasse ein Verbum gehört, erkennst du nicht nicht am Infinitiv alleine, sondern erst aus der Kombination von Infinitiv Präsens und 1. Person Sg. (siehe Vokabelverzeichnis!):

-are → a-Konjugation (Abkürzung: ***-are*** **1**): *z. B. amáre, amo 1*
-ére → e-Konjugation (Abkürzung: ***-ére*** **2**): *z. B. habére, habeo 2*
-ire → i-Konjugation (Abkürzung: ***-ire*** **4**): *z. B. audíre, audio 4*
-ere → konsonantische Konjugation (Abkürzung: ***-ere*** **3**): *z. B. míttere, mitto 3*
-ere → Mischkonjugation (Abkürzung: ***-ere*** **M**): *z. B. cápere, capio M*

TIPP: Sowohl bei der e-Konjugation als auch bei der konsonantischen und Mischkonjugation endet der Infinitiv Präsens auf *-ere*. Allerdings ist die Betonung unterschiedlich: Bei der e-Konjugation wird die vorletzte Silbe betont, bei der konsonantischen und Mischkonjugation die drittletzte.
Zur Unterscheidung sind im Vokabelverzeichnis alle Infinitive mit einem Akzent versehen:

- *docére, manére, habére* 2 (= e-Konjugation)
- *dícere, míttere, légere* 3 (= konsonantische Konjugation) bzw. *cápere, rápere* M (= Mischkonjugation).

Exercitationes

I. Bilde von den folgenden Verben die 3. Person Sg. und Pl. Präsens und die Imperative Sg. und Pl.!

1. contendere: ______________________________
2. venire: ______________________________
3. parare: ______________________________
4. rapere: ______________________________
5. manere: ______________________________
6. legere: ______________________________

II. Setze die angegebenen Verben in der richtigen Form (Präsens oder Imperative) ein!

1. Iulia amicam in oppidum ______________. (mittere)
2. Cur tam laeti ______________, liberi? (esse)
3. ______________ verba magistri, discipuli! (audire)
4. ______________-ne nos, Claudia? (adiuvare)
5. Pueri magistro respondere non ______________. (posse)
6. Discipuli scholam ______________ (relinquere) et domum ______________. (properare)
7. Quid ______________, Gai? (dicere)
8. Cur domum ______________ (contendere) neque mecum hic ______________, Quinte? (manere)

III. Setze die folgenden Verbformen ins Perfekt!

1. portat: ______________
2. regnant: ______________
3. licet: ______________
4. narras: ______________
5. moneo: ______________
6. habemus: ______________
7. est: ______________
8. possunt: ______________
9. toleras: ______________

IV. Übersetze ins Lateinische!

1. Gaius sagte: „Warum gehst du nicht mit mir spazieren, Julia?
2. Immer sagst du: ‚Ich kann nicht kommen, Gaius, denn ich habe keine (Frei-)Zeit!'
3. Aber trotzdem gehst du oft mit Claudia in der Stadt spazieren."
4. Julia antwortete: „So ist es, aber so ist das Leben."

V. Setze die fehlenden Endungen ein und übersetze!

Parentes[1] Quintum in scholam mitt_______. Dicunt: „Contend_______ in scholam!" Quintus autem non contend_______, sed cum Gaio amico per vias ambul_______. Itaque pueri post alios discipulos in scholam veni_______. Magister clamat: „Cur nunc ven_______? Vos iam exspect_______. Dum vos ambul_______, nos iam diu de Roma leg_______. Pot_______-ne de Romulo Remoque narrare?" – Quintus dicit: „Certe possumus: Remus Romulusque Troiam[2] relinqu_______; deinde Remus Romulum nec_______." – Alii discipuli rid_______, magister clamat: „Stulti[3] estis!" Deinde magister multum de Roma et de viris claris narr_______. Meridie[4] discipulos domum mitt_______. Quintus et Gaius ad portam[5] proper_______, sed tum magistrum audi_______: „Hic man_______, pueri! Vobis scholam relinqu_______ non licet. Nunc de Romulo Remoque leg_______!" Itaque Quintus Gaiusque diu in schola leg_______, dum alii liberi laeti domum contend_______.

1 **parentes**: „Eltern"; 2 **Troia**, -ae f.: „Troja"; 3 **stultus/a/um**: „dumm"; 4 **meridie**: „zu Mittag"; 5 **porta**, -ae f.: „Tor"

8 DE LUCIO IUNIO BRUTO

Nach Romulus regierten sechs weitere Könige in Rom. Der siebente war Tarquinius Superbus, ein tyrannischer Herrscher aus dem benachbarten Etrurien (heutige Toskana). Als sein Sohn Sextus die tugendhafte Lucretia, die aus vornehmer Familie stammte und verheiratet war, überfiel und sie vergewaltigte, nahm sich die Frau trotz ihrer Unschuld das Leben. In Collatia, ihrem Wohnort nahe bei Rom, stachelte Lucius Iunius Brutus die Bevölkerung gegen die Tarquinier auf.

Post Lucretiae mortem[1] **unus** vir **ceteros** virtute[2] superavit: Brutus **primā horā** in forum Collatiae[3] contendit, ubi amicis de stupro[4] Sexti[5] narravit. Tum viris dixit: „Iam diu Tarquinios[6] tolerabamus. Sed **neque servi** virorum alienorum sumus **neque** eorum[7] iniuriam tolerare necesse est. Venite mecum!" Tunc cum **centum** viris in oppidum Romam properavit.

Tribus horis post in oppidum venerunt et forum **occupaverunt**. Quod arma et magna virorum copia Romanos terruerunt, multi ad forum contenderunt. Ibi Brutus clamavit: „Lucretia, femina clara, non solum marito[8] semper femina bona, sed etiam ceteris feminis **exemplum** bonum **erat**. Sine **culpa** est, nam **sola** fuit et Sexto[5] **resistere** non potuit. Nunc Lucretia **non iam** inter nos est, quod Sextus[5] iniuriam tam magnam **commisit**. **Nisi familiae** alienae **parere** in animo habetis, parete mihi et **expellite** totam familiam Tarquiniorum[6]!"

* Es lebe der freie Staat! ** Tarquinier hinaus!

Quid **fecerunt** viri Romani, **postquam** Bruti verba audiverunt? **Maxime** irati erant familiamque Tarquiniorum[6] postremo ex oppido expulerunt. Etiam Tarquinius Superbus cum duobus filiis Romam reliquit. Ita post Tarquinium, **septimum** regem[9] Romanum, in oppido Roma **nullus** alius rex[9] regnabat.

1 **mortem** (Akk.): „Tod"; 2 **virtute** (Abl.): „an/durch Tapferkeit"; 3 **Collatia**, -ae f.: „Collatia" (Heimatstadt der Lucretia); 4 **stuprum**, -i n.: „Schandtat"; 5 **Sextus**, -i m.: „Sextus" (einer der beiden Söhne des Königs Tarquinius Superbus); 6 **Tarquinii**, -orum m.: „die Tarquinier" (Königshaus in Rom, vgl. die Habsburger, die Wittelsbacher etc.); 7 **eorum**: „deren", „ihr"; 8 **maritus**, -i m.: „Ehemann"; 9 **rex** (Akk. Sg.: regem): „König"

? Ergänze die Lücken dem Inhalt des Lektionstextes entsprechend!

1. Nach dem Tod der ________________ hält Brutus zuerst in ________________ eine Rede vor seinen Freunden.
2. Danach eilt er mit ________________ Männern nach ________________, wo er von der Schandtat des ________________ erzählt.
3. Von Brutus aufgestachelt, ____________________________ die Römer die Tarquinier aus Rom.

Die Verfassung der römischen Republik

Nach der Vertreibung der Tarquinier wollten die Römer die Monarchie unter keinen Umständen aufrechterhalten. Also wurde die Macht auf mehrere Beamte aufgeteilt – Rom wurde zur **Republik**.

- **Senat**: „Ältestenrat"; 300 bis 600 Mitglieder aus den vornehmsten Familien und ehemaligen Beamten. Er hatte vor allem beratende Funktion gegenüber den Beamten.
- **Quästoren**: mind. 30 Jahre; Aufsicht über Staatsvermögen und Steuereintreibung.
- **Ädilen**: mind. 37 Jahre; Aufsicht über Straßen, Verkehr, öffentliche Bauten, Wasserleitungen, Getreideversorgung.
- **Prätoren**: mind. 40 Jahre; Rechtsprechung.
- **Konsuln**: mind. 43 Jahre; Leitung von Senatssitzungen und Volksversammlung, Einbringen von Gesetzesanträgen, Oberfehl über das Heer.
- **Diktator**: Er wurde in Krisensituationen für maximal sechs Monate zum alleinigen Machthaber ernannt.
- **Volkstribunen**: Vertreter der Plebejer (des einfachen Volks); konnten gegen jeden Beschluss eines Beamten ein Veto einlegen.
- **Volksversammlung**: Sie umfasste alle erwachsenen männlichen Bürger.

Machtkontrolle:
Um zu verhindern, dass einzelne Amtsträger zu mächtig wurden, legten die Römer zwei Regeln fest:
- Die **Annuität** (von *annus* = Jahr abgeleitet): Die Amtszeit war auf maximal ein Jahr begrenzt.
- Die **Kollegialität**: Jedes Amt musste von mindestens zwei Personen ausgeübt werden.

Vocabularium

unus/a/um	2.F. unius, 3.F. uni	1) ein; 2) einzig	*Unikat (= Einzelstück)*
ceteri/ae/a (Pl.)		die übrigen	*etc. = et cetera („und das Übrige")*
primus/a/um		der erste	*S. 192; vgl. Primel, Primar, Primat, prima*
hora	horae f.	die Stunde	*engl. hour*
neque – neque	(= nec – nec)	weder – noch	*vgl. neque =*
servus	servi m.	der Sklave	*Servus! (erg. sum) = „Ich bin dein Diener"*
centum		hundert	*vgl. Prozent („pro hundert"), Zentimeter*
tres/tres/tria		drei	*vgl. Triathlon; Triumvirat (= Dreimännerbund)*
occupare	occupo 1, -avi, -atum	besetzen	*engl. to occupy; vgl. okkupieren*
exemplum	exempli n.	das Beispiel	*engl. for example („zum Beispiel")*
eram, eras …	(Imperfekt von esse)	ich war, du warst …	*(vgl. Grammatica)*
culpa	culpae f.	die Schuld	
solus/a/um	2.F. solius, 3.F. soli	allein	*vgl. Solo, Solist*
resístere	resisto 3, restiti, –	Widerstand leisten	*engl. to resist; vgl. resistent (= widerstandsfähig)*
non iam		nicht mehr	*↔ iam =*
commíttere	committo 3, commisi, commissum	1) begehen (eine Tat); 2) beginnen (einen Krieg)	*engl. to commit (a crime)*
nisi		wenn nicht, falls nicht	*↔ si =*
familia	familiae f.	die Familie	*engl. family*
parére	pareo 2, parui, –	gehorchen	*vgl. parieren; ↔ parare 1 =*
expéllere	expello 3, -puli, -pulsum	vertreiben, verjagen	*pellere 3, pepuli, pulsum = „schlagen" (vgl. Puls!); wörtlich: „hinausschlagen"*
fácere	facio M, feci, factum	tun, machen	*vgl. Fakt, Faktum, Fakten (= Tatsachen)*
postquam	(+ Perfekt!)	nachdem	*S. 192*
maxime (Adv.)		sehr; am meisten	*vgl. maximal, maximieren*
septimus/a/um		der siebente	*vgl. September (siehe „Latein im Alltag")*
nullus/a/um	2.F. nullius, 3.F. nulli	kein	*vgl. Null; ↔ nonnulli/ae/a =*

September

Warum steckt in unserem neunten Monat eigentlich das lateinische Zahlwort *septem* = „sieben"? Das ist darauf zurückzuführen, dass das römische Jahr ursprünglich mit dem März begann. Folglich war der September der siebente, der Oktober der achte Monat etc. Im Jahre 153 v. Chr. wurde der Jahresbeginn auf Jänner verlegt. Da aber die ursprünglichen Monatsbezeichnungen beibehalten wurden, „stimmte" von nun an die Nummerierung nicht mehr.

Brutus

Von den römischen Historikern wird berichtet, dass sich Brutus unter der Gewaltherrschaft des Tarquinius Superbus zunächst dumm (lat. *brutus/a/um*, daher sein Beiname!) gestellt habe, damit ihn der König nicht fürchte und deshalb töten lasse. Erst nach dem Tod der Lucretia legte er seine vorgetäuschte Dummheit ab und wurde, wie du im Lektionstext gelesen hast, zum Befreier Roms von den verhassten etruskischen Königen. Angeblich soll er nach dem Sturz des Tarquinius im Jahr 509 v. Chr. gemeinsam mit Collatinus, dem Ehemann der verstorbenen Lucretia, das erste Konsulpaar der neuen römischen Republik gebildet haben. 450 Jahre später sah sich der bekannte Cäsarmörder Marcus Iunius Brutus (→ „Auch du, mein Sohn Brutus?", vgl. Lec. 19) als Nachfahre des altrömischen Gründers der Republik.

Das deutsche Adjektiv „brutal" leitet sich übrigens von *brutus/a/um* ab, dessen Bedeutung sich im Laufe der Zeit von „dumm" zu „roh" bzw. „gewalttätig" gewandelt hat.

8 Grammatica

Numeralia (Zahlwörter)

	Grundzahlen		Ordnungszahlen	
I	*unus, una, unum*[1]	„ein(s)"	*primus/a/um*	„der erste"
II	*duo, duae, duo*[2]	„zwei"	*secundus/a/um*	„der zweite"
III	*tres, tres, tria*[3]	„drei"	*tertius/a/um*	„der dritte"
IV	*quattuor*	„vier"	*quartus/a/um*	„der vierte"
V	*quinque*	„fünf"	*quintus/a/um*	„der fünfte"
VI	*sex*	„sechs"	*sextus/a/um*	„der sechste"
VII	*septem*	„sieben"	*septimus/a/um*	„der siebente"
VIII	*octo*	„acht"	*octavus/a/um*	„der achte"
IX	*novem*	„neun"	*nonus/a/um*	„der neunte"
X	*decem*	„zehn"	*decimus/a/um*	„der zehnte"
C	*centum*	„hundert"	*centesimus/a/um*	„der hundertste"
M	*mille*[4]	„tausend"	*millesimus/a/um*	„der tausendste"

[1] 2.F.: *unius* (m./f./n.)
3.F. *uni* (m./f./n.)
übrige Fälle wie *bonus/a/um*

[2] 2.F.: *duorum/duarum/duorum*
3./6.F.: *duobus/duabus/duobus*
4.F.: *duos/duas/duo*

[3] 2.F.: *trium* (m./f./n.)
3./6.F.: *tribus* (m./f./n.)
4.F.: *tres/tres/tria*

[4] Zu *mille* gibt es einen Plural (z. B. 2000 = *duo milia*):
1./4.F. *milia*
2.F. *milium*
3./6.F. *milibus*

Das Imperfekt

❶ **Bildung**: Das lateinische Imperfekt erkennst du an der Silbe ***-ba-***, die zwischen den Präsensstamm und die Endungen tritt (vor *-ba-* steht entweder ***-a-*** oder ***-e-***). Ausnahmen sind nur die Formen von ***esse*** und ***posse*** (➔ vgl. S. 186).

		a-Konjugation		kons. Konjugation		*esse*	
Sg.	1	***amabam***	„ich liebte"	***mittebam***	„ich schickte"	***eram***	„ich war"
	2	***amabas***	„du liebtest"	***mittebas***	„du schicktest"	***eras***	„du warst"
	3	***amabat***	„er liebte"	***mittebat***	„er schickte"	***erat***	„er war"
Pl.	4	***amabamus***	„wir liebten"	***mittebamus***	„wir schickten"	***eramus***	„wir waren"
	5	***amabatis***	„ihr liebtet"	***mittebatis***	„ihr schicktet"	***eratis***	„ihr wart"
	6	***amabant***	„sie liebten"	***mittebant***	„sie schickten"	***erant***	„sie waren"

❷ **Verwendung**: Das Imperfekt stellt lang **andauernde** oder **wiederholte** Handlungen dar. Du musst es mit dem deutschen **Präteritum** wiedergeben.

❸ **Unterschied Perfekt – Imperfekt:**

	LAT. IMPERFEKT	LAT. PERFEKT
• Was drückt die Zeit aus?	a) wiederholte Handlung b) länger dauernde Handlung	einmalige Handlung (= Erzählzeit!)
• Grafische Entsprechung:	Zeit**dauer** (Linie: —)	Zeit**punkt** (Punkt: •)
• Wiedergabe im Deutschen:	Präteritum	Präteritum / Perfekt

NOTA BENE!
Perfekt und Imperfekt sind gleich weit vom Präsens entfernt, drücken aber Unterschiedliches aus.

Den Unterschied zwischen den beiden Zeiten zeigt der folgende Satz:

Ambulabam; subito Iuliam vidi. = „Ich ging spazieren; plötzlich sah ich Iulia."
↑ Imperfekt: dauernd ↑ Perfekt: einmal

Zeitablativ *(Ablativus temporis)*

Bei Zeitbegriffen („Tag", „Monat", Jahr" etc.) steht auf die Frage „WANN?" der **Zeitablativ** *(Ablativus temporis)*. Er verlangt keine Präposition:

primā horā *in forum contendit* = „**in** der (zur) ersten Stunde* eilte er aufs Forum"
secundo anno = „**im** zweiten Jahr"

* Unter der *prima hora* verstanden die Römer die Stunde, in der es hell wurde. Dieser Zeitpunkt war natürlich von der Jahreszeit abhängig. Da der Tag in jedem Fall in zwölf *horae* eingeteilt war, dauerte eine *hora* im Sommer wesentlich länger als im Winter!

Exercitationes

I. Setze passende Zahlwörter ein und übersetze!

1. Romulus Romam in ______________ collibus[1] aedificavit.
2. Grammaticus ______________ linguas docebat.
3. Nos nunc iam linguam ______________ discimus[2].
4. Tarquinius Superbus fuit ______________ rex[3] Romanorum.
5. Rhea Silvia ______________ filios habebat.
6. ______________ oculos et ______________ digitos[4] habemus.
7. Quintus non ______________, sed nonnullas amicas habet.
8. Septem et ______________ faciunt duodecim.

1 collibus: Abl. Pl. von collis: „Hügel"; **2 discere** 3: „lernen"; **3 rex:** „König"; **4 digitus**, -i m.: „Finger"

II. Setze die Grundzahlwörter bzw. Ordnungszahlwörter ein und übersetze!

Hora ______________ (I) discipuli de Romanis claris audiunt. Hora ______________ (II) alius magister de Romanis claris narrat. Quod hora ______________ (III) magister iterum de Romanis claris narrare in animo habet, Gaius clamat: „Iam ______________ (II) horas de Romanis claris audimus. Num ______________ (VI) horas de Romanis claris audire necesse est? ______________ (I) horam de Romanis claris audire nobis placet. Post horam ______________ (III) autem Romanos claros non iam amamus." Itaque magister nunc ______________ (III) horas de Graecis claris narrat. Post horam ______________ (V) discipulis domum contendere licet.

III. Setze die folgenden Präsensformen ins Imperfekt und Perfekt!

1. audiunt: ______________________________
2. pugno: ______________________________
3. dicit: ______________________________
4. terres: ______________________________
5. legimus: ______________________________
6. potestis: ______________________________

IV. Ordne die folgenden Verbformen in drei Gruppen (Präsens – Imperfekt – Perfekt)!

toleraverunt – mittunt – mittebant – adiuvant – legebam – eramus – habitavimus – fuit – est – rapiunt – rapiebant – rapuerunt – respondet – respondit – placebat – sunt – manebam – licet – licuit – narrabas – superatis – superabatis – vidi – video – diximus – dicimus – potui – possumus – poterant – potuerunt

V. De Mucio Scaevola[1]

Populus Romanus iratus familiam Tarquiniorum expulit. Tarquinius autem ad Tuscos[2], ubi Porsenna[3] regnabat, contendit. Ibi ad Porsennam dixit: „Quod iniuriam Romanorum tolerare non possum, bellum cum populo Romano gerere in animo habeo. Si me adiuvas, Romanos certe superare possum."

Ita Tusci[2] castra ad Romam fecerunt et oppidum diu oppugnabant[4]. Tum Mucius, vir Romanus, consilium cepit: „Si Porsennam[3] neco, Tusci certe terram nostram relinquunt." Itaque solus in castra Tuscorum venit. Tusci autem Mucium ceperunt et ad Porsennam duxerunt[5]. „Quod me necare in animo habebas", Porsenna dixit, „te nunc in flammis[6] neco."

Sed Mucius clamavit: „Vide! Viri Romani flammas non timent[7]." Deinde manum dextram[8] in flammas tetendit[9]. Tum Porsenna, quod fortitudinem[10] Romanorum maxime timebat[7], Mucio vitam donavit et paulo post copias[11] suas domum duxit[5].

1 Mucius Scaevola: „Mucius Scaevola" (scaevola = „Linkshand"); **2 Tusci**, -orum m.: „die Etrusker"; **3 Porsenna**, -ae m.: „Porsenna" (etruskischer König); **4 oppugnare** 1: „belagern"; **5 ducere** 3, duxi: „führen"; **6 flamma**, -ae f.: „Flamme"; **7 timere** 2: „fürchten"; **8 manus dextra:** „die rechte Hand"; **9 tendere** 3, tetendi: „strecken"; **10 fortitudinem** (Akk.): „Tapferkeit"; **11 copiae**, -arum f.: „Truppen"

9 QUEM ROMANI MAXIME TIMENT?

Angeblich im Jahr 510 v. Chr. wurde der letzte römische König Tarquinius Superbus („der Hochmütige"), der von den benachbarten Etruskern abstammte, vertrieben. Doch auch danach mussten sich die Römer mit äußeren Feinden herumschlagen. Am gefährlichsten waren die Gallier, die im Jahr 390 v. Chr. bis Rom vordrangen.

Galli Romanos ad Alliam[1] **flumen** superaverunt multosque **milites** necaverunt. Deinde Romae appropinquabant. Romani autem aedificia sua reliquerunt et in Capitolium[2] **fugerunt**. Ita Galli Romam occupare potuerunt et multa aedificia **deleverunt**.

Deinde etiam Capitolium[2] **oppugnabant**, sed **expugnare** non poterant. Itaque **nocte**, dum Romani **dormiunt**, Capitolium[2] expugnare **constituerunt**. Alius post alium **castra** reliquit et **clam** ad Capitolium[2] **ascendebat**.

Neque **homines** neque **canes** Gallos audiverunt. Sed anseres[3] non dormiverunt. Quod anseres[3] **Iunoni sacri** erant, Romani anseres[3] non necaverant[4], **quamquam** iam cibo[5] carebant.

Nunc anseres[3] magnā (cum) **voce** clamabant. Marcus Manlius, vir in bello egregius[6], **clamorem** anserum[3] audivit et **statim** ceteros Romanos excitavit[7]. Deinde arma sua cepit et primum Gallorum de Capitolio deiecit[8]. Tunc ceteri quoque milites Romani arma ceperunt. Ad Manlium contenderunt et Gallos superare potuerunt.

Ita anseres[3] Capitolium[2] **servaverunt**. Manlius quoque sibi magnam **gloriam** paravit et **nomen** „Capitolinum" **accepit**.

1 Allia, -ae f.: „Allia" (Fluss nahe Rom); **2 Capitolium**, -i n.: „das Kapitol" (Hügel in Rom mit der Burg und dem Jupitertempel); **3 anser**, -eris m.: „Gans"; **4 necaverant**: „sie hatten getötet" (Plusquamperfekt); **5 cibus**, -i m.: „Nahrung"; **6 egregius/a/um**: „hervorragend"; **7 excitare** 1: „aufwecken"; **8 deicere** M, deieci: „hinabstoßen"

? Von welchen lateinischen Wörtern leiten sich die folgenden Fremdwörter ab? Zitiere in der rechten Spalte das entsprechende Wort aus dem Lektionstext und gib auch seine Bedeutung an!

Fremdwort	lat. Textzitat (+ Zeilenangabe und Bedeutung)
kapieren	
Karenz	
Militär	
Triumvirat	

„Ultimus non minimus, Manumilitarix vici dux est. Gravissimus, fortissimus, suspiciosissimus, rei militaris iamdiu expertus est: a suis colitur, timetur ab hostibus. Manumilitarix autem nihil nisi hoc unum timet: ne in caput sui caelum cadat! At, ut ipse saepe dicit, "nondum est cras quod non heri factum'st!"

Die Kelten

Die **Kelten**, die von den Römern **Gallier** genannt wurden, beeinflussten zwischen dem 6. und dem 1. Jh. v. Chr. die Kultur großer Teile Europas. Sie besiedelten von SW-Deutschland aus Britannien, Irland, Frankreich, Spanien, den Donauraum und den Ostalpenraum (inklusive Österreich, wo das *Regnum Noricum* entstand). Die Kelten drangen sogar bis in die heutige Türkei vor, wo sie das Reich der „Galater" gründeten. („Galater" = griech. Bezeichnung für die Gallier, vgl. den Namen des Fußballvereins Galatasaray Istanbul!)

Um 400 v. Chr. hatten sich die Kelten auch in Norditalien (in der Poebene) niedergelassen. Von dort aus drangen sie unter ihrem Führer Brennus bis nach **Rom** vor, das sie bis auf das Kapitol erobern konnten (siehe Lektionstext).

Vocabularium

quem?		wen?	*(siehe Grammatica)*
timére	**timeo 2**, timui, –	fürchten; sich fürchten	*vgl. engl. timid („furchtsam“, „ängstlich“)*
Galli	**Gallorum** m.	die Gallier (= Kelten)	
flumen	**flúminis** n.	der Fluss	
miles	**mílitis** m.	der Soldat	*vgl. Militär, engl. military („militärisch“)*
fúgere (+ Akk.)	**fugio M**, fugi, –	flüchten (vor), fliehen	*vgl. Zentrifuge, Refugium (= Rückzugsort)*
delére	**deleo 2, delevi**, deletum	zerstören	*engl. to delete („löschen“)*
oppugnáre	**oppugno 1, -avi**, -atum	bestürmen, belagern	*wörtlich: „dagegenkämpfen“*
expugnáre	**expugno 1, -avi**, -atum	erobern	*wörtlich: „herauskämpfen“*
nox	**noctis** f.	die Nacht	
dormire	**dormio 4, -ivi**, -itum	schlafen	
constitúere	**constituo 3, constitui**, constitutum	beschließen, festsetzen	*vgl. Konstitution (= Verfassung); engl. to constitute („festsetzen“, „gründen“)*
castra (Pl.)	**castrorum** n.	das Lager (Sg.)	*vgl. Kastell (= kleines Lager), engl. castle*
clam (Adv.)		heimlich	*vgl. klammheimlich (= ganz heimlich)*
ascéndere	**ascendo 3, ascendi**, ascensum	hinaufsteigen, besteigen	*vgl. Aszendent (= aufsteigendes Sternbild); engl. to ascend*
homo	**hóminis** m.	der Mensch	*vgl. Homo sapiens =*
canis	**canis** m.	der Hund	*vgl. Cave canem (siehe Bild unten)*
Iuno	**Iunonis** f.	Juno	*Gattin des Jupiter (→ S. 10)*
sacer/cra/crum		1) heilig; 2) geweiht	*vgl. Sakristei, Sakrament; engl. sacred („heilig“)*
quamquam		obwohl	
carére (+ Abl.)	**careo 2, carui**, –	frei sein (von ...), nicht haben	*z. B. otio careo = (ich bin frei von Freizeit) „ich habe keine Freizeit“: vgl. Karenz*
vox	**vocis** f.	die Stimme	*engl. voice; magnā voce = „mit lauter Stimme“*
clamor	**clamóris** m.	das Geschrei, der Lärm	*vgl. clamare (= rufen); Re-klame (= Werbung)*
statim (Adv.)		sofort, sogleich	
serváre	**servo 1, -avi**, -atum	1) retten; 2) bewahren	*vgl. kon-servieren; re-servieren*
gloria	**gloriae** f.	der Ruhm, die Ehre	*vgl. Gloria; glorreich (= ruhmreich)*
nomen	**nóminis** n.	der Name	*vgl. Nomen est omen = „Der Name ist Vorzeichen“*
accípere	**accipio M, accepi**, acceptum	1) erhalten; 2) aufnehmen; 3) annehmen	*vgl. akzeptieren (= etwas annehmen); engl. to accept*

200 Jahre war die Situation umgekehrt: Die Römer eroberten Oberitalien und machten es zur römischen Provinz *Gallia Cisalpina* („Gallien diesseits der Alpen“). Im 1. Jh. v. Chr. unterwarf Cäsar das gallische Kernland, womit die **Romanisierung** des Landes begann.

Ein in den **Asterix**-Bänden immer wiederkehrender Spruch des Häuptlings Maiestix hat übrigens einen historischen Hintergrund: 335 v. Chr. wurden keltische Gesandte von Alexander dem Großen gefragt, wovor ihr Volk denn Angst habe. Sie sollen zur Antwort gegeben haben: Die Kelten hätten nur vor einer Sache Angst, nämlich dass ihnen der Himmel auf den Kopf falle. Gemeint haben dürften sie damit, dass der Himmel, den man sich damals als Gewölbe vorstellte, einstürzen könnte.

Altrömische Hundewarnung (Mosaik aus Pompeji)

9 Grammatica

„Dritte" Deklination: Konsonantenstämme

Die sogenannte „dritte" Deklination ist ein Sammelbegriff für verschiedene Nomina (Substantiva), die zwar sehr **unterschiedliche Nominative**, sonst aber großteils gleiche Kasusendungen haben. Die in dieser Lektion vorkommenden Wörter gehören zu den so genannten **Konsonantenstämmen**, da ihr **Stamm** auf einen **Konsonanten** (Mitlaut) endet (weitere Untergruppen → Lec. 10).

Den Stamm erkennst du, wenn du vom Genetiv Sg. die Endung *-is* weglässt:

- *homin-is* → Stamm *homin-*
- *voc-is* → Stamm *voc-*
- *flumin-is* → Stamm *flumin-*

Das Geschlecht der Wörter der 3. Deklination kann **maskulin**, **feminin** oder **neutrum** sein.

			3. Deklination (Konsonantenstämme)		
Fall		FRAGE	maskulin	feminin	neutrum
Sg.	1/5	Wer?/Was?	*homo*	*vox*	*flumen*
	2	Wessen?	*hominis*	*vocis*	*fluminis*
	3	Wem?	*homini*	*voci*	*flumini*
	4	Wen?/Was?	*hominem*	*vocem*	*flumen*
	6	(nach Präposition)	*cum homine*	*sine voce*	*in flumine*
Pl.	1/5	Wer?	*homines*	*voces*	*flumina*
	2	Wessen?	*hominum*	*vocum*	*fluminum*
	3	Wem?	*hominibus*	*vocibus*	*fluminibus*
	4	Wen?/Was?	*homines*	*voces*	*flumina*
	6	(nach Präposition)	*cum hominibus*	*sine vocibus*	*in fluminibus*

NOTA BENE!

Einige Endungen der 3. Deklination sind „verwechslungsanfällig" mit der a- bzw. o-Deklination:

-is
- ↗ 3. Dekl. → 2.F. Sg. (z. B. *hominis* = „des Menschen")
- ↘ a-/o-Dekl. → 3./6.F. Pl. (z. B. *pueris* = „den Buben")

-i
- ↗ 3. Dekl. → 3.F. Sg. (z. B. *homini* = „dem Menschen")
- ↘ o-Dekl. → 2.F. Sg. (z. B. *pueri* = „des Buben") 1.F. Pl. (z. B. *pueri* = „die Buben")

TIPP: Dass ein Wort zur 3. Deklination gehört, erkennst du am Genetiv Singular auf *-is*. Bei den Vokabeln musst du daher immer den Genetiv Singular (und das Geschlecht) mitlernen!

Quis? / Quid? („Wer?" / „Was?")

Bei ***quis?/quid?*** handelt es sich um das **substantivische Fragepronomen** (Interrogativpronomen). Substantivisch heißt, dass es nicht übereingestimmt wird, sondern (wie ein Substantiv/Nomen) alleine steht:

z. B. *Quem vides?* = „Wen siehst du?"

1.F.	*quis?*	*quid?*	„wer?"	„was?"
2.F.	*cuius?*		„wessen?"	
3.F.	*cui?*		„wem?"	
4.F.	*quem?*	*quid?*	„wen?"	„was?"
6.F.	*a quo?* *cum quo?*		„von wem?" „mit wem?"	

Suchbild:
Quis videt canem?

Das **adjektivische Fragepronomen** (*qui/quae/quod*, vgl. S. 62) ist dagegen immer mit einem Substantiv/Nomen) übereingestimmt:

z. B. *Quem canem vides?* = „Welchen Hund siehst du?"

Exercitationes

I. Bestimme Fall und Zahl und übersetze!

1. nominibus: ______________________
2. vocum: ______________________
3. annum: ______________________
4. servi: ______________________
5. militi: ______________________
6. noctis: ______________________

II. Ordne den Substantiven (Nomina) die passenden Adjektive zu und übersetze!

clarus – aliud – magni – magnorum – parvo – pulchris

1. homo ______________________
2. nomen ______________________
3. clamoris ______________________
4. vocibus ______________________
5. fluminum ______________________
6. cani ______________________

III. Übersetze ins Lateinische!

1. vielen Flüssen ______________________
2. dem lateinischen Namen ______________________
3. große Menschen (2 Mögl.) ______________________
4. des berühmten Soldaten ______________________
5. mit meinem Hund ______________________
6. die großen Flüsse ______________________
7. in einer schönen Nacht ______________________
8. die berühmten Namen ______________________

IV. Ergänze die Endungen und übersetze!

Magister discipulis multum de Iuno________ hom__________que narravit. „Iuno homin________ non semper adiuvat. Nam saepe irata est, quod Iuppiter[1] non solum Iunon________, sed etiam multas alias puellas amat. Quinte, potesne mihi nomin________ puellarum dicere?“ Quintus autem voc________ magistri non audivit, quod iam diu dormiebat. Ceteri discipuli riserunt, Quintus autem clamor________ discipulorum non audivit.

Itaque magister clamavit: „Quinte!“ Puer statim exsultavit[2]. „Cur nunc dormis, Quinte? Quid noct________ facere soles[3]?“, magister interrogavit. – „Multis noct_________ dormire non possum“, Quintus respondit, „nam tam diu pensa mea facio.“

1 Iuppiter: „Jupiter“; **2 exsultare** 1: „aufspringen“; **3 solere** 2: „gewohnt sein“

V. De iniuria Gallorum

Milites Gallorum Romam occupaverunt multosque Romanos necaverunt. Deinde Capitolium[1], ubi ceteri Romani erant, diu oppugnabant. Quod Capitolium expugnare non potuerunt, exspectabant, dum[2] populus Romanus famem[3] tolerare non iam potuit. Tum Romani consilium ceperunt: „Si Galli de fame nostra dubitant[4], certe Romam relinquunt.“ Itaque panem[5] de Capitolio iecerunt[6]. Galli tamen sub Capitolio manebant. Postremo Romani Brennum[7], ducem[8] Gallorum, ad se vocaverunt[9] interrogaveruntque: „Relinquitisne oppidum nostrum, si vobis magnam copiam auri[10] donamus?“ Brennus respondit: „Si mille pondo[11] auri accepimus, statim Romam relinquimus.“ Itaque Romani aurum ad Gallos portaverunt, tum autem pondera[12] Gallorum viderunt. „Pondera vestra iniqua[13] sunt!“, clamaverunt. Brennus autem gladium quoque inter pondera iecit[6] et clamavit: „Vae victis[14]!“

1 Capitolium, -i n.: „Kapitol“; **2 dum**: hier: „bis“; **3 fames**, -is f.: „Hunger“; **4 dubitare** 1: „zweifeln“; **5 panis**, -is m.: „Brot“; **6 iacere** M, ieci: „werfen“; **7 Brennus**, -i m.: „Brennus“; **8 dux**, ducis m: „Führer“; **9 vocare** 1: „rufen“; **10 aurum**, -i n.: „Gold“; **11 pondo** (unde<linierbar): „Pfund“; **12 pondus**, -eris n.: „Gewicht“; **13 iniquus/a/um**: „falsch“; **14 Vae victis!**: „Wehe den Besiegten!“

10 DE HANNIBALE[1]

Nach den Galliern im 4. Jh. wurde den Römern im 3. Jh. v. Chr. ein anderes Volk gefährlich: die Karthager (= Punier). Im Gegensatz zu den Galliern waren sie nicht an Plünderungen, sondern an der Ausdehnung ihrer Wirtschaftsmacht interessiert. Nachdem die Karthager im ersten Punischen Krieg (264–241 v. Chr.) Sizilien an die Römer verloren hatten, eroberten sie große Teile Spaniens. Doch als der karthagische Feldherr Hannibal die mit den Römern verbündete spanische Stadt Sagunt angriff, erklärten die Römer den Karthagern den Krieg.

Hannibali **imperatori** magna **virtus** erat. Itaque **copias** suas ex Hispania[2] in Italiam[3] **ducere** constituit. Ita Saguntum[4] cum militibus reliquit. Sed non **navibus** per **mare** in Italiam contendit, sed milites cum elephantis[5] per Alpes[6] ducere **audebat**. Multos milites et etiam nonnullos elephantos[5] **amisit**. Tamen postremo in Italiam venit. Ibi nonnullis **pugnis** Romanos **vincebat** magnasque **partes** Italiae vastabat[7]. Romani magno in **timore** erant. **Ne** Romā **quidem** Hannibalem[1] **prohibere** potuerunt: Nam postquam Carthaginienses[8] copias Romanas ad Cannas[9] vicerunt multosque milites **occiderunt**, urbi Romae appropinquabant. „Hannibal ante **portas**!", paulo post Romani clamaverunt. Hannibal autem **urbem** oppugnare non audebat.

Postremo Romani Publium Cornelium Scipionem[10], virum **summo honore**, imperatorem **fecerunt**. Scipio bellum non iam in Italia, sed in Africa[11] gerere constituit copiasque trans mare duxit. Tunc Hannibal, quamquam Italiam non libenter reliquit, in **patriam** contendit. Tamen Scipio[10] copias Carthaginiensium[7] vicit et **pacem** cum **hostibus** fecit. Ita Scipio Romanos magno timore **liberavit** et nomen „Africanum" accepit.

1 **Hannibal**, -alis m.: „Hannibal"; 2 **Hispania**, -ae f.: „Spanien"; 3 **Italia**, -ae f.: „Italien"; 4 **Saguntum**, -i n.: „Sagunt"; 5 **elephantus**, -i m.: „Elefant"; 6 **Alpes**, -ium f.: „die Alpen"; 7 **vastare** 1: „verwüsten"; 8 **Carthaginienses**, -ium m. (Pl.): „die Karthager"; 9 **Cannae**, -arum f. (Pl.): „Cannae" (Stadt in Süditalien); 10 **Publius Cornelius Scipio** (-ionis): „Scipio" (römischer Feldherr und Konsul); 11 **Africa**, -ae f.: „Afrika"

? Liste alle Ausdrücke aus dem Text auf, die zum Sachfeld „Krieg" gehören (Substantiva und Verba)!

____

____

____

Die Punischen Kriege

Alamy Stock Photo/Interfoto

Die Elefanten werden auf Flößen über die Rhône transportiert. (Gemälde von Henri Motte, 1875)

Die sogenannten Punischen Kriege, in denen die Punier (= Karthager) mit den Römern um die Vorherrschaft im westlichen Mittelmeerraum kämpften, dauerten über 100 Jahre (264–146 v. Chr.). Nachdem die Römer den Puniern im **ersten der drei Kriege** Sizilien abgenommen und diese Insel zur ersten römischen Provinz gemacht hatten, brachte Hannibal im **zweiten Punischen Krieg** (218–202 v. Chr.) die Römer an den Rand der Niederlage. Nach seinem Zug über die Alpen (angeblich mit etwa 50.000 Mann und 37 Elefanten, von denen nur einer überlebt haben soll) verlor er durch ein Sumpffieber ein Auge. (Einäugigkeit galt in der Antike als Zeichen besonderer Tapferkeit!) Trotzdem fügte er den Römern am Trasimenischen See (Umbrien) und bei

Vocabularium

imperator	imperatoris m.	1) der Feldherr; 2) der Kaiser	*eigentl.: „Befehlshaber“ (vgl. imperare!)*
virtus	virtutis f.	1) die Tapferkeit; 2) die Tugend	*eigentl.: „Mannhaftigkeit“ (vgl. vir = Mann)*
copiae (Pl.)	copiarum f.	die Truppen	*↔ copia, -ae (Sg.) =*
dúcere	duco 3, duxi, ductum	führen	*vgl. reduzieren*
navis	navis f.	das Schiff	*Navigation (Steuerung des Schiffs/Autos)*
mare	maris n.	das Meer	*vgl. Marine =*
audére	audeo 2, ausus sum	wagen	
amíttere	amitto 3, amisi, amissum	verlieren	*wörtl.: „wegschicken“*
pugna	pugnae f.	der Kampf	*vgl. pugnare =*
víncere	vinco 3, vici, victum	siegen, besiegen	*vgl. Veni, vidi, vici (S. 39)*
pars	partis f.	der Teil	*engl. part; vgl. partiell (= teilweise)*
timor	timóris m.	die Furcht, die Angst	*vgl. timere =*
ne ... quidem		nicht einmal ...	*z. B. ne tu quidem =*
prohibére	prohibeo 2, -ui, -itum	1) abhalten, fernhalten; 2) hindern, verhindern	*vgl. engl. to prohibit („verbieten“)*
occídere	occído 3, occídi, occísum	töten	
porta	portae f.	das Tor, die Tür	*vgl. Portal (= großes Tor), Portier*
urbs	urbis f.	die Stadt	*vgl. urban (= städtisch); engl. suburb (= Vorort)*
summus/a/um		der höchste; sehr hoch	*vgl. Summe; engl. summit (= Höhepunkt)*
honor	honóris m.	die Ehre, das Ansehen	*vgl. honorieren (= belohnen); engl. honour*
fácere	(mit doppeltem Akk.)	zu etwas machen	*z. B. te amicam meam facio =*
patria	patriae f.	die Heimat	*vgl. Patriot (= Heimatliebender)*
pax	pacis f.	der Friede	*vgl. Pazifist (= Friedensanhänger), Pazifik*
hostis	hostis m.	der Feind	*vgl. engl. hostile (= feindlich)*
liberáre (+ Abl.)	libero 1, -avi,-atum	befreien (von)	*vgl. liberalisieren (= von Regelungen befreien)*

Urbi et orbi

So heißt der Segen, den der Papst zu Ostern und zu Weihnachten „der Stadt und dem Erdkreis“ (= der ganzen Welt) spendet. Unter *urbs* verstanden die Römer übrigens immer ihre Hauptstadt, also Rom.

Hannibal ante portas

„Hannibal vor den Toren“ sollen die Römer im Jahr 211 v. Chr. gerufen haben, als Hannibal mit seinem Heer vor der Stadt Rom auftauchte. Als Originalwortlaut ist allerdings gar nicht *ante portas*, sondern *ad portas* (wörtlich: „bei den Toren“) überliefert.

Cannae (Apulien) zwei katastrophale Niederlagen zu. Endgültig besiegen konnte er seine Erzfeinde (er soll als Kind seinem Vater geschworen haben, die Römer sein ganzes Leben lang zu hassen) allerdings nicht, unter anderem deswegen, weil es ihm nicht gelang, die Stadt Rom zu erobern.

Nachdem sich Hannibal über zehn Jahre in Italien aufgehalten hatte, griffen die Römer unter ihrem Feldherrn **Publius Cornelius Scipio** Hannibals Heimatstadt Karthago an. In der **Schlacht von Zama** (202 v. Chr.) unterlag Hannibal. 20 Jahre später beging er, von den Römern noch immer verfolgt, als Flüchtling Selbstmord durch Gift (vgl. den Text auf S. 53).

Im **dritten Punischen Krieg** (149–146 v. Chr.) zerstörten die Römer Karthago so gründlich, dass die karthagische Hochkultur nahezu spurlos ausgelöscht wurde.

Auf den Ruinen der Stadt erbauten die Römer ein – nunmehr allerdings römisches – Karthago.

10 Grammatica

„Dritte“ Deklination: Misch- und i-Stämme

Zur dritten Deklination gehören nicht nur die Konsonantenstämme (→ Lec. 9), sondern auch die Mischstämme und die i-Stämme. Diese unterscheiden sich nur in einigen Fällen geringfügig von den Konsonantenstämmen:

	4.F. Sg.m./f.	6.F. Sg.	1./4.F. Pl. n.	2.F. Pl.
Konsonantenstämme:	*-em*	*-e*	*-a*	*-um*
Mischstämme:	*-em*	*-e*	---	*-ium*
i-Stämme:	*-im*	*-i*	*-ia*	*-ium*

Zu den **Mischstämmen** (→ S. 180) gehören zwei Gruppen von (meistens weiblichen) Nomina:

- Wörter, bei denen der **1. und 2. F. gleich** (nämlich auf -is) lauten: z. B. *navis, navis* („Schiff“)
- Wörter, deren Stamm auf **zwei oder mehr Mitlaute** endet: z. B. *urbs, **urb**-is* („Stadt“), *pars, **part**-is* („Teil“)

Zu den **i-Stämmen** (→ S. 180) gehören nur ganz wenige Nomina:

- **Feminin** sind bestimmte, extra zu lernende Wörter wie *sitis, -is* („Durst“) oder *vis* („Kraft“).
- **Neutrum** sind alle Nomina auf ***-e*** oder ***-al***: z. B. *mare, maris* („Meer“), *animal, -alis* („Tier“).

Weitere Verwendungsarten des Ablativs

a) Mittelsablativ *(Ablativus instrumenti)*

Frage „**WOMIT**?“ / „**WODURCH**?“; Übersetzung: „**mit**“, „**durch**“ (→ das Mittel wird angegeben)

__Navibus__ in Italiam contendit. = „Er eilte **mit Schiffen** nach Italien.“
__Auxilio__ tuo vici. = „**Mit** deiner Hilfe (**durch** deine Hilfe) siegte ich.“

TIPP: **SACHBEGRIFFE** stehen im Ablativ meistens **ohne**, **PERSONEN** meist **mit** Präposition:

„Ich komme mit dem Freund.“ = ***Cum** amico venio*. (→ **Person**; gibt die Begleitung an)
„Ich komme mit dem Schiff.“ = *Nave venio*. (→ **Sache**; gibt das Mittel an)

b) Ablativ der Trennung *(Ablativus separationis)*

Frage „**WOVON**?“; Übersetzung: „**von**“

*Te **timore** libero.* = „Ich befreie dich **von der Furcht**.“
*Romani hostes **urbe** prohibent*. = „Die Römer halten die Feinde **von der Stadt** fern.“

c) Ablativ der Eigenschaft *(Ablativus qualitatis)*

Er gibt die Eigenschaft einer Person an. Erstübersetzung: „**von**“, oft besser **frei**:

*Hannibal imperator **magna virtute** erat.*
= „Hannibal war ein Feldherr **von höchster Tapferkeit**.“ (besser: „ein **sehr tapferer** Feldherr“)

Dativ des Besitzers *(Dativus possessivus)*

Eine Eigenheit des Lateinischen ist der Dativ des Besitzers. Ihn darf man **nicht wörtlich** übersetzen, sondern man muss ihn zu einem „**haben**“-Satz umformen:

__Imperatori__ magna virtus erat.
= (**Dem Feldherrn** war große Tapferkeit.→) „Der Feldherr **hatte** große Tapferkeit.“

__Mihi__ amica pulchra est.
= (**Mir** ist eine hübsche Freundin.→) „Ich **habe** eine hübsche Freundin.“

Exercitationes

I. Ergänze die Endungen und übersetze!

1. militum Graec__________
2. virtuti tu__________
3. urbium clar__________
4. in mari magn__________
5. in mare magn__________
6. partem parv__________
7. pace nov__________
8. honori tu__________
9. oppidi alien__________

II. Welches Wort passt nicht zu den anderen?

1. ☐ terrarum ☐ navium ☐ virtutum ☐ nuntium
2. ☐ iniuria ☐ exempla ☐ flumina ☐ maria
3. ☐ virtuti ☐ urbi ☐ servi ☐ parti
4. ☐ copiam ☐ dabam ☐ culpam ☐ patriam
5. ☐ constituis ☐ paruerunt ☐ monu mus ☐ rapuisti
6. ☐ occidi ☐ vidi ☐ audi ☐ vici

III. Setze die angegebenen Wörter im Ablativ ein und übersetze den ganzen Satz!

1. Romulus iratus Remum __________ occidit. (gladius suus)
2. Magister noster vir __________ est. (summus honor)
3. Milites hostium __________ pugnabant. (magna virtus)
4. Magister discipulos bonos __________ laudavit. (multa verba)
5. Romani copias Gallorum __________ prohibere non potuerunt. (oppidum suum)
6. Imperator __________ copias trans mare duxit. (multae naves)

IV. Überlege, um welche Ablative es sich in den folgenden Sätzen handelt, und übersetze!

1. Milites nostri hostes patria prohibere non iam possunt.
2. Scipio, imperator magno honore, multa milia militum navibus in Africam duxit.
3. Romani tribus bellis Carthaginienses vicerunt.
4. Quis nos culpa magna liberare potest?
5. Graeci nocte oppidum hostium occupaverunt deleveruntque.
6. Marcus Manlius, vir magna virtute, auxilio ceterorum militum Gallos vicit.
7. Imperator duos annos cum Gallis bellum gerebat; tertio anno hostes vincere potuit.

V. Übungssätze zum Dativ des Besitzers: Übersetze in gutes Deutsch!

1. Romanis multi dii fuerunt.
2. Iuliae oculi pulchri sunt.
3. Estne tibi novus amicus, Iulia?
4. Nonnullis pueris multae amicae sunt.
5. Mihi saepe otium est.
6. Nobis multi libri novi sunt
7. Romanis saepe magna copia liberorum erat.
8. Magistro nostro filius parvus est.

VI. De Hannibale[1]

Postquam Romani Carthaginienses[2] vicerunt pacemque fecerunt, Hannibal e patria fugit et ad Prusiam[3] venit. Quod ibi iterum bellum parabat, Romani Hannibalem occidere constituerunt et nuntios cum nonnullis militibus nave ad Prusiam[3] miserunt. Nuntii ad Prusiam venerunt dixeruntque: „Trade[4] nobis Hannibalem, hostem nostrum. Ita populum Romanum timore magno liberare potes!"

Prusias, postquam haec verba audivit, Hannibalem servare non audebat et respondit: „Hannibalem, quod hospes[5] meus est, tradere[4] mihi non licet. Sed certe aedificium, ubi habitat, invenire[6] potestis." Ita Hannibal paulo post milites Romanos ante portam vidit. Statim per aliam portam occultam[7] fugere constituit. Ubique[8] autem milites Romani erant. Tum Hannibal, vir summa virtute, clamavit: „Romani me occidere non possunt!", et venenum[9] sumpsit[10].

1 **Hannibal**, -alis m: „Hannibal"; 2 **Carthaginienses**, -ium m.: „die Karthager"; 3 **Prusias**, -ae m.: „Prusias" (König von Bithynien); 4 **tradere** 3: „übergeben"; 5 **hospes**, -itis m.: „Gast"; 6 **invenire** 4: „finden"; 7 **occultus/a/um**: „geheim"; 8 **ubique**: „überall"; 9 **venenum**, -i n.: „Gift"; 10 **sumere** 3, sumpsi: „nehmen"

Wortklauberei

1 Grammatikalische Ausdrücke, die du nach den Lektionen 6 bis 10 können solltest

? Ergänze die zweite und die dritte Spalte!

Name	Übersetzung	deutsches Beispiel
Infinitiv		
Imperativ		
Deklination		
Konjugation		
Dativus possessivus		
Vokal		
Konsonant		
Diphthong		

2 Geschlechtsregeln

In den Lektionen 9 und 10 hast du eine ganze Reihe von Nomina kennengelernt, die alle zur sogenannten „Dritten Deklination" gehören. Während bei der a-Deklination die Wörter in der Regel **feminin** (z. B. *aqua, terra, vita*) und bei der o-Deklination meist **maskulin** (z. B. *gladius, annus, oculus*) bzw. **neutrum** (z. B. *otium, oppidum, exemplum*) sind, können die Wörter der „Dritten Deklination" ganz unterschiedliche Geschlechter haben.

Glücklicherweise gibt es einige Regeln, die dir das Einprägen der Geschlechter leichter machen:

maskulin:	• alle auf *-or/-oris*	
feminin:	• die meisten auf *-is/-is*	
	• alle auf *-us/-utis*	
	• die meisten auf *-x*	
	• die meisten, die mit **zwei Konsonanten** enden	
neutrum:	• alle auf *-men/-minis*	
„natürliches Geschlecht":	• männliche Lebewesen → mask.	
	• weibliche Lebewesen → fem.	

? Füge in die dritte Spalte die entsprechenden Beispielwörter aus den Lektionen 9 und 10 ein!

? Was ist das gemeinsame Merkmal aller Wörter der 3. Deklination? ______________________________

3 Komposita

Unter einem Kompositum (Plural: Komposita) versteht man ein zusammengesetztes Wort.

? Komposita gibt es in allen Sprachen. Welche Komposita zum deutschen Verbum „tragen" fallen dir ein?

____

? Ergänze die Bedeutungen der beiden Komposita zu *pugnare* („kämpfen")!

a) *expugnare* = ______________________ b) *oppugnare* = ______________________

4 Ein Wort – viele Bedeutungen!

Oft ist es gar nicht leicht, für ein bestimmtes Wort ***eine*** bestimmte Bedeutung anzugeben, die alle Bedeutungsnuancen abdeckt. Ein gutes Beispiel dafür ist das Verbum ***capere*** (vgl. Lec. 7): Zu diesem Wort findest du in jedem Wörterbuch unzählige Bedeutungen. Sinnvoll ist es daher, wenn du dir als Grundbedeutung **„etwas fassen"** merkst. Diese Bedeutung wird dir helfen, in verschiedenen Zusammenhängen die jeweils passende Übersetzung zu finden.

Schaffst du es, die richtigen Bedeutungen für die Wortgruppen in der Grafik zu finden? Folgende stehen zur Auswahl: „erfassen", „einnehmen", „nehmen", „ergreifen".

capere = „etwas fassen"

castra hostium capere = ______________________

gladium capere = ______________________

librum capere = ______________________

magnus timor me capit = ______________________

5 Aufgepasst auf Pluralwörter!

Im Lateinischen sind dir bereits mehrere Nomina begegnet, die es nur im Plural gibt. Du erkennst sie im Vokabelverzeichnis daran, dass bei ihnen auch der Genetiv im Plural steht: z. B. ***castra, -orum n.*** = „Lager". (Das Wort könnte ja theoretisch auch *castra, -ae f.* heißen!)

a) Ergänze zu den folgenden Wörtern die Genetive und das Geschlecht und gib auch ihre Bedeutung an!

1. Fall	2. Fall + Geschlecht	Bedeutung
copiae		
arma		
liberi		

1. Fall	2. Fall + Geschlecht	Bedeutung
Graeci		
Romani		
Galli		

b) Was heißt dagegen *Graecus/a/um* bzw. *Romanus/a/um?* ______________________

6 Wörter, die du nicht verwechseln solltest!

Dummerweise gibt es im Lateinischen einige Wörter, die sich nur durch einen einzigen Buchstaben voneinander unterscheiden und doch etwas ganz anderes heißen. Tja, kleine Ursache – große Wirkung!

In der folgenden Tabelle findest du einige solcher „Prachtexemplare" aus den Lektionen 1 bis 10. Schaffst du es, ihnen die richtigen Bedeutungen zuzuordnen?

audire	
audere	
parare	
parere	
nos	
vos	

novus	
nonus	
ab	
ad	
ibi	
ubi	

*tam**	
*tum**	
alius	
alienus	
manere	
monere	

* vgl. dazu die Eselsbrücken auf S. 77!

11 QUIS IOVEM NON AMAT?

Jupiter hat sich in Europa, die Tochter des phönizischen Königs Agenor, verliebt. Als diese eines Tages mit ihren Freundinnen am Meer badet, fasst der Göttervater einen Plan, wie er sich der schönen Prinzessin nähern kann, ohne sie sofort zu erschrecken.

Iuppiter **scit**: „Puella me, deum summae potestatis[1], certe timet." Itaque **id** consilium capit: Mercurium[2], nuntium deorum, ad se **vocat** et ei **imperat**: „Propera, mi fili, ad **montem**, ubi boves[3] **regis** sunt, et duc eos ad **litus**!" Mercurius statim paret: Nam is Iovem adiuvare et **eius iussa conficere solet**.

Paulo post boves ad **eundem locum** veniunt, ubi regis filia cum **virginibus ludere** solet. Nunc Iuppiter se in **taurum** niveum[4] convertit[5] et se **multitudini** bo(v)um[3] immiscet[6]. Europa taurum niveum[4] statim **conspicit**. „Videte eum taurum summae **pulchritudinis**!", clamat amicasque interrogat: „Quis vestrum iam taurum tam pulchrum vidit?" Europa, quamquam **primo** taurum magnum **tangere** timet, tamen ad eum appropinquat, deinde **corpus** eius palpat[7], postremo etiam in eius tergo[8] sedere audet. Iuppiter gaudet et cum onere[9] grato in litore ambulat.

Sed subito terram relinquit et **mox** iam in mari est. Virgo, quod amicas videre non iam potest, nunc magno in timore est. Deus autem eam secum per mare in Cretam[10] **insulam** portat.

1 **potestas**, -atis f.: „Macht"; 2 **Mercurius**, -i m.: „Merkur" (der Götterbote, vgl. S. 57 unten); 3 **bos**, bovis m.: „Rind"; 4 **niveus/a/um**: „schneeweiß"; 5 **convertere** 3: „verwandeln"; 6 **se immiscere** (+ Dat.): „sich unter ... mischen"; 7 **palpare** 1: „streicheln"; 8 **tergum**, -i n.: „Rücken"; 9 **onus**, -eris n.: „Last"; 10 **Creta**, -ae: „Kreta" (griechische Insel)

? RICHTIG oder FALSCH?
Lies den Text noch einmal genau durch und überprüfe dann, ob die folgenden Aussagen richtig oder falsch sind!

1. Merkur führt immer Jupiters Befehle aus.	R	F
2. Jupiter verwandelt sich in einen Stier und kommt allein zu Europa.	R	F
3. Die Prinzessin beginnt den weißen Stier sofort zu streicheln.	R	F
4. Europa bleibt bis zum Schluss unerschrocken.	R	F

Fotolia.com/Ingo Bartussek

Rückseite der griechischen 2-Euro-Münze: Europa auf dem Stier

Europa

Dass die von Zeus aus Kleinasien (Phönikien) nach Kreta entführte Prinzessin Europa zur Namensgeberin unseres Kontinents wurde, ist natürlich eine Sage. Tatsache ist aber, dass auf Kreta mit der **Minoischen Kultur** (→ S. 64 f.) die erste europäische Hochkultur entstand: Die orientalische Kultur war also gewissermaßen von Osten nach Westen „gewandert", und dieser Vorgang spiegelt sich im Europa-Mythos wider.

Die schon in der Antike oft dargestellte **Jungfrau auf dem Stier** wird heute gerne als Symbol für das zusammenwachsende Europa verwendet.

Harm Bengen

„Mehr oder weniger Europa" (Harm Bengen)

Vocabularium

Iuppiter	Iovis m.	Jupiter	*griech. Zeus (vgl. S. 10)*
scire	scio 4, scivi, scitum	wissen	*vgl. engl. science =*
is, ea, id		1) dieser/e/es; 2) er, sie, es	*hinweisendes Fürwort (→ Grammatica)*
vocáre	voco 1, -avi, -atum	1) rufen; 2) nennen	*vgl. vox, vocis; vgl. Vokativ („Ruf-Fall"), Advokat*
imperáre	impero 1, -avi, -atum	befehlen	*vgl. Imperativ = ; Imperator =*
mons	montis m.	der Berg	*engl. mountain, mount*
rex	regis m.	der König	*Vgl. Regent (= Herrscher); Rektor (= Leiter)*
litus	lítoris n.	die Küste	*der Lido = vorgelagerte Insel Venedigs mit Strand*
eius	(2.F. Sg.)	dessen/deren (Sg.)	*(→ Grammatica)*
eorum/earum	(2.F. Pl.)	deren (Pl.)	*(→ Grammatica)*
iussum	iussi n.	der Befehl	
confícere	conficio M, confeci, confectum	1) ausführen, anfertigen; 2) beenden	*vgl. facere M =*
solére	soleo 2, solitus sum	gewohnt sein, pflegen	
idem, éadem, idem		der-, die-, dasselbe	*(→ Grammatica); vgl. ident, identisch*
locus	loci m.	der Ort, die Stelle, der Platz	*vgl. Lokal, lokalisieren; der Lokus (= WC)*
virgo	vírginis f.	das Mädchen, die Jungfrau	*engl. virgin*
lúdere	ludo 3, lusi, lusum	spielen	*vgl. Präludium (= Vorspiel)*
taurus	tauri m.	der Stier	*vgl. Torero (= Stierkämpfer), Toro Rosso (= Red Bull)*
multitudo	multitudinis f.	die Menge	*vgl. multi/ae/a (= „viele"); multiplizieren*
conspícere	conspicio M, conspexi, conspectum	erblicken	*vgl. in-spizieren (= genau untersuchen)*
pulchritudo	pulchritudinis f.	die Schönheit	*vgl. pulcher/ra/rum =*
primo (Adv.)		zuerst	*S. 192; vgl. Primel; ↔ primus/a/um (Adj.) =*
tángere	tango 3, tetigi, tactum	berühren	*vgl. Tangente, tangieren, Tangens; engl. to con-tact*
corpus	córporis n.	der Körper	*vgl. der Korpus; das Corpus delicti (= Beweisstück)*
mox (Adv.)		bald	*S. 192*
insula	insulae f.	die Insel	*vgl. isolieren; engl. island, pen-insula („Halbinsel")*

Quod licet Iovi, non licet bovi.

„Was dem Jupiter erlaubt ist, ist einem Rindvieh nicht erlaubt." Gemeint ist mit diesem Spruch: Nicht alle haben dieselben Rechte, sondern manche haben aufgrund ihrer bevorzugten (sozialen) Stellung bestimmte Vorrechte – oder glauben sie zumindest in Anspruch nehmen zu können.

Wolfram Kautzky, Wien

Merkur

Mercurius (griech. Hermes), einer der zahlreichen Söhne des Jupiter (griech. Zeus), diente seinem Vater als **Götterbote**. Dementsprechend sind der Heroldstab, Flügelschuhe und ein geflügelter Helm (manchmal auch noch ein Flügelpaar) seine Markenzeichen. Als „der ewig Dahineilende" wurde er auch zum **Gott der Nachrichtenübermittler**, woran heute noch Zeitungsnamen wie der „Münchner Merkur" erinnern. Darüber hinaus galt er auch als Gott der **Kaufleute** (vgl. engl. *merchandising*, *market*) – und der Diebe!

Raphaela Gratzer, 2013

Merkur – der Gott der Kaufleute

11 Grammatica

Demonstrativpronomina

Demonstrativpronomina sind **hinweisende Fürwörter** (*demonstrare* = „zeigen", „hinweisen", vgl. Demonstration).

1 *is, ea, id:* „dieser, diese, dieses"

Fall		m.	f.	n.
Sg.	1	*is*	*ea*	*id*
	2		*eius*	
	3		*ei*	
	4	*eum*	*eam*	*id*
	6	*eo*	*eā*	*eo*

Fall		m.	f.	n.
Pl.	1	*ii*	*eae*	*ea*
	2	*eorum*	*earum*	*eorum*
	3		*iis (= eis)*	
	4	*eos*	*eas*	*ea*
	6		*iis (= eis)*	

is, ea, id wird auf drei Arten verwendet:

a) als **Demonstrativpronomen** (→ mit einem Substantiv **übereingestimmt**): **„dieser, diese, dieses"**

Videte eum *taurum!* = „Seht **diesen** Stier!"

b) als **Personalpronomen** (persönliches Fürwort) der 3.P. (→ **nicht übereingestimmt**): **„er, sie, es"**

In monte boves regis sunt: Duc eos *ad litus!* = „Auf dem Berg sind die Rinder des Königs: Führe **sie** zur Küste!"

c) als **Possessivpronomen** (besitzanzeigendes Fürwort) → nur in den Genetivformen ***eius*** (Sg.) = **„dessen"** („sein") / **„deren"** („ihr") und ***eorum / earum*** (Pl.) = **„deren"** („ihr")

Mercurius Iovem adiuvat et ***eius*** *iussa conficit.* = „Merkur hilft Jupiter und führt **dessen** Befehle aus."

2 *idem, eadem, idem:* „derselbe, dieselbe, dasselbe"

Dieses Pronomen setzt sich aus den Formen von *is, ea, id* und *-dem* („-selbe") zusammen:

Fall		m.	f.	n.
Sg.	1	*idem*	*éadem*	*idem*
	2		*eiusdem*	
	3		*eidem*	
	4	*eundem*	*eandem*	*idem*
	6	*eodem*	*eádem*	*eodem*

Fall		m.	f.	n.
Pl.	1	*iidem*	*eaedem*	*éadem*
	2	*eorundem*	*earundem*	*eorundem*
	3		*iisdem*	
	4	*eosdem*	*easdem*	*éadem*
	6		*iisdem*	

Genetiv der Eigenschaft *(Genetivus qualitatis)*

Er gibt – wie der Ablativ der Eigenschaft – die Eigenschaft einer Person oder Sache an. Er wird auch so wie der *Ablativus qualitatis* übersetzt, nämlich mit **„von"** oder frei (d.h. mit einem Adjektiv):

taurus summae pulchritudinis = „ein Stier **von** höchster Schönheit" / „ein sehr schöner Stier"
puer decem annorum = „ein Bub **von** zehn Jahren" / „ein zehnjähriger Bub"
miles magnae virtutis = „ein Soldat **von** großer Tapferkeit" / „ein sehr tapferer Soldat"

Teilungsgenetiv *(Genetivus partitivus)*

Er steht nach **Pronomina** und **Mengenangaben** und hebt einen Teil aus einer Menge heraus.
Übersetzung: meist **„von"**, z. B.:

quis vestrum? = „wer **von** euch?"
multi nostrum = „viele **von** uns"
Quid novi (est)? = „Was (gibt es) Neues?"

Exercitationes

I. Setze die richtigen Formen von *is, ea, id* vor die folgenden Substantiva und übersetze!

1. ________ urbis: ________
2. ________ montem: ________
3. ________ nave: ________
4. ________ hostibus: ________
5. ________ liberi: ________
6. ________ corpora: ________
7. ________ flumini: ________
8. ________ aedificium: ________

II. Setze die richtigen Formen von *idem, eadem, idem* ein und übersetze!

1. Quintus et Gaius semper ________ virgines amant.
2. Cur semper ________ discipuli pensa non faciunt?
3. ________ anno iter in eam urbem fecimus.
4. Semper pensa ________ discipulorum magistro non placent.
5. Gaius ________ hora in scholam venit.
6. Milites Romani eorumque hostes ________ virtute pugnabant.
7. Octo pueri ________ consilium ceperunt: Domi manere constituerunt.

III. Übersetze!

1. Hamilcar[1] filium, puerum novem annorum, secum in bellum duxit.
2. Iovi non solum Europa, sed multae virgines pulchro corpore placebant.
3. Graeci eo bello non solum multos milites, sed etiam classem[2] centum navium amiserunt.
4. Romulus urbem summae pulchritudinis aedificare in animo habuit.
5. Milites Romani magnam copiam frumenti[3] secum portare solebant.

1 **Hamilcar**, -aris m.: „Hamilkar" (Vater Hannibals); 2 **classis**, -is f.: „Flotte"; 3 **frumentum**, -i n.: „Getreide"

IV. Gib die genaue Bezeichnung der fett gedruckten Substantiva an (z. B. Dativ des Besitzers) und übersetze den Satz!

1. Quis **discipulorum** libenter pensa facit?
2. **Magistro** duo filii **quattuor annorum** sunt.
3. Dum primus **discipulorum** iam in scholam intrat, Quintus domi bene dormiebat.
4. Licetne mihi **ea nocte** apud amicam manere?
5. Canis vester me semper **clamore** terret.
6. Cui **vestrum** eum montem **summae altitudinis**[1] nobiscum ascendere placet?
7. **Iuliae**, virgini **summae pulchritudinis**, nullus amicus est.
8. Canis noster **voce sua** homines alienos semper **porta** prohibet.

1 **altitudo**, -inis f.: „Höhe"

V. De Cadmo[1]

Postquam Iuppiter Europam, virginem magna pulchritudine, secum per mare portavit, Agenor[2] rex Cadmo filio imperavit: „Propera et quaere[3] Europam! Sine filia mea domum redire[4] tibi non licet." Cadmus parebat et diu Europam quaerebat. Quod autem virginem videre non poterat, ad Apollinem[5] deum venit: „Adiuva me!", clamavit. „Monstra mihi patriam novam!" Et deus bovem[6] pulchrum misit. Is bos Cadmum per terras duxit. Ubi autem bos consedit[7], Cadmus oppidum novum aedificare constituit. Quod primo dis bovem immolare[8] in animo habuit, amicos ad fontem[9] misit. Ibi autem draco[10] mirae[11] magnitudinis[12] habitabat et statim multos eorum occidit. Paulo post Cadmus, quod amicos neque vidit neque eorum voces audivit, ad eundem fontem[9] properavit et corpora amicorum draconemque conspexit. Cadmus, vir summae virtutis, cum eo dracone[10] pugnare audebat. Diu pugnabant neque alius alium vincere poterat, postremo autem Cadmus draconem[10] necavit.

1 **Cadmus**, -i m.: „Kadmos"; 2 **Agenor**, -oris m.: „Agenor" (Vater der Europa und des Kadmos);
3 **quaerere** 3: „suchen"; 4 **redire**: „zurückkehren"; 5 **Apollo**, -inis m.: „Apollo"; 6 **bos**, bovis m.: „Rind"; 7 **considere** 3, consedi: „sich hinlegen";
8 **immolare** 1: „opfern"; 9 **fons**, fontis m.: „Quelle"; 10 **draco**, -onis m.: „Drache"; 11 **mirus/a/um**: „erstaunlich" 12 **magnitudo**, -inis f.: „Größe"

12 DE MINOTAURO

Auf der Insel Kreta regiert später Minos, der Sohn Europas und Jupiters. König Minos wird vom Gott Neptun aber wegen eines Frevels hart bestraft: Seine Frau Pasiphaë bringt ein Ungeheuer zur Welt, das halb Mensch und halb Stier ist – den Minotaurus, der in einem gewaltigen Labyrinth eingeschlossen wird. Als Strafe für einen verlorenen Krieg müssen die Athener alljährlich je sieben Buben und Mädchen nach Kreta schicken, die dem Minotaurus zum Fraß vorgeworfen werden. Von diesem grausamen Brauch hört der athenische Königssohn Theseus:

Theseus e **patre quaerit**: „Cur **parentes** liberos suos in Cretam[1] mittunt?" – „Filios filiasque ad monstrum[2], **quod nihil nisi** liberos devorare[3] solet, mittere **debemus**," pater respondet. „Quod monstrum liberos nostros devorat[3]?" Theseus interrogat. Nunc de Minotauro, cui **caput** tauri et corpus hominis est, audit. Statim Theseus, qui **pericula** non timet, monstrum **interficere** constituit. Itaque eandem navem, in qua liberi **miseri** sunt, ascendit et in Cretam insulam **navigat**.

Ibi Ariadna, filia Minois[4] regis, Theseum conspicit. Quod is **adulescens** summae virtutis ei maxime placet, Ariadna Theseum **iuvare** constituit. Nam bene scit: „**Nemo**, qui labyrinthum[5] intrat, exitum[6] **invenire** potest." Itaque Daedalum, qui labyrinthum[5] aedificavit, magnā cum **curā** interrogat: „**Quomodo** Theseus labyrinthum relinquere potest? Nisi tu eum adiuvas, exitum invenire non potest." Itaque Daedalus Ariadnae filum[7] **dat**. Id filum[7] Theseus, dum labyrinthum intrat monstrumque quaerit, devolvit[8] et mox **medio** in labyrintho Minotaurum invenit. Postquam eum gladio interfecit, auxilio fili[7] labyrinthum relinquere potest.

Deinde Theseus cum liberis Ariadnaque navem, quae iam **parata** est, ascendit **atque** in patriam navigat. Sed medio in mari Theseus secum cogitat: „Ariadnam in matrimonium ducere[9] non possum. Nam filia regis hostium est." Itaque puellam in Naxo[10] insula, dum dormit, relinquit et sine ea domum navigat.

1 **Creta**, -ae f.: „Kreta" (griechische Insel); 2 **monstrum**, -i n.: „Ungeheuer"; 3 **devorare** 1: „fressen"; 4 **Minos**, Minois: „Minos" (König von Kreta); 5 **labyrinthus**, -i m.: „Labyrinth"; 6 **exitus** (Akk.: exitum): „Ausgang"; 7 **filum**, -i n.: „Faden"; 8 **devolvere** 3: „abwickeln"; 9 **in matrimonium ducere**: „heiraten"; 10 **Naxos**, -i f.: „Naxos" (griechische Insel)

? Von welchen lateinischen Wörtern leiten sich die folgenden Fremdwörter ab?

Dativ		Mission	
engl. entrance		Relikt	

Wie die Ägäis zu ihrem Namen kam

Theseus-Tempel im Wiener Volksgarten

Fotolia.com/Renata Sedmáková

Wenn du schon einmal auf einer griechischen Insel Urlaub gemacht hast, weißt du wahrscheinlich, dass dieser Teil des Mittelmeeres **Ägäis** heißt. Was hat das mit der Geschichte vom Minotaurus zu tun? **Ägeus** war der Vater des Theseus. Als Theseus mit den Kindern, die als Opfer für den Minotaurus bestimmt waren, nach Kreta absegelte, ließ er auf seinen Schiffen zum Zeichen der Trauer schwarze Segel aufziehen. Mit seinem Vater vereinbarte er, dass er – sollte seine „Mission impossible" gelingen – die schwarzen durch weiße Segel ersetzen werde. Als er jedoch Ariadne bei der Heimfahrt auf Naxos sitzen gelassen hatte, straften ihn die Götter für seine Treulosigkeit, indem sie ihn das Auswechseln der Segel vergessen ließen. Das hatte Schlimmes zur Folge: Ägeus erblickte von Weitem die schwarzen Segel, glaubte an ein unglückliches

Vocabularium

pater	patris m.	der Vater	vgl. Patriarch (= Familienoberhaupt) ↔ patria, -ae = „Vaterland"
quaérere	quaero 3, -sivi, -situm	suchen	quaero amicam = „ich suche die Freundin";
quaérere + ex		fragen	quaero ab/ex amica = „ich frage die Freundin"
parentes (Pl.)	parentum m.	die Eltern	engl. parents
qui, quae, quod		welcher/e/es; der/die/das	(Relativpronomen, siehe Grammatica)
nihil		nichts	vgl. Nihilist (= einer, der an nichts glaubt)
nihil nisi		nichts außer; nur	(wörtlich: „nichts, wenn nicht")
debére (+ Inf.)	debeo 2, -ui, -itum	müssen	
caput	capitis n.	der Kopf, das Haupt	vgl. Kapuze, Kapitän: engl. capital („Haupstadt")
periculum	periculi n.	die Gefahr	
interfícere	interficio M, interfeci, interfectum	töten	= necare, occidere
miser/era/erum		1) arm, elend; 2) unglücklich	vgl. miserabel; die Misere (= Notlage)
navigáre	navigo 1, -avi, -atum	segeln, mit dem Schiff fahren	vgl. navigieren („steuern"); navis, -is =
adulescens	adulescentis m.	der junge Mann	vgl. die Adoleszenz (= Jugendalter)
iuváre	iuvo 1, iuvi, iutum	unterstützen, helfen	= adiuvare (Lec. 7)
nemo		niemand	
invenire	invenio 4, inveni, inventum	1) finden; 2) erfinden	(wörtlich: „darauf-kommen"); engl. to invent, invention
cura	curae f.	die Sorge	vgl. Kur
quomodo		wie	(wörtlich: „auf welche Weise?")
modus	modi m.	die Art, die Weise	vgl. Mode (= die Art, sich anzuziehen)
dare	do 1, dedi, datum	geben	vgl. Dativ („Gebe-Fall"), Datum, datieren
medius/a/um		der mittlere; in der Mitte	vgl. engl. medium (z. B. Kleidergröße); mediterran
medio in labyrintho		mitten im Labyrinth	
paratus/a/um		bereit	vgl. parare (Lec. 7); vgl. „etwas parat haben"
atque (= ac)		und	= et, -que

Ende seines Sohnes – und stürzte sich aus Trauer ins Meer, das von nun an seinen Namen trug.

Übrigens lassen sich viele geografische Bezeichnungen und Namen in Griechenland auf Sagen zurückführen. Eine der wohl berühmtesten **„Ursprungsgeschichten"** ist die vom Absturz des Ikarus, nach dessen Absturzort die Insel Ikaria benannt ist (→ Lec. 13).

Wie Ariadne zur „Göttergattin" wurde

Für die vom treulosen Theseus auf der Insel Naxos zurückgelassene Ariadne hatte die Geschichte ein Happy End: Der Gott **Bacchus** verliebte sich in die schöne Königstochter aus Kreta und nahm sie zur Frau. Bei Bacchus (griech. Dionysos) handelt es sich um den Weingott, der immer mit einem Kranz aus Weinlaub dargestellt ist.

Bacchus und Ariadne (Pompeo Batoni, um 1773/74)

12 Grammatica

qui, quae, quod

Fall		m.	f.	n.
	1/5	*qui*	*quae*	*quod*
	2		*cuius*	
Sg.	3		*cui*	
	4	*quem*	*quam*	*quod*
	6	*quo*	*qua*	*quo*

Fall		m.	f.	n.
	1/5	*qui*	*quae*	*quae*
	2	*quorum*	*quarum*	*quorum*
Pl.	3		*quibus*	
	4	*quos*	*quas*	*quae*
	6		*quibus*	

NOTA BENE! Die Präposition *cum* wird an die Ablativformen meist angehängt: *quocum, quacum, quibuscum.*

Verwendungsarten von *qui, quae, quod:*

- **als adjektivisches Fragepronomen** (→ Bezugswort dahinter, vgl. auch S. 48): „welcher?", „welche?", „welches?"

  Quod templum amici spectant? = „**Welchen** Tempel betrachten die Freunde?"

- **als Relativpronomen** (als Einleitung eines Relativsatzes → nach Beistrich, Bezugswort davor): „der", „die", „das" / „welcher", „welche", „welches" (Details siehe unten)

  Templum, ***quod*** *amici spectant, clarum est.*
  = „Der Tempel, den die Freunde betrachten, ist berühmt."

NOTA BENE!
Im Gegensatz zu *quis?, quid?* (vgl. Lec. 9) ist *qui, quae, quod* ein adjektivisches Fragepronomen, d.h. es ist – wie ein Adjektiv – immer mit einem Substantiv (Nomen) übereingestimmt, während *quis?/quid?* immer alleine steht:
Qui puer clamat? („Welcher Bub schreit?") ↔ *Quis clamat?* („Wer schreit?")

Relativsätze (bezügliche Gliedsätze)

Die häufigste Verwendungsart von *qui, quae, quod* ist die als Relativpronomen (bezügliches Fürwort).

- Dieses bezieht sich in **Zahl** und **Geschlecht** auf ein (meist davor stehendes) **Bezugswort.**
- Der **Fall** richtet sich danach, wie man nach dem Pronomen im Gliedsatz fragt:

Theseus navem, in qua liberi sunt, ascendit. = „Theseus besteigt das Schiff, in dem die Kinder sind."

in qua:
- Zahl: → Singular (wie *navem*)
- Geschlecht: → feminin (wie *navem*)
- Fall: → 6. Fall („Wo sind die Kinder?")

Übersetzung des Relativpronomens (achte besonders auf den Genetiv!):

Fall		maskulin	feminin	neutrum
	1	„der"	„die"	„das"
	2	**„dessen"**	**„deren"**	**„dessen"**
Sg.	3	„dem"	„der"	„dem"
	4	„den"	„die"	„das"
	6*	„mit dem"	„mit der"	„mit dem"

Fall		m./f./n.
	1	„die"
	2	**„deren"**
Pl.	3	„denen"
	4	„die"
	6*	„mit denen"

* Die Übersetzung des Ablativs hängt davon ab, um welchen Ablativ es sich handelt: „durch den", „mit dem", „von dem", „an dem" etc.

Exercitationes

I. Unterstreiche Relativpronomen und Bezugswort und übersetze!

1. Theseus cum liberis, quos parentes in Cretam mittere debebant, navem ascendit.
2. Ariadna Theseum, qui ei maxime placebat, adiuvare constituit.
3. Ne canes quidem Gallos audiverunt, qui nocte Capitolium ascendebant.
4. Virgines, quibuscum Europa ludere solebat, sine filia regis domum properaverunt.
5. Romani filias Sabinorum, quae spectacula pulchra exspectabant, secum domum portaverunt.
6. Parentes virginum, quibus in oppido novo manere placuit, pacem cum Romanis fecerunt.

II. Setze die passenden Relativpronomina ein und übersetze!

1. Gaius, ________________ magister iam diu in schola exspectabat, per urbem ambulabat.
2. Cui nostrum cum Iulia, ________________ multi pueri amant, ambulare non placet?
3. Claudia post scholam ad Iuliam venit, ________________ auxilio pensa sua fecit.
4. Quintus libenter puellas pulchras, ________________ in foro ambulant, spectat.
5. Nemo nisi Gaius, ________________ parentes semper iuvant, pensum suum secum habuit.
6. Puellae, ________________ parentes diu magna cum cura quaerebant, nocte apud amicos erant.

III. Ordne die Relativsätze den richtigen Hauptsätzen zu und übersetze!

1. Iuppiter Europam amicasque, ______, conspicit.
2. Europa, ______, Iovi quoque placet.
3. Itaque deus, ______, se in taurum convertit[1].
4. Virgo nunc eum taurum, ______, videt multisque verbis laudat.
5. Iuppiter iis verbis, ______, gaudet virginique appropinquat.
6. Europa taurum, ______, primo tangere non audet.

a) quae summa pulchritudine est
b) quae Europa dicit
c) quem multi homines timent
d) qui in litore ambulat
e) quae ad mare ludunt
f) cuius oculi ei maxime placent

1 **convertere** 3: „verwandeln"

IV. Setze die passenden Interrogativpronomina ein und übersetze!

1. ________________ pueros magister monet?
2. ________________ periculum nunc times?
3. ________________ puellam maxime amas, Gai?
4. ________________ puerum minime amas, Iulia?
5. ________________ pueris ea virgo non placet?
6. ________________ caput Minotauro est?

V. De Procruste[1]

Theseus non solum Minotaurum interfecit, sed etiam homines aliis periculis liberavit. Postquam nonnullos latrones[2] occidit, ad Procrustem[1] quoque, virum summa magnitudine[3], venit. Is, cum[4] viatores[5] appropinquabant, dicere solebat: „Intrate! In domo[6] mea lecti[7] vobis parati sunt." Nam duos lectos[7] habebat: Alius parvus, alius magnus erat. Homines magnos ad lectum parvum ducebat dicebatque: „Quamquam tam magnus es, tamen in eo lecto dormire potes." Deinde partes eorum corporum gladio praecidebat[8]. Parvos autem homines ad lectum[7] magnum ducebat et deinde malleo[9] magno extendebat[10]. Ad eum virum Theseus quoque venit et eius domum sine timore intravit. Ibi Procrustes Theseo lectum[7] parvum monstravit. Tum autem Theseus, vir summa virtute, Procrustem eodem modo occidit, quo is homines miseros necare solebat: Eius caput et pedes[11] praecidit[8].

1 **Procrustes**, -is m.: „Prokrustes" (gr.: „der Strecker"); 2 **latro**, -onis m.: „Räuber"; 3 **magnitudo**, -inis f.: „Größe"; 4 **cum**: „wenn", „sooft"; 5 **viator**, -oris m.: „Wanderer"; 6 **domus** f. (Abl.: domo): „Haus"; 7 **lectus**, -i m.: „Bett"; 8 **praecidere** 3, -cidi: „abschneiden"; 9 **malleus**, -i m.: „Hammer"; 10 **extendere** 3: „in die Länge strecken"; 11 **pes**, pedis m.: „Fuß"

13 DE DAEDALO ET ICARO

Dädalus ist ein berühmter Künstler und Erfinder. Wegen eines Mordes musste er aus Athen fliehen und wurde auf Kreta von König Minos aufgenommen, für den er unter anderem auch das Labyrinth erbaute. Nach einigen Jahren wird Dädalus aber von Heimweh geplagt.

Daedalus, qui iam multos annos in Creta erat, **amore** patriae commotus[1] cum Icaro filio insulam relinquere **cupiebat**. Itaque a Minoe[2] rege **petivit**: „Da nobis navem! In patriam nostram navigare in animo habemus." Sed Minos Daedalum, qui **manibus** suis non solum **artificia** pulchra, sed etiam multas **res** utiles[3] summā **arte** conficere poterat, in insula retinebat[4].

Daedalus autem secum cogitavit: „Quomodo tamen fugere possumus?" **Casu,** dum ambulat, nonnullas pennas[5] invenit consiliumque cepit: Pennas colligere[6] ac cerā[7] **coniungere** et eo modo alas[8] facere constituit. Postquam nonnullos **dies** laboravit, **opus** suum confecit et filium vocavit.

„Vide, mi fili," inquit „alas[8] nostras! Auxilio earum Cretam relinquere et patriam petere possumus." Deinde filium, quod iam **meridies** est et **sol** medio in **caelo** erat, monuit: „Si soli appropinquas, cera[7], quae pennas[5] coniungit, tabescit[9]." Deinde Daedalus Icarusque alis[8] suis Cretam per caelum reliquerunt. Icarus sine **metu** post Daedalum volabat[10]. **Denique** autem verba patris **neglexit**: Altius[11] atque altius contendit et solem petivit. Is alas[8] pueri **solvit** et Icarus de caelo in mare **cecidit**. Daedalus, quod filium post se non iam videbat, clamavit: „Icare, Icare, ubi es?" Tum autem primo pennas[5] et deinde corpus filii **mortui** in aqua conspexit.

1 commotus/a/um: „bewegt", „veranlasst"; **2 Minos**, -ois m.: „Minos"; **3 utiles** (Akk. Pl.): „nützlich"; **4 retinere** 2, -ui: „zurückhalten"; **5 penna**, -ae f.: „Feder" (vgl. engl. pen); **6 colligere** 3: „sammeln"; **7 cera**, -ae f.: „Wachs"; **8 ala**, -ae f.: „Flügel" (vgl. Alitalia); **9 tabescere** 3: „schmelzen"; **10 volare** 1: „fliegen"; **11 altius** (Adv.): „höher"

? Teile den Text in vier Abschnitte und ordne diesen die folgenden Schlagwörter zu!

a) Bau der Flügel: → Zeile	c) Mahnung an den Sohn: → Zeile
b) Die Katastrophe: → Zeile	d) Dädalus hat Heimweh: → Zeile

Dädalus

Der geniale athenische Künstler und Erfinder Dädalus (griech. *Daidalos*, abgeleitet von *daidallein* = „kunstvoll arbeiten") soll unter anderem die Axt, die Waage und das Segel erfunden haben.

Da er seinen noch talentierteren Neffen und Lehrling Perdix aus Eifersucht auf dessen Erfindungen (Zirkel, Säge, Töpferscheibe) von der Akropolis gestürzt hatte, musste er aus Athen fliehen. Zuflucht fand er mit seinem Sohn Ikarus auf **Kreta** bei König Minos, in dessen Auftrag er unter anderem das Labyrinth für den Minotaurus erbaute. Da er Ariadne den Faden gab (Lec. 12), fiel er später bei Minos in Ungnade. Nach seiner Flucht und dem Absturz des Ikarus flog er nach Sizilien, wo er von König Kokalos freundlich aufgenommen und gegen seinen früheren Gastgeber Minos geschützt wurde: Als Minos in Sizilien erschien, um die Auslieferung des Dädalus zu fordern, ließ Kokalos den kretischen König im Bad seines Palastes ersticken.

Die Minoische Kultur

Im 3. Jahrtausend v. Chr. entwickelte sich auf Kreta eine blühende Kultur, die nach dem sagenhaften König Minos „Minoische Kultur" genannt wird. Typisch für sie sind die riesigen, weit **verzweigten Palastanlagen**, die den Mittelpunkt der Städte bildeten. Zu den bedeutendsten Sehenswürdigkeiten auf Kreta zählen heute noch die Paläste von Knossos und Phaistos.

Man vermutet, dass das Labyrinth in der Minotaurus-Sage einen dieser verwinkelt angelegten Paläste widerspiegelt. Auch die Bedeutung des Stierkultes auf Kreta ist durch zahlreiche bildliche Darstellungen belegt.

Vocabularium

amor	amoris m.	die Liebe	*vgl. Amor (Liebesgott)*
cúpere	cupio M, -ivi, -itum	wünschen, begehren	*↔ capere M =*
pétere	peto 3, petivi, petitum	„anstreben“, aufsuchen	*weitere Bedeutungen: → S. 77*
petere + ab		(er)bitten	*peto a te auxilium = „ich bitte dich um Hilfe“*
manus	manus f.	die Hand	*vgl. manuell, Manufaktur, Maniküre*
artificium	artificii n.	das Kunstwerk	*zusammengesetzt aus: ars + facere („Kunst machen“)*
res	rei f.	die Sache	*vgl. Medias In Res!; vgl. realisieren, realistisch*
ars	artis f.	1) die Kunst; 2) die Technik	*engl. art („Kunst“), artist („Künstler“); vgl. Artist*
casus	casus m.	1) der Fall; 2) der Zufall; 3) der Unglücksfall	*engl. case („Fall“)*
coniúngere	coniungo 3, coniunxi, coniunctum	1) verbinden; 2) vereinigen	*vgl. Konjunktion (= Bindewort); engl. conjunction („Verbindung“, „Verknüpfung“)*
dies	diei m.	der Tag	*vgl. engl. diary („Tagebuch“)*
opus	operis n.	das Werk	*vgl. das Opus (= Musikwerk)*
meridies	meridiei m.	der Mittag	*vgl. Meridian („Mittagslinie“), a.m./p.m. (s. unten)*
sol	solis m.	die Sonne	*vgl. Solarium*
caelum	caeli n.	der Himmel	
metus	metus m.	die Furcht, die Angst	*= timor, -oris*
denique (Adv.)		schließlich	*S. 192; = postremo*
neglégere	néglego 3, neglexi, neglectum	missachten, ignorieren	*engl. to neglect*
sólvere	solvo 3, solvi, solutum	auflösen, lösen	*engl. to solve (a problem); solution („Lösung“)*
cádere	cado 3, cécidi, –	fallen	*de-kadent (= verfallen, entartet); vgl. casus, -us =*
mortuus/a/um		tot, gestorben	*vgl. Mortalität (= Sterblichkeit); engl. mortal („sterblich“)*

a.m. / p.m.

Diese Zusätze zu den Zeitangaben im Englischen sind dir sicher nicht unbekannt. Wusstest du aber auch, wofür sie eigentlich stehen?

- *a.m. = ante meridiem* („vor Mittag“) • *p.m. = post meridiem* („nach Mittag“)

? Wie spät ist es also nach mitteleuropäischer Zählung a) um 11 a.m. ____________; b) um 2 p.m.? ____________

Die Minoische Kultur ist um 1600 v. Chr. durch eine Naturkatastrophe zugrunde gegangen – möglicherweise durch eine Flutwelle, die durch den Vulkanausbruch auf der ca. 130 km entfernten Insel Santorin ausgelöst wurde.

Alamy Stock Photo/Peter Horree

Akrobatischer Stiersprung (kultisches Ritual der Minoischen Kultur)

Fotolia.com/banepetkovic

Palast von Knossos (Kreta)

13 Grammatica

e- und u-Deklination

Diese beiden Deklinationen unterscheiden sich in erster Linie durch den **Auslaut ihres Stammes**, der *-e* bzw. *-u* lautet (der reine, endungslose Stamm ist jeweils im Ablativ Sg. zu sehen). Die Endungen sind großteils identisch.

		e-Dekl.	u-Dekl.
		res, rei f.:	casus, -us m.:
Sg.	1/5	*res* („Sache")	*casus* („Fall")
	2	*rei*	*casus*
	3	*rei*	*casui*
	4	*rem*	*casum*
	6	*re*	*casu*
Pl.	1/5	*res*	*casus*
	2	*rerum*	*casuum*
	3	*rebus*	*casibus*
	4	*res*	*casus*
	6	*rebus*	*casibus*

GESCHLECHTSREGELN:

- Nomina der **e-Deklination** sind feminin.
  (Ausnahmen: *dies* „Tag" und *meridies* „Mittag" sind **maskulin**.)
- Nomina der **u-Deklination** auf *-us* sind meist maskulin.
  (Ausnahmen: *domus* „Haus", *manus* „Hand" sind **feminin**.)

NOTA BENE!
Endet ein Nomen im 1. Fall Sg. auf *-us*, kann es zu verschiedenen Deklinationen gehören; zu welcher, erkennst du am Genetiv:

Sg.	1.F.	*amicus*	*virtus*	*opus*	*casus*
	2.F.	*amici*	*virtutis*	*operis*	*casus*
		↓	↓	↓	↓
Deklination:		o-Dekl. m.	3. Dekl. f.	3. Dekl. n.	u-Dekl. m.

Objektsgenetiv *(Genetivus obiectivus)*

Manchmal ergibt die wörtliche Übersetzung eines lateinischen Genetivs keinen Sinn, so z. B. bei *amor patriae*: „die Liebe **der** Heimat" ist als Übersetzung nicht sinnvoll, da die Heimat ja keine Person ist, die jemanden lieben kann. Also muss die Übersetzung wohl eher heißen: „die Liebe **zur** Heimat".

Einen solchen Genetiv, der nicht wörtlich, sondern nur mithilfe einer passenden Präposition übersetzt werden kann, nennt man ***Genetivus obiectivus***, da er das „Objekt" (den Gegenstand) einer Handlung bezeichnet:

amor patriae = „die Liebe zur Heimat" (= die Heimatliebe)
(→ jemand liebt die Heimat, sie ist „Objekt" seiner Liebe)

Es kann jedoch auch vorkommen, dass sowohl die „normale" Übersetzung als auch die mit Präposition möglich ist:

metus Romanorum =

a) „die Angst **der** Römer" („normaler" Genetiv
→ die Römer fürchten sich, sie sind Subjekt*)

b) „die Angst **vor den** Römern" (*Gen. obiectivus*
→ man fürchtet die Römer, sie sind Objekt)

* Der „normale" Genetiv wird deshalb auch ***Genetivus subiectivus*** genannt.

NOTA BENE!
Welche der beiden Übersetzungen die richtige ist, ergibt sich aus dem Zusammenhang. Insgesamt kommt der *Genetivus obiectivus* wesentlich seltener als der „normale" Genetiv (*Genetivus subiectivus*) vor!

Exercitationes

I. Bilde die richtigen Formen von *is, ea, id* zu den angegegeben Substantiva (Fall und Geschlecht beachten!) und übersetze die Wortgruppe dann!

1. ________ re: ________________________
2. ________ die: ________________________
3. ________ manui: ________________________
4. ________ metum: ________________________
5. ________ rei (2 Mögl.): ________________________
6. ________ patris: ________________________
7. ________ manuum: ________________________
8. ________ opus: ________________________

II. Ergänze die Endungen und übersetze!

De casibus Latinis

Magister e discipulis quaerit: „Quot[1] cas______ habent substantiva Latina?" – „Sunt sex cas______", Claudia respondet. „Bene!", magister inquit. „Et tu, Gai, potesne mihi nomina cas________ Latinorum dicere?" Is nomina quinque cas________ scit, sed nomen cas________ primi dicere non potest. Magister clamat: „Re________ novam a te non quaero: Iam multos die________ vos has re________ doceo!" Deinde Quintum interrogat: „Quinte, quod est nomen cas________ primi?" Quintus secum cogitat: „Genetivum, dativum, accusativum, vocativum, ablativum scio, solum casum primum nescio[2]!" Denique respondet: „Primitivus?", ceterique discipuli rident.

1 quot: „wie viele"; **2 nescire** 4: „nicht wissen"

III. Übersetze und überlege, ob es sinnvoller ist, den Genetiv als Genetivus obiectivus oder als Genetivus subiectivus wiederzugeben!

1. Quamquam hostes iam Romae appropinquabant, timor Romanorum tamen magnum non erat.
2. Scipio Romanos timore Hannibalis liberavit.
3. Romanorum metus elephantorum[1] magnus erat.
4. Quomodo mihi amorem Iuliae parare possum?
5. Homines alieni, quod metus canis nostri magnus est, hortum[2] nostrum intrare non audent.
6. Amor amicae meae magnus est. (2 Mögl.)

1 elephantus, -i m.: „Elefant"; **2 hortus**, -i m.: „Garten"

IV. Welches Relativpronomen ist das richtige? Übersetze die Sätze auch!

1. Europa eum taurum, *quod / quam / quem* ad mare conspicit, primo manibus tangere non audet.
2. Galli oppidum Romanorum, *quibus / quos / qui* iam diu cibo[1] carent, multos dies oppugnant.
3. Theseus eodem die, *qua / cui / quo* in Cretam venit, Minotaurum occidere constituit.
4. Ariadna, *quae / cuius / quarum* pater rex Cretae insulae erat, cum adulescente alieno navem ascendit.
5. Daedalo, *cui / quo / qui* artificia summae pulchritudinis conficere solebat, Cretam insulam relinquere non licuit.
6. Daedalus sibi et filio, *quocum / quem / cui* per caelum fugere in animo habebat, alas[2] confecit.

1 cibus, -i m.: „Nahrung"; **2 ala**, -ae f.: „Flügel"

V. De Neptuno[1] irato

Iovi cum Europa, quae in Creta insula habitabat, filius nomine Minos[2] erat. Post nonnullos annos Neptunus[1] deus Minoi[2], qui nunc rex eius insulae erat, taurum eximia[3] pulchritudine misit et imperavit: „Immola[4] mihi eum taurum!" Minos[2] autem, quod is taurus ei maxime placebat, non paruit, sed unum ex suis tauris immolavit[4]. Itaque deus iratus Minoem[2] eo modo punivit[5]: Pasiphae[6] Neptuni[1] taurum maxime amare coepit[7]. Nemo eam amore tauri liberare potuit. Postremo etiam filium ab eo concepit[8]. Homines autem, qui eum filium conspiciebant, statim secum cogitaverunt: „Pater eius non est Minos[2]. Nam ei animali[9] caput tauri est." Iis verbis iratus Minos[2] Daedalum labyrinthum aedificare iussit[10], ubi filium Pasiphaes[6] inclusit[11].

1 Neptunus, -i m.: „Neptun"; **2 Minos**, -ois m.: „Minos"; **3 eximius/a/um**: „außergewöhnlich"; **4 immolare** 1: „opfern"; **5 punire** 4: „bestrafen"; **6 Pasiphae**, -es f.: „Pasiphaë" (Gattin des Minos); **7 incipere** M, coepi: „beginnen", **8 concipere** M: „empfangen"; **9 animal**, -alis n.: „Lebewesen"; **10 iubere** 2, iussi (+ Akk.): „befehlen"; **11 includere** 3, inclusi: „einschließen"

14 DE TARTARO[1]

Nach seinem Tod auf der Insel Sizilien (siehe „De Graecis“ S. 64) wird König Minos wegen seiner gerechten Gesetzgebung Totenrichter in der Unterwelt. Als solcher schickt er die guten Menschen in das Elysium, die Insel der Seligen, die Frevler aber in den Tartarus. Zwei der Frevler, die im Tartarus für ihre Taten büßen, sind Tantalus und Sisyphus.

Tantalus rex non solum apud homines, sed etiam apud deos summo in honore erat. **Hi** eum etiam ad **cenas** suas **invitaverant**. **Quodam** autem die Tantalus hoc **facinus** commisit: Quod **prudentiam** deorum probare[2] in animo habuit, filium suum occidit et dis apposuit[3]. Sed di facinus **intellexerunt** pueroque vitam **reddiderunt**. Tantalum autem in Tartarum[1] miserunt, ubi has **poenas solvit**: Quamquam media in aqua **stat** sub quadam **arbore,** in qua multa poma[4] sunt, tamen semper **sitim famem**que tolerare debet. Nam **cum bibere** in animo habet, aqua recedit[5], et cum manus ad poma tendit[6], haec quoque tangere non potest.

Alius vir **improbus**, qui in Tartaro[1] poenas solvit, Sisyphus est. Hic homo summae prudentiae nonnulla **scelera** commiserat. Etiam **Mortem**, quae eum secum in Tartarum[1] ducere in animo habuit, ceperat et vicerat. Itaque homines diu mori[7] non potuerunt, quod est **contra naturam**. Facinoribus huius **generis** deos lacessiverat[8], qui eum hoc modo **puniverunt**: Semper magnum **saxum** omnibus **viribus** in montem volvere[9] debet. Cum autem **paene summo in monte** est, saxum deorsum revolvitur[10].

1 **Tartarus**, -i m.: „der Tartarus“ (Unterwelt); 2 **probare** 1: „auf die Probe stellen“; 3 **apponere** 3, apposui: „als Speise vorsetzen“; 4 **pomum**, -i n.: „Frucht“; 5 **recedere** 3, recessi: „zurückweichen“; 6 **tendere** 3, tetendi: „ausstrecken“; 7 **mori** (Infinitiv): „sterben“; 8 **lacessere** 3, lacessivi: „reizen“; 9 **volvere** 3: „wälzen“, „rollen“; 10 **deorsum revolvitur**: „er rollt zurück“

Latein im Alltag

Viribus unitis

Dieser Spruch bedeutet „Mit vereinten Kräften“ und war das Motto des österreichischen Kaisers Franz Joseph I. (1848–1916). Er wollte damit den Zusammenhalt der zahlreichen Völker der österreichisch-ungarischen Monarchie betonen.

? Welche Übersetzung stimmt? Kreuze an!

Hi eum ad cenas suas invitaverant. (Z. 2 f.) =	
1. Diese luden ihn zu ihren Mahlzeiten ein.	
2. Diese haben ihn zu ihren Mahlzeiten eingeladen.	
3. Diese hatten ihn zu ihren Mahlzeiten eingeladen.	

De Graecis

Antike Unterweltsvorstellungen

Die alten Griechen hatten eine recht genaue Vorstellung von ihrem Totenreich. Bewacht wurde es vom vielköpfigen, schlangenhaarigen Höllenhund **Kerberos** (lat. *Cerberus*). Dieser gestattete zwar jedem den Zutritt, aber keinem das Verlassen der Unterwelt. Nur wenigen Helden (z. B. Orpheus, Äneas, Theseus, Odysseus, Herakles) gelang die Rückkehr an die Oberwelt.

Über den Unterweltsfluss **Acheron** gelangten die Toten ins Innere des Hades. Voraussetzung für die Überfahrt war, dass man bestattet worden war, andernfalls drohte eine Wartezeit von 100 Jahren. Als Lohn für den Fährmann **Charon** diente der *Obolus*, eine Münze, die den Toten in den Mund gelegt wurde.

Die Unterwelt selbst war in verschiedene Bereiche geteilt:

- Im **Reich des Hades** halten sich die Verstorbenen auf, die zu ihren Lebzeiten keine besonders guten oder bösen Taten vollbracht haben.
- Im **Tartaros** schmachten alle diejenigen, die sich gegen die Götter versündigt haben. Neben *Tantalus* und *Sisyphos* sind das *Ixion* (er missbrauchte das Vertrauen des Zeus und wurde zur Strafe an ein feuriges Rad gebunden) und die *Danaiden* (vgl. den Text auf S. 71).
- Das **Elysium**, die „Insel der Seligen“, wird von den Lieblingen der Götter bevölkert. Zu ihnen gehören verschiedene Wohltäter des Menschengeschlechtes, Priester, Sänger und Philosophen.

Vocabularium

hic, haec, hoc		dieser/e/es	*hinweisendes Fürwort (→ Grammatica)*
cena	cenae f.	die Mahlzeit, das Mahl	
invitáre	invíto 1, -avi, -atum	einladen	*engl. to invite*
quidam, quaedam, quoddam	2.F. cuiusdam, 3.F. cuidam (etc.)	Sg.: ein (gewisser); Pl.: einige	*Deklination wie qui/quae/quod + -dam*
fácinus	facínoris n.	1) die Tat; 2) die Untat	*abgeleitet vom Verbum facere (= tun)*
prudentia	prudentiae f.	die Klugheit	*engl. prudence („Klugheit", „Umsicht")*
intellégere	intellego 3, intellexi, intellectum	erkennen, einsehen	*vgl. Intelligenz, intelligent (= mit Verstand begabt)*
réddere	reddo 3, reddidi, redditum	zurückgeben	*aus: re- („zurück-") + dare („geben")*
poena	poenae f.	die Strafe	*vgl. Pönale (= Strafgeld), Penalty (= Strafstoß)*
poenas sólvere		eine Strafe verbüßen	
stare	sto 1, steti, statum	stehen	*vgl. Station, Statue (= Standbild), Status (= Zustand); statisch (= stillstehend)*
arbor	árboris f.	der Baum	*Nota bene: Alle Bäume galten als weiblich!*
sitis	sitis f. (i-Stamm)	der Durst	
fames	famis f.	der Hunger	
cum (Konjunktion)		1) wenn, sooft; 2) als	*↔ cum + Abl. =*
bíbere	bibo 3, bibi, –	trinken	
ímprobus/a/um		schlecht, böse	
scelus	scéleris n.	das Verbrechen	
mors	mortis f.	der Tod	*vgl. engl. mortal („sterblich")*
contra (+ Akk.)		gegen	*vgl. Kontrast; Pro und Kontra (= Für und Wider)*
natura	naturae f.	die Natur	*engl. nature*
genus	géneris n.	1) die Art; 2) das Geschlecht	*engl. gender („Geschlecht")*
puníre	punio 4, punivi, -itum	bestrafen	*vgl. poena =*
saxum	saxi n.	der Fels	
vis (Sg.)	vim (4.F.), vi (6.F.) f.	1) die Kraft; 2) die Gewalt	*↔ vir, viri =*
vires (Pl.)	virium f.	die Kräfte	*Viribus unitis (siehe S. 68)*
paene (Adv.)		fast, beinahe	*vgl. engl. pen-insula („Fast-Insel" = Halbinsel)*
summo in monte		auf der Spitze des Berges	*(wörtl.: „auf dem höchsten Berg")*

Der **Herrscher der Unterwelt** sind *Hades (Pluto*, lat. *Dis)* und seine Gattin *Persephone (*lat. *Proserpina).*

Außerdem bevölkern noch drei weitere unerfreuliche Gestalten das Totenreich: Die *Moiren* (röm. *Parzen*) spinnen, erhalten und durchtrennen als **Schicksalsgöttinnen** den Lebensfaden der Menschen.

? Was versteht man heute unter

a) einem Zerberus? ____________________

b) einem Obolus? ____________________

c) einer Sisyphusarbeit? ____________________

d) Tantalus-Qualen? ____________________

Die Überfahrt zur Unterwelt (J. Patinier, um 1510): links das Elysium, rechts der Hades mit Cerberus

14 Grammatica

Plusquamperfekt

Das Plusquamperfekt (Plqpf., Vorvergangenheit) drückt eine Handlung aus, die **vor einer anderen vergangenen Handlung** stattgefunden hat:

Di Tantalum, qui facinus ***commiserat****, puniverunt.*
= „Die Götter bestraften Tantalus, der eine Untat **begangen hatte**."
(→ Zuerst war die Untat, dann folgte die Bestrafung.)

Das Plusquamperfekt drückt also die **Vorzeitigkeit** zu einer anderen vergangenen Handlung aus. Am besten prägst du dir die folgende Zeitleiste gut ein:

Plqpf. — Perfekt / Imperfekt* — Präsens

* Perfekt und Imperfekt sind „gleich weit" vom Präsens entfernt, drücken aber Unterschiedliches aus (→ S. 44).

Bildung:
Das Plusquamperfekt wird wie das Perfekt vom Perfektstamm (→ S. 36) gebildet, weist aber andere Endungen auf:

Plusquamperfekt-Endungen					
Sg.	1.P.	*-eram*	Pl.	1.P.	*-eramus*
	2.P.	*-eras*		2.P.	*-eratis*
	3.P.	*-erat*		3.P.	*-erant*

Bsp.: Plusquamperfekt der a-Konjugation			
Sg.	1.P.	*amaveram*	„ich hatte geliebt"
	2.P.	*amaveras*	„du hattest geliebt"
	3.P.	*amaverat*	„er/sie/es hatte geliebt"
Pl.	1.P.	*amaveramus*	„wir hatten geliebt"
	2.P.	*amaveratis*	„ihr hattet geliebt"
	3.P.	*amáverant*	„sie hatten geliebt"

Bsp.: Plusquamperfekt von *esse* („sein")			
Sg.	1.P.	*fueram*	„ich war gewesen"
	2.P.	*fueras*	„du warst gewesen"
	3.P.	*fuerat*	„er/sie/es war gewesen"
Pl.	1.P.	*fueramus*	„wir waren gewesen"
	2.P.	*fueratis*	„ihr wart gewesen"
	3.P.	*fúerant*	„sie waren gewesen"

(Übrige Konjugationen: → S. 182)

NOTA BENE!
Verwechslungsgefahr zwischen Perfekt und Plusquamperfekt besteht in der 3. Person Pl.:

amavérunt = „sie haben geliebt" (Perfekt) ↔ *amáverant* = „sie hatten geliebt" (Plqpf.)
fuérunt = „sie sind gewesen" (Perfekt) ↔ *fúerant* = „sie waren gewesen" (Plqpf.)

hic, haec, hoc

Bei diesem Wort handelt es sich um ein weiteres **Demonstrativpronomen** (vgl. *is, ea, id* und *idem, eadem, idem*) mit der Bedeutung **„dieser", „diese", „dieses"**:

Fall		m.	f.	n.
Sg.	1	*hic*	*haec*	*hoc*
	2		*huius*	
	3		*huic*	
	4	*hunc*	*hanc*	*hoc*
	6	*hoc*	*hac*	*hoc*

Fall		m.	f.	n.
Pl.	1	*hi*	*hae*	*haec*
	2	*horum*	*harum*	*horum*
	3		*his*	
	4	*hos*	*has*	*haec*
	6		*his*	

Exercitationes

I. Setze die folgenden Verba in das Perfekt und das Plusquamperfekt!

1. laudas: ______
2. habent: ______
3. ambulamus: ______
4. timetis: ______
5. scio: ______
6. punis: ______
7. necat: ______
8. monent: ______
9. sto: ______
10. intellegit: ______

II. Bestimme bei den folgenden Verbformen, ob es sich um ein Präsens, Perfekt oder Plusquamperfekt handelt!

invitaverant – puniverunt – donaverat – reddunt – habuistis – vocaveram – coniungimus – prohibuimus – imperavit – sciverunt – cadit – liberavistis – legis – expugnaverant – parui – paravi – audivimus – regnaverat – habuerant – placuit – monstraveras – tangitis – exspectaveram

III. Setze die richtigen Formen von *hic, haec, hoc* ein und übersetze!

1. ______ scelus: ______
2. ______ die: ______
3. ______ rem: ______
4. ______ manui: ______
5. ______ mortis: ______
6. ______ corpora: ______

IV. Bestimme die angegebenen Formen von *hic, haec, hoc* und bilde die entsprechenden Formen *is, ea, id*. Übersetze die Formen auch!

Beispiel: *hic*: 1.F. Sg. m. → = *is* („dieser")

1. has: ______
2. huic: ______
3. hanc: ______
4. hi: ______
5. his: ______
6. hos: ______
7. hunc: ______
8. huius: ______
9. hac: ______
10. horum: ______

V. Übersetze!

1. Magister, qui semper pueros monuerat, postremo etiam quasdam puellas monuit.
2. Hac nave, qua in patriam veneram, paulo post in Graeciam navigavi.
3. Cur mihi non hos libros dedisti, quos a te petiveram?
4. Di Tantalum, qui iis antea semper gratus fuerat, in Tartarum miserunt.
5. Quintus, qui mihi iam saepe de pulchritudine cuiusdam puellae narraverat, hanc mihi tamen non monstravit.

VI. Filiae Danai[1] facinus committunt

Danaus[1], cui quinquaginta[2] filiae erant, rex summo honore fuit. Sed quodam die vir nomine Aegyptus[3] sibi eius regnum[4] vi parare constituit. Intellexerat autem: „Si Danaum occido, eius regnum tamen meum non est. Etiam eius quinquaginta[2] filias interficere debeo. Quomodo hoc facere possum?" Quod autem Aegypto[3] quinquaginta[2] filii erant, hoc consilium cepit: „Meos filios filiis Danai in matrimonium[5] dare possum!" Ita eodem die quinquaginta[2] adulescentes et totidem[6] virgines nuptias[7] fecerunt. Danaus autem filiis imperaverat: „Post cenam, cum viri dormiunt, eos occidite!" Una sola e filiis huic iusso restitit, ceterae autem patri paruerunt nocteque viros suos interfecerunt. Itaque di eas in Tartarum[8] miserunt, ubi hanc poenam solvunt: Semper aquam a flumine portare et in dolium[9] ingerere[10] debent. Quod autem hoc dolium pertusum[11] est, huius operis finis[12] non est.

1 **Danaus**, -i m.: „Danaos" (griech. König); 2 **quinquaginta**: „fünfzig"; 3 **Aegyptus**, -i m.: „Aigyptos" (Bruder des Danaos); 4 **regnum**, -i n.: „Königreich"; 5 **matrimonium**, -i n.: „Ehe"; 6 **totidem**: „ebenso viele"; 7 **nuptiae**, -arum f.: „Hochzeit"; 8 **Tartarus**, -i m.: „Tartarus" (Unterwelt); 9 **dolium**,-i n.: „Fass"; 10 **ingerere** 3: „hineinschütten"; 11 **pertusus/a/um**: „durchlöchert"; 12 **finis**, -is m.: „Ende"

15 DE ORPHEO ET EURYDICE[1]

Am Eingang zur Unterwelt wacht der dreiköpfige Hund Cerberus und lässt niemanden mehr hinaus. Zu den ganz wenigen Menschen, denen es gelingt, die Unterwelt zu betreten und auch wieder zu verlassen, gehört der berühmte Sänger Orpheus.

Orpheus, **ille** cantator[2] clarus, **et** homines **et animalia carminibus** suis delectare solebat. At non solum animalia, sed etiam arbores et saxa appropinquabant, dum Orpheus voce pulchra **canit**.

Olim Orpheus Eurydicen[1], quam maxime amabat, in **matrimonium** duxerat, sed paulo post serpens[3] illam necavit. Magnus fuit Orphei **dolor**. Diu **flebat dolebat**que, denique **ipse** in Tartarum[4] descendere[5] constituit.

Plutonem[6] et Proserpinam, qui in Tartaro[4] regnant, petivit eorumque animos carmine **movere** temptavit[7]. Postquam de amore suo et de doloribus magnis cecinit, **cunctae** umbrae[8] mortuorum flebant. Etiam Tantalus aquam **frustra** haurire[9] **desiit** et Sisyphus in suo saxo **consedit.** Orpheus carmine suo Proserpinam quoque Plutonemque, quibus amor **ignotus** non erat, movit. Itaque Proserpina, **regina** Tartari[4], Eurydicen[1] vocavit et ad Orpheum haec dixit: „Tibi soli licet cum **uxore** iterum ad homines redire[10]. Hac **condicione** eam tibi reddimus: Dum **iter** in terram summam facis, tibi oculos ad illam **vertere** non licet. Si post te respicis[11], Eurydicen[1] iterum amittis."

Ita Orpheus cum Eurydice[1] **domum** Plutonis reliquit et per vias **longas** ac opacas[12] terrae iterum appropinquabat. Iam solis **lucem** videbat, cum verba Proserpinae neglexit et caput ad uxorem vertit. – Ea statim in Tartarum relapsa est[13]. Ipse autem ad terram redire[10] debuit.

1 **Eurydice**, -es f. (Akk.: Eurydicen): „Eurydike"; 2 **cantator**, -oris m.: „Sänger"; 3 **serpens**, -entis f.: „Schlange" (→ Serpentine); 4 **Tartarus**, -i m. „der Tartarus" (die Unterwelt); 5 **descendere** 3, descendi: „herabsteigen"; 6 **Pluto**, -onis m.: „Pluto"; 7 **temptare** 1: „versuchen"; 8 **umbra**, -ae f.: „Schatten"; 9 **haurire** 4: „schöpfen"; 10 **redire**: „zurückkehren"; 11 **respicere** M, respexi: „sich umblicken"; 12 **opacus/a/um**: „düster"; 13 **relapsa est**: „sie verschwand"

? Richtig oder falsch?

1. Proserpina ist die Königin der Unterwelt.	R	F
2. Orpheus bewirkt durch seinen Gesang, dass sich Tantalus auf seinem Felsen niederlässt.	R	F
3. Eurydike muss in die Unterwelt zurück, weil sie sich nach Orpheus umdreht.	R	F

Musik bei Griechen und Römern

Orpheus gilt als der bekannteste Musiker der Antike. Durch seinen Gesang und sein Lyra-Spiel konnte er die Menschen verzaubern und selbst wilde Tiere zähmen. Nach dem Verlust seiner Gattin soll er klagend Griechenland durchwandert haben und von einem Schwarm rasender Bacchantinnen in Stücke gerissen worden sein. Diese Anhängerinnen des Bacchus hassten ihn, weil er noch immer um Eurydike trauerte und sich zu keiner zweiten Ehe entscheiden konnte.

Ein anderer griechischer Sänger, der fast wie ein heutiger Popstar verehrt worden sein soll, ist **Arion**. Ihm trachteten nicht Frauen, sondern Seeräuber nach dem Leben, doch wird er von einem Delfin gerettet. Seine Geschichte findest du auf Seite 75.

Über die **römische Musik** wissen wir – weil es ja keine antiken Tonaufnahmen gibt – relativ wenig. Fest steht aber, dass die Römer wegen des angenehmen Klanges der lateinischen Sprache gern gesungen haben. Die antiken Autoren berichten von religiösen Kultliedern, Gesängen zur Arbeit, Tisch- und Schlafliedern und Wanderliedern (sogar das Jodeln ist belegt!). Besonders beliebt waren auch Spottlieder: So durften die Soldaten beim Triumphzug den siegreichen Feldherrn durch freche Gesänge ungestraft verspotten. Die am weitesten verbreiteten Instrumente waren die Flöte (lat. *tibia*), die Trompete (lat. *tuba*!), die beim Heer als Signalinstrument verwendet wurde, sowie die Leier (lat. *cithara* bzw. *lyra*).

Viele musikalische Fachausdrücke leiten sich vom Lateinischen ab. Finde heraus, wie die zugrunde liegenden lateinischen Wörter heißen und was sie bedeuten!

Vocabularium

ille, illa, illud		jener/e/es	
et ... et		sowohl ... als auch	
animal	animalis n. (i-Stamm)	1) das Tier; 2) das Lebewesen	*engl. animal*
carmen	cárminis n.	das Lied	*vgl. Carmina Burana (Carl Orff)*
cánere	cano 3, cécini, –	singen, besingen	*vgl. frz. chanson*
olim (Adv.)		einst	*S. 192*
matrimonium	matrimonii n.	die Ehe	*vgl. engl. matrimony*
in matrimonium dúcere		heiraten (vom Mann aus)	*wörtl.: „(die Frau) in die Ehe führen"*
dolor	dolóris m.	der Schmerz	*vgl. Adolorin, Dolorex (Schmerzmittel)*
flére	fleo 2, flevi, fletum	weinen	*vgl. flennen*
dolére	doleo 2, dolui, –	trauern, Schmerz empfinden	*vgl. dolor =*
ipse, ipsa, ipsum		selbst	*(siehe Grammatica)*
movére	moveo 2, movi, motum	bewegen	*engl. to move, movie; vgl. Motor, Motivation, motivieren (= anregen)*
cuncti/ae/a (Pl.!)		alle; alles (n.)	
frustra (Adv.)		vergeblich	*vgl. Frustration (= enttäuschte Erwartung)*
desínere	desino 3, desii, –	aufhören, ablassen	
consídere	consido 3, consedi, –	sich niedersetzen	↔ *sedere 2 =*
ignotus/a/um		unbekannt	
regina	reginae f.	die Königin	
uxor	uxoris f.	die Gattin, die Ehefrau	
condicio	condicionis f.	die Bedingung	*vgl. Konditionalsatz (= Bedingungssatz)*
iter	itineris n.	1) der Weg; 2) die Reise	*vgl. engl. itinerary („Reiseroute")*
iter facere		reisen, marschieren	*wörtl.: „eine Reise machen"*
vértere	verto 3, verti, versum	wenden, drehen	*vgl. konvertieren (= die Religion wechseln)*
domus	domus f.	das Haus	*vgl. Dom („Gotteshaus"), Domizil (= Wohnsitz)*
longus/a/um		lang	*engl. long; vgl. Longinus (= großer Mensch)*
lux	lucis f.	das Licht	*vgl. Luzifer („Lichtbringer" = Morgenstern; Teufel)*

? Viele Musik-Begriffe leiten sich vom Lateinischen ab. Finde heraus, wie die zugrunde liegenden lateinischen Wörter heißen und was sie bedeuten!

Intervall: ______

Quintett: ______

Komponist: ______

Dirigent: ______

Oktave: ______

Dur: ______

Moll: ______

Dissonanz: ______

Crescendo: ______

Orpheus (Mosaik aus Syrien)

15 Grammatica

Demonstrativpronomina (hinweisende Fürwörter)

Seit Lec. 11 hast du bereits drei Demonstrativpronomina kennengelernt: ***is, ea, id*** und ***hic, haec, hoc*** („dieser") sowie ***idem, eadem, idem*** („derselbe"). Hier zwei weitere hinweisende Fürwörter:

ille, illa, illud: „jener, jene, jenes"

Fall		m.	f.	n.
	1	*ille*	*illa*	*illud*
	2		*illius*	
Sg.	3		*illi*	
	4	*illum*	*illam*	*illud*
	6	*illo*	*illa*	*illo*

Fall		m.	f.	n.
	1	*illi*	*illae*	*illa*
	2	*illorum*	*illarum*	*illorum*
Pl.	3		*illis*	
	4	*illos*	*illas*	*illa*
	6		*illis*	

ipse, ipsa, ipsum: „selbst"

Fall		m.	f.	n.
	1	*ipse*	*ipsa*	*ipsum*
	2		*ipsius*	
Sg.	3		*ipsi*	
	4	*ipsum*	*ipsam*	*ipsum*
	6	*ipso*	*ipsa*	*ipso*

Fall		m.	f.	n.
	1	*ipsi*	*ipsae*	*ipsa*
	2	*ipsorum*	*ipsarum*	*ipsorum*
Pl.	3		*ipsis*	
	4	*ipsos*	*ipsas*	*ipsa*
	6		*ipsis*	

Pronominale Deklination

Viele **Pronomina** wie z. B. *ille* und *ipse* (siehe oben) haben im Genetiv Sg. die Endung *-ius* und im Dativ Sg. *-i* (jeweils für alle drei Geschlechter). Auch einige **andere Wörter**, die in den übrigen Fällen nach der a-/o-Deklination abwandeln, weisen diese Besonderheit auf. Die wichtigsten Beispiele für diese sogenannte **„Pronominale Deklination"** sind:

- *solus/a/um* („allein")
- *unus/a/um* („ein", „einzig")
- *nullus/a/um* („kein")
- *totus/a/um* („ganz", Lec. 18)
- *ullus/a/um* („irgendein", Lec. 28)
- *alter/era/erum* („der andere", Lec. 30)

(Die komplette Abwandlung der Pronominalen Deklination findest du auf Seite 181.)

Neutrum Plural bei Pronomina („*cuncta*-Regel")

Das Lateinische hat bei Pronomina (und auch bei Adjektiva) eine Vorliebe für den 1./4.F. Plural Neutrum. Diese Formen müssen im Deutschen mit dem **Singular** wiedergegeben werden:

Haec (4.F. **Pl**. n.) *dixit: …* = „Er sagte dieses (= Folgendes): …" (4.F. **Sg**. n.)

Ist ein solches Wort Subjekt, muss im Lateinischen auch das Prädikat im Plural stehen:

Cuncta, quae dicis, mihi placent. (→ **Pl.**) = „Alles, was du sagst, gefällt mir." (→ **Sg.**)

Exercitationes

I. Übersetze ins Lateinische!

1. jenem König: ______________________
2. diesen König: ______________________
3. ein gewisser König: ______________________
4. den Königen selbst: ______________________
5. denselben Königen: ______________________
6. dem einzigen Freund: ______________________
7. keines Freundes: ______________________
8. keinem Freund: ______________________
9. des einzigen Mannes: ______________________
10. dir alleine: ______________________

II. Unterstreiche im folgenden Text alle Pronomina und übersetze!

Discipuli magistro ea pensa, quae post meridiem fecerant, monstraverunt. Ille pensa eorum laudavit, tunc ad Quintum quoque venit. Postquam eius pensum spectavit, clamavit: „Cur quidam discipuli pensa non ipsi faciunt? Hoc pensum non ipse fecisti, Quinte!"

Is autem dixit: „Certe pensum meum ipse feci!" – „Cur autem idem scripsisti[1], quod Claudia quoque scripsit[1]?", magister ab eo quaesivit. Puer ei respondit: „Casu eadem verba scripsimus[1]." His verbis iratus magister Quinto aliud pensum magnum dedit.

1 **scribere** 3, scripsi: „schreiben"

III. Übersetze und achte dabei besonders auf die Formen, die Neutrum Plural sind!

1. Cur nobis haec cuncta narras?
2. Ea, quae fecisti, mihi ignota non sunt.
3. Etiam apud Romanos discipuli multa discere[1] debebant, quae iis non placebant.
4. Eadem, quae mihi dicis, certe iam multis aliis puellis dixisti.
5. Nonnulli homines semper haec petunt, quae sibi ipsi parare non possunt.

1 **discere** 3: „lernen"

IV. Ordne die folgenden Formen der richtigen Spalte zu!

dederam – stabant – carebant – invitavistis – risimus – fecerant – fecerunt – duxerat – miseras – punivit – ludebam – debui – dicebant – pugnaverant – erant

Imperfekt	Perfekt	Plusquamperfekt

V. De periculo cantatoris[1]

Arion[2] clarus cantator[1] Graecus erat. Is non solum in patria, sed etiam in Sicilia insula multos homines carminibus maxime delectabat. Quodam die ille cantator[1], qui in Sicilia magnas divitias[3] sibi paraverat, amore patriae commotus[4] iter domum facere constituit. Itaque navem ascendit, qua Graeciam petivit. Sed illa in nave piratae[5] improbi erant, qui Arionis[2] divitias rapere eumque ipsum occidere in animo habebant. Arion, postquam eorum consilium intellexit, a piratis hoc petivit: „Licetne mihi carmen ultimum[6] canere?" Quod piratae id concesserunt[7], Arion voce pulchra cecinit, deinde autem in aquam desiluit[8]. Di autem, quibus Arionis[2] ars maxime placebat, hunc virum servaverunt: Delphinum[9] miserunt, qui Arionem[2] per mare in patriam portavit.

1 **cantator**, -oris m.: „Sänger"; 2 **Arion**, -onis m.: „Arion"; 3 **divitiae**, -arum f.: „Schätze"; 4 **commotus/a/um**: „bewegt"; 5 **pirata**, -ae m.: „Pirat"; 6 **ultimus/a/um**: „der letzte"; 7 **concedere** 3, -cessi: „erlauben"; 8 **desilire** 4, desilui: „hinabspringen"; 9 **delphinus**, -i m.: „Delphin"

Wortklauberei

1 Grammatikalische Ausdrücke, die du nach den Lektionen 11 bis 15 können solltest:

Name	Übersetzung	Beispiel
Demonstrativpronomen		
Relativpronomen		
Interrogativpronomen		
Possessivpronomen		
Personalpronomen		

2 Das Suffix (die Nachsilbe) *-tudo*:

In Lec. 11 hast du zwei Substantiva (Nomina) kennengelernt, die von Adjektiven abgeleitet sind:

Adjektiv			Nomen	
multi/ae/a	„viele“	→	*multitudo, -inis*	„Menge“
pulcher/chra/chrum	„schön“	→	*pulchritudo, -inis*	„Schönheit“

? Wie könnten die Substantiva (Nomina) zu den folgenden Adjektiva lauten? Fülle die Tabelle analog zu der oberen aus!

Adjektiv			Nomen	
magnus/a/um		→		
longus/a/um		→		
clarus/a/um		→		
solus/a/um		→		

Was du dir merken solltest:

- Wörter auf *-tudo*, *-tudinis* sind immer von Adjektiven abgeleitet. Diese Nachsilbe (= **Suffix**) drückt eine **Eigenschaft** aus (vgl. im Deutschen *-heit* und *-keit*).
- Wörter auf *-tudo*, *-tudinis* sind immer **feminin** (vgl. im Deutschen *die* Eitelkeit, *die* Bescheidenheit, *die* Dummheit etc.)
- Diese Endung lebt in der Form *-tude* auch im **Englischen** weiter:

multitude (= ____________________), *solitude* (= ____________________), *magnitude* (= ____________________)

3 Wortfamilien

Mehrere Wörter, die denselben Wortstamm haben und in ihrer Bedeutung verwandt sind, bilden eine Wortfamilie. Ein deutsches Beispiel für eine Wortfamilie wäre: „fliegen“ – „abfliegen“ – „Flügel“ – „Fliege“ etc.

? Bestimme die Bedeutungen der Mitglieder der folgenden „Mini-Wortfamilie“!

facere	+	*facinus, -oris*	+	*conficere**
=		=		=

*entstanden aus *con-* und *facere* („Vokalschwächung“, → S. 165)

Ein Wort – viele Bedeutungen!

Hier wieder ein Beispiel für ein Wort mit vielen Bedeutungsnuancen (→ vgl. S. 55). Im Verbum *petere* (Lec. 13) ist einerseits das Anvisieren von etwas, andererseits die Bewegung zu etwas hin enthalten. Als Grundbedeutung könntest du dir „**etwas anstreben**" merken. Auch wenn du diese Bedeutung möglicherweise nur selten als Übersetzung anwenden kannst, wird sie dir doch helfen, in verschiedenen Kontexten die richtige Bedeutung zu finden.

• Schaffst du es, die richtigen Bedeutungen für die Wortgruppen in der Grafik zu finden? Folgende stehen zur Auswahl: „wollen", „reisen", „bitten", „begehren", „angreifen".

petere = „etwas anstreben"

- *gloriam peto* = ____________________
- *hostem peto* = ____________________
- *amicam pulchram peto* = ____________________
- *Italiam peto* = ____________________
- *a te auxilium peto* = ____________________

Wörter mit Geschichte!

Bei vielen (Fremd-)Wörtern lohnt es sich herauszufinden, wo ihre Herkunft liegt. Solche Wortgeschichten (der Fachausdruck dafür lautet **Etymologien**) sind nicht nur sprachlich aufschlussreich (viele dieser Wortgeschichten führen auf das Lateinische und Altgriechische zurück), sondern oft auch sehr spannend!

Hier ein Beispiel: Das Wort **Rivale** (Gegner) leitet sich von lat. *rivus, -i* „Fluss" ab. Warum das so ist? Im antiken Süditalien war (wie heute auch noch) Wasser ein kostbares, weil seltenes Gut. Wenn sich also zwei Leute am selben Fluss ansiedelten, waren sie folglich Gegner, da sie sich gegenseitig das Wasser streitig machten.

• Findest du mithilfe deiner bisherigen Vokabelkenntnisse heraus, auf welche lateinischen Wörter sich die folgenden Fremdwörter zurückführen lassen?

a) identisch: ____________________

b) Kapitän: ____________________

c) Maniküre: ____________________

d) Lokomotive: ____________________

e) domestizieren: ____________________

f) Daten: ____________________

g) engl. peninsula: ____________________

h) engl. library: ____________________

TIPP: Wenn du ein Fan von Wortgeschichten bist, solltest du dir ein **etymologisches Wörterbuch** zulegen – dort findest du alles über die Herkunft der Wörter unserer Sprache!

Vokabellerntipp: Eselsbrücken

Um sich die Bedeutung von Vokabeln zu merken, ist jedes Mittel erlaubt – auch wenn sich eine Eselsbrücke vielleicht „dumm" anhört. Hier ein paar Tricks, wie du dir bestimmte leicht verwechselbare Wörter gut einprägen kannst! (Mehr Vokabellerntipps findest du auf den Seiten 192 ff.)

- *soleo* („gewohnt sein") → Merksatz: „Ich bin **gewohnt**, **Sole**tti zu essen."
- *ignotus* („unbekannt") → Merksatz: „Mir ist **unbekannt**, was **ignotus** heißt."
- *tam* („so") → Merksatz: „Mach nicht **so** ein **Tam**tam!"

Bei den folgenden drei Wörtern kann dir auch der Klang helfen:

- *tum* („dann", „damals") → Merkwort: Alter-**tum** (das Altertum hat etwas mit „damals" zu tun!)
- *ipse* („selbst") → akustisches Hilfsmittel: „-**ps**- / -**bs**-"
- *iterum* heißt „**wieder**um"
- *libenter* heißt „**lieb**end gern"

16 DE SPARTACO

Durch den Sieg im dritten Punischen Krieg (Zerstörung Karthagos im Jahre 146 v. Chr.) war für die Römer die größte äußere Bedrohung weggefallen. Doch nun kam es im Inneren durch den Konflikt zwischen den reichen Adeligen und den verarmten Bauern zu Spannungen, die sogar bis zum Bürgerkrieg führten. Außerdem sorgten Aufstände der Sklaven, die durch die Eroberungen in großer Zahl als Kriegsgefangene nach Rom gekommen waren, für Unruhe.

Romani, cum alienas **nationes** bellis superaverant, multos viros feminasque capiebant et servos in patriam ducebant. In his Spartacus quoque erat, vir **nobili** genere **natus**. Eum virum **fortem**, ut multos alios servos, Romani **gladiatorem** fecerunt. Nam semper magnā copiā gladiatorum pro spectaculis **crudelibus** egebant[1].

Itaque Spartacus **variis** armis pugnare **discebat**. Denique, quamquam **difficile** erat, cum nonnullis gladiatoribus ex oppido Capua, ubi magnus ludus[2] erat, fugere potuit. Parvum **exercitum** Romanum **brevi tempore** vicit. Deinde multi alii gladiatores et milia servorum, qui in latifundiis[3] vitam asperam[4] **egerant**, se Spartaco adiunxerunt[5]. Illam multitudinem armis **exercuit** et per Italiam duxit. Saepe eius copiae **celeres** fortesque exercitus Romanos vincebant. Nonnulla oppida expugnabant atque **agros latos** vastabant[6].

Denique Spartacus ad Alpes[7] venit, ubi multos Gallos, qui se imperio[8] Romano liberare in animo habebant, in copias suas **recepit**. Deinde servos ex Italia ducere constituit, sed illos **continere** non iam potuit. **Cupiditate** praedae[9] **adducti** servi in Italia manere constituerunt. Nonnulli etiam urbem Romam oppugnare in animo habebant.

Tunc **senatus** Romanus, qui postremo periculum magnum **cognoverat,** Crassum[10] imperatorem cum exercitu magno in servos misit. Ille pugnā **atroci** servos vicit Spartacumque interfecit. Deinde sex milia servorum in **cruce** fixit[11].

1 **egere** 2 (+ Abl.): „brauchen", „benötigen"; 2 **ludus**, -i m.: (auch:) „Gladiatorenschule"; 3 **latifundium**, -i n.: „Landgut"; 4 **asper/era/erum**: „hart", „rau"; 5 **adiungere** 3, adiunxi: „anschließen"; 6 **vastare** 1: „verwüsten"; 7 **Alpes**, -ium f.: „die Alpen"; 8 **imperium**, -i n.: „Herrschaft"; 9 **praeda**, -ae f.: „Beute"; 10 **Crassus**, -i: „Crassus" (röm. Eigenname); 11 **figere** 3, fixi: „befestigen", „schlagen"

? Liste vier verschiedene lateinische Nomina zum Thema (Wortfeld) „Krieg" auf, die im Text vorkommen. Gib die Wörter im 1. Fall an!

lat. Form:	Bedeutung:

lat. Form:	Bedeutung:

Sklaven

Als Rom im 3. und 2. Jh. v. Chr. große Teile des Mittelmeerraumes erobert hatte, waren Tausende Kriegsgefangene als Sklaven nach Rom gebracht worden. Zusätzlich machten auch Sklavenhändler und Piraten Jagd auf Menschen, um sie auf **Sklavenmärkten** zu verkaufen. (Der größte Sklavenmarkt befand sich übrigens auf der griechischen Insel Delos.) Im 1. Jh. v. Chr. betrug die Zahl der Sklaven in Rom ca. 300.000 – fast ein Drittel der gesamten Stadtbevölkerung!

Sklaven wurden zu unterschiedlichen Tätigkeiten herangezogen: Im schlimmsten Fall mussten sie als **Staatssklaven** im Straßenbau und in Bergwerken oder auf großen **Landgütern** arbeiten. Wer es besser erwischte, landete in der ***familia* eines Reichen**: als Koch, als Mundschenk (für

Alamy Stock Photo/The Archives

Sklavenmarkt im alten Rom (Jean-Leon Gérômes, 1884)

Vocabularium

natio	nationis f.	das Volk	*vgl. inter-national, Nation, Nationalismus*
nóbilis/e		1) vornehm; 2) adelig	*vgl. nobel*
natus/a/um		1) geboren; 2) abstammend	*vgl. engl. native speaker*
fortis/e		tapfer	
gladiator	gladiatoris m.	der Gladiator	*wörtl.: „Schwertkämpfer" (vgl. gladius)*
crudélis/e		grausam	*engl. cruel*
varius/a/um		verschieden	*vgl. variieren (= abwechseln), Variante, Variation*
díscere	disco 3, dídici, –	lernen	*vgl. discipulus =*
difficilis/e		schwierig	*engl. difficult*
exercitus	exercitus m.	das Heer	*vgl. exercere (siehe unten)*
brevis/e		kurz	*engl. brief*
tempus	témporis n.	die Zeit	*vgl. Temporalsatz*
ágere	ago 3, egi, actum	1) tun; 2) verbringen	*engl. to act; vgl. (re)agieren, agil (= beweglich)*
diem agere		den Tag verbringen	
exercére	exerceo 2, -ui, -itum	trainieren, üben	*engl. exercise; vgl. exerzieren =*
celer/eris/ere		schnell	*vgl. engl. celerity („Geschwindigkeit")*
ager	agri m.	das Feld; Pl.: das/die Gebiet(e)	*vgl. Agrar-; vgl. engl. agriculture („Landwirtschaft")*
latus/a/um		weit, breit	*vgl. Latifundien (= große Landgüter)*
recípere	recipio M, recepi, receptum	aufnehmen	*vgl. engl. to receive („erhalten"); Rezeption, Rezept*
se recipere		sich zurückziehen	
continére	contineo 2, -ui, –	1) zusammenhalten; 2) enthalten	*vgl. Kontinent; Container*
cupiditas	cupiditatis f.	die Begierde, die Gier	*vgl. cupere =*
adductus/a/um		veranlasst	*wörtlich: „hingeführt"*
senatus	senatus m.	der Senat	*eigtl.: „Ältestenrat" (vgl. senex = „alter Mann")*
cognóscere	cognosco 3, cognovi, cognitum	1) erkennen; 2) erfahren; 3) kennenlernen	*vgl. kognitiv, inkognito (= unerkannt); engl. to re-cognize („verstehen"; „erkennen")*
atrox (m./f./n.)	atrocis (2.F.)	wild, grässlich	
crux	crucis f.	das Kreuz	*vgl. Kruzifix*

Getränke zuständig), als Sänften- oder Fackelträger, als Sekretär, aber auch als Lehrer (besonders wenn er Griechisch konnte). Manche römische Herren ließen sich von Sklaven sogar die Stunden ansagen oder bei Spaziergängen Unebenheiten am Weg ankündigen. Jedenfalls gab es keinen reichen Römer ohne Sklaven – manche sollen sogar mehrere hundert in ihrem Haus beschäftigt haben. Auch unter den **Gladiatoren** waren die Sklaven – neben Verbrechern, Gefangenen, aber auch Freiwilligen – zahlreich vertreten. Manche von ihnen wurden aufgrund ihrer Erfolge in der Arena zu „Stars" und konnten sich mit dem erworbenen Vermögen später freikaufen.

Der **Aufstand des Spartacus** war nicht der einzige im römischen Reich. So war etwa in Sizilien der erste Sklavenstaat der Geschichte errichtet worden. Aus heutiger Sicht eigenartig ist, dass all diese Aufstände nicht die Abschaf-

Wolfram Kautzky, Wien

Das „Logo" der Römer lautete S. P. Q. R. = Senatus populusque Romanus (= „Senat und Volk von Rom"). Noch heute ist es in Rom auf öffentlichen Einrichtungen wie z. B. Kanaldeckeln zu sehen.

fung der Sklaverei an sich zum Ziel hatten, sondern nur die Verbesserung der Lebensumstände.

16 Grammatica

Adjektiva der dritten Deklination

Neben den bisher bekannten Adjektiven der **a-/o-Deklination** (z. B. *magnus/a/um*) gibt es eine weitere, ebenso große Gruppe von Adjektiven, die nach der **dritten Deklination** abgewandelt werden. Sie haben großteils dieselben Endungen wie *navis, -is* (vgl. S. 180), allerdings im Abl. Sg. *-i* (statt *-e*).

Gemeinsames Merkmal dieser Adjektiva ist nicht der Nominativ, sondern der **Genetiv** auf *-is.*

Nach dem Nominativ unterscheidet man **drei Untergruppen**:

a) **eine Endung für alle drei Geschlechter** → z. B. *atrox* (m./f./n.)
b) **zwei Endungen** (am häufigsten) → z. B. *fortis* (m./f.), *forte* (n.)
c) **drei Endungen** → z. B. *celer* (m.), *celeris* (f.), *celere* (n.)

		atrox, -ocis („wild")		*fortis/-e* („tapfer")		*celer/-eris/-ere* („schnell")		
Fall		m./f.	n.	m./f.	n.	m.	f.	n.
Sg.	1/5	*atrox*		*fortis*	*forte*	*celer*	*celeris*	*celere*
	2	*atrocis*		*fortis*		*celeris*		
	3	*atroci*		*forti*		*celeri*		
	4	*atrocem*	*atrox*	*fortem*	*forte*	*celerem*		*celere*
	6	*atroci*		*forti*		*celeri*		
Pl.	1/5	*atroces*	*atrocia*	*fortes*	*fortia*	*celeres*		*celeria*
	2	*atrocium*		*fortium*		*celerium*		
	3	*atrocibus*		*fortibus*		*celeribus*		
	4	*atroces*	*atrocia*	*fortes*	*fortia*	*celeres*		*celeria*
	6	*atrocibus*		*fortibus*		*celeribus*		

NOTA BENE!

- Achtung auf die *Endung -i*: Im Gegensatz zu den meisten Nomina der 3. Deklination steht diese Endung nicht nur für den Dativ Sg., sondern auch für den **Ablativ Sg.**: *brevi tempore* (6.F. Sg.: „in kurzer Zeit").
- Umgekehrt ist die *Endung -e* bei diesen Adjektiven kein Ablativ Sg., sondern der **Nominativ** oder **Akkusativ Sg. Neutrum**: *tempus breve* (1./4. F. Sg. n.: „die kurze Zeit").

Apposition

Wenn ein Nomen (oder Nomen + Adjektiv) ein anderes Nomen, das im selben Fall steht, näher erklärt, spricht man von einer **Apposition** („Beisatz"):

- *urbs Roma* = „die Stadt Rom" (→ *urbs* erklärt *Roma* näher)
- *Romam, urbem pulchram, petimus.* = „Wir besuchen die schöne Stadt Rom (= Rom, die schöne Stadt)."

NOTA BENE!

Auch im Deutschen muss die Apposition im Fall an das vorangestellte Nomen angepasst werden:

Romulus nuntios ad Sabinos (4. Fall), *populum vicinum* (4. Fall), *mittit.*
= „Romulus schickt Boten zu den Sabinern (3. Fall), einem (3. Fall) benachbarten Volk."

Prädikativum

Unter einem **Prädikativum** versteht man ein Nomen oder Adjektiv, das im selben Fall wie ein anderes Nomen steht, aber nicht dieses Nomen, sondern das Prädikat näher bestimmt. Es wird mit „als" übersetzt:

- *Romani multos viros* ***servos*** *in patriam ducebant.* = „Die Römer führten viele Männer **als** Sklaven in ihre Heimat."
- *Iulia prima venit* = „Julia kam **als** Erste."

TIPP: Wenn du in einem Text ein Subjekt oder Objekt „zu viel" hast, probiere die Übersetzung mit „als"!

Exercitationes

I. Verbinde die Adjektiva mit den passenden Nomina, indem du jeweils die richtige Ziffer ins Kästchen schreibst!

1. spectaculum
2. facinore
3. virum
4. virorum
5. exercitus
6. libris

- ☐ fortem
- ☐ brevibus
- ☐ crudele
- ☐ celeris
- ☐ atroci
- ☐ nobilium

II. Ergänze die Endungen und übersetze!

1. virum crudel______ = ______
2. tempus brev______ = ______
3. opera difficil______ = ______
4. rerum atroc______ = ______
5. morte celer______ = ______
6. homini miser______ = ______

III. Übungssätze zum Prädikativum:

1. Romulus et Remus, qui liberi diu apud pastores[1] habitaverant, oppidum aedificare constituerunt.
2. Hannibal iam puer novem annorum hostis Romanorum erat.
3. Marcus Manlius primus Romanorum Gallos, qui Capitolium ascenderunt, intellexit.
4. Spartacus, qui gladiator variis armis pugnare didicerat, multos servos contra exercitum Romanum duxit.

1 **pastor**, -oris m.: „Hirte"

IV. Ergänze die fehlenden Endungen und übersetze!

Magister a discipulis, qui iam multum de Spartaci bellis didic______, quaerit: „Quid mihi de Spartaco narrare pot______? – „Romani hunc vir______ nobil______ ceperunt", Claudia respondet. Gaius scit: „Non solum vir nobil______, sed etiam miles fort______ erat." – „Bene", magister dicit, „et quos homin______ miser______ Spartacus liberavit, Quinte?" – Puer respondet: „Discipulos?" – „Num discipuli homines miseri sunt?", magister interrogat. Gaius nunc amic______ adiuvat clamatque: „Ita est. Ut servi discipuli quoque mult______ hor______ laborare debent neque pecuniam[1] accip______. Si opera eorum magistro crudel______ non placent, poenam atroc______ accipiunt. Nos discipul______ autem nemo liberat."

1 **pecunia**, -ae f.: „Geld"

V. Welche Adjektivform passt? Übersetze die Wortgruppe!

1. pensum (difficile / difficilem / difficilium)
2. viri (nobili / nobilis / nobile)
3. tempore (breve / brevia / brevi)
4. hostibus (crudelibus / crudelis / crudeles)
5. manum (celere / celerium / celerem)
6. pueris (fortis / forti / fortibus)

VI. De leone[1] grato

Olim homines, qui in amphitheatro spectaculum crudele exspectabant, haec viderunt: Servus quidam, cui erat nomen Androclus, cum bestiis[2] pugnare debuit, quod dominum[3] suum fugerat. Iam medio in amphitheatro erat, cum leo[1] magnus intravit et ad Androclum contendit. Ille neque fugere neque pugnare audebat et mortem atrocem exspectavit. Leo[1] autem eum non necavit, sed, ut canis, eius manus lambit[4].

Caesar[5], qui hoc spectaculum viderat, paulo post Androclum ad se vocavit interrogavitque: „Cur ille leo[1] te non occidit?" Androclus haec narravit: „Postquam domum domini[3] mei reliqui, diu vitam in spelunca[6] agebam. In eandem autem speluncam[6] ille leo[1] doloribus magnis adductus se recepit. Nam magna spina[7] in eius pede[8] erat. Mox causam[9] dolorum vidi leonemque[1] illa spina[7] liberavi. Casu nunc milites tui eundem leonem[1] in amphitheatrum miserunt. Is statim me cognovit neque occidit."

1 **leo**, leonis m.: „Löwe"; 2 **bestia**, -ae f.: „(wildes) Tier"; 3 **dominus**, -i m.: „Herr"; 4 **lambere** 3, lambi: „lecken"; 5 **Caesar**, -aris m.: hier: „Kaiser"; 6 **spelunca**, -ae f.: „Höhle"; 7 **spina**, -ae f.: „Dorn"; 8 **pes**, pedis m.: „Fuß"; 9 **causa**, -ae f.: „Grund"

17 DE CICERONE[1]

Der berühmteste römische Redner war Marcus Tullius Cicero (106–43 v. Chr.). Seinen eigenartigen Beinamen Cicero („Kichererbse") verdankte er einem Vorfahren, der auf der Nase eine Warze gehabt haben soll, die an eine Kichererbse (eine Art Linse) erinnerte. Cicero stammte nicht aus dem Senatorenstand, sondern aus dem Ritterstand und musste sich deshalb erst als „homo novus" („Aufsteiger") nach oben arbeiten. Dabei half ihm sein außergewöhnliches rednerisches Talent (schon in der Schule wurde er von seinen Mitschülern wie ein Star gefeiert), das er zunächst als Anwalt und später als Politiker zum Einsatz brachte.

Cicero, vir cunctis **litteris** doctus[2], iam **iuvenis orator** clarus fuerat et ad **rem publicam** accesserat[3]. Postquam Siciliam summā **iustitiā** administravit[4], **incolae** eius **provinciae** auxilium ab eo petiverunt. Nam Verres propraetor[5] ea in provincia sibi magnas **divitias** parabat et multa artificia **antiqua** Romam **ferre** solebat.

Ita Cicero patronus[6] Siciliae Verrem, virum summā **nobilitate**, in **ius** vocavit[7]. Ille, postquam **orationem** Ciceronis audivit, constituit: „**Iudicium** non exspectabo, sed **sponte mea** in **exilium ibo**."

Nonnullis annis post Catilina, vir improbus nobili genere natus, Romae rebus novis[8] **studebat**. Secum cogitavit: „Ciceronem **consulem** interficiam. Cum ipse consul ero, nemo me potestate[9] superabit!" Deinde magnas copias ante urbem **coegit**. Sed Cicero consilia nefaria[10] illius viri cognovit et senatum **convocavit**. Quod autem Catilina ipse medios inter **senatores** sedebat, Cicero haec **fere** dixit: „Cui nostrum consilia tua ignota sunt? Te ad mortem ducere iam diu

debebamus. Tamen dico: **Exi** Roma! Si urbem relinques, rem publicam magno metu liberabis."

Ita Catilina se Romā ad copias suas recepit. **Socios** Catilinae, qui Romae manebant, Cicero **comprehendit** et supplicio[11] **affecit**. Deinde, **priusquam** Catilina cum militibus Romam **adiit**, senatus exercitum magnum misit, qui Catilinae copias vicit eumque ipsum interfecit.

1 **Cicero**, -onis m.: „Cicero"; 2 **doctus/a/um**: „gelehrt"; 3 **ad rem publicam accedere**: „die politische Laufbahn einschlagen"; 4 **administrare** 1: „verwalten"; 5 **propraetor**, -oris m.: „Statthalter"; 6 **patronus**, -i m.: „Schutzherr", „Anwalt"; 7 **in ius vocare**: „vor Gericht rufen"; 8 **res novae** (Pl.): „Umsturz"; 9 **potestas**, -atis f.: „Macht"; 10 **nefarius/a/um**: „verbrecherisch"; 11 **supplicium**, -i n.: „Todestrafe"

? Teile den Text in zwei Teile und gib jedem der beiden eine Überschrift (max. vier Wörter)!

	Zeile	Überschrift
Teil 1		

	Zeile	Überschrift
Teil 2		

Römisches Gerichtswesen

Cicero wurde durch den Prozess gegen Verres, den ehemaligen Statthalter von Sizilien, schlagartig berühmt: Mittels sorgfältiger Recherchen war es ihm gelungen, Hortensius, den prominenten Verteidiger des Verres, vor Gericht zu besiegen. Ciceros Reden *In Verrem* („Gegen Verres"; Prozessreden im Jahr 70 v. Chr.) und die vier Reden *In Catilinam* („Gegen Catilina"; politische Reden als Konsul des Jahres 63 v. Chr.) zählen zu den berühmtesten Reden der Weltliteratur. Insgesamt dürfte Cicero etwa **100 Reden** gehalten (und im Nachhinein auch veröffentlicht) haben; 58 davon sind im Originalwortlaut erhalten.

Manche Details des Gerichtswesens waren in Rom ähnlich wie heute, manche unterschieden sich:

- Die Urteile wurden von **Richtern** bzw. Geschworenengerichten gefällt. Die Geschworenen wurden jährlich neu ausgelost.
- Im Gegensatz zum heutigen Gerichtswesen mussten in Rom **Anwälte** keine Juristen sein. Als Beistand vor Gericht bemühte man sich eher um einen **guten Redner** (wie etwa Cicero), der sich in komplizierteren juristischen Fragen von Rechtsgelehrten beraten ließ.
- Auch gab es keinen **Staatsanwalt**, der als Vertreter des Staates anklagt; die Anklage wurde vor Gericht durch denjenigen vertreten, der ein Verbrechen angezeigt hatte.
- Die Prozesse fanden nicht in einem Gerichtssaal, sondern **unter freiem Himmel** auf dem Forum statt (daher der Ausdruck „Forensik" für Rechtsmedizin).

Vocabularium

littera	litterae f.	der Buchstabe	vgl. die Lettern (= große Buchstaben)
litterae (Pl.)	litterarum f.	1) die Wissenschaft; 2) der Brief	engl. letter; vgl. Literatur
iuvenis	iuvenis m.	der junge Mann (30–45 Jahre)	↔ adulescens (ca. 18–30 Jahre)
orator	oratoris m.	der Redner	
res publica	rei publicae f.	der Staat	(wörtl.: „öffentliche Sache"); vgl. Republik
iustitia	iustitiae f.	die Gerechtigkeit	vgl. Justiz (= staatliche Rechtspflege)
incola	incolae m.	der Bewohner, der Einwohner	
provincia	provinciae f.	die Provinz	vgl. die Provence (Region in Südfrankreich)
divitiae (Pl.)	divitiarum f.	der Reichtum	
antiquus/a/um		alt	S. 192; antik; vgl. Antiquitäten (= alte Kunstgegenstände)
ferre	fero, tuli, latum	1) tragen, bringen; 2) ertragen	(siehe Grammatica): vgl. Transfer
nobilitas	nobilitatis f.	der Adel	vgl. nobilis/e =
ius	iuris n.	das Recht	Jus, Jura, Jurisdiktion (= Rechtssprechung)
oratio	orationis f.	die Rede	vgl. orator (siehe oben) =
iudicium	iudicii n.	das Urteil	aus: ius + dicere („Recht sprechen")
sponte sua		freiwillig	vgl. spontan (= von selbst)
exilium	exilii n.	die Verbannung	vgl. Exil; engl. exile
ire	eo, is, ii, itum	gehen	(→ S. 84); vgl. Semperit = „Es geht immer"
studére (+ Dat.)	studeo 2, studui, –	sich bemühen (um), streben (nach)	studieren, Student; engl. to study
consul	cónsulis m.	der Konsul	
cógere	cogo 3, coégi, coactum	1) sammeln; 2) zwingen	aus: co-agere (wörtl.: „zusammentreiben")
convocare	cónvoco 1, -avi, -atum	zusammenrufen	con- (= „zusammen-"; vgl. S. 197) + vocare
senator	senatoris m.	der Senator	vgl. senatus (Lec. 16) =
fere		1) ungefähr; 2) fast	↔ ferre (= „tragen")
exire	exeo, exii, exitum	hinausgehen	ex + ire („gehen"); vgl. engl. exit; Exitus (= Tod)
iubére (+ Akk.)	iubeo 2, iussi, iussum	befehlen; lassen (+ Inf.)	iubeo te (Akkusativ) = „ich befehle dir" (Dativ!)
socius	socii m.	der Gefährte, der Freund	vgl. sozial, Sozialismus; Sozius(sitz) =
comprehéndere	comprehendo 3, -hendi, -hensum	1) ergreifen; 2) erfassen (auch geistig)	vgl. engl. listening comprehension
affícere	afficio M, affeci, affectum	erfüllen, versehen (mit)	z. B. poenā afficere = „bestrafen"; vgl. Affekt (= Gefühlsregung)
priusquam		bevor	↔ postquam =
adíre	adeo, adis, adii, aditum	1) hingehen; 2) sich wenden (an); 3) angreifen	ad („hin-") + ire („gehen") – siehe Grammatica

- Neben Geldstrafen, Auspeitschungen und der Ächtung (Verlust des Privatvermögens und des Bürgerrechts) wurde bei den Römern auch oft die **Todesstrafe** ausgesprochen. Sie wurde entweder durch Enthauptungen, Erdrosselungen oder in der Arena (im Kampf gegen Gladiatoren oder wilde Tiere) vollzogen. Römische Bürger hatten ein „Anrecht" auf eine Hinrichtung mit dem Schwert. Kreuzigungen wurden vor allem bei Sklaven durchgeführt (vgl. das Ende des Spartakus-Aufstandes, → Lec. 16). Prominente Täter wie Verres konnten sich dem Strafvollzug oft durch freiwilliges Exil entziehen.
- **Haftstrafen** wie heute gab es nicht – die Gefängnisse dienten nur zur Unterbringung der Angeklagten bis zum Prozess.

Der Konsul Cicero bei seiner berühmten Anklagerede gegen Catilina (rechts) im römischen Senat (Cesare Maccari, 1885; Rom, Palazzo Madama)

17 Grammatica

Futur

Das Futur wird je nach Konjugation auf zwei verschiedene Arten gebildet (vollständige Formen: → S. 182):

	a- und e-Konjugation: → „bo/bis/bunt"-Futur		übrige Konjugationen: → „a/e"-Futur		unregelmäßig:	
	a-Konjugation[1]		konsonantische Konjugation[2]		*esse*[3]	
Sg. 1.P.	*amabo*	„ich werde lieben"	*mittam*	„ich werde schicken"	*ero*	„ich werde sein"
Sg. 2.P.	*amabis*	„du wirst lieben"	*mittes*	„du wirst schicken"	*eris*	„du wirst sein"
Sg. 3.P.	*amabit*	„er/sie wird lieben"	*mittet*	„er/sie wird schicken"	*erit*	„er/sie wird sein"
Pl. 1.P.	*amabimus*	„wir werden lieben"	*mittemus*	„wir werden schicken"	*erimus*	„wir werden sein"
Pl. 2.P.	*amabitis*	„ihr werdet lieben"	*mittetis*	„ihr werdet schicken"	*eritis*	„ihr werdet sein"
Pl. 3.P.	*amabunt*	„sie werden lieben"	*mittent*	„sie werden schicken"	*erunt*	„sie werden sein"

[1] ebenso: ***monebo, monebis*** ... (e-Konj.) [2] ebenso: ***capiam*** ... (Mischkonj.) bzw. ***audiam*** ... (i-Konj.) [3] ebenso: ***potero, poteris*** ...

NOTA BENE!

Während das „***bo/bis/bunt***"-Futur leicht zu erkennen ist, besteht beim „***a/e***"-Futur Verwechslungsgefahr mit dem Präsens der e-Konjugation:

- ***mittes*** (konsonantische Konjugation) → **Futur** („du wirst schicken")
- ***habes*** (e-Konjugation) → **Präsens** („du hast")

Die unregelmäßigen Verba *ire* und *ferre*

	ire („gehen")		
	Präsens	Futur	Perfekt
Sg. 1.P.	*eo*	*ibo*	*ii*
Sg. 2.P.	*is*	*ibis*	*isti*
Sg. 3.P.	*it*	*ibit*	*iit*
Pl. 1.P.	*imus*	*ibimus*	*iimus*
Pl. 2.P.	*itis*	*ibitis*	*istis*
Pl. 3.P.	*eunt*	*ibunt*	*ierunt*

	ferre („tragen", „bringen")		
	Präsens	Futur	Perfekt
Sg. 1.P.	*fero*	*feram*	*tuli*
Sg. 2.P.	*fers*	*feres*	*tulisti*
Sg. 3.P.	*fert*	*feret*	*tulit*
Pl. 1.P.	*ferimus*	*feremus*	*tulimus*
Pl. 2.P.	*fertis*	*feretis*	*tulistis*
Pl. 3.P.	*ferunt*	*ferent*	*tulerunt*

TIPP:
Alle weiteren, hier nicht angeführten Formen findest du auf S. 186 f.

Städtenamen

Bei Namen von **Städten** werden (im Gegensatz zu Ländern etc.), die Ortsbestimmungen **ohne Präpositionen** (d.h. ohne *in* oder *ex*) gebildet. Ebenso wie die Städtenamen verhält sich auch das Wort *domus*.

- Frage „WOHIN?" → der **Akkusativ**
- Frage „WOHER?" → der **Ablativ**
- Frage „WO?" → a) der sogenannte **Lokativ** bei Städtenamen der a- und o-Deklination im Sg. Dieser sieht aus wie der Genetiv: z. B. *Romae* = „in Rom"
  b) der **Ablativ** bei allen anderen Städtenamen (Ortsablativ, *Ablativus loci*)

	wohin? (→ Akk.)	woher? (→ Abl.)	wo? (→ Lokativ/Abl.)
Roma,-ae (a-Dekl):	*Romam* („nach Rom")	*Romā* („aus Rom")	*Romae** („in Rom")
Carnuntum,-i (o-Dekl.):	*Carnuntum*	*Carnunto*	*Carnunti**
Carthago,-inis (3. Dekl.):	*Carthaginem*	*Carthagine*	*Carthagine*
Athenae,-arum (Pl. a-Dekl.):	*Athenas*	*Athenis*	*Athenis*
domus,-us:	*domum* („nach Hause")	*domo* („von zu Hause")	*domi** („zu Hause")

* Lokative

Exercitationes

I. Setze die folgenden Verbformen ins Futur und übersetze sie! Achte genau auf die Konjugation!

1. movet → __________________
2. punio → __________________
3. petunt → __________________
4. dant → __________________
5. vocamus → __________________
6. ducimus → __________________
7. vincit → __________________
8. capit → __________________
9. est → __________________
10. cogis → __________________
11. licet → __________________
12. capio → __________________

II. Setze in alle Zeiten (Futur, Imperfekt, Perfekt, Plusquamperfekt)!

1. habet
2. agimus
3. invitas
4. cupio
5. sunt

III. Setze die passenden Formen des Präsens von *ire* oder *ferre* ein und übersetze!

1. __________ domum, liberi!
2. Haec navis celeris liberos in Cretam insulam __________.
3. __________ domum et __________ parentibus has litteras, Claudia!
4. Cui has res __________, Iulia?
5. Consul illum virum improbum in exilium __________ iussit.
6. __________ magistro eos libros, discipuli!
7. Ille vir Graecus multos servos in patriam __________ studuit.
8. Cur non in scholam __________, Quinte?

IV. Übungssätze zu den Städtenamen:

1. Hannibal, postquam exercitum Romanum vicit, Cannis[1] cum copiis suis Romam contendit.
2. Quod patria magno in periculo erat, Hannibal ipse Carthaginem[2] contendere debuit.
3. Spartacus, postquam Capuā[3] fugit, multos servos fortes in exercitum suum recepit.
4. Cicero nonnullos annos Romae vitam agebat, deinde Athenas[4] iit, ubi claros magistros Graecos audiebat.
5. Daedalus, qui Athenis[4] scelus atrox commiserat, in Cretam[5] insulam fugit.
6. Venitisne domo, liberi?

1 **Cannae**, -arum f. (Pl.): „Cannae"; 2 **Carthago**, -inis f.: „Karthago"; 3 **Capua**, -ae f.: „Capua"; 4 **Athenae**, -arum f. (Pl.): „Athen"; 5 **Creta**, -ae f.: „Kreta"

V. Setze die folgenden Formen von *ire* in den Text ein und übersetze!

eo – eunt – ierunt – imus – ii – iit – ire – is – isti – itis

Dum ceteri discipuli iam in scholam __________, Quintus bene dormiebat. Hora tertia surrexit[1] et solem in caelo vidit: „In scholam ________ nunc certe non iam necesse est", cogitavit. Itaque ad forum ________, ubi paulo post amicum conspexit: „Quo[2] ________, Gai?" clamavit. „Cur non in schola es?" Is respondet: „Domum ________ . Nam magister nos eo die pulchro domum misit. – Et tu? Cur non in scholam ______?" Quintus ei respondet: „Non in scholam ________, quod tam diu dormiveram. Quid nunc agere possumus? Cur non in thermas[3] __________? – Vide: Ibi Iulia Claudiaque veniunt. Certe iis quoque id consilium placebit!" Puellae pueros iam conspexerunt et eos interrogaverunt: „________-ne nobiscum in thermas[3]?" Ii respondent: „Idem consilium nobis fuit!" Itaque pueri et puellae ad thermas[3] __________.

1 **surgere** 3, surrexi: „aufstehen"; 2 **quo**: „wohin"; 3 **thermae**, -arum f.: „Thermen"

18 CAESAR GALLOS SUPERAT

Gaius Julius Cäsar, ein Zeitgenosse Ciceros, verdankte seinen Aufstieg vor allem seinen militärischen Erfolgen. Nachdem er im Jahre 59 v. Chr. das Amt des Konsul bekleidet hatte, wurde er danach vom Senat zum Statthalter der römischen Provinzen Gallia Cisalpina (Oberitalien) und Gallia Transalpina (Südfrankreich) bestimmt. Cäsar nützte diese Gelegenheit und unterwarf mit seinen Truppen von dort aus innerhalb von acht Jahren das gesamte übrige Gallien.

Iulius Caesar non solum fortior, sed etiam **prudentior quam** multi alii imperatores erat. Nam nonnullas **civitates Galliae**, quae se suā sponte **tradiderant**, in **amicitiam** recepit. Quod eae civitates deinde **legiones** Romanas adiuvabant, Caesar **paucis** annis **totam** Galliam occupavit.

At Vercingetorix[1], vir magnā **auctoritate**, **omnes** fere civitates coniunxit atque iterum ad bellum incitavit[2]. Postquam Caesar Gallos nonnullis **proeliis** vicit, Vercingetorix[1] se cum copiis in Alesiam oppidum recepit et per nuntios a ceteris civitatibus auxilia[3] petivit. **Quae** exercitum magnum miserunt. Sed copiae Caesaris celeriores fuerunt: Alesiam **circumvenerunt**, priusquam auxilia[3] **advenerunt**.

Paulo post, quod Galli **frumento** iam carebant, Vercingetorix[1] **concilium** convocavit. Quo in concilio alii dixerunt: „Nos Romanis tradere debemus." At alii: „Pugnabimus! Nam **honestius** est in pugna cadere quam **servitutem** Romanorum ferre." Critognatus autem nobili genere natus hoc consilium atrocius dedit: „Nos tradere", inquit, „non debemus! Cur non corporibus hominum, qui **aetate aut** valetudine[4] ad bellum inutiles[5] sunt, nos alamus[6]?".

At Galli, **ubi** nonnullis diebus post auxilia[3] appropinquare viderunt, oppido exire et in Romanos impetum[7] facere constituerunt. Proelium, quod **prioribus** pugnis **acrius erat, coepit**. Postquam milites diu summā vi pugnaverunt, denique Romani vicerunt. Vercingetorix[1] arma sua proiecit[8] seque Caesari tradidit. Post illud bellum Caesar Vercingetorigem[1] triumphans[9] per Romam duxit. Sex annis post ille magnus dux[10] Gallorum Romae interfectus est[11].

1 **Vercingetorix**, -igis m.: „Vercingetorix" (Gallierfürst); 2 **incitare** 1: „aufhetzen"; 3 **auxilia**, -orum n. (Pl.): „Hilfstruppen"; 4 **valetudo**, -inis f.: „Gesundheitszustand"; 5 **inutilis/e**: „nutzlos"; 6 **alamus** (Konjunktiv): „wir sollen ... ernähren"; 7 **impetus**, -us m.: „Angriff"; 8 **proicere** M, proieci: „hinwerfen"; 9 **triumphans**: „im Triumphzug"; 10 **dux**, ducis m.: „Führer"; 11 **interfectus est** (Perf. Passiv): „er wurde getötet"

? Fasse den Inhalt der Zeilen 15–23 mit eigenen Worten in max. drei Sätzen zusammen!

Die Romanisierung Galliens

Dass Cäsar Gallien in den Jahren 58–51 v. Chr. unterwarf und zur römischen Provinz machte, beeinflusste die Geschichte Europas sehr stark. Hätten die Römer in der oben geschilderten Schlacht von Alesia nicht gesiegt, würden die Franzosen heute wohl kaum eine **romanische Sprache** sprechen. (Die Deutschen sprechen dagegen eine germanische Sprache, da sich ihre Vorgänger erfolgreich gegen die Römer zur Wehr setzten und ihr Land folglich nie römische Provinz wurde.) Durch die Besetzung Galliens kam es zur **Romanisierung** des Landes: Das Straßennetz wurde ausgebaut, Städte nach römischem Vorbild gebaut, die Verwaltung wurde von römischen Beamten ausgeübt.

Die Eroberung Galliens durch die Römer haben auch der französische Autor René Goscinny und sein Zeichner Albert Uderzo in ihren **Asterix**-Comics zum Thema gemacht. Viele der von ihnen dargestellten Details (wie z. B. das Aussehen der Gallier) sind historisch korrekt, wenn auch fallweise ins Komische übersteigert. Besonders gut zeigt das die Szene, als sich der Gallierfürst **Vercingetorix** nach der Niederlage bei Alesia Cäsar unterwirft.

Cäsar-Statue vor dem Wiener Parlament

Vocabularium

C. Iulius Caesar	**Iulii Caésaris**	Gaius Julius Cäsar	*vgl. Kaiser, Zar; C. = altlateinisch für G*
prudens (m./f./n.)	**prudentis** (2.F.)	klug	
quam	(nach Komparativ)	als	*vgl. Plusquamperfekt („mehr als vergangen")*
civitas	**civitatis** f.	1) der Stamm; 2) die Gemeinde; 3) der Staat	*vgl. engl. city*
Gallia	**Galliae** f.	Gallien	*= das heutige Frankreich*
trádere	**trado 3, trádidi,** traditum	1) ausliefern; 2) überliefern	*vgl. Tradition (= Überlieferung)*
se tradere		sich ergeben	
amicitia	**amicitiae** f.	die Freundschaft	*vgl. amicus, amica*
legio	**legionis** f.	die Legion	*(ca. 4000–6000 Mann)*
pauci/ae/a		wenige	
totus/a/um	**2.F. totíus, 3.F. toti**	ganz	*vgl. total*
at		aber	*= autem, sed; ↔ atque (ac) = „und"*
auctoritas	**auctoritatis** f.	das Ansehen, der Einfluss	*Autorität; engl. authority*
omnis/e (Sg.)		1) jeder; 2) ganz	*vgl. omnipräsent (= allgegenwärtig)*
omnes (Pl. m./f.)	**2.F. omnium**	alle (Pl. m./f.)	*vgl. Omnibus (wörtl. = „für alle")*
omnia (Pl. neutrum)		alles (Sg. neutrum!)	*z. B. omnia scio = „ich weiß alles"*
proelium	**proelii** n.	die Schlacht	
qui, quae, quod	(am Satzanfang)	dieser, diese, dieses	*(„Relativer Anschluss", → S. 88)*
circumvenire	**circumvenio 4, circumveni,** -ventum	umzingeln	*circum („herum-") + venire*
advenire	**advenio 4, -veni,** -ventum	hinkommen, ankommen	*vgl. Advent (= Ankunft Christi)*
frumentum	**frumenti** n.	das Getreide	
concilium	**concilii** n.	die Versammlung	*vgl. Konzil; ↔ consilium =*
honestus/a/um		ehrenhaft, ehrenvoll	*engl. honest = „anständig", „ehrlich"*
servitus	**servitutis** f.	die Sklaverei	*vgl. servus =*
aetas	**aetatis** f.	1) das Alter; 2) das Zeitalter, die Zeit	
aut		oder	*↔ autem =*
ubi (+ Perfekt)		sobald	*↔ ubi als Fragewort =*
prior (m./f.), **prius** (n.)		der/die/das frühere	*vgl. Priorität (= Vorrang, Vorzug)*
acer/acris/acre		1) heftig; 2) spitz, scharf	
incípere	**incipio M, coepi,** coeptum	beginnen, anfangen	*↔ cepi (von capere M) = „ich fing"*

Vercingetorix (Alise Ste. Reine – Alesia)

Der römische Schriftsteller Florus (2. Jh. n. Chr.) beschreibt diese Szene so:

Der König selbst (= Vercingetorix) … kam zu dem Lager und hielt sein Pferd an, legte das Rüstzeug und seine Waffen vor Cäsar nieder und rief aus: „Hier, stärkster Mann, ihr habt einen starken Mann besiegt."

Bei Asterix wird der siegreiche Cäsar hingegen auf satirische Weise lächerlich gemacht (siehe Bild rechts).

18 Grammatica

Steigerung (1): Komparativ (Mehrstufe)

Der Komparativ wird bei allen Adjektiva gleich gebildet: An den Wortstamm (= Gen. Sg. ohne Endung *-i* bzw.*-is*) tritt die Silbe ***-ior*** (m./f.) bzw. ***-ius*** (1./4. F. Sg. n.):

- *clarus, clara, clarum* (a-/o-Dekl.) → *clarior, clarius*
- *pulcher, pulchra, pulchrum* (a-/o-Dekl.) → *pulchrior, pulchrius*
- *fortis, forte* (3. Dekl.) → *fortior, fortius*
- *prudens, prudentis* (3. Dekl.) → *prudentior, prudentius*

Abwandlung: nach der 3. Deklination (wie die Nomina der Konsonantenstämme → S. 48)

Fall		m./f.	n.
	1/5	*fortior*	*fortius*
	2	*fortioris*	
Sg.	3	*fortiori*	
	4	*fortiorem*	*fortius*
	6	*fortiore*	

Fall		m./f.	n.
	1/5	*fortiores*	*fortiora*
	2	*fortiorum*	
Pl.	3	*fortioribus*	
	4	*fortiores*	*fortiora*
	6	*fortioribus*	

Übersetzung:

a) als **echter Komparativ**: *pensum difficilius* = „eine schwierigere Aufgabe"
b) mit **„ziemlich"**: *pensum difficilius* = „eine ziemlich schwierige Aufgabe"
c) mit **„(all)zu"**: *pensum difficilius* = „eine allzu schwierige Aufgabe"

Vergleichsablativ *(Ablativus comparationis)*

Der Vergleich wird entweder durch *quam* („als") oder durch den (meist vor dem Komparativ stehenden) Vergleichsablativ ausgedrückt:

Hic miles est fortior ***quam*** *ille.* = *Hic miles* ***illo*** (Abl.!) *fortior est.*
= „Dieser Soldat ist tapferer **als** jener."

Relativer Anschluss

Steht *qui, quae, quod* am Satzbeginn, wird es (außer im Fragesatz!) nicht mit „der, die, das" bzw. „welcher, welche, welches" (→ S. 62), sondern mit **„dieser, diese, dieses"** übersetzt. Das Pronomen hat dann also die gleiche Bedeutung wie *hic, haec, hoc* bzw. *is, ea, id*:

Vercingetorix a ceteris civitatibus auxilium petivit. ***Quae*** *(= hae) exercitum magnum miserunt.*
= „Vercingetorix bat die übrigen Stämme um Hilfe. **Diese** schickten ein großes Heer."

Vercingetorix concilium convocavit. ***Quo*** *(= hoc) in concilio alii dixerunt: (...)*
= „Vercingetorix berief eine Versammlung ein. In **dieser** Versammlung sagten die einen: (...)"

quod

Dieses Wörtchen hat jede Menge Bedeutungen, die du dir gut einprägen solltest:

QUOD
- → „das" / „was" (→ relativ)
- → „dieses" (→ relativer Anschluss)
- → „welches?" (→ fragend)
- → „weil", „dass" (→ Konjunktion)

Exercitationes

I. Setze die Adjektiva in den Komparativ!

1. virgini pulchrae: ________________
2. puellis prudentibus: ________________
3. verba grata: ________________
4. agrorum latorum: ________________
5. regis crudelis: ________________
6. nave celeri: ________________
7. facinus atrox: ________________
8. homines laeti: ________________

II. Setze die Komparative in die passenden Sätze ein und übersetze!

breviores – celerior – clarior – fortiores – pulchriorem – prudentior

1. Galli ________________ erant quam ceteri hostes Romanorum.
2. Tantalus, qui dis ________________ esse cupivit, poenas magnas solvit.
3. Haec navis illā ________________ est.
4. Cicero brevi tempore ________________ erat quam ceteri oratores.
5. Cur litterae tuae semper ________________ sunt quam meae?
6. Num urbem Romā ________________ vidistis?

III. Übersetze und drücke danach die Vergleiche auch mit dem Vergleichsablativ aus!

Bsp.: Gaius prudentior est quam Quintus. → Gaius ist klüger als Quintus. = Gaius Quinto prudentior est.

1. Estne haec puella pulchrior quam Iulia?
2. Pensum nostrum difficilius est quam vestrum.
3. Hannibal mox clarior erat quam pater.
4. Quid clarius est quam sol?

IV. Übungssätze zum relativen Anschluss:

1. Scipio copias Romanas in Africam duxit. Quae mox Hannibalem vincere potuerunt.
2. Romulus rex Sabinos in oppidum novum invitavit. Quorum filias rapere in animo habebat.
3. Parentes filios filiasque in Cretam insulam mittere debuerunt. Qua in insula Minotaurus liberos exspectavit.
4. Cuius carmina pulchriora erant quam Orphei? Qui dum canit, etiam animalia arboresque ei appropinquabant.
5. Vercingetorix iam diu exercitum exspectabat. Quem ubi conspexit, statim proelium committere constituit.

V. Was kann *quam* alles bedeuten? Übersetze!

Quam linguam in schola discitis? – Magister nos non solum linguam Latinam, quam etiam nostris temporibus multi discipuli variarum nationum discere solent, sed etiam linguam Graecam docet. Quam hoc anno discere coepimus. Linguam Graecam, quamquam difficilior est quam lingua Latina, tamen libenter discimus. Magno cum gaudio libros Graecos legimus. Quam pulchrum est de bello Troiano[1] et de periculis Ulixis[2] lingua Graeca legere!

1 Troianus/a/um: „trojanisch"; **2 Ulixes**, -is m.: „Odysseus"

VI. Ein Liebesbrief, den Quintus Corinna, seiner neuen Flamme, schreibt:

Quintus Corinnae pulchrae salutem[1] dicit.
Amore magno adductus tibi has litteras mitto. Ex[2] eo die, quo te vidi, alias virgines non iam spectabam. Nam nulla te pulchritudine superare potest. Roma puellam te pulchriorem non habet. Tuum corpus nobilius est quam corpora dearum, tui oculi clariores sunt quam lux solis. Cetera quoque – quis haec non laudabit?
Certe tibi ignotus non sum. Saepe, dum cum amica tua scholam intras, me ad portam vides. Iam diu tecum loqui[3] studebam, at numquam[4] te sine illa amica conspicio. Nonne amorem meum intellexisti? Cur me numquam[4] spectas? Totum diem de te cogito, nocte quoque dormire non possum. Fuitne iam adulescens me miserior? O puella Venere[5] pulchrior, me his doloribus libera! Placetne tibi cras[6] horā decimā me ad templum Iovis exspectare? Sed te solam amo; cum tua amica venire necesse non est. Quae domi manere potest.

1 salus, -utis f.: „Gruß"; **2 ex** (+ Abl.): hier: „seit"; **3 loqui**: „sprechen" (Inf.); **4 numquam**: „niemals"; **5 Venus**, -eris f.: „Venus"; **6 cras**: „morgen"

19 DE CAESARIS MORTE

Nachdem Cäsar Gallien erobert hatte, verlangte der Senat von ihm, dass er seine Truppen entlassen müsse, um sich neuerlich als Konsul zu bewerben. Cäsar ignorierte diesen Befehl jedoch, überquerte mit seinen Legionen den kleinen Fluss Rubicon und marschierte von Norden Richtung Rom. Damit war der Bürgerkrieg gegen seinen politischen Gegenspieler Pompeius eröffnet. Auch in diesem Krieg, der ihn bis nach Ägypten führte, blieb Cäsar erfolgreich, sodass seinem Aufstieg zum Alleinherrscher in Rom nun nichts mehr im Wege stand.

C. Iulius Caesar, ille imperator clarissimus, post Pompeii mortem solus Romae regnabat. Cuius **potestas maxima** erat. Nam non solum consul, sed etiam pontifex maximus[1] et **dictator perpetuus** erat.

Quam rem multi **cives** ferre non potuerunt. Ita Brutus, quem Caesar ut filium amabat, et Cassius verbis acerrimis ceteris senatoribus **persuadere** studuerunt:

„Caesar **more** regum sine **legibus** regnat! **Libertas** nostra maximo in periculo est. **Melius** est **caedem** committere quam ea in re publica **vivere**. **Facillimum** erit Caesarem in senatu ipso interficere." Quod hoc consilium **plurimis** senatoribus placuit, dictatorem Idibus Martiis[2] occidere **statuerunt**.

Sed haruspex[3] quidam, qui res **futuras** videre potuit, Caesarem monuit: „Cave[4] Idus Martias[2]!" Tamen Caesar illo quoque die in senatum venit. Priusquam curiam[5] intravit, illum haruspicem[3] vidit risitque: „Vide: Idus Martiae[2] **adsunt** neque tamen mortuus sum!" Ille autem respondit: „Idus Martiae[2] **quidem** adsunt, sed non praeterierunt[6]!"

In curia[5] subito plurimi senatores Caesarem circumveniunt. Caesar, quod iam pugiones[7] in manibus virorum videt, clamat: „**Ista** quidem vis est!" Deinde se graphio[8] **defendere** et fugere studuit – sed frustra. Omnes eum uno tempore pugionibus[7] confoderunt[9]. Multis **vulneribus** affectus[10] Caesar Marcum Brutum conspexit clamavitque: „Et (= etiam) tu, Brute?" Haec Caesaris **ultima** verba erant.

1 **pontifex maximus**: „Pontifex Maximus" (Oberpriester); 2 **Idus Martiae** f. (Pl.): „die Iden des März" (= der 15. März); 3 **haruspex**, -icis m.: „Haruspex" (Vorzeichendeuter); 4 **cavere** 2, cavi (+ Akk.): „sich hüten (vor)"; 5 **curia**, -ae f.: „Curia", „Rathaus"; 6 **praeterire**, praeterii: „vorübergehen"; 7 **pugio**, -onis m.: „Dolch"; 8 **graphium**, -i n.: „der Griffel"; 9 **confodere** M, confodi: „niederstechen"; 10 **affectus/a/um**: hier: „verletzt"

? Ergänze zu vollständigen Sätzen!

1. Die Senatoren hassten Cäsar, weil er wie ein ________________ regierte.
2. Sie sahen die ________________ des Staates bedroht.
3. Cäsar wurde an den ________________ des März (= am ____________) durch ______________________ getötet.

Gaius Julius Cäsar (100–44 v. Chr.)

Cäsar war und ist, wie die meisten Eroberer und Alleinherrscher der Weltgeschichte, eine umstrittene Persönlichkeit. Die einen sehen in ihm den genialen Feldherrn, vollendeten Staatsmann und sogar den idealen Menschen, die anderen kritisieren ihn als rücksichtslosen Machtpolitiker und Zerstörer der römischen Republik. Tatsache ist, dass seine Person über zwei Jahrtausende hinweg ihre Spuren hinterlassen hat:

- Sein Name, der von allen römischen Kaisern als Ehrentitel getragen wurde, hat sich in den Titeln **„Kaiser"** und **„Zar"** bis heute erhalten. Übrigens leitet sich auch der Begriff „Kaiserschnitt" von Cäsar ab, weil das *cognomen* (der Beiname) *Caesar* „der aus dem Mutterleib Geschnittene" heißen soll.
- Auch sein *nomen gentile* (etwa: Familienname) lebt bis heute fort: Cäsars Geburtsmonat, der ursprünglich *Quinctilis* (= „der fünfte") geheißen hatte, wurde in **Juli** umbenannt.

Vocabularium

potestas	potestatis f.	die Macht	*vgl. posse =*
maximus/a/um		der größte, sehr groß	*vgl. maximal, maximieren, Maximum*
dictator	dictatóris m.	der Diktator	*Alleinherrscher (max. 6 Monate; → S. 42)*
perpetuus/a/um		ununterbrochen, ewig	*dictator perpetuus = „Diktator auf Lebenszeit"*
civis	civis m.	der Bürger	*vgl. Zivilist; vgl. civitas,-atis =*
persuadére	persuadeo 2, persuasi, persuasum	1) überreden; 2) überzeugen	*engl. to persuade*
persuadeo tibi	(Dativ!)	ich überrede dich (Akk.!)	
mos	moris m.	die Sitte, der Brauch	*vgl. Moral (= Sittenlehre); ↔ mors, mortis =*
lex	legis f.	das Gesetz	*vgl. legal, Legislative (= gesetzgebende Gewalt)*
libertas	libertatis f.	die Freiheit	*engl. liberty; vgl. liberare =*
melior (m./f.)	melius (n.)	besser	
caedes	caedis f.	die Ermordung, der Mord	*vgl. engl. sui-cide (= Selbstmord)*
vívere	vivo 3, vixi, –	leben	*vgl. engl. to sur-vive („überleben")*
facilis/e		leicht	*↔ difficilis =*
plurimi/ae/a		die meisten	*(Superlativ zu multi, vgl. S. 92)*
statúere	statuo 3, statui, statutum	1) beschließen; 2) aufstellen	*= con-stituere*
futurus/a/um		zukünftig	*S. 192; vgl. engl. Future; das Futur(um)*
adesse	adsum, ades, adfui, –	da sein, anwesend sein	
quidem		zwar, freilich	*↔ ne ... quidem =*
iste, ista, istud		dieser/e/es (da)	*abschätzig gemeint! (Deklination wie ille/a/ud)*
deféndere	defendo 3, defendi, defensum	verteidigen	*vgl. defensiv*
vulnus	vulneris n.	die Wunde	*vgl. engl. vulnerable („verletzlich")*
ultimus/a/um		der/die/das letzte	*S. 192; vgl. Ultimatum (= letzte Aufforderung)*

Latein im Alltag

Alea iacta est!

Dieser berühmte Ausspruch Cäsars wird üblicherweise mit „Die Würfel sind gefallen" wiedergegeben. (Die wörtliche Übersetzung lautet eigentlich „Der Würfel ist geworfen.") In Wirklichkeit soll Cäsar, als er im Jahr 49 v. Chr. mit seinen Truppen bei seiner Rückkehr aus dem gallischen Krieg den oberitalienischen Fluss Rubikon überschritt, auf Griechisch gerufen haben: *anerríphtho kýbos!* („Geworfen sei der Würfel!"). Er meinte damit, dass mit seiner Entscheidung, den Fluss zu überschreiten, das Schicksal seinen Lauf nehmen solle. Tatsächlich war Cäsars Entscheidung schicksalhaft, da dadurch der Bürgerkrieg zwischen ihm und seinem Konkurrenten (und ehemaligen Schwiegersohn) Pompeius ausgelöst wurde.

? Was ist heute damit gemeint, wenn jemand „die Würfel sind gefallen" sagt?

- Während seiner Herrschaft fand er nicht nur Zeit, das erste **Fahrverbot** der Weltgeschichte zu erlassen (die Händler durften untertags nicht mehr mit ihren Lastwägen in Rom unterwegs sein), sondern auch noch den Kalender zu reformieren: Der **„Julianische Kalender"** führte das Schaltjahr ein und entspricht im Wesentlichen unserem heutigen Kalender.
- Als Schriftsteller galt Cäsar mit seinen *Commentarii de bello Gallico* der Nachwelt als Inbegriff des guten **(„Goldenen") Latein**. Er wurde auch selbst zu einer wichtigen Figur der Weltliteratur (z. B. Shakespeare: „Julius Caesar", George Bernard Shaw: „Caesar und Kleopatra", Thornton Wilder: „Die Iden des März" u. a.).
- Als mitunter lächerlicher Gegenspieler der Gallier gelangte er schließlich im 20. Jh. durch die Comics-Reihe **„Asterix und Obelix"** erneut zu großer Popularität.

19 Grammatica

Steigerung (2): Superlativ (Meiststufe)

Der Superlativ wird – im Gegensatz zum Komparativ – nicht bei allen Adjektiva gleich gebildet, sondern richtet sich nach der Grundstufe des Wortes:

a) „Normalfall": Wortstamm + *-issimus*:

- *clarus/a/um* → *clar**issimus**/a/um*
- *fortis/forte* → *fort**issimus**/a/um*
- *prudens, prudentis* → *prudent**issimus**/a/um*

b) Endet ein Adjektiv im 1. F. Sg. m. der Grundstufe auf ***-er***, lautet der Superlativ *-errimus*:

- *pulch**er**/pulchra/pulchrum* → *pulch**errimus**/a/um*
- *cel**er**/celeris/celere* → *cel**errimus**/a/um*

c) Einige Adjektiva auf ***-ilis*** (*facilis, difficilis, similis* = „ähnlich") bilden den Superlativ auf *-illimus*:

- *fac**ilis**/e* → *fac**illimus**/a/um*
- *diffic**ilis**/e* → *diffic**illimus**/a/um*

Abwandlung: Der Superlativ wandelt wie ein Adjektiv der a-/o-Deklination ab:
1.F. *vir clarissimus* 2.F. *viri clarissimi* 3.F. *viro clarissimo* (etc.)

Übersetzung:

a) als **echter Superlativ**: *pensum difficillimum* = „die schwierigste Aufgabe"

b) mit „sehr" (= Elativ): *pensum difficillimum* = „eine sehr schwierige Aufgabe"

Unregelmäßige Steigerung

Einige gängige Adjektiva steigern (ähnlich wie im Deutschen) unregelmäßig, d.h. sie wechseln ihren Stamm. Manche dieser Formen kannst du dir aber mithilfe einiger bekannter Fremdwörter leicht merken.

Grundstufe	Komparativ	Superlativ	Eselsbrücke
***magnus**/a/um* („groß")	***maior**/maius* („größer")	***maximus**/a/um* („größter")	maximal
***parvus**/a/um* („klein")	***minor**/minus* („kleiner")	***minimus**/a/um* („kleinster")	minimal
***bonus**/a/um* („gut")	***melior**/melius* („besser")	***optimus**/a/um* („bester")	optimal; Optimist
***malus**/a/um* („schlecht")	***peior**/peius* („schlechter")	***pessimus**/a/um* („schlechtester")	Pessimist
***multi**/ae/a* („viele")	***plures**/plura* („mehr")	***plurimi**/ae/a* („die meisten")	Plural
multum („viel")	***plus*** (Gen.: *pluris*) („mehr")	***plurimum*** („am meisten")	Plus

Historisches Präsens

Wie im Deutschen kann auch im Lateinischen in einer Erzählung zur Erhöhung der Spannung von der Erzählzeit ins Präsens gewechselt werden. Du kannst ein solches historisches Präsens entweder als **Präsens** oder als **Präteritum** wiedergeben:

Caesar senatum intravit (→ Perfekt). *Subito plurimi senatores eum circumveniunt* (→ Präsens).
= „Caesar betrat den Senat. Plötzlich umringen (oder: umringten) ihn sehr viele Senatoren."

Et tu, Brute?

Dieser Ausspruch wird üblicherweise mit „Auch du, mein Sohn Brutus?" übersetzt. In Wirklichkeit aber war Brutus nicht Cäsars Sohn, sondern ein junger Mann, den Cäsar wie ein Vater liebte. Im Übrigen soll Cäsar laut antiken Quellen seine letzten Worte griechisch gesprochen haben (er beherrschte, wie jeder gebildete Römer, diese Sprache so gut wie seine eigene): *Kai sy, téknon?* („Auch du, Kind?")

Exercitationes

I. Verbformencheck: Bilde zu den angegebenen Verba die fehlenden Zeiten in derselben Person und Zahl!

Präsens	Futur	Imperfekt	Perfekt	Plusquamperfekt
habetis				
puniunt				

II. Setze die Adjektiva in den Superlativ (im gleichen Fall)!

1. prudens: ____________________
2. crudelem: ____________________
3. acribus: ____________________
4. breve: ____________________
5. parvos: ____________________
6. difficilia: ____________________

III. Setze in den Komparativ und Superlativ und übersetze die Wortgruppe im Superlativ!

1. res difficiles ____________________
2. discipulis miseris ____________________
3. cenam malam ____________________
4. flumen longum ____________________
5. cives honesti ____________________
6. familiae nobilis ____________________

IV. Übersetze die folgenden Sätze und setze die Adjektiva dann auch in den Komparativ und Superlativ!

1. Illa verba clara Caesaris legi.
2. Eodem die nave celeri venerunt.
3. Etiam pensa difficilia ipse faciam.
4. Hi pueri discipuli boni sunt.
5. Claudia mihi etiam de parvis curis narrat.
6. Quintus libros malos legere solet.

V. Übersetze und überlege dabei, welche Übersetzungsmöglichkeit des Superlativs sinnvoller ist!

1. Cicero erat clarissimus omnium oratorum Romanorum.
2. Magister nobis pensa difficillima dare solet.
3. Certe Iulia puella prudentissima est, sed Claudia eam prudentiā superat.
4. Quae est urbs pulcherrima patriae tuae?

VI. Welches Wort passt nicht zu den anderen?

1.	2.	3.	4.	5.	6.
☐ pulcher	☐ tempus	☐ disce	☐ latius	☐ facillimus	☐ is
☐ celer	☐ senatus	☐ age	☐ fortius	☐ terremus	☐ iis
☐ sacer	☐ casus	☐ breve	☐ melius	☐ celerrimus	☐ it
☐ miser	☐ exercitus	☐ verte	☐ varius	☐ latissimus	☐ iit

VII. Piratae[1] Caesarem capiunt

Olim piratae[1] Caesarem, imperatorem clarissimum, eiusque socios, qui nave Graeciam petebant, ceperunt. Quod divitias secum non habebat, Caesarem in insulam parvam tulerunt. Ibi ab eo quandam copiam auri[2] postulaverunt[3]. Dixerunt: „Certe socii tui aurum in insulam nostram ferre possunt. Mors crudelissima te exspectabit, nisi socii cum auro venient." Caesar autem risit: „Iulius Caesar, vir nobilissimus, sum! Cur non plus auri[2] postulatis[3]?" Deinde socios maiorem copiam auri[2] ferre iussit. Qui dum aurum Mileto[4] ferunt, Caesar sine metu apud piratas[1] manebat. Saepe autem iis dicebat: „Mox vos omnes interficiam." Isti quidem de his verbis ridebant. Postquam socii cum auro[2] advenerunt, piratae[1] Caesari libertatem reddiderunt. Qui statim Miletum[4] contendit et paulo post cum multis militibus iterum in hanc insulam venit. Plurimos piratarum[1] comprehendit et paucis diebus post in cruce fixit[5].

1 pirata, -ae m.: „Seeräuber"; **2 aurum**, -i n.: „Gold"; **3 postulare** 1: „fordern"; **4 Miletus**, -i f.: „Milet" (Stadt in Kleinasien); **5 figere** 3, fixi: „befestigen", „schlagen"

20 DE CLEOPATRA

Nach Cäsars Tod begann erneut ein Bürgerkrieg: Cäsars Adoptivsohn Oktavian und Mark Anton, ein Offizier Cäsars, rächten dessen Tod und besiegten die Cäsarmörder Cassius und Brutus bei Philippi. Dann teilten sie die Macht im römischen Imperium auf: Oktavian erhielt den Westen, Mark Anton den Osten.

Antonius, dum in oriente[1] bellum gerit, cum Cleopatra, regina Aegypti[2], **convenit**. Quod ea **mulier** et pulchritudine et prudentiā suā amorem imperatoris excitavit[3], Antonius Alexandriae[4] manebat. Amore Cleopatrae adductus etiam **fines** latos, qui a militibus Romanis expugnati erant, reginae donavit et ita **regnum** eius **auxit**. Quod donum Cleopatrae quidem **gaudio erat**, sed senatores Romae maxime sollicitavit[5]. Itaque Octavianus cum exercitu **ingenti** in Antonium missus est.

Apud Actium[6] oppidum proelium commissum est. E quo proelio Cleopatra, quod **cladem** Antonii timebat, cum **classe** sua in patriam fugit. Antonius, ubi reginae fugam[7] **animadvertit**, etiam copias suas reliquit et ipse in Aegyptum[2] contendit. Itaque Octavianus brevi tempore Antonii exercitum vicit et paulo post Alexandriam[4] occupavit. Tum Marcus Antonius gladio se necavit et in Cleopatrae manibus e vita **cessit**.

Octavianus, quod Cleopatram Romam ferre ibique civibus Romanis in triumpho[8] monstrare constituerat, reginam in eius palatio[9] **clausit** et **custodes** ante portas **posuit**. Ita illa neque fugere neque se ipsam interficere potuit: Omnia **enim** arma reginae clausae **antea ablata erant**. Sed Cleopatra Octaviano prudentior erat. Serpentem[10], quam **servae** clam ad reginam tulerant, in corpore suo posuit. Cuius morsu[11] Cleopatra statim necata est.

1 **oriens**, -entis m.: „Orient", „Osten"; 2 **Aegyptus**, -i f.: „Ägypten"; 3 **excitare** 1: „entfachen", „entflammen"; 4 **Alexandria**, -ae f.: „Alexandria" (Stadt in Ägypten); 5 **sollicitare** 1: „beunruhigen"; 6 **Actium**, -i n.: „Aktium" (Stadt an der griechischen Küste); 7 **fuga**, -ae f.: „Flucht"; 8 **triumphus**, -i m.: „Triumph(zug)"; 9 **palatium**, -i n.: „Palast"; 10 **serpens**, -entis f.: „Schlange"; 11 **morsus**, -us m.: „Biss"

? Gib auf Deutsch an, auf welche Wörter bzw. Begriffe sich die folgenden Pronomina inhaltlich beziehen!

Pronomen (lat.)	Bezug (deutsch)
Bsp. *sua* (Z. 3)	Kleopatra
qui (Z. 5)	
eius (Z. 7)	

Pronomen (lat.)	Bezug (deutsch)
suas (Z. 14)	
eius (Z. 21)	
cuius (Z. 26)	

Kleopatra und Mark Anton

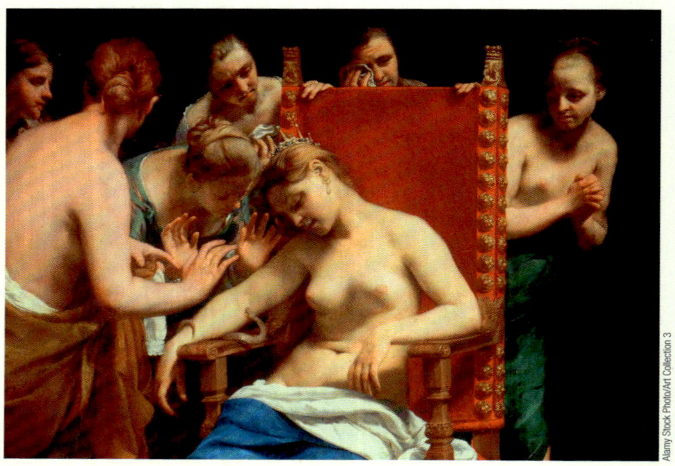

Alamy Stock Photo/Art Collection 3

Selbstmord der Kleopatra (Guido Cagnacci, 1657/58)

Die letzte Königin des Herrschergeschlechts der Ptolemäer sah es als ihr Lebenswerk an, ihrem ägyptischen Reich die Unabhängigkeit von Rom zu erhalten. Sie galt aufgrund ihrer legendären Nase als nicht übermäßig schöne Frau, faszinierte aber durch ihre Intelligenz, Bildung und Sprachkenntnisse die Männer. Mit **Cäsar** hatte sie einen Sohn, Kaisarion, mit dem sie sich zwei Jahre (46–44 v. Chr.) in Rom aufhielt – was ihr jede Menge Neider und Feinde einbrachte, nicht zuletzt deswegen, weil Cäsar ein verheirateter Mann war.

Nach Cäsars Tod und ihrer Heimkehr nach Ägypten gelang es ihr, auch die Liebe des neuen Machthabers **Marcus Antonius** (Mark Anton) zu gewinnen. Nach ihrer Hochzeit wurde sie von ihm zur „Königin der Könige" des geplanten hellenistischen Weltreiches bestimmt und Kaisarion zu ihrem Mitregenten.

Vocabularium

convenire	**convenio 4, conveni, conventum***	zusammenkommen	*vgl. Konvent (= Klostergemeinde; Zusammenkunft)*
mulier	**mulieris** f.	die Frau	
finis (Sg.)	**finis** m.	1) die Grenze; 2) das Ende	*S. 192: vgl. Finale (= Endspiel)*
fines (Pl.)	**finium** m.	das/die Gebiet(e)	
regnum	**regni** n.	1) das Königreich, das Reich; 2) die Herrschaft	*engl. reign („Herrschaft"); vgl. Inter-regnum (= Zwischenherrschaft)*
augere	**augeo 2, auxi, auctum**	vergrößern, steigern, vermehren	*vgl. Auktion (= Versteigerung)*
donum	**doni** n.	das Geschenk	
mihi gaudio est		es bereitet mir Freude	*(Zweckdativ; → Grammatica)*
ingens (m./f./n.)	**ingentis** (2.F.)	riesig, gewaltig	
clades	**cladis** f.	die Niederlage	
classis	**classis** f.	die Flotte	*auch: „Abteilung" (davon „Klasse")*
animadvertere	**animadverto 3, animadverti, -versum**	bemerken, wahrnehmen	*aus: animum ad … vertere (wörtl.: „den Geist hinwenden zu …")*
cedere	**cedo 3, cessi, cessum**	weichen, (weg)gehen	*vgl. Rezession (= Rückgang der Wirtschaft)*
claudere	**claudo 3, clausi, clausum**	einschließen; schließen	*vgl. Klausur, Numerus clausus (= Zugangsbeschränkung an der Uni)*
custos	**custodis** m.	der Wächter	*vgl. Küster (= Kirchendiener)*
ponere	**pono 3, posui, positum**	stellen, legen	*engl. to put; vgl. Position (= Lage)*
enim	(nachgestellt!)	denn, nämlich	*z. B. tu enim = nam tu („denn du")*
antea (Adv.)		vorher, früher	*S. 192; ↔ ante (Präp.) =*
auferre	**aufero, aufers, abstuli, ablatum**	wegtragen, wegnehmen	*aus: ab + ferre (= davontragen) vgl. „Ablativ" (siehe unten)*
serva	**servae** f.	die Sklavin	*vgl. servus,-i =*

* Ab dieser Lektion findest du in der zweiten Spalte auch das PPP (Partizip Perfekt Passiv, Mittelwort der Vergangenheit) fett gedruckt. Diese Form musst du von nun an immer mitlernen. Die Verba der Lektionen 1–19 kannst du auf S. 199 ff. nachlernen.

Der Fall der Fälle

Der Begriff „Ablativ" leitet sich vom Verbum *auferre* (s.o.) ab, genauer von dessen PPP *ablatum* („weggenommen"). Die ursprüngliche Funktion des Ablativs war die der Trennung (Frage: „wovon?", z. B. *periculo liberare* = „von der Gefahr befreien" → man wird also von der Gefahr getrennt, sie wird „weggenommen"; vgl. S. 52).

? Auch die restlichen Kasusbezeichnungen lassen sich auf lateinische Verba zurückführen – auf welche?

a) Dativ: ______________ b) Akkusativ: ______________ c) Vokativ: ______________

Nachdem Mark Anton aber in der Seeschlacht von Aktium von **Octavianus** (Oktavian) besiegt worden war, bemühte sich Kleopatra vergeblich, den neuen Machthaber zu überreden, wenigstens ihre Kinder in Ägypten weiterregieren zu lassen. Mark Anton stürzte sich im Jahr 30 v. Chr. in Alexandria in sein Schwert und starb in den Armen Kleopatras. Die damals 39-jährige Königin beging wenige Tage später nach einem gescheiterten Gespräch mit Oktavian Selbstmord, vermutlich durch das Gift einer Schlange. Somit kam Ägypten als Provinz endgültig in den Besitz Roms.

Dass ein römischer Feldherr der ägyptischen Königin Kleopatra mit Haut und Haar verfiel, sich in ihrer Heimat mit ihr vermählte und erobertes Land an sie verschenkte, sorgte in Rom für einen riesigen Skandal. Oktavian ließ das Testament des Antonius, in dem er noch zu Lebzeiten die Landschenkungen an Kleopatra und ihre gemeinsamen Kinder bekräftigte, verlesen und erhielt vom Senat den Auftrag, gegen die beiden Staatsfeinde in den Kampf zu ziehen.

Wolfram Kautzky, Wien

Mark-Anton-Monument vor der Wiener Sezession (Arthur Strasser, 1901): Antonius, der sich angeblich in Kleinasien und Ägypten als Dionysos feiern ließ, ist nach dem Vorbild dieses Gottes auf einem Löwengespann dargestellt.

20 Grammatica

Partizip Perfekt Passiv (PPP)

Das PPP ist die letzte der Stammformen. Dieses Partizip (Mittelwort) wird folgendermaßen gebildet:

	Präsensstamm	Perfektstamm Aktiv	Partizip Perfekt Passiv (= PPP)
a-Konjugation:	*amáre, amo 1*	*amav-i*	*-atus* (z. B. *amátus/a/um* = „geliebt")
e-Konjugation:	*monére, moneo 2*	*monu-i*	*-itus* (z. B. *mónitus/a/um* = „gemahnt")
konsonantische K.:	*míttere, mitto 3*	*mis-i*	verschieden (z. B. *missus/a/um* = „geschickt")
i-Konjugation:	*audíre, audio 4*	*audiv-i*	*-itus* (z. B. *audítus/a/um* = „gehört")
Mischkonjugation:	*cápere, capio M*	*cep-i*	verschieden (z. B. *captus/a/um* = „gefangen")

- Erkennungsmerkmal des PPP ist die Endsilbe *-tus* (seltener: *-sus* oder *-xus*)
- Das PPP wird **wie ein Adjektiv der a-/o-Deklination** dekliniert und passt sich dem Geschlecht und der Zahl des Nomens an, mit dem es übereingestimmt ist:
  Gaius amatus est. Iulia amata est. Gaius et Quintus amati sunt. (etc.)
- Das PPP ist **passiv** und **vorzeitig.** Es wird wie das deutsche Partizip 2 (Mittelwort der Vergangenheit) übersetzt:
  amatus = „geliebt" (= „einer, der geliebt worden ist")

Verwendung des PPP:

a) als **Adjektiv**: *hostes victi* = „die besiegten Feinde"
b) als **Nomen**: *victi* = „die Besiegten"
c) mit einer Form von *esse* zur Bildung der **passiven Perfektstammformen** (siehe unten),
z. B. *hostes victi sunt* = „die Feinde sind besiegt worden"

Perfekt und Plusquamperfekt Passiv

Die Formen des passiven Perfektstammes (Perfekt Passiv, Plqpf. Passiv) setzen sich aus **zwei Teilen** zusammen: aus dem **PPP** und einer Form von *esse.* (Die folgenden Beispiele gelten für die a-Konjugation; übrige Konjugationen: → S. 183.)

		Perfekt Passiv	
Sg.	1.P.	*amatus sum*	„ich bin geliebt worden"*
	2.P.	*amatus es*	„du bist geliebt worden"
	3.P.	*amatus est*	„er ist geliebt worden"
Pl.	1.P.	*amati sumus*	„wir sind geliebt worden"
	2.P.	*amati estis*	„ihr seid geliebt worden"
	3.P.	*amati sunt*	„sie sind geliebt worden"
		ebenso: *monitus sum, missus sum, captus sum, auditus sum* (→ S. 183)	

Plusquamperfekt Passiv	
amatus eram	„ich war geliebt worden"
amatus eras	„du warst geliebt worden"
amatus erat	„er war geliebt worden"
amati eramus	„wir waren geliebt worden"
amati eratis	„ihr wart geliebt worden"
amati erant	„sie waren geliebt worden"
ebenso: *monitus eram, missus eram, captus eram, auditus eram* (→ S. 183)	

* In Erzählungen wird das Perfekt meist mit dem deutschen Präteritum übersetzt (vgl. Lec. 6).

Weitere Übersetzungsbeispiele:

- *amata est* = „sie ist geliebt worden"
- *amatum est* = „es ist geliebt worden"
- *amata erat* = „sie war geliebt worden"
- *amatum erat* = „es war geliebt worden"

Zweckdativ *(Dativus finalis)*

Der Zweckdativ steht meist **neben einem weiteren Dativ** und drückt einen Zweck oder eine Wirkung aus.
Übersetzung: **„zu"** oder meist frei (z. B. „bereiten", „dienen")

*Donum Cleopatrae **gaudio** fuit.* = („Das Geschenk war Kleopatra **zur Freude**." =) „… **bereitete** Kleopatra **Freude**."

Oft steht der Zweckdativ bei einer Form von *esse*:

- *tibi dolori est* = „es bereitet dir Schmerz"
- *mihi curae est* = „es bereitet mir Sorge"

Der Zweckdativ steht auch bei anderen Verben:

- *nobis auxilio venit* = „er kommt uns zu Hilfe"
- *vobis auxilio mittit* = „er schickt euch [jemanden] zu Hilfe"

Exercitationes

I. Bilde das PPP zu folgenden Verba!

1. liberare: ______________________
2. punire: ______________________
3. convocare: ______________________
4. scire: ______________________
5. prohibere: ______________________
6. expugnare: ______________________
7. parare: ______________________
8. aedificare: ______________________
9. exercere: ______________________
10. terrere: ______________________

II. Übersetze die folgenden Wortgruppen (jene PPP, die dir unbekannt sind, kannst du sicher selbst erschließen)!

1. urbis defensae: ______________________
2. homines puniti: ______________________
3. domui aedificatae: ______________________
4. montes ascensos: ______________________
5. locum occupatum: ______________________
6. arma tradita: ______________________
7. tempus actum: ______________________
8. amico invitato: ______________________

III. Übersetze die folgenden Formen!

1. ducti erant: ______________________
2. occisa est: ______________________
3. datum est: ______________________
4. dictum erat: ______________________
5. neglecti sunt: ______________________
6. tactus sum: ______________________
7. relicti erant: ______________________
8. traditi sunt: ______________________

IV. Setze die aktiven Verbformen ins Passiv und übersetze sie dann!

1. invitavi: ______________________
2. terruimus: ______________________
3. superaverat: ______________________
4. delectaverunt: ______________________
5. vocaverant: ______________________
6. exspectavisti: ______________________
7. puniverunt: ______________________
8. monueram: ______________________

V. Übungssätze zum *Dativus finalis*:

1. Mors filiae, quam maxime amaverat, Ciceroni magno dolori erat.
2. Libros Latinos legere, quamquam facillimum non est, nobis tamen gaudio est.
3. Mores temporum illorum Ciceroni magnae curae erant.
4. Antonius Cleopatrae amatae latos fines Romanos dono dedit.
5. Scipioni, illi imperatori clarissimo, proelium, quo Hannibalem vicit, magno honori erat.
6. Vercingetorix, ubi copias, quas ceterae civitates auxilio miserant, vidit, proelium committere statuit.

VI. A Ptolemaeo[1] caedes crudelis commissa est

Pompeius et Caesar imperatores clarissimi erant. Dum hic bellum in Gallia gerit, ille Romae consul erat et sibi potestatem maximam paravit. Quae res Caesari minime placuit. Itaque cum legionibus suis Romam iter fecit et deinde, quod Pompeius iam fugerat, in Graeciam[2] contendit, ubi eius exercitum vicit. Pompeius ipse iterum fugere potuit et se ad Ptolemaeum[1] regem, fratrem[3] Cleopatrae, recepit. Ille autem, qui auxilio Caesaris regnum suum augere cupiebat, secum cogitavit: „Pompeii mors Caesari certe summo gaudio erit!" Ita Pompeium interfecit et eius caput ad Caesarem misit. Caesar autem, cui hoc donum atrocissimum dolori magno erat, diu flebat. Quamquam enim hostes fuerant, tamen virtus illius viri honesti a Caesare semper laudata erat. Paulo post Caesar bellum contra Ptolemaeum[1] paravit et Cleopatram, mulierem a se maxime amatam, reginam fecit.

1 **Ptolemaeus**, -i m.: „Ptolemäus" (ägyptischer König); 2 **Graecia**, -ae f.: „Griechenland"; 3 **frater**, -tris m.: „Bruder"

Wortklauberei

1 Das Suffix (die Nachsilbe) *-tor*

Dieses Suffix bezeichnet immer den „**Täter**", also den Ausführenden einer Handlung. Substantiva auf ***-tor*** sind meistens von einem Verbum abgeleitet.

? Was bedeuten die folgenden Substantiva (Nomina) und welche Verba stecken in ihnen?

Nomen	Bedeutung	Verb	Bedeutung
orator		*orare*	reden*
spectator			
amator			
imperator			

* Das zugrundeliegende Verb bedeutet „reden", aber auch „bitten", „beten" (vgl. Lec. 24)

2 Das Suffix *-tio*

Wenn du ***action*** (engl.) hast, ist immer was los. Dementsprechend bringt das Suffix ***-tio*** eine **Handlung** zum Ausdruck (vgl. lat. ***actio, -ionis*** = „Tätigkeit"). Gut zu sehen ist das auch beim Wort ***oratio, -onis***: Während der ***orator, -oris*** der „Täter", also der „Redner" ist (siehe oben!) , bezeichnet ***oratio, -onis*** die „Rede", also die Handlung selbst.

? Was könnten die folgenden Nomina auf *-tio* bedeuten? Ergänze zuerst die Bedeutung der zugrunde liegenden Verben!

Nomen	Bedeutung	Verb	Bedeutung
traditio		*tradere*	
laudatio		*laudare*	
auctio		*augere*	
contentio		*contendere*	

3 Überblick über die Suffixe *-tor/-tio/-tas/-tudo*

	-tor	*-tio*	*-tas*	*-tudo*
Bedeutung:	**Täter**	**Handlung**	**Eigenschaft**	**Eigenschaft**
Geschlecht:	**m.**	**f.**	**f.**	**f.**
lat. Beispiel:	*auctor* („Autor")	*actio* („Handlung")	*libertas* („Freiheit")	*solitudo* („Einsamkeit")
Englisch:	*author*	*action*	*liberty*	*solitude*
weitere Beispiele:	*spectator, inventor*	*occupation, translation*	*celerity, cruelty*	*latitude, magnitude*

4 Eine „herrschsüchtige" Wortfamilie

Von Wortfamilien hast du schon gehört (→ S. 76). Eine besonders große Familie bilden die Wörter mit dem Stamm ***reg-***, der immer etwas mit „herrschen" und „regieren" zu tun hat.

? Was bedeuten die folgenden Wörter?

regnare	+	*regnum*	+	*rex*	+	*regina*
=		=		=		=

5 Synonyme und Antonyme

Auch wenn's dir vielleicht nicht bewusst ist: Du verwendest in deiner Sprache ständig Synonyme und Antonyme. Gemeint sind damit **gleichbedeutende (= synonyme)** und **gegensätzliche (= antonyme)** Wörter.

? Welche Synonyme zu „toll" kennst du im Deutschen? ______________________________

? Welche zwei lateinischen Synonyme zum Verb *necare* („töten") kennst du? ______________________________

? Was sind die Antonyme zu a) „weiß", b) „gut", c) „hell"? ______________________________

? Ergänze in der folgenden Tabelle die Leerfelder analog zur ersten Zeile!

Latein	Deutsch	dt. Antonym	lat. Antonym
facilis/e	leicht		*difficilis/e*
bonus/a/um			
multi/ae/a			
docere			
pax			
novus/a/um			

6 Das G'frett mit dem *-us*!

Ursprünglich hast du die Endung *-us* als Nominativ der o-Deklination kennengelernt. Mittlerweile weißt du aber, dass es noch andere Deklinationen gibt, die ebenfalls im Nominativ auf *-us* enden:

1.F. Sg.	2.F. Sg.	Deklination	Beispiele
-us	*-i*	o-Dekl. m.	
-us	*-us*	u-Dekl. m./f.	
-us	*-utis*	3. Dekl. f.	
-us	*-oris/-eris*	3. Dekl. n.	

? Ordne die folgenden Nomina in der Tabelle richtig zu: *tempus – virtus – animus – vulnus – servitus – senatus – socius – opus – litus – casus – manus – discipulus – domus – facinus – genus*

7 Wörter, die du nicht verwechseln solltest

? Was bedeuten die folgenden Formen?

coepi		↔	*cepi*	
vicerunt		↔	*vixerunt*	
posuit		↔	*potuit*	
more		↔	*morte*	
parat		↔	*paret*	
consilium		↔	*concilium*	

21 DE PARIDIS[1] IUDICIO

Der folgende Mythos beschreibt den ersten Schönheitswettbewerb der Geschichte: Paris, der trojanische Königssohn, muss die undankbare Rolle übernehmen, als Juror zwischen drei rivalisierenden Göttinnen zu entscheiden – eine Entscheidung, die weitreichende Folgen haben sollte.

Omnes di deaeque ad nuptias[2] Thetidis[3] et Pelei[4] invitati erant – omnes **praeter Discordiam**, deam **controversiarum**. Quae tamen venit et a porta malum[5] medios inter deos **iecit**, dum dicit: „Hoc malum[5] pulcherrimae deae est!" Quod Iuno, **Venus**, Minerva statim de isto malo[5] **certare** coeperunt, Iuppiter deas ad Paridem[1], filium Priami[6] regis, misit eumque **iudicare** iussit.

Prima Iuno huic dixit: „Si me **delegeris**, tibi hoc magnum **praemium** dabo: In omnibus terris regnabis! **Praeterea** omnium **di(vi)tissimus** eris!" Deinde Minerva dixit: „Si me pulcherrimam dixeris, nemo te **fortitudine** superabit!" Postremo autem Venus dixit: „Me delige: Helenam, quam omnes mulierem pulcherrimam **putant**, tibi uxorem dabo!" Illud praemium Paridi[1] maxime placuit Venerique malum[5] dedit.

Quod Helena uxor Menelai[7], regis Lacedaemoniorum[8], erat, Paris **Graeciam** petere **decrevit**. Postquam **eo** venit, a rege summo hospitio[9] receptus est. Paulo post Menelaus[7], quod in Cretam[10] insulam navigare constituerat, uxorem Paridi, quem virum magnae **fidei** putabat, **mandavit**. Eam **occasionem** Paris non praetermisit[11]. Helenam his verbis adiit: „Regina pulcherrima, nonne amor, quem Venus dea dedit, nos **iungit**? Si mecum in patriam meam veneris, tibi **maritus** bonus ero!" Deinde Helena, **sive** his aliisque **eiusmodi** verbis adducta, **sive** vi coacta, cum Paride[1] **Troiam** navigavit.

1 Paris, -idis m.: „Paris" (trojanischer Prinz); **2 nuptiae**, -arum f.: „Hochzeit"; **3 Thetis**, -idis f.: „Thetis" (Meeresnymphe); **4 Peleus**, -i m.: „Peleus" (griechischer König); **5 malum**, -i n.: „Apfel"; **6 Priamus**, -i m.: „Priamos" (König von Troja); **7 Menelaus**, -i m.: „Menelaos"; **8 Lacedaemonii**, -orum m.: „die Spartaner"; **9 hospitium**, -i n.: „Gastfreundschaft"; **10 Creta**, -ae f.: „Kreta"; **11 praetermittere** 3, praetermisi: „vorübergehen lassen"

? Gib in eigenen Worten wieder, was die drei Göttinnen Paris versprachen, falls er sie wählen sollte!

1. Juno: ______________________________

2. Minerva: ______________________________

3. Venus: ______________________________

Venus, die Göttin der Liebe

Die Geburt der Venus (Sandro Botticelli, um 1485; Florenz, Uffizien)

Die römische Göttin der Liebe entspricht der griechischen **Aphrodite**. Diese trägt den Beinamen „die Schaumgeborene": Einer etwas blutrünstigen Sage zufolge soll Kronos, der Vater des Zeus, den regierenden Himmelsfürsten Uranos mit einer Sichel entmannt haben. Das Blut soll in den Meeresschaum getropft sein und dort Aphrodite erzeugt haben. Abgespielt hat sich die Szene angeblich bei der Insel Kypros (Zypern), die sich heute noch mit dem klingenden Namen „Insel der Aphrodite" schmückt. Einer anderen Sagenversion nach ist die Göttin am Strand der südgriechischen Insel Kythera aus einer Muschel gestiegen – so hat sie der italienische Renaissancemaler Sandro Botticelli in seinem Bild „Geburt der Venus" dargestellt (siehe Abb.).

Trotz ihrer Schönheit und ihrer Zuständigkeit für alle Liebesangelegenheiten hatte Aphrodite Probleme in ihrem eigenen Liebesleben. Denn ihr Ehemann war ausgerechnet

Vocabularium

praeter (+ Akk.)		außer	
discordia	discordiae f.	die Zwietracht, der Streit	*↔ concordia =*
controversia	controversiae f.	die Auseinandersetzung	*vgl. Kontroverse; aus: contra + vertere!*
iácere	iacio M, ieci, iactum	werfen, schleudern	*vgl. projizieren, Projektor*
Venus	Véneris f.	Venus	*Göttin der Liebe (griech.: Aphrodite)*
certáre	certo 1, -avi, -atum	1) streiten; 2) wetteifern	*vgl. Kon-zert*
iudicáre	iudico 1, -avi, -atum	1) urteilen, beurteilen; 2) richten	*vgl. iudicium, -i =*
delígere	déligo 3, -legi, -lectum	auswählen	*vgl. die Delegierten (= Abgeordneten)*
praemium	praemii n.	die Belohnung, der Preis	*Prämie, prämieren*
praeterea (Adv.)		außerdem	*aus: praeter + ea (wörtl.: „außer diesem")*
dives (m./f./n.)	divitis (2.F.)	reich	*vgl. divitiae, -arum =*
fortitudo	fortitudinis f.	die Tapferkeit	*vgl. fortis/e =*
putáre	puto 1, putavi, -atum	1) glauben; 2) halten für	*puto te fortem = „ich halte dich für tapfer"*
Graecia	Graeciae f.	Griechenland	*↔ Graeci, -orum =*
decérnere	decerno 3, decrevi, decretum	beschließen	*vgl. Dekret (= amtlicher Beschluss)*
eo (Adv.)		dorthin	*Was heißt „Ego eo cum eo eo."?*
fides	fidei f.	die Treue, das Vertrauen	
mandáre	mando 1, -avi, -atum	anvertrauen	*vgl. Mandant; aus: in manum dare*
occasio	occasionis f.	die Gelegenheit	*engl. occasion*
iúngere	iungo 3, iunxi, iunctum	verbinden	*vgl. con-iungere =*
maritus	mariti m.	der Gatte, der Ehemann	*vgl. engl. to marry*
sive … sive	(= seu … seu)	sei es (dass) … sei es (dass)	
eiusmodi		derartig	*wörtl.: „dieser Art" (2. Fall!)*
Troia	Troiae f.	Troja	*(siehe De Graecis, S. 108)*

Die Concorde

Alamy Stock Photo/Nigel Wilkins

Eines der berühmtesten und aufgrund der spitzen Nase markantesten Flugzeuge der zivilen Luftfahrtgeschichte war die Concorde. Dieses Überschallpassagierflugzeug, das zwischen 1976 und 2003 im Einsatz war, wurde von England und Frankreich gemeinsam produziert, was sich auch in ihrem Namen widerspiegelt (lat. *concordia*, frz. *concorde*, engl. *concord* = „Eintracht").

Hephaistos (lat. **Vulcanus**), der hässlichste aller olympischen Götter. Als Gott des Feuers und der Schmiedekunst passte er so gar nicht zu der anmutigen Venus. Sie suchte sich auch bald diverse Liebhaber – unter ihnen **Ares** (lat. **Mars**) und der trojanische Fürst **Anchises**. Dieser Verbindung entsprang Äneas, der von den Römern als Stammvater ihres Volkes verehrt wurde (vgl. S. 34).

Wolfram Kautzky, Wien

Venus rupft Amor die Flügel (2. Jh. n. Chr; Louvre, Paris)

Amor

Ebenfalls zum Gefolge der Venus gehört ihr Sohn Amor (griech. **Eros**, vgl. Erotik). Er wird in der bildenden Kunst immer als **geflügelter Knabe** mit Pfeil und Bogen dargestellt. Durch das Verschießen seiner Liebespfeile sorgt er für Liebesverwicklungen unter den Menschen. Später wurde er gewissermaßen „vervielfältigt" und in der Kunst als Ziergegenstand verwendet: Die sogenannten *Putti* wurden zu den barocken Zierengeln, die in vielen Kirchen zu sehen sind.

Fotolia.com/Kithan

21 Grammatica

Futur Exakt

Das Futur Exakt (= Futur 2, Vorzukunft) kommt fast nur in Gliedsätzen vor und drückt eine Handlung aus, die **vor einer anderen zukünftigen Handlung** stattfinden wird. Der Hauptsatz steht also immer im **Futur**:

Si me delegeris, tibi magnum praemium dabo.

= „Wenn du mich (ausgewählt haben wirst* =) auswählst, werde ich dir eine große Belohnung geben:
(→ Zuerst wird er sie auswählen, danach sie ihm die Belohnung geben.)

* Die wörtliche Übersetzung des Futur Exakt ist im Deutschen unüblich, stattdessen wird meist das **Präsens** oder **Perfekt** verwendet!

Bildung: Das Futur Exakt wird vom Perfektstamm (!) gebildet und hat folgende Endungen (Beispiel: a-Konjugation):

		Aktiv
Sg.	1.P.	*amávero*
	2.P.	*amáveris*
	3.P.	*amáverit*
Pl.	1.P.	*amavérimus*
	2.P.	*amavéritis*
	3.P.	*amáverint*

		Passiv
Sg.	1.P.	*amatus ero*
	2.P.	*amatus eris*
	3.P.	*amatus erit*
Pl.	1.P.	*amati erimus*
	2.P.	*amati eritis*
	3.P.	*amati erunt*

Die Zeiten (Zusammenfassung)

Plqpf. — Perfekt[1] / Imperfekt[2] — Präsens — Futur Exakt[3] — Futur

[1] Das Perfekt drückt eine einmalige Handlung in der Vergangenheit aus (im Dt.: meist Präteritum!).
[2] Das Imperfekt drückt eine länger andauernde oder wiederholte Handlung aus.
[3] Das Futur Exakt wird im Deutschen als Präsens oder Perfekt wiedergegeben.

Doppelter Akkusativ

Manche Verba ändern ihre Bedeutung, wenn sie mit zwei Akkusativen verbunden sind:

- *putare* (eigtl. „glauben") + doppelter Akkusativ = **„halten … für"**
  Omnes Helenam mulierem pulcherrimam putabant. = „Alle hielten Helena für die schönste Frau."
- *vocare* (eigtl. „rufen") + doppelter Akkusativ = **„nennen"**
  Quintus Iuliam amicam vocat. = „Quintus nennt Julia eine Freundin."
- *dicere* (eigtl. „sagen") + doppelter Akkusativ = **„nennen"**
  Paris Venerem pulcherrimam deam dixit. = „Paris nannte Venus die schönste Göttin."

NOTA BENE!
Im **Passiv** wird aus dem doppelten Akkusativ ein **doppelter Nominativ**:

Venus a Paride pulcherrima dea dicta est. = „Venus wurde von Paris die schönste Göttin genannt."

Exercitationes

I. Verbformencheck: Setze ins Futur, Perfekt, Plusquamperfekt und Futur exakt (in derselben Person und Zahl)!

Präsens	Futur	Perfekt	Plusquamperfekt	Futur exakt
stamus				
vivunt				
incipitis				
adest				
studeo				

II. Übersetze!

Daedalus Icaro dixit: „Minos nos semper patria prohibebit. Nisi mox consilium prudens capiam, patriam non iam videbo. Alas[1] faciam, quibus per caelum fugere poterimus. Iter, quod faciemus, difficillimum erit. Tamen hoc facere audebimus. Si insulam per caelum reliquerimus, milites regis nos capere non poterunt. Praeterea iam in tuto[2] erimus, cum Minos fugam[3] nostram intellexerit. At sole te prohibe! Si enim soli appropinquaveris, alas[1] amittes et in mare cades."

1 ala, -ae f.: „Flügel"; **2 tutum**, -i n.: „Sicherheit"; **3 fuga**, -ae f.: „Flucht"

III. Übersetze!

1. Caesar se dictatorem perpetuum dixit.
2. Omnes cives Romulum, qui summā iustitiā regnabat, regem bonum putabant.
3. Amore magno adductus Caesar Cleopatram reginam fecit.
4. Nonnulli homines Hannibalem, quod Romanos vicit, imperatorem optimum vocant.
5. Tantalus, qui se dis prudentiorem putabat, poena crudeli affectus est.
6. Antonius, postquam Cleopatrae fines Romanos donavit, a senatu hostis Romanorum dictus est.

IV. Welches Prädikat ist das richtige? Übersetze die Sätze auch!

1. Cicero ad Catilinam: „Si Roma *exieras / exieris / exis*, nos omnes timore magno liberabis."
2. Cassius et Brutus, quem Caesar ut filium *amabat / amabit / amavit*, eius caedem decreverunt
3. Theseus omnes liberos, quos parentes ei magna cum cura *mandabant / mandaverant / mandaverunt*, iterum in patriam duxit.
4. Caesar secum cogitat: „Si tota Gallia *occupata erat / occupata erit / occupata est*, gloria mea maxima erit."
5. Spartacus multis Gallis persuasit: „Si vos quoque in exercitu servorum *pugnabatis / pugnabitis / pugnatis*, Romanos vincere poterimus."
6. Tantalus, quod facinus atrocissimum *commiserat / commisit / committebat*, poenam crudelem tolerare debet.

V. Et Paris et Helena miro[1] modo nati sunt

Hecuba[2], Priami uxor, priusquam Paridem[3] peperit[4], somnium[5] atrocissimum habuerat. Statim regi omnia, quae viderat, narravit: „In somnio[5] non puerum, sed flammas[6] magnas peperi[4]." Priamus, cui id magnae curae erat, sacerdotem[7] quendam adiit et de hoc somnio interrogavit. Qui respondit: „Filius, quem uxor pariet[4], olim Troiam clade maxima afficiet." Quibus verbis adductus rex decrevit: „Si uxor filium pepererit[4], eum Troiā in montes auferam." Ita Paris diu vitam inter pastores[8], a quibus casu inventus erat, agebat.
Helena quoque, Ledae[9] filia, miro[1] modo nata est. Iuppiter enim pater eius erat. Qui, ut iam audivimus, saepe non formā[10] suā, sed formā animalium feminis appropinquabat. Quod autem forma oloris[11] cum Leda convenerat, illa non filiam, sed ovum[12] ingens peperit[4], e quo nonnullis diebus post Helena nata est.

1 mirus/a/um: „seltsam"; **2 Hecuba**, -ae f.: „Hekabe"; **3 Paris**, -idis m.: „Paris"; **4 parere** M, peperi: „gebären"; **5 somnium**, -i n.: „Traum"; **6 flamma**, -ae f.: „Flamme"; **7 sacerdos**, -otis m.: „Priester"; **8 pastor** -oris m.: „Hirte"; **9 Leda**, -ae f.: „Leda"; **10 forma**, -ae f.: „Gestalt"; **11 olor**, -oris m.: „Schwan"; **12 ovum**, -i n.: „Ei"

22 DE IRA ACHILLIS[1]

Die Entführung Helenas durch Paris blieb nicht ohne Folgen: Menelaos, der betrogene Ehemann, rief alle Fürsten Griechenlands zu Hilfe und brach mit einem gewaltigen Heer nach Troja auf. Jahrelang belagerten die Griechen die Stadt, konnten sie aber nicht einnehmen. In der folgenden Episode des zehnten und letzten Kriegsjahres spielt Achill, der Tapferste aller Griechen, die Hauptrolle.

Iam diu Graeci **moenia alta** oppugnabant. Quamquam fortiter pugnabant, tamen **Troianos** vincere non potuerunt. Decimo autem anno Achilles[1], qui semper fortius quam ceteri Graeci pugnaverat, iratus proeliis se **abstinebat**. Agamemnon enim, qui summum **imperium** exercitus Graeci **obtinebat**, Achilli[1] servam amatam abstulerat.

Quodam die, dum Achilles solus in castris est, Troiani exercitum Graecum pugnā vicerunt. Postquam multos Graecos interfecerunt, etiam castra eorum occupare et **incendere** coeperunt. Tum Patroclus, Achillis amicus, illum his verbis adiit: „Nisi mihi arma tua dederis, Troiani nos certe superabunt!"

Ubi Achilles amico arma dedit, ille his armis indutus[2] celeriter in proelium contendit. Troiani, **quia** eum Achillem putaverunt, territi fugerunt. At Hector[3], filius Priami regis fortissimus, cum Patroclo pugnare non timuit eumque pugna acerrima interfecit. Quae res Achilli magno dolori erat; diu flebat, priusquam proelio iterum **interesse** constituit. Atrocissime pugnavit: Non solum **complures** hostes crudeliter **cecidit**, sed etiam Hectorem[3] ipsum occidit. Neque iram **deposuit**, sed Hectoris[3] corpus **equis** iterum et iterum per pulverem[4] **traxit**. Denique Priamus rex ipse in castra venit, ubi **magis precibus** quam **auro** animum Achillis[1] movit. Itaque ei filium mortuum secum Troiam ferre licuit.

Troiani, postquam Hectorem sepeliverunt[5], iterum pugnare coeperunt. Quo in proelio Achilles interfectus est: Paris, Hectoris **frater**, auxilio **Apollinis** dei sagittam[6] in calcem[7] Achillis coniecit[8].

1 **Achilles**, -is m.: „Achill"; 2 **indutus/a/um**: „bekleidet"; 3 **Hector**, -oris m.: „Hektor"; 4 **pulvis**, -eris m.: „Staub"; 5 **sepelire** 4, -ivi: „bestatten"; 6 **sagitta**, -ae f.: „Pfeil"; 7 **calx**, calcis f.: „Ferse"; 8 **conicere** M, conieci: „schießen"

? Finde im Text zu den folgenden Wörtern je ein Synonym (Wort mit gleicher oder ähnlicher Bedeutung)!

Textzitat	Synonym	Textzitat	Synonym	Textzitat	Synonym
vicerunt (Z. 9)		*pugna* (Z. 9)		*interfecit* (Z. 18)	

Die „homerische Frage"

Die Geschichte vom Trojanischen Krieg, genauer gesagt dessen zehntes, letztes Kriegsjahr, wird in dem berühmten Heldenepos ***Ilias*** (Ilion = Troja) beschrieben. Als dessen Verfasser gilt **Homer** (griech. *Hómeros*), der älteste griechische Dichter. Das zweite Epos, das ihm zugeschrieben wird, ist die ***Odyssee*** (Irrfahrten des Odysseus nach dem Untergang Trojas), das so wie die *Ilias* 24 Bücher umfasst. Die Person des Homer hat die Wissenschaftler jahrhundertelang vor viele Rätsel gestellt:

- War Homer, wie überliefert ist, blind? Möglicherweise könnte diese Ansicht auch auf eine falsche Deutung seines Namens (*ho mé horón* = „der nicht Sehende") zurückgehen.
- Wann lebte Homer? Nach dem heutigen Stand der Wissenschaft in der 2. Hälfte des 8. Jh. v. Chr.
- Wo wurde Homer geboren? Neben der griechischen Insel Chios beanspruchten auch einige kleinasiatische Städte (u. a. Smyrna und Kolophon) diese Ehre für sich.
- Ist Homer tatsächlich der Autor von *Ilias* und *Odyssee* oder gab es zwei oder mehr verschiedene Autoren? Grundlage dieser Überlegungen ist, dass die beiden Werke zwar in der Antike Homer zugeschrieben wurden, bei näherer Betrachtung aber große Unterschiede aufweisen.
- Wurden *Ilias* und *Odyssee* zunächst mündlich durch fahrende Sänger (Rhapsoden) überliefert und erst später schriftlich fixiert? Einigermaßen sicher ist, dass die *Ilias* um 730 v. Chr. und die *Odyssee* circa 20 Jahre später entstand.

Vocabularium

☐ ira	irae f.	der Zorn	*vgl. iratus/a/um =*
☐ moenia (Pl.)	moenium n. (3. Dekl.)	die (Stadt-)Mauern	
☐ altus/a/um		1) hoch; 2) tief	*vgl. Altstimme (= tiefe Frauenstimme)*
☐ Troiani (Pl.)	Troianorum m.	die Trojaner	
☐ tenére	teneo 2, tenui, –	halten	
☐ abstinére	abstineo 2, abstinui, –	(sich) fernhalten (von)	*vgl. abstinent (= enthaltsam)*
☐ imperium	imperii n.	1) der Befehl; 2) die Herrschaft; 3) das Reich	*engl. empire; vgl. Imperialismus (= Streben nach Weltmacht)*
☐ obtinére	obtineo 2, obtinui, –	innehaben, besitzen	*vgl. engl. to obtain („bekommen", „erhalten")*
☐ incéndere	incendo 3, incendi, incensum	anzünden	
☐ quia		weil	*= quod (Einleitung eines Kausalsatzes)*
☐ interesse (+ Dativ)	intérsum, intérfui, –	beiwohnen, teilnehmen (an)	*vgl. Interesse (= Anteilnahme an etwas)*
☐ complures (m./f.)	complura (n.)	mehrere	*↔ plurimi/ae/a = „die meisten"*
☐ cáedere	caedo 3, cecídi, caesum	töten	*vgl. caedes, -is =*
☐ depónere	depono 3, deposui, depositum	ablegen, weglegen	*vgl. deponieren, Deponie, Depot (= Aufbewahrungsstelle)*
☐ equus	equi m.	das Pferd	
☐ tráhere	traho 3, traxi, tractum	ziehen	*vgl. Traktor, subtrahieren („ab-ziehen")*
☐ magis (Adv.)		mehr	*vgl. magister (wörtl.: einer, der „mehr" ist)*
☐ preces (Pl.)	precum f. (3. Dekl.)	die Bitten	
☐ aurum	auri n.	das Gold	*chem. Zeichen für Gold = Au*
☐ frater	fratris m.	der Bruder	*engl. brother*
☐ Apollo	Apóllinis m.	Apoll	*griech.-röm. Gott der Weissagekunst (→ S. 10)*

Citius, altius, fortius

„Schneller, höher, weiter (eig.: stärker)" – das ist das Motto der Olympischen Spiele. Pierre de Coubertin, der 1896 die antiken Spiele wieder aufleben ließ, formulierte diesen Spruch.

? Was verstand man ursprünglich unter einer *Olympiade*?

Die Achillesferse

Da ihn seine Mutter Thetis als Kind in heiliges Feuer gehalten hatte, war Achill – mit Ausnahme der Ferse, an der die Mutter ihn gehalten hatte – am ganzen Körper unverwundbar.

? Was versteht man heute unter einer „Achillesferse"?

- Gab es den Kampf um Troja wirklich? Vermutlich wurde Troja tatsächlich um 1200 v. Chr. von den Mykenern, als deren König in der *Ilias* Agamemnon genannt wird, zerstört. Das bedeutet aber, dass zwischen dem Kampf um Troja und der Entstehung der *Ilias* fast 500 Jahre lagen!

Trotz vieler ungelöster Fragen steht fest, dass Homers Werk auch heute noch zu den Klassikern der Weltliteratur zählt: Das Nachrichtenmagazin *profil* befragte 2001 zirka 10.000 Österreicherinnen und Österreicher, welche Bücher man ihrer Meinung nach unbedingt gelesen haben sollte – dabei landete die Odyssee (hinter Goethes *Faust*, Shakespeares *Hamlet* und der Bibel) auf Platz vier.

Im Jahr 2004 war der Film „Troja" einer der größten Erfolge in Österreichs Kinos. Die Hauptrolle des Achill spielte der Hollywood-Star Brad Pitt.

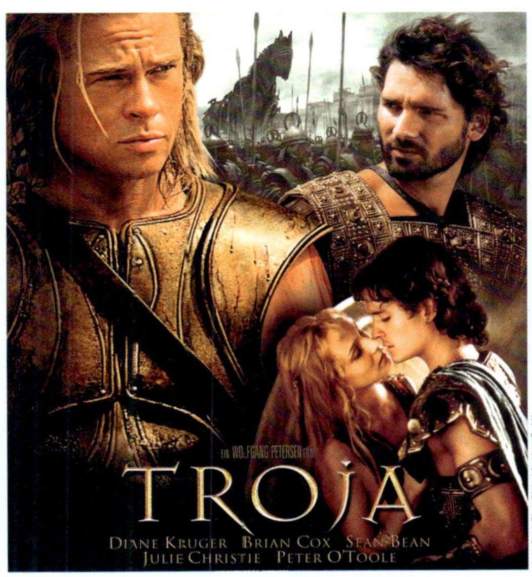

Filmplakat (USA, 2004)

22 Grammatica

Adverbia (Umstandswörter)

- Adjektiva bestimmen ein Nomen näher:
  Miles fortis pugnat. = „**Der tapfere Soldat** kämpft." (Frage: Was für ein Soldat kämpft?)
- Adverbia bestimmen ein Verb (*ad verbum* = „zum Verb"!) näher:
  Miles fortiter pugnat. = „Der Soldat **kämpft tapfer.**" (Frage: Auf welche Weise kämpft er?)

Adverbia haben im Lateinischen (im Gegensatz zum Deutschen!) eine eigene (nicht deklinierbare) Form (vgl. im Englischen die Silbe *-ly: quick* → *quickly*).

❶ Adverbbildung in der Grundstufe

In der Grundstufe hängt die Bildung des Adverbs von der Deklination ab, zu der das Adjektiv gehört:

	Adjektiv	Adverb
• Adjektiva der **a-/o-Deklination** → *-e*	*longus/a/um* *pulcher/pulchra/pulchrum*	→ *longe* („lang") → *pulchre* („schön")
• Adjektiva der **3. Deklination** → *-iter*	*fortis/forte* *atrox, atrocis* *celer/celeris/celere*	→ *fortiter* („tapfer") → *atrociter* („wild") → *celeriter* („schnell")
• bei Adj. auf *-ns* → *-nter*	*prudens, prudentis*	→ *prudenter* („klug")

NOTA BENE!
Beachte folgende Ausnahmen:
- *bonus/a/um* → ***bene***
- *facilis/e* → ***facile***

❷ Steigerung des Adverbs

Im Komparativ und Superlativ sind die Adverbendungen für alle Adjektiva dieselben:

a) **Komparativ**: Stamm der Grundstufe + *-ius*

longus/a/um → *longius* („länger")
pulcher/pulchra/pulchrum → *pulchrius* („schöner")
fortis/forte → *fortius* („tapferer")
prudens, prudentis → *prudentius* („klüger")

z. B.: *Miles fortius pugnavit.* = „Der Soldat kämpfte tapferer (ziemlich tapfer)."

Altius saltat.
(= „Er springt höher.")

? Mit welcher Form ist das Adverb im Komparativ identisch? Mit ______________________.

b) **Superlativ**: Superlativstamm + *-e*

longus/a/um → *longissimus/a/um* → *longissime* („am längsten")
pulcher/pulchra/pulchrum → *pulcherrimus/a/um* → *pulcherrime* („schöner")
fortis/forte → *fortissimus/a/um* → *fortissime* („am tapfersten")
facilis/facile → *facillimus/a/um* → *facillime* („am leichtesten")
bonus/a/um → *optimus/a/um* → *optime* („am besten")

z. B.: *Miles fortissime pugnavit.* = „Der Soldat kämpfte am tapfersten (sehr tapfer)."

Altissime saltat.
(= „Er springt am höchsten.")

NOTA BENE!
Neben den Adverbia, die von Adjektiva abgeleitet sind, gibt es auch zahlreiche **Einzeladverbia**, z. B. *mox* („bald"), *statim* („sofort"), *olim* („einst"), *iterum* („wieder") etc.

Exercitationes

I. Verbformencheck: Bilde zu den angegebenen Verbformen die fehlenden Zeiten in derselben Person und Zahl!

Präsens	Futur	Imperfekt	Perfekt	Futur exakt
augent				
iungit				
cedis				

II. Bilde zu den folgenden Adjektiva die Adverbia (in derselben Steigerungsstufe)!

1. crudelis: ______________________
2. magnificus: ______________________
3. pessimus: ______________________
4. brevis: ______________________
5. facilior: ______________________
6. clarus: ______________________
7. melior: ______________________
8. celerrimus: ______________________

III. Welche der folgenden Formen sind Adverbia, welche Adjektiva und welche können beides sein? Lege eine Tabelle an!

acre – longe – honestius – breve – diviti – peius – celerrime – atrociter – pulchrius – difficile – altiora – parvus – improbe – male – bene – miseriorum – laetior – minus

IV. Setze in den folgenden Sätzen die Adjektiva und Adverbia in den Komparativ und Superlativ!

1. Imperator milites fortiter pugnare iussit.
2. Etiam discipuli prudentes non semper prudenter respondent.
3. Tuam vocem pulchram facile cognoscimus.
4. Iuliam, discipulam bonam, magister saepe laudat.

V. Setze die richtige Form des Adjektivs oder das Adverb (in der Grundstufe) in die Sätze ein und übersetze!

1. Vercingetorix statim omnes viros ______________ ad concilium convocavit. (nobilis)
2. Quod Orpheus ______________ cecinit, Proserpina ei uxorem reddidit. (pulcher)
3. Priusquam magister intravit, discipuli ______________ certaverunt. (acer)
4. Nuntii regis, quia iis equi ______________ erant, iam tribus horis post Romam venerunt. (celer)
5. Illa verba ______________ didicisti, Gai! (bonus)
6. Achilles Hectorem superavit, quamquam ille ______________ pugnabat. (fortis)

VI. Thetis[1] Achillem occultat[2]

Thetis, Achillis mater[3], olim ab oraculo[4] audiverat: „Si filius tuus bello Troiano intererit, hostes eum interficient." Nonnullis annis post Agamemnon bellum contra Troianos paravit et viros totius Graeciae cogere coepit. Quae ubi Thetis audivit, celeriter filium ad se vocavit dixitque: „Magno in periculo eris, mi fili, nisi bello te abstinebis. Propera ad Lycomedem[5] regem, qui te inter filias suas occultabit[2]. Ita omnes te virginem putabunt neque Troiam ibis, ubi mors te exspectat." Itaque Achilles, ille vir fortissimus, veste[6] mulierum indutus[7] inter filias regis se occultabat[2]. At Ulixes[8], quem Agamemnon Achillem quaerere iusserat, Thetide[1] prudentior erat. Nam filiis Lycomedis complura dona pulcherrima tulit, inter quae etiam arma erant. Haec dona Ulixes[8] mediā in domo posuit, deinde autem, dum virgines magno cum gaudio illa spectant, amicum quendam signa canere[9] iussit. Virgines celerrime fugerunt, Achilles autem statim arma cepit. Ita vir inter virgines facillime cognitus est.

1 **Thetis**, -idis f.: „Thetis"; 2 **occultare** 1: „verstecken"; 3 **mater**, -tris f.: „Mutter"; 4 **oraculum**, -i n.: „Orakel"; 5 **Lycomedes**, -is m.: „Lykomedes" (König von Skyros); 6 **vestis**, -is f.: „Gewand"; 7 **indutus/a/um**: „bekleidet"; 8 **Ulixes**, -is m.: „Odysseus"; 9 **signa canere**: „zum Angriff blasen"

23 DE EQUO TROIANO

Nach Achills Tod unternahmen die Griechen noch weitere, zunächst vergebliche Versuche, Troja zu erobern.

Tum **Ulixes**, vir prudentissimus Graecorum, copias pugnantes spectabat et intellexit: „**Etsi** fortissime pugnabimus, moenia **firmissima** tamen **numquam** superabimus. Troianos oppidum summā vi defendentes non nisi dolo[1] vincere possumus.“ Itaque consilium prudens cepit: Ingens equus ligneus[2] aedificatus est, in quo nonnulli viri fortissimi **inclusi** sunt. Deinde Graeci, postquam hunc equum ante oppidi portas statuerunt, navibus insulam vicinam[3] petiverunt. Troiani, ubi castra a Graecis relicta conspexerunt, oppido exierunt et equum in litore positum invenerunt.

Tum quidam vir a Graecis relictus **apparuit** iisque narravit: „Graeci me dis immolare[4] in animo habebant. Paene necatus sum, sed fugere potui et me sub hoc equo occultavi[5]. Equus donum Minervae est. Quem si **intra** moenia posueritis, dea vobis semper **favebit**.“ Quod his verbis Troianis persuadere potuit, equus magno cum clamore ad oppidum tractus est. Ibi, quia equus portis maior erat, Troiani partem moenium diruerunt[6]. Ita equum in oppidum trahere et in **arce** statuere potuerunt.

Deinde Troiani multum **vinum** bibentes **victoriam celebraverunt**. At paucis horis post, dum **universi** vino fessi[7] dormiunt, Graeci inclusi equo exierunt. Auxilio ceterorum Graecorum, qui **interea** clam ab insula **redierant** et portā **apertā** oppidum intraverant, multa aedificia incenderunt. Plurimi Troianorum se frustra defendentium crudeliter necati sunt, oppidum autem **flammis consumptum est**.

1 **dolus**, -i m.: „List“; 2 **ligneus/a/um**: „hölzern“; 3 **vicinus/a/um**: „benachbart“; 4 **immolare** 1: „opfern“; 5 **occultare** 1: „verstecken“; 6 **diruere** 3, -rui, -rutum: „einreißen“; 7 **fessus/a/um**: „müde“

? RICHTIG oder FALSCH?

1. Die Griechen ziehen sich auf eine Insel zurück und lassen einen Mann zurück.	R	F
2. Die Trojaner werden von dem zurückgelassenen Griechen belogen.	R	F
3. Die Griechen trinken sich Mut an, bevor sie das Pferd verlassen.	R	F

Troja

Der Trojanische Krieg beruht auf historischen Grundlagen. Vermutlich zwischen 1250 und 1200 v. Chr. haben die griechischen Mykener die kleinasiatische Stadt Troja (griech. Ilion) zerstört. Lange Zeit wusste man nicht, wo sich Troja tatsächlich befunden hatte. Erst **Heinrich Schliemann** (1822–1890), ein deutscher Kaufmann, der alle seine Ersparnisse für sein Hobby, die Archäologie, verwendete, konnte die Lage der antiken Stadt bestimmen. Im Gegensatz zu seinen Vorgängern folgte er nämlich den Landschaftsbeschreibungen Homers und fand so, gewissermaßen mit der *Ilias* in der Hand, die Reste der Stadt. Da spätere Ausgrabungen mehrere Siedlungsschichten (Troja I bis X) zum Vorschein brachten, ist es aber bis heute umstritten, ob Schliemann tatsächlich das homerische oder ein früheres Troja gefunden hatte.

Nachbildung des trojanischen Pferdes aus dem Film „Troja“ (2004)

Vocabularium

Troianus/a/um		trojanisch	↔ *Troiani, -orum =*
Ulixes	Ulixis m.	Odysseus	
etsi		wenn auch, obwohl	
firmus/a/um		stark	*vgl. Firmung (= „Stärkung" im Glauben)*
numquam (Adv.)		niemals	
inclúdere	includo 3, inclusi, inclusum	einschließen	*vgl. inkludieren; inklusive*
apparére	appareo 2, apparui, –	erscheinen	*engl. to appear*
intra (+ Akk.)		innerhalb	*vgl. intravenös, intramuskulär etc.*
favére (+ Dat.)	faveo 2, favi, fautum	begünstigen, bevorzugen	*vgl. favorisieren; engl. to favour*
arx	arcis f.	die Burg	↔ *ars, artis =*
vinum	vini n.	der Wein	*vgl. Vinothek (= Weinhandlung)*
victoria	victoriae f.	der Sieg	*engl. victory*
celebrare	celebro 1, -avi, -atum	feiern	*vgl. zelebrieren, engl. celebrities (= gefeierte Stars)*
universi/ae/a		alle (gemeinsam)	*vgl. universal, Universum (= Welt-all)*
interea (Adv.)		inzwischen	*aus: inter + ea = „zwischen diesen (Dingen)"*
redire	redeo, redii, reditum	zurückkehren	↔ *reddere 3, reddidi, redditum =*
aperire	aperio 4, aperui, apertum	öffnen	*vgl. Aperitif (= Getränk vor dem Essen)*
flamma	flammae f.	die Flamme	*engl. flame*
consúmere	consumo 3, consumpsi, consumptum	1) vernichten; 2) verbrauchen	*vgl. konsumieren, Konsument, Konsum*

Griechisch im Alltag/1

Viele Fremdwörter stammen aus dem Altgriechischen.
Du wirst staunen, wie viele von ihnen du mit nur einigen wenigen griechischen Wortbestandteilen ganz leicht entschlüsseln kannst! Hier einige Beispiele für griechische Vorsilben:

- ***anti-*** („gegen"): antibakteriell, Antialkoholiker, Antipathie
- ***hyper-*** („über", „übermäßig"): Hypertonie, hyperaktiv, hypermodern
- ***hypo-*** („unter", „schwach"): Hypotonie, Hypotrophie
- ***tele-*** („fern", „weit"): Telephon, Teleskop, Television (TV)
- ***sym-/syn-*** („zusammen"): Symphonie, Sympathie, Symbiose, Symmetrie, Synonym, synchron

Ein Danaer-Geschenk

Eng verbunden mit dem Trojanischen Pferd ist der Begriff „Danaer-Geschenk". In Vergils Epos *Aeneis* warnt der trojanische Priester **Laokoon** (vgl. Bild S. 113 und Text S. 115) seine Landsleute davor, das Pferd in die Stadt zu ziehen, und zwar mit den Worten: „Was auch immer es ist, ich fürchte die Danaer (= Griechen), auch wenn sie Geschenke bringen". (lat.: *Quidquid id est, timeo Danaos et dona ferentes*). Er hat recht behalten; daher versteht man unter einem Danaer-Geschenk ein Unheil bringendes Geschenk.

Computer-„Trojaner"

Der Begriff „Trojanisches Pferd" bzw. „Trojaner" hat übrigens auch in die **Computersprache** Eingang gefunden: So wird ein Virus bezeichnet, das sich über ein E-Mail-Attachment oder Freewaredateien in einen Computer einschleust und dort spionieren kann. Trojaner verbergen listenreich ihre Anwesenheit und versenden unbemerkt Kreditkarteninfos, Passwörter und Codes an den Absender.

CartoonStock.com/Mike Flanagan

23 Grammatica

Partizip Präsens Aktiv (PPA)

Das Partizip Präsens (erstes Mittelwort) wird vom Präsensstamm gebildet und ist an der Silbe **-ns** (1.F. Sg.) bzw. **-nt-** (übrige Fälle) zu erkennen. Es dekliniert wie die Mischstämme (→ S. 52 + 180):

		m. + f.	n.
Sg.	1/5	*amans*	
	2	*amantis*	
	3	*amanti*	
	4	*amantem*	*amans*
	5	*amante*	

		m. + f.	n.
Pl.	1/5	*amantes*	*amantia*
	2	*amantium*	
	3	*amantibus*	
	4	*amantes*	*amantia*
	5	*amantibus*	

ebenso: *monens (-entis), mittens (-entis), capiens (-entis), audiens (-entis); ferens (-entis), iens (euntis)*

Übersetzung:
Das Partizip Präsens ist **aktiv** und **gleichzeitig**:
amans = a) „liebend" (= „einer, der liebt");
b) „ein Liebender"

Verwendung:
- als **Adjektiv**: *feminae amantes* = „die liebenden Frauen"
- als **Nomen**: *amantes* = „die Liebenden"
- als **Participium coniunctum** (siehe unten)

Participium coniunctum (PC)

Unter dem Participium coniunctum (PC, „verbundenes Partizip") versteht man ein Partizip, das
- mit einem Nomen **übereingestimmt** ist,
- nicht unmittelbar neben diesem Nomen steht, sondern eine **Sperrung** (Klammer) bildet.

Da die wörtliche Übersetzung in solchen Fällen meist nicht wirklich „deutsch" klingt, musst du eine solche Sperrung auflösen, und zwar am besten mit einem **Relativsatz***:

Troianos oppidum summa vi defendentes non nisi dolo vincere possumus.

(„**Die Trojaner**, die Stadt mit höchster Kraft **verteidigend**, können wir nur mit List besiegen."=)
„**Die Trojaner, die** die Stadt mit höchster Kraft **verteidigen**, können wir nur mit List besiegen."

Bei der Übersetzung von Sperrungen musst du auf die **Art des Partizips** achten:

* Der Relativsatz ist die einfachste Möglichkeit, ein Participium coniunctum zu übersetzen. Weitere Möglichkeiten: mit **„als"** (temporal), **„weil"** (kausal), **„obwohl"** (konzessiv) oder mit einem Hauptsatz (**„und"**).

	Erkennungszeichen	Eigenschaften	Beispiel
Partizip Präsens (PPA)	*-ns, -ntis* (3. Dekl.)	**aktiv + gleichzeitig**	*amans* = „einer, der liebt"
Partizip Perfekt (PPP)	*-tus/a/um* (a/o-Dekl.)	**passiv + vorzeitig**	*amatus/a/um* = „einer, der geliebt worden ist"

- **PPA** (→ gleichzeitig): Im Relativsatz steht **dieselbe Zeit** wie im übergeordneten Satz:

  z. B.: *Ulixes copias fortiter pugnantes spectabat.* (Imperfekt)
  = „Odysseus betrachtete **die Truppen, die** tapfer **kämpften**. (Präteritum)

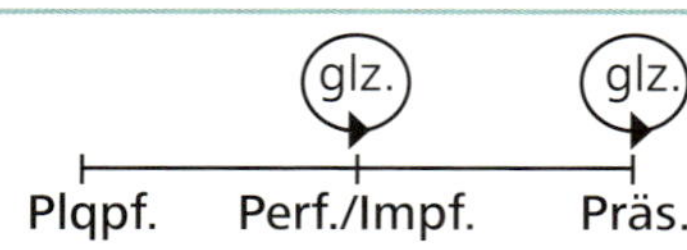

- **PPP** (→ vorzeitig): Die Zeit im Relativsatz liegt **eine Zeitstufe vor** der Zeit im übergeordneten Satz:

  z. B.: *Troiani equum in litore positum invenerunt.* (Perfekt)
  = „Die Trojaner fanden **das Pferd, das** an die Küste **gestellt worden war**." (Plqpf.)

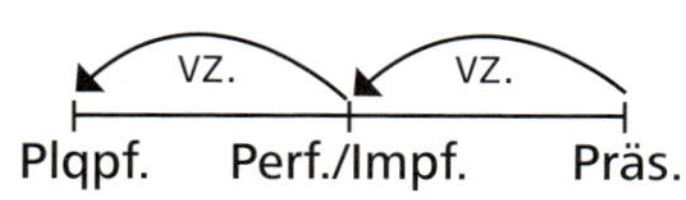

TIPP: Vorgangsweise beim Übersetzen:

❶ Suche zu jedem Partizip das Bezugswort (steht meist davor) und unterstreiche die beiden Wörter:	*Librum in schola lectum tibi dedi.*
❷ Übersetze die so entstandene „Klammer" zunächst wörtlich:	„Ich gab dir das Buch (in der Schule gelesen)."
❸ Verwandle das Partizip in einen Relativsatz! Achte dabei auf das Zeitverhältnis:	„Ich gab dir das Buch, das in der Schule gelesen worden war."

Exercitationes

I. Verbformencheck: Setze ins Futur, Imperfekt, Perfekt und Plusquamperfekt (in derselben Person und Zahl)!

Präsens	Futur	Imperfekt	Perfekt	Plusquamperfekt
faves				
trahimus				

II. Bestimme den Fall und übersetze!

1. servus fugiens: ______________________
2. pueri discentes: ______________________
3. amici intrantis: ______________________
4. puellas canentes: ______________________
5. discipulo ridenti: ______________________
6. patrem laborantem: ______________________
7. virorum iuvantium: ______________________
8. fratri dormienti: ______________________

III. Ordne den Nomina die passenden Partizipia (PPP oder PPA) zu und übersetze!

1. milites ______________________
2. urbis ______________________
3. magistrum ______________________
4. puellarum ______________________
5. viris ______________________
6. mons ______________________
7. verbum ______________________
8. dona ______________________

a) clamantium b) mandata c) contendentes d) laborantibus e) spectatae f) monens g) narrantem h) ascensus

IV. Unterstreiche Partizip und Bezugswort und übersetze das Participium coniunctum mit Relativsatz! Achte auf das Zeitverhältnis, also ob es sich um ein PPA (→ glz.) oder ein PPP (→ vz.) handelt!

1. Quintus Iuliam iam diu spectans verba magistri non audit.
2. Quintus a magistro multis verbis monitus tamen Iuliam spectare non desinit.
3. Octavianus Cleopatram Romam ferre cupiens reginae omnia arma abstulit.
4. Caesar Galliam copiis Romanis occupatam reliquit Romamque contendit.
5. Tantalus medio in flumine stans tamen sitim tolerare debet.
6. Orpheus voce pulcherrimā canens etiam animalia delectabat.
7. Troiani putabant: „Equus a Graecis in litore relictus donum Minervae est."
8. Theseus cum omnibus liberis ad Minotaurum missis in patriam rediit.
9. Brutus dixit: „Caesarem more regum regnantem caedere debemus."

V. De amore miserrimo

Postquam Hector, vir fortissimus, interfectus est, spes[1] victoriae apud Troianos iam diu a copiis Graecorum circumventos minima erat. Tunc autem magnus exercitus apparuit. Nam Amazones[2], ille populus mulierum fortissime pugnantium, Troianis inclusis auxilio venire constituerant. Magno cum gaudio Amazones[2] ad regem ductae sunt, ubi ad earum honorem cena magnifica parata est. Postero[3] die copiae Amazonum[2] et Troianorum iam horā primā oppidum reliquerunt ac castra Graecorum adierunt. Qui, ubi hostes animadverterunt, celerrime arma ceperunt et in proelium contenderunt. Amazones[2] fortiter pugnabant, fortissima autem omnium erat earum regina nomine Penthesileia. Complures Graecos interfecit, deinde ad Achillem quoque venit. Qui hastam[4] a Penthesileia iactam vidit et se celeriter scuto[5] defendit. Tum ipse hastam[4] summā vi iaciens reginam vulnere gravissimo[6] affecit. Illa paene mortua de equo in manus Achillis cecidit. Qui tunc sub galea[7] mulierem pulcherrimam conspiciens amore maximo captus est. Sed paulo post Penthesileia in eius manibus e vita cessit.

1 **spes**, -ei f.: „Hoffnung"; 2 **Amazones**, -um f.: „die Amazonen"; 3 **posterus/a/um**: „der nächste"; 4 **hasta**, -ae f. „Speer"; 5 **scutum**, -i n.: „der Schild"; 6 **gravis/e**: „schwer"; 7 **galea**, -ae f.: „Helm"

24 DE CASSANDRA

Eine besonders tragische Gestalt unter den Trojanern war Kassandra, die Tochter des Königs Priamos. Weil sie Apoll, den Gott der Weissagekunst, nicht erhört hatte, wurde sie von ihm mit einer außergewöhnlichen Strafe belegt.

Apollo deus, quod Cassandrae amorem sibi conciliare[1] **voluit**, eam his verbis adiit: „Virgo pulcherrima, visne mecum venire? Tibi donum magnum dabo: Omnes res futuras videre poteris!" Hoc donum Cassandrae placuit. Quis enim res futuras scire **non vult**? Itaque primo amorem **verum** simulavit[2]. Deinde autem, postquam donum a deo **promissum** accepit, deo gaudia **sperata praebere** noluit. Magna erat Apollinis ira. Quod autem id, quod promiserat, revocare[3] non potuit, dixit: „**Scientiam** rerum futurarum quidem habes, sed ea tibi magno **usui** non erit. Etsi semper **veritatem** dices, tamen homines tuis verbis numquam **credent**."

Inde Troiani Cassandrae verba neglegebant. Postquam Helena a Paride rapta Troiam intravit, Cassandra statim manibus **sublatis** apparuit ad monendum: „Ista mulier nobis magno periculo erit! Oppidum enim nostrum **ardentem** video." At Troianis persuadere non potuit. Decem annis post, dum Troiani equum ligneum[4] a Graecis relictum in oppidum trahunt, Cassandra iterum non **tacuit**: „Nolite equum in oppidum trahere!", clamavit, „Equus perniciem[5] nostram secum fert. Hac nocte nos omnes **interibimus**!" Iterum eius verba monentia a Troianis neglecta sunt. Cassandra autem non **erravit**: Troia a Graecis incensa est plurimique Troianorum interfecti sunt. Cassandra ipsa e templo Minervae, quo[6] **orandi causa** fugerat, rapta et deinde serva Agamemnonis[7] in Graeciam ducta est.

1 **conciliare** 1: „gewinnen"; 2 **simulare** 1: „vortäuschen"; 3 **revocare** 1: „rückgängig machen"; 4 **ligneus/a/um**: „hölzern"; 5 **pernicies**, -ei f.: „Untergang"; 6 **quo**: „wohin"; 7 **Agamemnon**, -onis m.: „Agamemnon" (Heerführer der Griechen, König von Mykene)

? **Fasse den Inhalt der Zeilen 1–13 mit eigenen Worten in max. vier Sätzen zusammen!**

Kassandra

Kassandra ist eine der tragischsten Figuren des Trojanischen Krieges. Nicht nur, dass wegen der Strafe Apolls (siehe Text) keiner mehr ihren Vorhersagungen glaubte – sie selbst erlitt auch ein grausames Schicksal. Nach der Eroberung Trojas durch die Griechen fiel sie bei der Verteilung der Siegesbeute dem Führer der Griechen, Agamemnon, zu und musste ihm als Sklavin in seine Heimat folgen. Dort wurden die beiden von Agamemnons Gattin Klytaimnestra ermordet. Heute noch versteht man unter einem „Kassandraruf" eine Unheil verheißende Warnung, auf die niemand hört.

Der Tod der Kassandra (Vasenmalerei, 5. Jh. v. Chr.)

Laokoon

Der Priester Laokoon (siehe Text auf S. 115) hat ebenfalls wegen seiner nicht erhörten Warnungen traurige Berühmtheit erlangt. Als er die Trojaner davon zu überzeugen versuchte, das von den Griechen zurückgelassene Pferd nicht in die Stadt zu ziehen, wurde er gemeinsam mit seinen zwei Söhnen von einem Schlangenpaar getötet. Die Trojaner sahen darin die Bestätigung, dass Laokoon die Unwahrheit gesprochen hatte. Tatsächlich musste er aber gerade deswegen sterben, weil er die Wahrheit gesagt hatte: Die Götter hatten nämlich zuvor beschlossen, dass die Grie-

Vocabularium

velle	volo, vis, volui, –	wollen	*(siehe Grammatica)*
nolle	nolo, non vis, nolui, –	nicht wollen	*(siehe Grammatica)*
verus/a/um		1) wahr; 2) echt	*vgl. verifizieren (= nachweisen, dass etwas wahr ist)*
promíttere	promitto 3, promisi, promissum	versprechen	*engl. to promise*
sperare	spero 1, -avi, -atum	hoffen, erhoffen	*S 192, vgl. desperat (= hoffnungslos)*
praebére	praebeo 2, -ui, -itum	bieten, anbieten, geben	
scientia	scientiae f.	das Wissen, die Kenntnis	*vgl. scire; engl. science*
usus	usus m.	1) der Nutzen; 2) der Gebrauch	*engl. use; vgl. „es ist Usus" (= es ist Brauch)*
usui esse	(Zweckdativ)	nützlich sein	*wörtl. (vgl. S. 96) = „zum Nutzen sein"*
veritas	veritatis f.	die Wahrheit	*(siehe unten!)*
crédere	credo 3, credidi, creditum	glauben	*vgl. Credo (= Glaubensbekenntnis)*
inde (Adv.)		1) von da an; 2) von dort	
tóllere	tollo 3, sústuli, sublatum	aufheben, (er)heben	*↔ tolerare 1 =*
ardére	ardeo 2, arsi, –	brennen	*vgl. engl. ardent („heiß", „glühend")*
tacére	taceo 2, -ui, –	schweigen	
interíre	intéreo, interii, interitum	sterben, untergehen	
errare	erro 1, -avi, -atum	irren, sich irren	*vgl. engl. error*
orare	oro 1, -avi, -atum	1) (er)bitten; 2) beten	*vgl. Oratorium (= geistliches Musikwerk)*
causa	causae f.	Grund, Ursache	*Kausalsatz (= Begründungssatz)*
causa	(nach Genetiv)	1) wegen; 2) um zu	*z. B. orandi causa = „um zu beten"*

Ora et labora

„Bete und arbeite" ist das Motto der Benediktiner. Dieser erste europäische Mönchsorden wurde im 6. Jh. n. Chr. vom heiligen Benedikt von Nursia auf dem Monte Cassino (Süditalien) gegründet und widmete sich besonders der Landwirtschaft und der Kultivierung neuer Gebiete. Das Beten ist also genauso wichtig wie die praktische Arbeit.

In Österreich gibt es mehrere Benediktinerklöster, z. B. in Göttweig, Melk, Altenburg, Kremsmünster, Admont, Michaelbeuern und St. Paul im Lavanttal.

In vino veritas

„Im Wein liegt die Wahrheit" bedeutet dieser lateinische Spruch. Man versteht darunter, dass der Alkohol die Zunge lockert – ein Betrunkener plaudert also oft mehr aus, als er in nüchternem Zustand erzählen würde.

? Das folgende Logo hat nichts mit Wein-, sondern mit „(Latein-)Lern-Genuss" zu tun. Wofür steht es?

VER1TAS

chen nun endlich die Stadt erobern sollten. Eine der bedeutendsten Skulpturen der Antike aus dem 1. Jh. n. Chr. zeigt den Todeskampf des Laokoon und seiner Söhne mit den beiden Schlangen.

Der Dichter Vergil (70–19 v. Chr.) beschreibt die Szene so (Äneis 2, 213 ff.):

„... zuerst um die Söhne / legt sich das Schlangenpaar, um die beiden kindlichen Leiber / ringelt es sich und zernagt – o Jammer! – die Glieder mit Bissen. / Ihn dann ergreifen sie selbst, da zur Hilfe er naht mit den Speeren, / schlingen um ihn ihre Leiber, die übergewaltigen, und schon / zweimal die Mitte umfassend, am Hals die schuppigen Rücken / zweimal geschlungen, so ragen sie hoch mit Haupt und mit Nacken."

Vergil (Übers. Wilhelm Plankl): Aeneis. Ditzingen: Verlag Philipp Reclam jun., S. 36

VERITAS-VERLAG, Linz/Susanne Sik

Laokoon-Gruppe (Vatikan, 1. Jh. n. Chr.)

24 Grammatica

velle/nolle („wollen“ / „nicht wollen“)

Die Modalverba *velle* („wollen“) und *nolle* („nicht wollen“) werden im Präsensstamm unregelmäßig abgewandelt. Die Formen der übrigen Zeiten sind regelmäßig (→ S. 186 f.):

Präsens	Sg.	1.P.	*volo*	*nolo*
		2.P.	*vis*	*non vis*
		3.P.	*vult*	*non vult*
	Pl.	1.P.	*volumus*	*nolumus*
		2.P.	*vultis*	*non vultis*
		3.P.	*volunt*	*nolunt*
Infinitiv			*velle*	*nolle*
Imperativ			–	*noli!/nolíte!**
PPA			*volens*	*nolens***

NOTA BENE!
Die Form ***vis*** ist doppeldeutig:
a) 2.P. Sg. Präsens von ***velle*** = „du willst“
b) Nom. Sg. von ***vis***, ***vim***, ***vi*** (→ S. 69) = „die Kraft“

* *noli(te)* wird verwendet, um ein Verbot an die 2. Person auszudrücken (siehe unten).
** Vgl. die Redewendung *nolens volens* = „Nicht wollend (oder) wollend“ = „ob man will oder nicht“, „wohl oder übel“

Verbot mit *noli* + Infinitiv

Eine der Möglichkeiten, im Lateinischen ein Verbot auszudrücken, ist die Verwendung von *noli* (Sg.) bzw. *nolite* (Pl.) mit einem **Infinitiv**:

Sg.: ***Noli*** *equum in oppidum* ***trahere!*** = „**Zieh** das Pferd **nicht** in die Stadt!“
(wörtl.: „Wolle das Pferd nicht in die Stadt ziehen!“)
Pl.: ***Nolite*** *equum in oppidum* ***trahere!*** = „**Zieht** das Pferd **nicht** in die Stadt!“
(wörtl.: „Wollet das Pferd nicht in die Stadt ziehen!“)

Noli me tangere!
Diese Art des Verbots kannst du dir leicht mithilfe eines bekannten lateinischen Bibelzitats merken:

Noli me tangere! = „Berühr mich nicht!“ soll Jesus nach seiner Auferstehung zu Maria Magdalena gesagt haben. *Nolimetangere* ist heute auch noch die Bezeichnung für die Pflanzengattung der Mimosen, die bei leisester Berührung ihre Blätter zusammenklappen.

Gerundium

Das Gerundium entspricht dem **als Nomen gebrauchten Infinitiv**. Abgesehen vom Nominativ, der dem Infinitiv entspricht, dekliniert es wie ein neutrales Nomen der o-Deklination im Singular (der Dativ kommt nur selten vor). Erkennungszeichen des Gerundiums ist die Buchstabengruppe *-nd-*:

1.F.	*(dormire)*	„das Schlafen“
2.F.	***dormiendi*** ***dormiendi causa***	„des Schlafens“ „um zu schlafen“
4.F.	***ad dormiendum***	„um zu schlafen“
6.F.	***dormiendo*** ***in dormiendo***	„durch das Schlafen“ „beim Schlafen“

NOTA BENE!
Am häufigsten kommt das Gerundium in Kombination mit ***ad*** (+ 4. Fall) oder ***causa*** (+ 2. Fall) vor. Es drückt dann einen Zweck aus:
- *ad celebrandum*
- *celebrandi causa*

= „um zu feiern“

Bildung des Gerundiums bei den anderen Konjugationen: *ama-nd-i, mone-nd-i, mitte-nd-i, capie-nd-i*

EXEMPLA:
2.F.: *Mea cupiditas dormiendi magna est.* = „Meine Begierde (des Schlafens =) zu schlafen ist groß.“
Domum venio dormiendi causa. = „Ich komme nach Hause, um zu schlafen.“
4.F.: *Domum venio ad dormiendum.* = „Ich komme nach Hause, um zu schlafen.“
6.F.: *Dormiendo iram magistri commoveo.* = „Durch das Schlafen errege ich den Zorn des Lehrers.“
In dormiendo magistrum non audio. = „Beim Schlafen höre ich den Lehrer nicht.“

Exercitationes

I. Setze die Formen von *velle* oder *nolle* (im Präsens) ein und übersetze!

Parentes, qui ante meridiem ambulare __________, e filiis quaerunt: „__________-ne nunc nobiscum ambulare, Gai et Marce?" Gaius, qui cum parentibus ambulare __________, celeriter librum Graecum aperit respondetque: „Libenter vobiscum ambulare __________, sed difficillima verba Graeca discere debeo." Marcus quoque, qui nunc dormire __________, hoc solum respondet: „__________." At pater iratus clamat: „Quamquam __________, tamen nunc nobiscum venies! Cur non nocte dormivisti?" Ita parentes paulo post cum Marco ambulant, dum Gaius domi bene dormit.

II. Verwandle die Befehle in Verbote! Übersetze beide Sätze auch!

Bsp.: *Intrate!* → *Nolite intrare!*

1. Legite hunc librum! → ______________________
2. Multum vini bibe! → ______________________
3. Me specta! → ______________________
4. Mox redite! → ______________________

III. Übersetze die folgenden Wortgruppen und achte besonders darauf, ob darin ein Partizip (Präsens oder Perfekt) oder ein Gerundium vorkommt!

1. occasio fugiendi
2. spes redeundi
3. hosti dormienti
4. viri docti
5. viri docentes
6. cupiditas docendi
7. studium legendi
8. discipulo legenti
9. discipuli legentes
10. libri lecti
11. diligenter legendo
12. studendi causa

IV. Übersetze!

1. Illi discipuli dormiendi causa in scholam veniunt.
2. Quod isti pueri ridendo magistrum a docendo prohibuerant, ille nobis pensum magnum dedit.
3. Num ad certandum venistis?
4. Mihi non fuit tempus discendi.
5. Orpheus canendo animum Proserpinae movit.
6. Legistisne iam illum librum de arte amandi?
7. Quam magna est mea cupiditas domum redeundi!

V. Unterstreiche Partizip und Bezugswort und übersetze das Participium coniunctum mit Relativsatz!

1. Discordia ad nuptias[1] non invitata malum[2] inter deas iecit, quod erat donum pulcherrimae deae."
2. Iuppiter Paridi[3] imperavit: „Delige pulcherrimam e tribus deis acerrime de malo[2] certantibus!"
3. Paris Venerem ei uxorem pulcherrimam promittentem pulcherrimam dixit.
4. Postquam Paris Helenam in Graecia raptam domum duxit, eius maritus dixit:
5. „Hoc facinus ab illo viro improbo commissum tolerare non possumus."
6. Paulo post ingens exercitus ex omnibus Graeciae civitatibus coactus Troiam navigavit.

1 nuptiae, -ae f. Pl.: „Hochzeit"; **2 malum**, -i n.: „Apfel"; **3 Paris**, -idis m.: „Paris" (trojanischer Königssohn)

VI. De Laocoontis[1] verbis neglectis

Postquam Graeci navibus quandam insulam petiverunt, Troiani equum summā arte aedificatum invenerunt. Quia hunc equum donum deorum putabant, eum in oppidum trahere voluerunt. Tum Laocoon sacerdos[2] ex oppido appropinquans clamavit: „O miseri! Hoc donum certe periculum magnum secum fert, sive hic equus viros inclusos continet sive alius dolus[3] ab Ulixe inventus est." Deinde hastam[4] in equum iecit.
Paulo post, dum Laocoon immolandi[5] causa in litore est, subito duo serpentes[6] ingentes e mari apparuerunt. Multi homines convenerunt ad spectandum. At tunc spectaculum crudele viderunt: Serpentes[6] celeriter Laocoontis[1] filios parvos adierunt atque corpora eorum implicaverunt[7]. Laocoon statim pueris comprehensis auxilio venit, sed mox ipse implicatus[7] est. Ita sacerdos[2] eiusque filii crudeliter necati sunt. Troiani hac re maxime territi dixerunt: „Ii serpentes[6] a dis missi sunt ad Laocoontem[1] puniendum." Deinde equum in oppidum traxerunt.

1 Laocoon, -ontis m.: „Laokoon"; **2 sacerdos**, -otis m.: „Priester"; **3 dolus**, -i m.: „List"; **4 hasta**, -ae f.: „Speer"; **5 immolare** 1: „ein Opfer bringen"; **6 serpens**, -entis m./f.: „Schlange"; **7 implicare** 1: „umschlingen"

25 DE ULIXE

Nach dem Fall Trojas brachen die griechischen Helden wieder in ihre Heimat auf. Besonders für Odysseus sollte diese Fahrt keine Vergnügungsreise sein: Zehn Jahre lang irrte er auf den Meeren umher, wobei er immer wieder neue Abenteuer bestehen musste – eines davon auf der Insel der Zyklopen, der einäugigen Riesen.

Apud Homerum[1] **poetam** legimus Ulixem cum sociis in quadam insula ad speluncam[2] **pervenisse**. Graeci, quamquam Cyclopem[3] ibi habitare sciebant, tamen speluncam[2] **inierunt**. Paulo post autem Cyclops ille, cui erat nomen Polyphemus, cum ovibus[4] rediit **exitum**que clausit. Ubi Graecos conspexit, statim duos ex iis necavit editque[5]. Ulixes, quod exitum saxo ingenti clausum esse intellexerat, amicis dixit: „Solum auxilio Polyphemi speluncam[2] relinquere possumus. Fugiendi causa dolum[6] adhibere[7] debemus." Itaque Ulixes Cyclopem[3] adiit eique vinum **dulce**, quod **forte** secum habuit, dedit.

Ille magno cum gaudio bibit, deinde plus vini **postulavit**. Quod ubi accepit, dixit: „**Gratias** tibi **ago**. Quia mihi vinum dedisti, te ultimum interficiam. Visne mihi nomen tuum dicere?" Ulixes, ille vir prudentissimus, respondit: „Mihi nomen est Nemo." **Tandem** Polyphemus vini **plenus** dormiebat. Celeriter Ulixes cum amicis magnum truncum[8] ex **igne sumpsit** et Polyphemi oculum, qui erat mediā in **fronte**, exussit[9].

Polyphemus magnā voce ceteros Cyclopes[3] auxilio vocavit. Iterum atque iterum clamabat neminem[10] se **laesisse**. Cyclopes **vero** illa verba audientes dixerunt: „Polyphemum adiuvare non possumus – eum insanum[11] esse **constat**!"

Postero die Polyphemus saxum iterum abstulit. Quia lumine[12] caruit, oves[4], quae speluncam[2] relinquebant, manibus **diligenter** tetigit. Ita nemo nisi oves[4] exire potuit. Iterum Ulixis prudentia Graecis **profuit**: Se et amicos sub ovibus[4] alligavit[13]. Ita Polyphemus viros speluncam[2] relinquere non animadvertit.

1 **Homerus**, -i m.: „Homer"; 2 **spelunca**, -ae f.: „Höhle"; 3 **Cyclops**, -opis m.: „der Zyklop"; 4 **ovis**, -is f.: „Schaf"; 5 **edere** 3, edi, esum: „essen"; 6 **dolus**, -i m.: „List"; 7 **adhibere** 2, -hibui, -hibitum: „anwenden"; 8 **truncus**, -i m.: „Holzpfahl"; 9 **exurere** 3, -ussi, -ustum: „ausbrennen"; 10 **neminem**: Akk. zu nemo; 11 **insanus/a/um**: „verrückt"; 12 **lumen**, -inis n.: „Augenlicht"; 13 **alligare** 1: „anbinden"

? Liste fünf verschiedene Wörter aus der Wortfamilie (= Wörter mit demselben Wortstamm, vgl. S. 76) *ire* auf, die im Text vorkommen!

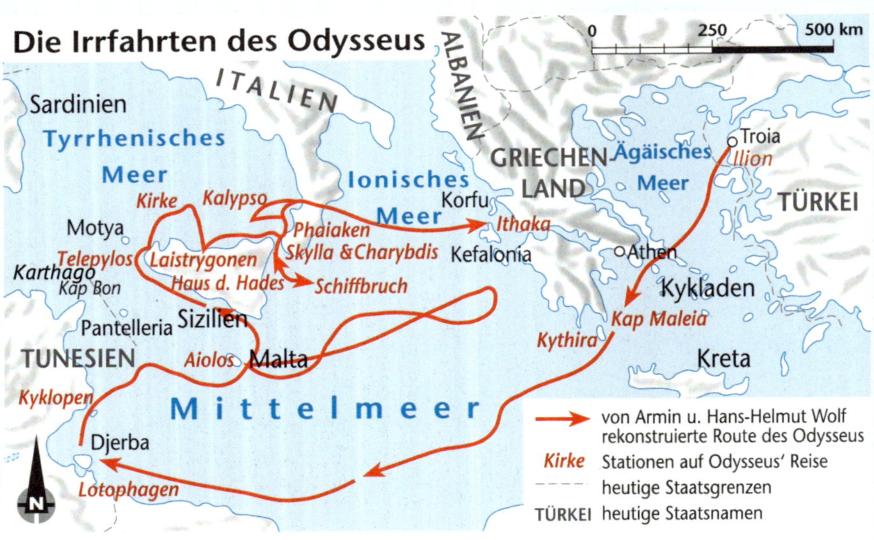

Der erste Weltreisende

Die in Homers Epos *Odyssee* besungenen Irrfahrten haben der Forschung seit der Antike viele Rätsel aufgegeben. Abgesehen vom Ausgangspunkt **Troja** und vom Ziel, der Insel **Ithaka**, ist fast jede Station des berühmten Seefahrers bis heute heiß umstritten.

Über 80 Theorien, mitunter auch absurde, wurden aufgestellt: Ihnen zufolge soll Odysseus nicht nur bis Irland oder zum Polarkreis gelangt sein, sondern sogar Afrika bzw. die ganze Welt umsegelt haben.

Erst 1959 haben zwei Deutsche, die Brü-

Vocabularium

poeta	poetae m.	der Dichter	*der Poet; vgl. Poesie (= Dichtkunst), engl. poem*
pervenire	pervenio 4, perveni, perventum	kommen, gelangen	*wörtl.: „durchkommen"*
inire	ineo, inii, initum	hineingehen, betreten	*vgl. etwas initiieren (= in Angriff nehmen)*
exitus	exitus m.	1) der Ausgang; 2) das Ende, der Tod	*engl. exit* *vgl. „den Exitus erleiden" (= sterben)*
dulcis/e		süß	*ital. dolce = „Nachspeise"*
forte (Adv.)		zufällig	*↔ fortis/e =*
postulare	postulo 1, -avi, -atum	fordern	*vgl. postulieren, Postulat (= Forderung)*
gratia	gratiae f.	der Dank	*vgl. gratis: „um den (bloßen) Dank"*
gratias agere		danken, Dank sagen	*wörtl.: „Dank tun"*
tandem		endlich, schließlich	*S. 192; = postremo, denique; ↔ tamen =*
plenus/a/um	(+ Gen.)	voll (mit/von)	*vgl. das Plenum (= die Vollversammlung)*
ignis	ignis m.	das Feuer	
súmere	sumo 3, sumpsi, sumptum	nehmen	*vgl. consumere =*
frons	frontis f.	die Stirn	*vgl. Front, frontal*
laédere	laedo 3, laesi, laesum	verletzen	*vgl. lädiert =*
vero		aber	*↔ verus/a/um (Adjektiv) =*
constat	constitit, –	es steht fest (+ ACI: dass)	*vgl. konstant, Konstante (unveränderbarer Wert)*
posterus/a/um		folgend, nachfolgend	*S. 192; postero die (Zeitablativ) (= „am folgenden Tag")*
diligens (m./f./n.)	diligentis (2.F.)	sorgfältig, genau	*engl. diligent*
prodesse	prosum, prodes, profui, –	nützen	*vgl. Prosit!, Prost! (siehe unten)*

Prosit!

Zu Silvester wird oft mit dem Ausruf „Prosit" auf das neue Jahr angestoßen. Dieses Wort leitet sich, ebenso wie „Prost!", von *prodesse* ab und bedeutet „Es möge nützen!" bzw. „Wohl bekomm's!". (Zum Konjunktiv *sit* siehe S. 146.)

Plenus venter non studet libenter.

„Ein voller Bauch studiert nicht gern." Diese pädagogische Weisheit solltest du dir auch als Lerntipp merken: Nach dem Essen ist eine (Lern-)Pause angesagt! Dass dieser lateinische Spruch nicht aus der Antike, sondern aus dem Mittelalter stammt, ist übrigens daran zu erkennen, dass er gereimt ist. Das war in der antiken lateinischen Literatur nicht üblich.

der Armin und Hans-Helmut Wolf, eine interessante Theorie aufgestellt: Sie nahmen Homer wörtlich (wie schon Heinrich Schliemann, der Entdecker Trojas, vgl. S. 108) und lasen die *Odyssee* wie ein Logbuch (Schiffstagebuch).

Demgemäß habe Odysseus nur 45 Tage und Nächte auf See verbracht; was während des Rests der zehn Jahre an Land passiert sei, gehöre in den Bereich der Dichtung. Die Reise habe Odysseus bis an den Rand der damals bekannten Welt geführt – nach Tunesien, Malta und Sizilien, aber sicher nicht nach Irland, Norwegen oder Kuba.

Blendung des Polyphem: Rekonstruktion der Statuengruppe von Sperlonga nach Andreae (Antikenmuseum in der Kunstsammlung der Ruhr-Universität Bochum)

25 Grammatica

Infinitiv Perfekt

Die Perfektinfinitive werden vom Perfektstamm gebildet:

- Infinitiv Perfekt Aktiv: aktiver Perfektstamm + *-isse*
- Infinitiv Perfekt Passiv: passiver Perfektstamm (PPP) + *esse*

	Infinitiv Perfekt Aktiv	Infinitiv Perfekt Passiv
a-Konjugation:	*amav-isse* „geliebt (zu) haben"	*amátum* esse* „geliebt worden (zu) sein"
e-Konjugation:	*monu-isse* „ermahnt (zu) haben"	*mónitum* esse* „ermahnt worden (zu) sein"
konsonant. Konj.:	*mis-isse* „geschickt (zu) haben"	*missum* esse* „geschickt worden (zu) sein"
i-Konjugation:	*audiv-isse* „gehört (zu) haben"	*audítum* esse* „gehört worden (zu) sein"
Mischkonjugation:	*cep-isse* „gefangen (zu) haben"	*captum* esse* „gefangen worden (zu) sein"

* Der passive Perfektinfinitiv wird im Akkusativ angegeben, da er fast ausschließlich im ACI (siehe unten) vorkommt. *amatum esse* steht also für *amatum/am/um esse* (Sg.) bzw. *amatos/as/a esse* (Pl.).

Accusativus cum infinitivo (ACI)

Der ACI ist ein aus einem Akkusativ und einem Infinitiv bestehender Satzteil, der im Deutschen meistens **nicht wörtlich übersetzt** werden kann, sondern zu einem mit **„dass"** eingeleiteten **Gliedsatz** umgeformt wird:

Legimus ***Ulixem*** *ad speluncam* ***pervenisse****.*
(wörtl.: „Wir lesen Odysseus zu einer Höhle gekommen zu sein.")
= „Wir lesen, **dass Odysseus** zu einer Höhle **gekommen ist**."

Wie du aus diesem Beispiel siehst, wird der lateinische Akkusativ im Deutschen zum Subjekt („**Subjektsakkusativ**") und der Infinitiv zum Prädikat des „dass"-Satzes. Daraus ergibt sich folgende Regel für die Übersetzung des ACI:

lat. ACI:		Subjektsakkusativ	Infinitiv
↓		↓	↓
dt. Gliedsatz:*	„dass"	Nominativ	Prädikat

* Da der ACI im Lateinischen kein Gliedsatz ist, im Deutschen aber als solcher wiedergegeben wird, handelt es sich um eine „satzwertige Konstruktion" (vgl. S. 143).

Der **Infinitiv** drückt im ACI keine bestimmte Zeit, sondern ein **Zeitverhältnis** aus:

Inf. Präsens → gleichzeitig:	*Scio Iuliam* ***venire****.*	„Ich weiß, dass Julia **kommt**."
	Scivi Iuliam ***venire****.*	„Ich wusste, dass Julia **kam**."
Inf. Perfekt → vorzeitig:	*Scio Iuliam* ***venisse****.*	„Ich weiß, dass Julia **gekommen ist**."
	Scivi Iuliam ***venisse****.*	„Ich wusste, dass Julia **gekommen war**."

Bei der Übersetzung des Infinitivs musst du also immer die **Zeit des übergeordneten Verbums** mitberücksichtigen!

NOTA BENE!

Das Reflexivpronomen *se* wird als Subjektsakkusativ im ACI mit **„dass er"** bzw. **„dass sie"** (je nach dem Subjekt im Hauptsatz) übersetzt:

- ***Ulixes*** *intellexit* ***se*** *ad speluncam Polyphemi pervenisse.*

  = „**Odysseus** erkannte, dass **er** zur Höhle des Polyphem gekommen war."

- ***Graeci*** *intellexerunt* ***se*** *ad speluncam Polyphemi pervenisse.*

  = „**Die Griechen** erkannten, dass **sie** zur Höhle des Polyphem gekommen waren."

Exercitationes

I. Bilde zu folgenden Verba das PPP, das PPA und das Gerundium (im 4.F. mit *ad*) und übersetze alle Formen!

1. sperare: ______________________________
2. includere: ______________________________
3. terrere: ______________________________

II. Bilde die Infinitive Perfekt Aktiv und Passiv!

1. laedere: ____________________
2. augere: ____________________
3. parare: ____________________
4. tangere: ____________________
5. punire: ____________________
6. tollere: ____________________

III. Unterstreiche den Subjektsakkusativ und den Infinitiv und übersetze!

1. Qui poeta narrat Graecos decem annos summa vi ad Troiam pugnavisse?
2. Homerus tradidit firmissima Troiae moenia decem annos frustra a Graecis oppugnata esse.
3. Audivimus Achillem iratum diu proeliis abstinuisse neque socios adiuvisse.
4. Graecos decimo anno equum aedificavisse scimus.
5. Troiani clamaverunt: „Nos hunc equum in oppidum trahere necesse est."
6. Troiani Graecos domum navigare putabant.
7. Cassandram Troianos frustra monuisse apud poetas antiquos scriptum est.
8. Viros inclusos equum nocte clam reliquisse Homerus narrat.
9. Troiam tum a Graecis incensam esse constat.

IV. Was könnten die angegebenen Leute am Abend über ihren Tag erzählt haben? Bilde Sätze nach folgendem Muster und übersetze!

Bsp.: Quintus: „Multum didici." → Quintus narrat se multum didicisse.

Achilles – Caesar – Cicero – Hannibal – Iuppiter – Minotaurus – Romulus – Sisyphus – Verres

1. „Cives Romani meam orationem audire noluerunt."
2. „Multa templa adibam et artificia magnifica quaerebam."
3. „Moenia oppidi novi aedificare coepi."
4. „De elephanto maximo cecidi."
5. „Veni, vidi, vici."
6. „Illud saxum iam paene summo in monte fuit."
7. „Multas horas exitum domus meae non inveni."
8. „Serva pulcherrima mihi ablata est."
9. „Illam virginem pulcherrimam non tetigi."

V. De carminibus Sirenum[1]

Apud poetas antiquas legimus Ulixem post bellum decem annos ad Troiam gestum diu per maria erravisse. In navigando ad insulam Sirenum[1] quoque pervenit. Sirenes, quibus corpus avis[2] et caput virginis erat, in saxo alto sedebant et pulcherrime canere solebant, cum navem appropinquare videbant. Omnes homines ea carmina pulcherrima audientes insulam petiverunt. At Ulixes sciebat illos insulam numquam reliquisse, sed ibi interisse. Quod haec carmina tamen ipse audire volebat, sociis dixit: „Aures[3] vestras cera[4] occludam[5]. Me autem diligenter in malum[6] constringite[7]! Etiam si postea[8] aliud imperabo, nolite verbis meis parere!" Ita factum est et paulo post Ulixes dulces Sirenum[1] voces audivit. Pulchriora carmina numquam audiverat. Magna voce clamavit: „Me liberate! Auditisne haec carmina? Litus huius insulae petere debemus!" At viri neque Ulixem neque Sirenes audire poterant et cursum[9] tenebant. Tandem, quia Ulixem voces non iam audire intellexerant, eum liberaverunt. Qui tum sociis gratias egit, quod eius iussa neglexerant.

1 **Sirenes**, -um f.: „die Sirenen"; 2 **avis**, -is f.: „Vogel"; 3 **auris**, -is f.: „Ohr"; 4 **cera**, -ae f.: „Wachs"; 5 **occludere** 3: „verschließen"; 6 **malus**, -i m.: „Mastbaum"; 7 **constringere** 3: „festbinden"; 8 **postea**: „später"; 9 **cursus**, -us m.: „Kurs"

Wortklauberei

1 Präfixe über Präfixe!

In den bisherigen Lektionen hast du bereits viele **Komposita** (zusammengesetzte Verba) kennengelernt. Sie bestehen immer aus einer Vorsilbe (Präfix) und dem Grundverb:

z. B. ***adesse*** → aus ***ad-*** (Präfix) + ***esse*** (Grundverb) = „da sein"
continere → aus ***con-*** (Präfix) + ***tenere**** (Grundverb) = „zusammenhalten"

*Wie man an diesem Beispiel sieht, kann sich ein Vokal des Grundverbs im Kompositum verändern (*tenere* → *con-tinere*). Diese Lautveränderung (meist wird *a* bzw. *e* zu *i*) nennt man „**Vokalschwächung**" (vgl. *capere* → *re-cipere*, *facere* → *con-ficere*).

Praktischerweise sind die meisten Präfixe aus Präpositionen entstanden und haben dementsprechend eine ähnliche Bedeutung. Hier findest du eine Übersicht über die wichtigsten bisher vorgekommenen Vorsilben.

? Ergänze in der folgenden Tabelle die Bedeutungen der angegebenen Wörter!
(Wenn ein Wort mit einem grünen Sternchen* gekennzeichnet ist, ist es zwar noch nicht vorgekommen, aber du kannst es mithilfe des Grundwortes leicht erschließen.)

	Bedeutung	1. Beispiel	2. Beispiel
a(b)-	„weg-"	*abire** =	*abesse** =
ad-	„hin-"	*adducere** =	*adire* =
co(n)-	„zusammen-"	*convenire* =	*convocare* =
de-	„weg-", „herab-"	*deponere* =	*desinere* =
di(s)-	„auseinander-"	*dimittere** =	*discordia* =
e(x)-	„hinaus-"	*exire* =	*expellere* =
in-/im-	a) „hinein-" (bei Verben)	*includere* =	*inducere** =
	b) „un-" (bei Adj.)	*ingratus** =	*infirmus** =
ne-	Verneinung	*neglegere* =	*nescire** =
per-	„sehr" (bei Adj.)	*permagnus** =	*permulti** =
prae-	„vor-"	*praeparare** =	*praemittere** =
re-	„zurück-"	*reddere* =	*redire* =
tra(ns)-	„hinüber-"	*tradere* =	*traducere** =

? Viele dieser Präfixe kommen auch in Fremdwörtern vor, die du wahrscheinlich schon einmal gehört hast. Was bedeuten also die folgenden Begriffe? Notfalls darfst du natürlich einen Blick auf die Tabelle oben werfen.

Absenz	
Advent	
deponieren	
Diskriminierung	
Disqualifikation	
Dissonanz	
Export	
Immigration	
inhuman	
Kongress	

Konsens	
Konsonant	
Negation	
permanent	
Präferenz	
reflektieren	
Renaissance	
retour	
Transfer	
Transfusion	

2 Assimilation – Anpassung geht über alles!

So wie sich in der Tierwelt manche Tiere, z. B. das Chamäleon, an ihre Umwelt anpassen (assimilieren) können, passen sich auch in der lateinischen Sprache einige Buchstaben an ihre Umgebung an: speziell an der Schnittstelle von Präfixen und Verben. Besonders gut ist das bei den Stammformen des Verbums ***afferre*** („hinbringen") zu beobachten:

- Präsens: *ad-ferre* → *af-ferre*
- Perfekt: *ad-tuli* → *at-tuli*
- PPP: *ad-latus* → *al-latus*

Grund für diese lautliche **Assimilation** ist die leichtere Aussprache zusammengesetzter Wörter. Dabei werden aufeinanderfolgende Konsonanten einander völlig angeglichen (***ad-ferre*** → ***af-ferre***) oder auch nur angenähert (***in-ponere*** → ***im-ponere, con-ponere*** → ***com-ponere***). Die Assimilation tritt besonders oft bei den Präfixen ***ad-***, ***con-*** und ***in-*** auf.

? Aus welchen Präfixen sind die folgenden Komposita entstanden? Gib auch die Bedeutung an!

assimilierte Form	nicht assimilierte Form	Bedeutung
commovere		
afficere		
accipere		
immittere		
assimilare		

3 Fremdwörter verstehen leicht gemacht!

Viele Wörter der deutschen Sprache sind lateinischen Ursprungs, allerdings ist das nicht immer gleich deutlich zu erkennen:

- **Lehnwörter** sehen wie deutsche Wörter aus, haben aber in Wirklichkeit einen lateinischen Ursprung, z. B. „Fenster" (von lat. *fenestra*), „Straße" (von lat. *strata*), „Ziegel" (von lat. *tegula*).
- **Fremdwörter** sehen tatsächlich „fremd" aus und sind daher leichter als solche zu erkennen, z. B. Computer (lat. *computare*) = „Rechner", Lokomotive (lat. *loco movere*) = „Vom-Ort-Beweger" etc.

Mit deinem bisherigen Wortschatz wird es dir sicher gelingen, die folgenden Fremdwörter zu entschlüsseln:

? Was bedeuten die folgenden Wörter? Gib nach dem Muster der ersten beiden Zeilen auch an, wie das Grundwort bzw. – bei Zusammensetzungen – die Grundwörter heißen!

Fremdwort	Bedeutung	lat. Wurzel(n) und wörtliche Übersetzung
attraktiv	anziehend	*ad-* + *trahere* („hin-ziehen")
Kontroverse	Streit	*contra* + *vertere* („sich dagegen wenden")
Läsion		
Intellekt		
kontrahieren		
konzelebrieren		
Motor		
Prävention		
Relikt		
Reparatur		

26 DE INCENDIO ROMAE

Mit dem Tod des Marcus Antonius endete ein Jahrhundert der Bürgerkriege, gleichzeitig aber auch die römische Republik. Octavian erhielt vom Senat 27 v. Chr. den Ehrentitel Augustus (= „der Erhabene") und wurde der erste Prinzeps (Kaiser). Während er selbst als Friedensherrscher in die Geschichte einging, gelangten einige seiner Nachfolger zu zweifelhafter Berühmtheit – wie etwa Nero, der fünfte römische Kaiser (54–68 n. Chr.).

Temporibus Neronis[1] **principis** Romae incendium **gravius** atque atrocius quam omnia priora incendia **exstitit**. Apud quosdam **auctores** Romanos legimus urbem igne **vastatam** esse: Magnus **numerus** et **privatorum** et **publicorum** aedificiorum hoc incendio delebatur. Multi homines flammis necabantur. **Fama** autem erat Neronem ipsum auctorem incendii fuisse: Nam apud Tacitum, auctorem clarissimum, legimus principem, dum urbs flammis vastatur, incendium spectavisse et Troiae excidium[2] cecinisse.

Nam ignis magnam urbis partem vastans principi magno usui erat: Postquam finis incendii factus est, media in urbe domum magnificam sibi aedificavit. Quae domus ingentis **magnitudinis**, quia multo auro **ornata** erat, **postea** Domus Aurea[3] **appellabatur**. Ceterae quoque partes urbis novis aedificiis restitutae[4] sunt. Nero enim gloriae **cupidus** novam Romam **condere** et nomine suo appellare in animo habebat. Tamen, ut scimus, urbs **usque ad** nostrum tempus Roma neque Neropolis appellatur.

Quod fama urbem **iussu** principis incensam esse non decedebat[5], Nero **Christianos**, quorum parvus numerus tunc in urbe erat, illius **criminis accusavit**. Multi eorum comprehensi et poenis crudelissimis affecti sunt: Alii crucibus affixi[6] aut bestiis[7] dati sunt. Alii autem incendebantur atque in hortis[8] Neronis[1], quos ille huic spectaculo crudelissimo aperuerat, **quasi** faces[9] noctem illustrabant[10].

1 **Nero**, -onis m.: „Nero"; 2 **excidium**, -i n.: „Untergang"; 3 **aureus/a/um**: „golden"; 4 **restituere** 3, -ui, -utum: „wiederherstellen"; 5 **decedere** 3, -cessi, -cessum: „vergehen"; 6 **affigere** 3, -fixi, -fixum: „befestigen", „schlagen"; 7 **bestia**, -ae f.: „wildes Tier"; 8 **hortus**, -i m.: „Garten"; 9 **fax**, facis f.: „Fackel"; 10 **illustrare** 1: „erhellen"

? Analysiere, ob es sich bei den einzelnen Satzteilen (Zeile 21–23) um Haupt- (HS), Gliedsatz (GS) oder ACI handelt!

Quod fama … non decedebat	
urbem iussu principis incensam esse	

Nero Christianos … illius criminis accusavit	
quorum parvus numerus tum in urbe erat	

Die Julisch-Claudischen Kaiser

Nero war der letzte Vertreter des Julisch-Claudischen Kaiserhauses, das mit **Augustus** (27 v.–14 n. Chr.) an die Macht gekommen war. Während Augustus in seiner über 40-jährigen Regierungszeit durch besonnene Politik für stabile innenpolitische Verhältnisse gesorgt hatte, fielen seine Nachfolger eher durch ihre übermäßige Machtausübung auf: **Tiberius** (14–37 n. Chr.), der Stiefsohn des Augustus, galt als düsterer Regent, der sich im Alter verbittert auf die Insel Capri zurückzog (wo heute noch seine Villa besichtigt werden kann).
Sein Nachfolger Caius (37–41 n. Chr.), besser bekannt unter seinem Spitznamen **Caligula** („Stiefelchen"), soll geisteskrank und größenwahnsinnig gewesen sein. Er ruinierte den Staat durch enorme Ausgaben und wollte angeblich sein Lieblingspferd *Incitatus* („Heißsporn") zum Konsul machen.

Auf ihn folgte sein Onkel **Claudius** (41–54 n. Chr.), der aufgrund diverser körperlicher Behinderungen (Hinken, Sprachfehler) zunächst als Notlösung galt, letztlich aber ein recht guter Herrscher war. Er wurde allerdings von seiner machtgierigen vierten Gattin Agrippina durch ein Pilzgericht vergiftet. So kam **Nero**, Agrippinas Sohn aus erster Ehe, an die Macht (54–68 n. Chr.).

Nero Claudius Caesar („Nero")

Nero gelangte nicht nur durch den Brand Roms (ob er tatsächlich von Nero veranlasst wurde, ist umstritten) und die damit verbundene Christenverfolgung zu traurigem Ruhm,

Vocabularium

incendium	incendii n.	der Brand	*vgl. incendere =*
princeps	príncipis m .	1) der Erste; 2) der Prinzeps, der Kaiser	*vgl. Prinz, der Prinzipat (= römische Kaiserzeit)*
gravis/e		schwer; schwerwiegend	*gravierend; vgl. Gravitation (= Schwerkraft)*
exsístere	existo 3, exstiti, –	entstehen	*engl. to exist; vgl. existieren (= vorhanden sein)*
auctor	auctoris m.	1) der Autor; 2) der Urheber, der Anstifter	*(→ S. 143); vgl. auctoritas, -atis =*
vastare	vasto 1, -avi, -atum	verwüsten	*vgl. devastieren (= völlig zerstören)*
numerus	numeri m.	die Zahl, die Anzahl	*Nummer; vgl. Numerus clausus*
privatus/a/um		privat	*engl. private*
publicus/a/um		öffentlich	*engl. public; vgl. publizieren (= veröffentlichen)*
fama	famae f.	1) das Gerücht; 2) der Ruf	*vgl. famos (= großartig)*
fama erat		es gab das Gerücht	*est/sunt kann auch „es gibt" bedeuten!*
magnitudo	magnitudinis f.	die Größe	
ornare	orno 1, -avi, -atum	schmücken	*vgl. Ornament (= Verzierung)*
postea (Adv.)		später, danach	*S. 192; ↔ post (+ Akk.) =*
appellare	appello 1, -avi, -atum	1) nennen; 2) rufen	*vgl. Appell (= Aufruf)*
cupidus/a/um	(+ Gen.)	gierig (nach)	*vgl. cupiditas, -atis =*
cupidus gloriae		gierig nach Ruhm	
cóndere	condo 3, cóndidi, cónditum	gründen	*vgl. ab urbe condita (a. u. c., siehe unten)*
usque ad (+ Akk.)		bis zu	
iussu		auf Befehl	*vgl. iubere 2, iussi, iussum =*
Christiani	Christianorum m.	die Christen	
crimen	críminis n.	1) das Verbrechen; 2) der Vorwurf	*engl. crime; vgl. Kriminalität, kriminell*
accusare	accúso 1, -avi, -atum	anklagen	*engl. to accuse; vgl. Akkusativ („Anklage-Fall")*
quasi		gleichsam (als), wie	

a. u. c.

Diese Abkürzung spielte für die römische Zeitrechnung eine wichtige Rolle. Die Buchstaben stehen für *ab urbe condita*, was so viel heißt wie „von der Gründung der Stadt (Rom) an". Da die Stadtgründung mit 753 vor Christus festgelegt war, bezeichnete z. B. die Angabe „im 50. Jahr *a.u.c.*" das Jahr 704 v. Chr. (Die Römer zählten das Gründungsjahr mit.)

? Wer starb im Jahr 710 *ab urbe condita*?

sondern auch durch seinen Größenwahn: Auf den Trümmern des niedergebrannten Rom ließ er sich die ***Domus Aurea*** („Goldenes Haus") errichten.

Der römische Biograph Sueton berichtet über diesen gigantischen Palast:

„Der ganze Bau war so ausgedehnt, dass eine Halle mit drei Säulenreihen in einer Länge von 1,5 km ihn schmückte. Die Speisezimmer hatten Decken aus beweglichen, durchlöcherten Elfenbeinplatten, sodass man von oben über die Gäste Blumen streuen oder Parfüm sprengen konnte. […] Als dieser Palast fertiggestellt war, sagte Nero, jetzt endlich könne er anfangen, wie ein Mensch zu wohnen."

Sueton: Nero 31: Übers. aus: Helmut Vretska, Ursula Königshofer: Latein in unserer Welt. Tacitus und Plinius. Wien: Braumüller Verlag 1992, S. 52 f.

Alamy Stock Photo/United Archives GmbH

Peter Ustinov als Nero („Quo vadis", 1951)

26 Grammatica

Passive Präsensstammformen

Die passiven Formen des Präsensstammes (Präsens Passiv, Imperfekt Passiv, Futur Passiv) sind einteilig. Sie werden gebildet, indem die aktiven Präsensstammendungen (→ S. 22) durch die folgenden passiven Personalendungen ersetzt werden:

Endungen Sg.			
	AKTIV		PASSIV
1.P.	*-o / -m*	→	*-(o)r*
2.P.	*-s*	→	*-ris*
3.P.	*-t*	→	*-tur*

Endungen Pl.			
	AKTIV		PASSIV
1.P.	*-mus*	→	*-mur*
2.P.	*-tis*	→	*-mini*
3.P.	*-nt*	→	*-ntur*

Präsens Passiv

	a-Konj.*	
Sg.	*amor*	„ich werde geliebt"
	amaris	„du wirst geliebt"
	amatur	„er/sie/es wird geliebt"
Pl.	*amamur*	„wir werden geliebt"
	amamini	„ihr werdet geliebt"
	amantur	„sie werden geliebt"

	kons. Konj.*	
Sg.	*mittor*	„ich werde geschickt"
	mítteris	„du wirst geschickt"
	mittitur	„er/sie/es wird geschickt"
Pl.	*mittimur*	„wir werden geschickt"
	mittimini	„ihr werdet geschickt"
	mittuntur	„sie werden geschickt"

Imperfekt Passiv

	a-Konj.*	
Sg.	*amabar*	„ich wurde geliebt"
	amabaris	„du wurdest geliebt"
	amabatur	„er/sie/es wurde geliebt"
Pl.	*amabamur*	„wir wurden geliebt"
	amabamini	„ihr wurdet geliebt"
	amabantur	„sie wurden geliebt"

	kons. Konj.*	
Sg.	*mittebar*	„ich wurde geschickt"
	mittebaris	„du wurdest geschickt"
	mittebatur	„er/sie/es wurde geschickt"
Pl.	*mittebamur*	„wir wurden geschickt"
	mittebamini	„ihr wurdet geschickt"
	mittebantur	„sie wurden geschickt"

Futur Passiv

	a-Konj.*	
Sg.	*amabor*	„ich werde geliebt werden"
	amáberis	„du wirst geliebt werden"
	amabitur	„er/sie/es wird geliebt werden"
Pl.	*amabimur*	„wir werden geliebt werden"
	amabimini	„ihr werdet geliebt werden"
	amabuntur	„sie werden geliebt werden

	kons. Konj.*	
Sg.	*mittar*	„ich werde geschickt werden"
	mittéris	„du wirst geschickt werden"
	mittetur	„er/sie/es wird geschickt werden"
Pl.	*mittemur*	„wir werden geschickt werden"
	mittemini	„ihr werdet geschickt werden"
	mittentur	„sie werden geschickt werden"

* Die Beispiele für die übrigen Konjugationen findest du auf S. 183.

NOTA BENE!
Bei der Übersetzung der Passivformen musst du im Deutschen auf die Verwechslungsgefahr mit dem aktiven Futur aufpassen:

- *audiam* → Futur Aktiv: „ich werde hören"
- *audior* → Präsens Passiv: „ich werde gehört"
- *audiar* → Futur Passiv: „ich werde gehört werden"

TIPP: Zur Unterscheidung von Aktiv und Passiv solltest du dir einprägen:

- AKTIV → ich tue etwas
- PASSIV → mit mir geschieht etwas

AKTIV: ich tue etwas

PASSIV: mit mir geschieht etwas

Exercitationes

I. Setze ins Passiv und übersetze die passiven Formen!

1. condit: ______________________
2. spectabimus: ______________________
3. cognoscent: ______________________
4. deligebam: ______________________
5. exspecto: ______________________
6. invenietis: ______________________

II. Übersetze!

1. videor: ______________________
2. videbor: ______________________
3. amabimini: ______________________
4. constituitur: ______________________
5. includemur: ______________________
6. delentur: ______________________

III. Verbformencheck: Setze in die angegebenen Zeiten (in derselben Person und Zahl)!

Präsens	Futur	Imperfekt	Perfekt	Plusquamperfekt
ornatur				
vincuntur				

IV. Übersetze!

1. Ulixes a Polyphemo interrogatur: „Quomodo appellaris?“ Ille respondet: „Nemo appellor!“
2. Ulixes et eius socii, qui a Polyphemo inclusi erant, putabant: „Numquam liberabimur.“
3. Nero, qui ipse auctor incendii putabatur, Christianos Romam incendisse dixit.
4. Nocte victoria multo vino celebrabatur, cum subito hostes oppidum intraverunt.
5. Troiani a Cassandra monentur: „Si equum in oppidum traxeritis, omnes occidemur!“
6. Patroclus Achilli dixit: „A Troianis maxime timeris. Si mihi arma tua dederis, hostes terrebo et castris prohibebo.“

V. Welches Prädikat passt? Übersetze die Sätze auch!

1. Si multum didicerimus, certe a magistro *laudabamur / laudabimur / laudamur*.
2. Cur *punior / puniebar / punitus* sum, quamquam hoc facinus non commisi?
3. Nisi clamare desinetis, domum *mittebamini / mittemini / mittimini*.
4. Tuum scelus atrox certe mox *animadversum est / animadvertetur / animadvertitur*.

VI. De cantatore[1] maximo

Nero, ille princeps gloriae cupidissimus, se ceteros cantatores[1] arte superare putabat. Itaque etiam in theatro eius carmina saepe audiebantur. Ibi Nero, quamquam complures horas canere solebat, tamen homines usque ad finem manere et artem suam maxime laudare videbat. Portae enim theatri antea clausae erant. Praeterea quinque milia iuvenum iussu principis magnā voce plaudere[2] debebant. Olim legati[3] cuiusdam civitatis Graecae Romam venerunt et Neronis artem canendi maxime laudaverunt. Graecis solum veram artis scientiam esse Nero clamavit et legatis[3] promisit: „Omnes Graeci carminibus meis delectabuntur.“ Deinde iter in Graeciam fecit, ubi per duos annos multis in oppidis canebat. Etiam ultimis eius verbis intellegimus Neronem se cantatorem[1] clarissimum putavisse. Quod populus senatusque eius facinora atrocissima non iam tolerabant, principem Romā expulerunt. Qui celerrime fugit, deinde autem, priusquam captus est, se auxilio servi ipsum occidit clamavitque: „Qualis artifex pereo[4]!“

1 cantator, -oris m.: „Sänger“; **2 plaudere** 3: „Beifall rufen“; **3 legatus**, -i m.: „Gesandter“; **4 Qualis artifex pereo!**: „Welch ein Künstler stirbt mit mir!“

27 DE MARTYRIO[1] SANCTI PETRI

Während der Christenverfolgung unter Kaiser Nero war auch der Apostel Petrus, der nach dem Tode Jesu in Rom das Evangelium verkündete, verhaftet worden.

Ut multi alii Christiani **cultum** deorum antiquorum repudiantes[2] Petrus quoque in carcerem[3] inclusus erat. Quia autem amici ei auxilio venerant, fugere difficillimum non erat. At Petrus liberari noluit. Quamquam socii diu ei persuadere studebant, ille tamen fugere **dubitabat**. Tandem eorum precibus **commotus** Petrus **fugae** se mandare constituit.

Proximā nocte carcere clam exiit et ex urbe fugit. Iam Viā Appiā urbis moenia reliquerat, cum **repente** Christus ei **obviam** venire **videbatur**. Petrus ab eo quaesivit: „**Domine, quo vadis**?" Et Christus respondisse **dicitur**: „Romam eo, ubi iterum crucifigar[4]." Tum Petrus animum flexit[5] clamavitque: „Domine, tecum veniam!" At Christus, postquam Petrus haec verba dixit, iterum in caelum ascendisse dicitur. Tum Petrus multis cum **lacrimis** intellexit: „Christus in me ipso iterum crucifigetur[4]!" Deo gratias egit et cum gaudio in urbem rediit, ubi amicis se Dominum vidisse **rettulit**.

Deinde a militibus Romanis iterum comprehensus et paulo post ad crucem ductus est. Ibi ad carnifices[6] clamavisse dicitur: „Non licet me **sic** crucifigi[4], ut Christus pro **salute** totius **mundi** e vita cessit. Hoc mortis genere **dignus** non sum. Itaque a vobis peto: Me capite deorsum[7] in cruce figite[8]!" Ita factum est. Iam in cruce fixus[8] Petrus homines, qui aderant et flebant, consolari[9] coepit.

1 martyrium, -i n.: „das Martyrium" (Opfertod); **2 repudiare** 1: „verweigern"; **3 carcer**, -eris m.: „Gefängnis"; **4 crucifigere** 3, -fixi, -fixum: „kreuzigen"; **5 flectere** 3, flexi, flexum: „ändern"; **6 carnifex**, -icis m.: „Henker"; **7 deorsum** (Adv.): „nach unten"; **8 figere** 3, fixi, fixum: „befestigen", „schlagen"; **9 consolari** (Inf. Passiv): „trösten" (Aktiv!)

? Ergänze zu vollständigen Sätzen!

1. Petrus konnte die Flucht ergreifen, weil ______________________________.
2. Petrus soll Christus gefragt haben: ______________________________.
3. Petrus deutete die Antwort Christi so, dass ______________________________.
4. Petrus lässt sich mit dem Kopf nach unten kreuzigen, weil ______________________________.

Quo vadis?

Die in dieser Lektion geschilderte Begegnung zwischen Jesus und dem Apostel Petrus geht auf eine **mittelalterliche Legende** zurück.

Berühmt wurde die Episode durch den Roman „Quo vadis?" des polnischen Literaturnobelpreisträgers Henryk Sienkiewicz. Er spielt vor dem Hintergrund der Christenverfolgungen unter Kaiser Nero. Die gleichnamige Verfilmung aus dem Jahre 1951 mit dem britischen Schauspieler Peter Ustinov in der Rolle des Nero (vgl. Bild S. 123) wurde ein Kino-Welterfolg.

Filmplakat (1951)

Alamy Stock Photo/Photos 12

Via Appia

Die Redensart **„Alle Wege führen nach Rom"** weist darauf hin, dass in der Antike mehrere große Fernstraßen von der Hauptstadt ausgingen. Auf dem Forum Roms befand sich auch ein zentraler Meilenstein (*Milliarium Aureum* = „Goldener Meilenstein"), auf dem die Entfernungen in alle größeren Städte des römischen Reiches verzeichnet waren. Die „Königin der Straßen" war die **Via Appia**, benannt nach ihrem Bauherrn, dem Zensor Appius Claudius. Sie führte über 540 km von Rom nach Brindisi und wurde in der damaligen

Vocabularium

☐ sanctus/a/um		heilig	*engl. saint, vgl. Sankt Stefan (etc.)*
☐ cultus	cultus m.	die Verehrung	*vgl. Kult (= religiöse Verehrung)*
☐ dubitare	dubito 1, -avi, -atum	1) zögern; 2) zweifeln	*engl. to doubt („zweifeln")*
☐ commovére	commoveo 2, commovi, commotum	1) (heftig) bewegen; 2) veranlassen	*aus: con- (Verstärkung) + movere =*
☐ fuga	fugae f.	die Flucht	*vgl. fugere; Refugium (= Zufluchtsort), engl. refugee („Flüchtling")*
☐ proximus/a/um		der nächste	*vgl. engl. approximately („ungefähr")*
☐ repente (Adv.)		plötzlich	*= subito*
☐ obviam (Adv.)		entgegen	
☐ videtur (+ Inf.)		er/sie/es scheint	*(NCI, siehe Grammatica)*
☐ dominus	domini m.	der Herr	*vgl. dominieren =*
☐ quo		wohin	*↔ eo =*
☐ vádere	vado 3, –	gehen	*vgl. Invasion (= kriegerischer Einmarsch)*
☐ dicitur (+ Inf.)		er/sie/es soll (angeblich)	*(NCI, siehe Grammatica)*
☐ lacrima	lacrimae f.	die Träne	
☐ referre	réfero, réttuli, relátum	1) zurückbringen; 2) berichten	*vgl. referieren*
☐ sic		so	*= ita, tam*
☐ salus	salutis f.	1) das Heil, die Rettung; 2) der Gruß	*vgl. salutieren (= militärisch grüßen); Salut!*
☐ mundus	mundi m.	die Welt	*vgl. Minimundus („die Welt in klein")*
☐ dignus/a/um	(+ Abl.)	würdig (+ Gen.)	*vgl. engl. dignity („Würde")*

Griechisch im Alltag/2

Hier findest du wieder einige häufige griechische Wortbestandteile. Was bedeuten die damit gebildeten Fremdwörter? Unterstreiche die beiden Wörter, die einen griechischen und einen lateinischen Wortbestandteil aufweisen!

- ***auto-*** („selbst"): Automat, Autobiographie, Autodidakt, Autonomie, Automobil
- ***-graphie*** („Schreibung", „Schrift"): Hagiographie (siehe unten), Biographie, Orthographie, Geographie
- ***philo-*** („Liebhaber/Freund von etwas"): Philharmoniker, Philologe, Philanthrop, Philosoph, Philhellene
- ***-phobie*** („Angst vor etwas"): Klaustrophobie, Agoraphobie, Arachnophobie, Homophobie
- ***mono-*** („allein", „ein"): Monogamie, Monogramm, Monolog, monoton, Monotheismus
- ***poly-*** („viel", „mehrere"): Polyphonie, Polygamie, polyglott, Polytheismus
- ***phon(o)-*** („Stimme", „Laut"): Telephon, Grammophon, Phonetik, Phonothek

Standardbreite von 4,10 m angelegt. Noch heute ist an manchen Stellen die Originalpflasterung der *Via Appia Antica* zu sehen.

Da es im antiken Rom verboten war, die Toten innerhalb der Stadtmauern zu bestatten, ließen sich viele reiche Römer prunkvolle **Gräber** entlang der Via Appia errichten. Später wurden auch die christlichen Katakomben (unterirdische Grabanlagen) dort gebaut. Ganz am Anfang der Via Appia Antica, wo Petrus auf der Flucht Jesus begegnet sein soll, befindet sich heute die Kirche *Domine Quo Vadis*.

Fotolia.com/alebri78

Die Via Appia Antica

Heiligengeschichten

Die Erzählung vom Martyrium des heiligen Petrus ist ein Beispiel für die so genannte **Hagiographie** (Lebensbeschreibung von Heiligen). Ziel derartiger Schriften war es aufzuzeigen, dass der betreffende Heilige ganz im Dienste Christi lebte. Die Schilderung des Martyriums schlug manchmal auch ins Komische um: So soll Laurentius, der auf einem Rost gemartert wurde, seine Peiniger dazu aufgefordert haben, ihn umzudrehen, da er auf einer Seite schon durchgebraten sei.

27 Grammatica

Infinitiv Präsens Passiv

Der Infinitiv Präsens endet bei der a-, e- und i-Konjugation auf *-ri*, bei den übrigen auf *-i*:

a-Konj.	e-Konj.	kons. Konj.	i-Konj.	Mischkonj.
amári	*monéri*	*mítti*	*audíri*	*cápi*
„geliebt zu werden“	„ermahnt zu werden“	„geschickt zu werden“	„gehört zu werden“	„gefangen zu werden“

NOTA BENE!

mitti = Infinitiv Präsens Passiv („geschickt zu werden“) ↔ *misi* = Perfekt 1.P. Sg. („ich habe geschickt“)
capi = Infinitiv Präsens Passiv („gefangen zu werden“) ↔ *cepi* = Perfekt 1.P. Sg. („ich habe gefangen“)
legi = Infinitiv Präsens Passiv („gelesen zu werden“) ↔ *legi* = Perfekt 1.P. Sg. („ich habe gelesen“)

Überblick: Infinitive

	a-Konj.	e-Konj.	kons. Konj.	i-Konj.	Mischkonj.
Präsens Aktiv:	*amáre*	*monére*	*míttere*	*audíre*	*cápere*
Präsens Passiv:	*amári*	*monéri*	*mítti*	*audíri*	*cápi*
Perfekt Aktiv:	*amavísse*	*monuísse*	*misísse*	*audivísse*	*cepísse*
Perfekt Passiv:	*amátum esse*	*mónitum esse*	*míssum esse*	*audítum esse*	*cáptum esse*

Zum Infinitiv Futur: → S. 132

NOTA BENE!

- **Infinitiv Präsens**: gleichzeitig → Er drückt eine Handlung aus, **die zugleich mit der Haupthandlung** stattfindet.

  gleichzeitig → immer auf der gleichen Stufe:

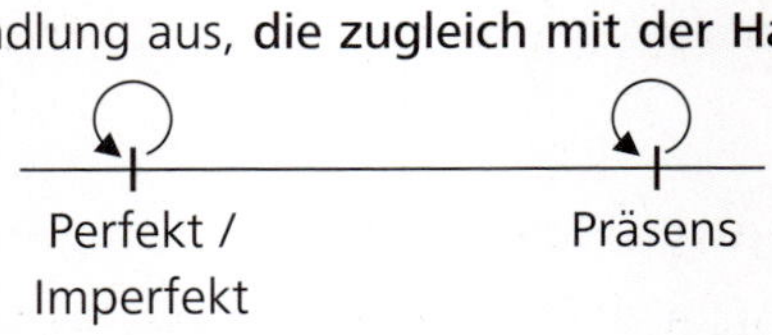

- **Infiniv Perfekt**: vorzeitig → Er drückt eine Handlung aus, die **vor der Haupthandlung** stattgefunden hat.

  vorzeitig → eine Stufe nach links:

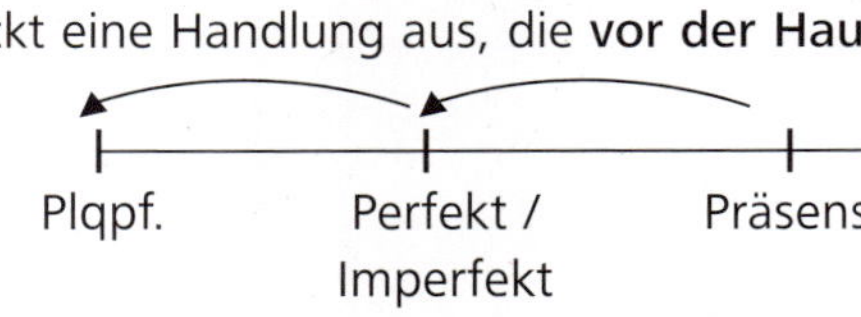

Nominativus cum infinitivo (NCI)

Bei **einigen Verba steht im Passiv** der NCI, die Verbindung eines Nominativs mit einem Infinitiv.
Die beiden wichtigsten dieser Verba sind:

- *dicitur / dicuntur* + NCI = „er/sie/es **soll**“ (Sg.) / „sie **sollen**“ (Pl.); „man sagt, dass er/sie/es …“

  Christus respondisse dicitur. = 1) „Christus soll angeblich geantwortet haben.“
  2) „Man sagt, dass Christus geantwortet hat.“

- *videtur / videntur** + NCI = „er/sie/es **scheint**“ (Sg.) / „sie **scheinen**“ (Pl.); „es **scheint**, dass er/sie/es …“

  Christus ei obviam ire videbatur. = 1) „Christus schien ihm entgegenzukommen.“
  2) „Es schien, dass Christus ihm entgegenkam.“

Vgl. im Englischen *He is said to have been sick.* = „Er soll krank gewesen sein.“
He seems to be sick. = „Er scheint krank zu sein.“

* Im Gegensatz zu *dicitur/dicuntur* kommen die Formen von ***videri*** beim NCI **in allen Zeiten und Personen** vor:
Gaudere videbaris. = „Du schienst dich zu freuen.“

Exercitationes

I. Verbformencheck: Bilde zu der angegebenen Verbform die fehlenden Zeiten in derselben Person und Zahl!

	Präsens	Futur	Imperfekt	Perfekt
Aktiv	terremus			
Passiv				

II. Bilde die Infinitive Präsens (Aktiv und Passiv) und Perfekt (Aktiv und Passiv)!

1. do
2. terreo
3. traho
4. refero

III. Übersetze und achte auf die richtige Übersetzung des NCI!

1. Iulia cum amico novo visa esse dicitur.
2. Iuliae novus amicus dives esse videtur.
3. Quintus totam noctem non dormivisse videbatur.
4. In schola semper dormire videris.
5. Magister ipse discipulus malus fuisse dicitur.
6. Iulia a compluribus adulescentibus amari videtur.

IV. Setze in den NCI und ACI (abhängig von *dicitur/dicuntur* bzw. von *homines dicunt*)!

1. Magna pars urbis deleta est.
2. Princeps ipse Romam incendit.
3. Christiani illius criminis accusati sunt.
4. Eiusmodi scelera a Christianis non committuntur.
5. Petrus quoque comprehensus est.
6. Multae feminae flammis necatae sunt.

V. Übersetze!

Magister interrogat: „Quinte, qui vir Graecus prudentissimus fuisse dicitur?" – „Ulixes prudentissimus dictus est." – „Bene!", magister dicit. „Multum didicisse videris. Et quid Ulixes prudenter egisse dicitur?" – „Ulixes eam deam deligere debuit, quae ei pulcherrima esse videbatur. Venerem deligere non dubitavit. Illa enim ei Helenam promiserat, quae illo tempore mulier pulcherrima fuisse dicitur." – „Prudens mihi videbaris, priusquam haec narravisti!", magister clamat. „Nam non Ulixes, sed Paris Venerem delegisse dicitur. Praeterea viri, qui nihil nisi mulieres pulchras petunt, prudentia carere videntur."

VI. Welche Form passt nicht zu den anderen? Warum?

1.	2.	3.	4.	5.
☐ vici	☐ timeri	☐ condi	☐ celeris	☐ vocor
☐ vixi	☐ moneri	☐ decerni	☐ videris	☐ ducor
☐ duci	☐ sceleri	☐ rapi	☐ tangeris	☐ vincor
☐ risi	☐ praeberi	☐ laesi	☐ deligeris	☐ arbor

VII. De morte sanctae Barbarae

Barbara virgo pulcherrima fuisse dicitur, quam in matrimonium ducere multi adulescentes nobiles cupiebant. Ea autem inter Christianos esse malebat[1]. At eius pater, vir divitissimus, turrim[2] altam aedificari iussit, in qua filiam inclusit. Olim autem Barbara sacerdotem[3] clam ad se vocavit ad baptismum[4] accipiendum. Pater hanc rem magna cum ira intellegens filiam inclusam necare constituit. At paulo post portas turris[2] apertas esse filiamque fugisse vidit. Ita, quod omnes Christianos a principe supplicio[5] affici sciebat, filiam deos Romanos neglegere nuntiavit[6]. Itaque Barbara a militibus quaerebatur et mox comprehensa est. Dum autem ad carcerem[7] ducitur, in via cerasum[8] vidit, e qua ramum[9] sumpsit et secum portabat. Deinde multis cum lacrimis in carcere[7] mortem exspectabat. Sed repente ille ramus[9] cerasi[8] florere[10] coepit et Barbara intellexit Deum secum esse. Ita sine timore supplicium[5] suscepit[11]. At Barbara non a militibus necata est, sed pater ipse maxima ira commotus virgini caput praecidit[12].

1 **malebat**: „sie wollte lieber"; 2 **turris**, -is f.: „Turm"; 3 **sacerdos**, -otis m.: „Priester"; 4 **baptismus**, -i m: „Taufe"; 5 **supplicium**, -i n.: „Todesstrafe"; 6 **nuntiare** 1: „melden"; 7 **carcer**, -eris m.: „Kerker"; 8 **cerasus**, -i f.: „Kirschbaum"; 9 **ramus**, -i m.: „Zweig"; 10 **florere** 2: „blühen"; 11 **suscipere** M, -cepi, -ceptum: „auf sich nehmen"; 12 **praecidere** 3, -cidi, -cisum: „abschlagen"

28 DE MARCO AURELIO

Etwa hundert Jahre nach Nero regierte Kaiser Mark Aurel, ein gebildeter und besonnener Herrscher, der auch Philosoph war. Da immer wieder fremde Völker ins römische Territorium einfielen, musste er gegen seine Überzeugung einen großen Teil seiner Regierungszeit Kriege führen. Lange Zeit hielt er sich dabei auch im Gebiet des heutigen Österreich auf.

Quod Marcomanni[1] et Quadi[2] saepe Danuvium[3], quo imperium Romanum a Germanis **divisum erat**, **transibant**, Marcus Aurelius bellum contra illas **gentes** gesturus in hos fines contendit. Hostes nonnullis proeliis superavit et ex imperio Romano expulit. Quia autem non credebat Quades[2] se diu a finibus Romanis abstenturos esse, exercitum suum ad bellum gerendum trans Danuvium[3] in patriam eorum **traduxit**.

At tum Marcum Aurelium, qui **adhuc** multa bella **feliciter** gesserat, **fortuna** destituit[4]. Quadi[2] enim **equitibus** suis celerrimis repente exercitum Romanum medio in **campo** circumvenerunt. Romani inclusi magno in periculo erant. **Aestas** erat et iam diu aqua **deerat**. Milites et pugnā et sole **fessi** sitim **vix** diutius[5] tolerare potuerunt. Hostium exercitum magnum vincere non potuerunt neque **ulla spes** auxilii erat. Plurimi milites putabant se misere interituros esse.

Sed in exercitu eius nonnulli Christiani erant. Imperator audiverat Christianos ad deum suum orantes saepe e periculis servatos esse. Quod sperabat hanc rem sibi quoque usui **fore**, Christianos hoc **rogavit**: „Orate ad deum vestrum!" Christiani ad orandum convenerunt auxiliumque **divinum** petiverunt. **Ecce**, **miraculum accidit**: Nam subito tonuit[6], deinde pluere[7] coepit. Dum Romani cupidissime aquam galeis[8] captam bibunt, multi Quadi[2] fulminibus[9] necati esse dicuntur. Deinde proelium iterum commissum est et Quadi hoc miraculo maxime territi brevi tempore victi sunt.

1 **Marcomanni**, -orum m.: „die Markomannen" (Volk); 2 **Quadi**, -orum m.: „die Quaden" (Volk); 3 **Danuvius**, -i m.: „Donau"; 4 **destituere** 3, -ui, -utum: „im Stich lassen"; 5 **diutius**: Komparativ zu diu; 6 **tonare** 1, tonui: „donnern"; 7 **pluere** 3: „regnen"; 8 **galea**, -ae f.: „Helm"; 9 **fulmen**, -inis n.: „Blitz"

? Finde in den Z. 1–18 zu den folgenden Wörtern je ein Synonym (= ein Wort mit gleicher oder ähnlicher Bedeutung)!

Textzitat	Synonym	Textzitat	Synonym
credebat (Z. 6):		*pugna* (Z. 15):	
at (Z. 10):		*vincere* (Z. 17):	

Mark Aurel

Wolfram Kautzky, Wien

Mark Aurel-Statue (Rom)

Marcus Aurelius war einer der wenigen römischen Kaiser, die sich (wenn auch nicht unbedingt freiwillig) im heutigen Österreich aufhielten. Während des sogenannten **Markomannenkrieges** verbrachte er längere Zeit in den Lagern Vindobona und Carnuntum, um persönlich das Kommando zu führen. Daran erinnert heute noch die Marc-Aurel-Straße im 1. Wiener Gemeindebezirk. Berühmt ist das links abgebildete bronzene **Reiterstandbild** des Mark Aurel in Rom. Es befand sich lange Zeit auf dem Kapitolsplatz, wurde aber nach seiner Restaurierung in das daneben befindliche Museum übersiedelt (auf dem Platz steht nun eine Kopie). Ein Abguss der Statue ist seit 2002 in Tulln an der Donau (NÖ) zu sehen. Gestorben ist der Kaiser im Jahr 180 n. Chr. möglicherweise in Vindobona, wahrscheinlicher aber bei Sirmium (im heutigen Serbien).

Österreich in der Römerzeit

Auf dem Boden des heutigen Österreich befanden sich drei römische Provinzen: **Pannonien**, **Norikum** und **Rätien**. Sie bildeten seit dem 1. Jh. n. Chr. die Nordgrenze des Imperium Romanum gegen die Germanen. Grenzfluss war die Donau, entlang der die Römer als zusätzliche Sicherung den sogenannten **Limes** (Grenzwall) errichteten. Die Herrschaft der Römer in unserem Raum dauerte etwa 450 Jahre, bis im 5. Jh. die Germanen im Zuge der Völkerwanderung von Norden her das römische Reich eroberten.

Vocabularium

divídere	dívido 3, divisi, divisum	trennen, teilen	*engl. to divide; vgl. dividieren, Division*
transíre	transeo, transii, -itum	hinübergehen, überqueren	*aus: trans + ire; vgl. Transitverkehr*
gens	gentis f.	das Volk	↔ *genus, -eris n.* =
tradúcere	traduco 3, -duxi, -ductum	hinüberführen	*aus: trans + ducere*
adhuc (Adv.)		bis jetzt; bisher	*S. 192*
felix (m./f./n.)	felícis (2.F.)	glücklich, erfolgreich	*vgl. Felix („der Glückliche"), Felicitas*
fortuna	fortunae f.	1) das Glück; 2) das Schicksal	*engl. fortune*
eques	équitis m.	der Reiter; der Ritter	↔ *equus, -i* =
campus	campi m.	das Feld	*vgl. Camping, der Uni-Campus*
aestas	aestatis f.	der Sommer	↔ *aetas, -atis f.* =
deesse	desum, dees, defui, –	fehlen	*aus de- („weg) + esse („sein")*
fessus/a/um		erschöpft, müde	
vix (Adv.)		kaum	
ullus/a/um	ullíus (2.F.), ulli (3.F.)	irgendein(e)	↔ *nullus* =
spes	spei f.	die Hoffnung	*vgl. sperare* =
fore	(= futurum esse)	sein werden	*(Futurinfinitiv von esse, siehe Grammatica)*
rogare	rogo 1, -avi, -atum	1) bitten; 2) fragen	*vgl. interrogare* =
divinus/a/um		göttlich	*engl. divine, vgl. Diva (= gefeierte Sängerin)*
ecce!		siehe!	
miraculum	miraculi n.	das Wunder	*engl. miracle; vgl. Mirakel, Miraculix*
accídere	áccido 3, áccidi, –	geschehen	*vgl. engl. accident* =

Bella gerant alii, tu, felix Austria, nube!

„Die anderen mögen Kriege führen, du, glückliches Österreich, heirate!" – Dieser Spruch stammt aus der Zeit Kaiser Maximilians I. (Ks. 1508–1519, genannt „der letzte Ritter") und spielt auf die Heiratspolitik der Habsburger an: Diese versuchten ihre Machtstellung oft durch politisch motivierte Eheschließungen mit anderen Dynastien (Herrschergeschlechtern) zu sichern.

AEIOU

Diese Abkürzung stellt den Wahlspruch von Kaiser Maximilians Vater Friedrich III. (1452–1493) dar. Er wird verschieden gedeutet: Neben der deutschen Auflösung „Alles Erdreich ist Österreich untertan" gibt es auch zwei lateinische Varianten:

a) *Austria erit in orbe ultima.* = „Österreich wird bis ans Ende der Welt sein (= bestehen)."

b) *Austriae est imperare orbi universo.* = „Österreichs Aufgabe ist es, über die ganze Welt zu herrschen."

? Versuche mithilfe der Karte folgende Fragen zu beantworten:

a) Welche heutigen Bundesländer entsprechen den drei römischen Provinzen?

b) Welcher Teil Österreichs war nie römisch?

____

c) Wie heißen die folgenden Römerstädte heute?

- Lentia: ______________
- Ovilava: ______________
- Iuvavum: ______________
- Brigantium: ______________
- Cetium: ______________

28 Grammatica

Partizip Futur Aktiv (PFA)

Anders als im Deutschen, das nur zwei Partizipia kennt, gibt es im Lateinischen als drittes noch das Partizip Futur (PFA = Partizip Futur Aktiv).

Gebildet wird es vom PPP, indem die Endung *-us/a/um* durch die Endung *-urus/a/um* ersetzt wird:

- *amare 1* → (PPP: *amatus*) → Partizip Futur: *amat**urus***
- *monere 2* → (PPP: *monitus*) → Partizip Futur: *monit**urus***
- *mittere 3* → (PPP: *missus*) → Partizip Futur: *miss**urus***
- *audire 4* → (PPP: *auditus*) → Partizip Futur: *audit**urus***
- *capere M* → (PPP: *captus*) → Partizip Futur: *capt**urus***
- *esse* → (PPP: ---) → Partizip Futur: *f**uturus***

Das Futurpartizip ist **aktiv** und **nachzeitig**: z. B. *amaturus* = „einer, der lieben wird"

Verwendung:

❶ Am häufigsten mit *esse* zur Bildung des **Infinitivs Futur Aktiv** (→ Nachzeitigkeit im ACI):

Gladiatores putabant se misere interituros esse.* = „Die Gladiatoren glaubten, dass sie elend zugrunde gehen werden."

* Das Futurpartizip gleicht sich im ACI dem Subjektsakkusativ an und steht daher immer im Akkusativ!

❷ Als **Participium coniunctum mit finaler Bedeutung** („um zu"):

Marcus Aurelius bellum gesturus in hos fines contendit
= „Mark Aurel eilte in dieses Gebiet, um Krieg zu führen."

❸ Gelegentlich mit einer Form von *esse* zur **Umschreibung des Futurs** („wollen", „im Begriff sein zu"):

Marcus Aurelius bellum gesturus erat. = „Mark Aurel wollte Krieg führen."

Zusammenfassung Partizipia

	Erkennungszeichen	Eigenschaften	Beispiel
Part. Präsens (PPA)	*-ns, -ntis* (3. Dekl.)	aktiv + gleichzeitig	*amans* = „liebend"
Part. Perfekt (PPP)	*-tus /-sus* (a-/o-Dekl.)	passiv + vorzeitig	*amatus* = „geliebt"
Part. Futur (PFA)	*-turus /-surus* (a-/o-Dekl.)	aktiv + nachzeitig	*amaturus* (s.o.)

Zusammenfassung Infinitive

	a-Konj.	e-Konj.	kons. Konj.	i-Konj.	Mischkonj.	*esse*
Präs. Akt.	*amáre*	*monére*	*míttere*	*audíre*	*cápere*	*esse*
Präs. Pass.	*amári*	*monéri*	*mitti*	*audíri*	*capi*	---
Perf. Akt.	*amavísse*	*monuísse*	*misísse*	*audivísse*	*cepísse*	*fuisse*
Perf. Pass.	*amátum esse*	*mónitum esse*	*missum esse*	*audítum esse*	*captum esse*	---
Futur Akt.	*amaturum esse*	*moniturum esse*	*missurum esse*	*auditurum esse*	*capturum esse*	*futurum esse*

NOTA BENE!

- Der **Infinitiv Präsens** ist gleichzeitig. → steht für eine Handlung, die **zugleich** mit der Haupthandlung stattfindet
- Der **Infinitiv Perfekt** ist vorzeitig. → steht für eine Handlung, die **vor** der Haupthandlung stattgefunden hat
- Der **Infinitiv Futur** ist nachzeitig. → steht für eine Handlung, die **nach** der Haupthandlung stattfinden wird

Exercitationes

I. Verbformencheck: Bilde zu der angegebenen Verbform die fehlenden Zeiten in derselben Person und Zahl!

	Präsens	Futur	Perfekt	Plusquamperfekt
Aktiv	vocant			
Passiv				

II. Bilde alle drei Partizipia und alle fünf Infinitive!

1. dubito
2. rogo
3. condo
4. divido

III. Übersetze!

1. imperator victus venit
2. imperator victurus venit
3. ad imperatorem vincentem
4. ad imperatorem vincendum
5. imperator victurus erat
6. imperator victus erat
7. spes imperatoris vincentis
8. spes imperatorem vincendi

IV. Übersetze!

1. Quintus amicae novae promittit se eam semper amaturum esse.
2. Meridie discipuli domum contendunt, alii pensa facturi, alii in campis lusuri.
3. Magister putabat discipulos librum Latinum magno cum gaudio lecturos esse, sed erravit.
4. Spero patrem me in laborando adiuturum esse.
5. Gaius scholam relicturus erat, cum subito a magistro vocatus est.

V. Setze in den ACI und übersetze! (Nota bene: Das Futur wird im ACI immer zum Infinitiv Futur!)

Bsp.: Dicis: „Id non iterum faciam." → Dicis te id non iterum facturum/facturam esse.

1. Pater putat: „Filii post meridiem laborabunt."
2. Magister scit: „Quintus hunc librum numquam leget."
3. Spero: „Mox domi ero."
4. Amici promittunt: „Mediā nocte redibimus."

VI. Unterstreiche jeweils Subjektsakkusativ und Infinitiv und übersetze. Achte auf das Zeitverhältnis!

Postquam Troia decem annos frustra oppugnata est, Graeci se numquam victuros esse putabant. Ulixes autem, qui Troiam vi expugnari non posse intellexerat, consilium prudens cepit: Equum ingentem aedificari et nocte ante portas oppidi poni iussit. Postero die Troiani Graecos litus reliquisse viderunt. A quodam autem viro illum equum donum deorum esse audiverunt. Magno cum gaudio Troiani, qui se vicisse putabant, equum ad arcem traxerunt. Putabant enim hunc equum sibi maxime profuturum esse. Cassandra autem, ubi equum in oppidum trahi vidit, magna voce clamavit: „Video nos omnes interituros esse." Nos scimus Cassandram non erravisse multosque Troianos a Graecis interfectos esse.

VII. Marcus Aurelius graviter laeditur

Marcus Aurelius, imperator prudentissimus, multos annos bellum gerebat. Nam quasdam gentes fines Romanos saepe adeuntes imperio prohibere debebat. Ita complura castra et oppida firmissima aedificari iussit, in quibus ipse diu vitam agebat. Cum enim alia in parte hostes victi se receperant, alia in parte iterum hostes irruperunt[1] campos vastaturi. Olim imperator in pugnando gravissime laesus est. Medici[2] optimi celerrime e toto imperio convocati imperatorem dolores maximos ferentem iuvare non potuerunt. Forte Marcus Aurelius, cui spes salutis paene non iam erat, de fonte[3] quodam audivit, quem animalia laesa petere solebant atque deinde brevi tempore sanabantur[4]. Statim imperator, quia sperabat hanc aquam sibi quoque profuturam esse, illam fontem[3] ipse adiit ac cupidissime aquam bibit. Paulo post eius vires redisse dicuntur. Inde multi homines curā salutis commoti hunc fontem adibant. Aqua illius fontis[3] nostris quoque temporibus nomine „fons Romanorum" ignota non est.

1 irrumpere 3, -rupi, -ruptum: „einfallen"; **2 medicus**, -i m.: „Arzt"; **3 fons**, fontis m.: „Quelle"; **4 sanare** 1: „heilen"

29 DE CONSTANTINO VICTORE

Am Ende des dritten Jahrhunderts führte Kaiser Diokletian, der den Zerfall des römischen Reiches befürchtete, eine Verwaltungsreform durch und teilte die Macht auf zwei gleichberechtigte Kaiser auf. Da er auch in den Christen eine Bedrohung sah, kam es zu den schwersten Christenverfolgungen. Bald nach seinem Tod kämpften Maxentius und Konstantin im Jahre 312 um die Herrschaft.

Iam diu inter copias Constantini et Maxentii bellum **civile** gerebatur. Constantino ipso in proelio pugnante Maxentius Romā exire **metuit**. Nam **oraculum** audiverat se **extra** urbem interiturum esse. **Utriusque** exercitus milites fortissime pugnabant; sed in pugnando neque his neque illis fuga **nota** erat. Quamquam Maxentio maiores copiae erant, tamen neuter[1] vincere potuit.

Quadam autem nocte Constantinus dormiens **signum** Christi vidisse dicitur, sub quo **scriptum** erat: „Hoc signo vinces!" Itaque postero die signum Christi in scutis[2] notari[3] iussit et exercitum contra hostes duxit. **Prope pontem** Mulvium[4] proelium grave commissum est.

Interea Romae Maxentius, quia proelio se abstinebat, a **plebe** acriter increpitatus[5] erat. **Qua de causa** quibusdam senatoribus convocatis libros Sibyllinos[6] **consulere** constituit. Hoc responsum[7] ei nuntiatum est: „**Hodie** hostis Romanorum interibit." Quibus verbis auditis Maxentius, qui Constantinum illum hostem Romanorum esse putavit, in spem victoriae **adductus** est Romamque reliquit. Tiberim[8] ponte Mulvio transiit et in pugnam contendit.
Ab utraque parte summo **studio** pugnabatur; postremo Constantinus Deo iuvante hostem vicit. Quo viso Maxentius fugae se mandavit. At ponte interea interrupto[9] Tiberim[8] transire non iam potuit ac multitudine fugientium **pressus** in flumen **pulsus** est.

1 neuter/tra/trum: „keiner von beiden"; **2 scutum**, -i n.: „der (!) Schild"; **3 notare** 1: „zeichnen"; **4 pons Mulvius**: „Milvische Brücke" (Tiberbrücke nördlich von Rom); **5 increpitare** 1: „tadeln"; **6 libri Sibyllini**: „die Sibyllinischen Bücher" (Orakelbücher); **7 responsum**, -i n.: „Antwort"; **8 Tiberis**, -is m.: „der Tiber"; **9 interrumpere** 3, -rupi, -ruptum: „abbrechen", „einreißen"

? Ergänze zu vollständigen Sätzen!

1. Unter dem Zeichen, das Konstantin im Traum sah, war zu lesen: ______________________________
2. Maxentius befragte die ______________ Bücher, die ihm eine zweideutige Antwort gaben: ______________
____
3. Die Schlacht zwischen Maxentius und Konstantin fand 312 an der ______________ Brücke bei ________ statt.

Christenverfolgungen

Obwohl die Römer grundsätzlich gegenüber anderen Religionen tolerant waren, betrachteten sie die Christen misstrauisch. Vorgeworfen wurde ihnen einerseits die Weigerung, den Kaiser als Gott anzubeten (worin die Römer eine Erschütterung der Fundamente des Staates sahen). Andererseits waren sie den Römern durch ihre Neigung zur Abkapselung (Fernbleiben von Zirkus- und Theaterspielen, geheime Zusammenkünfte) verdächtig: Man vermutete, sie würden kriminelle Handlungen (wie Ritualmorde, Genuss von Menschenfleisch und Inzest) begehen. Als das römische Reich im 3. Jh. in innen- und außenpolitische Krisen geriet, wurde den Christen die Schuld an den politischen oder Naturkatastrophen gegeben. Zahlreiche Christenverfolgungen waren die Folge, am schlimmsten 303–311 n. Chr. unter Kaiser **Diokletian**: Christen wurden aus Armee und Ämtern entfernt, christliche Gotteshäuser zerstört, Gottesdienste verboten und das Vermögen von Christen eingezogen.

Kaiser Konstantin (Palazzo dei Conservatori, Rom)

Kaiser Konstantin

Nicht zuletzt wegen seines Sieges an der Milvischen Brücke unter dem Zeichen des Christogramms förderte Konstantin als Kaiser die Christen. Im Jahr 313 n. Chr. einigte er sich in der sog. **„Mailänder Vereinbarung"** mit seinem Mitregenten Licinius darauf, das bereits zwei Jahre zuvor erlas-

Vocabularium

victor	victóris m.	siegreich; der Sieger	*vgl. Viktor (siehe unten); ↔ victoria, -ae =*
civilis/e		bürgerlich; Bürger-	*engl. civil; vgl. zivil, Zivilisation*
metúere	metuo 3, metui, –	fürchten	*vgl. metus, -us =*
oraculum	oraculi n.	das Orakel, der Orakelspruch	*engl. oracle, vgl. orare 1 = „reden", „bitten"*
extra (+ Akk.)		außerhalb	*vgl. E.T. (= Extraterrestris), das Extra, extravagant (= außergewöhnlich)*
uterque, utraque, utrumque	utriusque (2.F.), utrique (3.F.)	jeder von beiden, beide	*Pronominale Deklination (→ S. 181)*
notus/a/um		bekannt	*↔ ignotus/a/um =*
signum	signi n.	das Zeichen	*engl. sign; vgl. Signal, signieren =*
scríbere	scribo 3, scripsi, scriptum	schreiben	*vgl. Skriptum, Skript, Manuskript; Postskriptum (PS) = „nachher geschrieben"*
prope (+ Akk.)		nahe bei	*vgl. ap-propinquare =*
pons	pontis m.	die Brücke	*vgl. Pontifex maximus (= der Papst)*
plebs	plebis f.	das (niedrige) Volk	*vgl. Plebiszit (= Volksabstimmung)*
qua de causa		1) deshalb; 2) weshalb	*wörtl.: „aus welchem Grund"*
consúlere	cónsulo 3, consului, consultum	befragen	*vgl. konsultieren, Konsul (= „Berater")*
nuntiare	nuntio 1, -avi, -atum	melden	*engl. to announce; vgl. nuntius, -i =*
hodie (Adv.)		heute	*aus: hoc + die =*
addúcere	adduco 3, adduxi, adductum	1) hinführen; 2) veranlassen	*vgl. adductus/a/um =*
studium	studii n.	der Eifer, die Begeisterung	*vgl. Studium; vgl. studere =*
prémere	premo 3, pressi, pressum	1) drücken; 2) bedrängen	*vgl. pressen; deprimiert (= „niedergedrückt"); engl. pressure*
péllere	pello 3, pépuli, pulsum	schlagen, stoßen	*vgl. Puls; Impuls (= Antrieb); vgl. expellere =*

Nomen est Omen

? Viele unserer Vornamen gehen auf das Lateinische zurück – findest du heraus, was sie bedeuten?

Viktor ______________________ Felix ______________________ Pia ______________________

Benedikt ______________________ Beate ______________________ Laetizia/Letizia ______________________

Clemens ______________________ Konstantin ______________________ Stella ______________________

sene Toleranzedikt des Kaisers Galerius beizubehalten. Damit war es den Christen gestattet, ihre Religion frei auszuüben. Außerdem erstattete Konstantin den christlichen Gemeinden ihren Besitz zurück, der während der Verfolgungen eingezogen worden war, und gründete etliche Kirchen, darunter auch die frühere Peterskirche in Rom und die Grabeskirche in Jerusalem.
Konstantin selbst ließ sich auf dem Totenbett (337) taufen. Von da an folgten mit einer Ausnahme nur mehr Christen auf dem Kaiserthron. Kaiser **Theodosius** (379–395) verbot schließlich überhaupt alle heidnischen Kulte, wodurch das Christentum zur **Staatsreligion** werden konnte.
Schon 330 hatte Kaiser Konstantin seinen Amtssitz nach Osten verlegt. Die nach ihm benannte Stadt **Konstantinopel** (heute: Istanbul) blieb bis ins 15. Jh. Hauptstadt des oströmischen Reiches – überdauerte also Rom, die Hauptstadt des weströmischen Reiches, um 1000 Jahre!

Christogramm („signum Christi") und die Milvische Brücke in Rom

29 Grammatica

Ablativus absolutus (Abl. abs.)

Der Ablativus absolutus (Abl. abs., „losgelöster Ablativ") besteht
a) aus einem **Nomen** oder **Pronomen im Ablativ** und
b) einem damit übereingestimmten **Partizip** (Präsens oder Perfekt).

Diese Wortgruppe **darf nicht wörtlich übersetzt** werden, sondern muss zu einem **Gliedsatz** (meist einem Temporalsatz) umgeformt werden. Dabei gelten folgende Faustregeln:

- PARTIZIP PRÄSENS (PPA): gleichzeitig* (+ aktiv) – „während"
  Constantino ipso pugnante Maxentius Romam relinquere metuit.
  = „Während Konstantin selbst kämpfte, scheute sich Maxentius, Rom zu verlassen."
- PARTIZIP PERFEKT (PPP): vorzeitig* (+ passiv) – „nachdem"
  Ponte interrupto Maxentius Tiberim transire non potuit.
  = „Nachdem die Brücke eingerissen worden war, konnte Maxentius den Tiber nicht überqueren."

* Zum Zeitverhältnis vgl. auch das *Participium coniunctum* (→ S. 110)!

TIPP: Vorgangsweise beim Übersetzen:

1. Suche zu jedem Partizip das Bezugswort (steht meist davor) und unterstreiche die beiden Wörter:
   z. B.: *Libro in schola lecto discipuli dormiverunt.*
2. Wenn die beiden Wörter im Ablativ* stehen, handelt es sich um einen Abl. Abs. → keine wörtliche Übersetzung! (falls anderer Fall → Participium coniunctum, vgl. S. 110)
   * Ausnahme: Wenn vor dem Bezugswort eine Präposition steht, handelt es sich nicht um einen Ablativus absolutus (z. B. *de libro lecto* = „über das gelesene Buch", *cum hostibus captis* = „mit den gefangenen Feinden" etc.)!
3. Bestimme die Art des Partizips und verwandle die unterstrichene Wortgruppe in einen **Temporalsatz** (PPA → „während" + aktiv, PPP → „nachdem" + passiv):
   z. B.: „Nachdem das Buch in der Schule gelesen worden war, schliefen die Schüler ein."
4. Wenn der Satz passiv nicht „deutsch" klingt, verwandle ihn in einen **aktiven** Satz:
   z. B.: „Nachdem sie das Buch in der Schule gelesen hatten, schliefen die Schüler ein."

NOTA BENE!
Statt eines Partizips können auch **bestimmte Nomina** mit einem Bezugswort einen Ablativus absolutus bilden:
- *imperatore Augusto* = „unter Kaiser Augustus" (eig.: „als Augustus Kaiser war")
- *Caesare duce* = „unter der Führung Cäsars" (eig.: „als Cäsar Führer war")
- *Romulo rege* = „unter König Romulus" (eig.: „als Romulus König war")
- *Cn. Pompeio M. Crasso consulibus* = „unter den Konsuln Cn. Pompeius und M. Crassus" (eig.: „als P. und C. Konsuln waren")

Zusammenfassung: Participium coniunctum und Ablativus absolutus

	Participium coniunctum	Ablativus absolutus
besteht aus:	Nomen + Partizip	
steht im:	1. bis 6*. Fall	6. Fall**
Erstübersetzung:	„der/die/das" (Relativsatz)	„während" bei PPA „nachdem" bei PPP
Weitere Überset-zungs-möglichkeiten:	„als" (temporal) „weil" (kausal) „obwohl" (konzessiv) „wenn" (konditional)	vgl. *cum* + Indik. / Konj.!

* Im Ablativ allerdings nur nach Präpositionen ** ohne Präposition

NOTA BENE!
Participium coniunctum und Ablativus absolutus sind sogenannte „satzwertige Konstruktionen" (sK) → S. 143

Exercitationes

I. Verbformencheck: Bilde die restlichen Infinitive!

	Infinitiv Präsens Passiv	Infinitiv Perfekt Aktiv	Infinitiv Perfekt Passiv	Infinitiv Futur Aktiv
parare				
scribere				
movere				

II. Übersetze den Abl. abs. jeweils mit einem Temporalsatz!

1. facinore animadverso ______________________________
2. rege expulso ______________________________
3. copiis pugnantibus ______________________________
4. magistro narrante ______________________________
5. his rebus neglectis ______________________________
6. amicis ludentibus ______________________________

III. Unterstreiche Partizip und Bezugswort und übersetze das Participium coniunctum mit einem Relativsatz!

1. Quintus amore Iuliae ardens puellam cum alio adulescente ambulantem in foro vidit
2. Amici nobis multum de itinere aestate in Graeciam facto narrant.
3. Litteras a te Romam missas numquam accepimus.
4. Magister summo studio de bellis Romanorum narrans discipulos iam diu dormire non animadvertit.
5. Ii libri Latini a poetis clarissimis scripti magno cum gaudio leguntur.
6. Discipuli hunc magistrum se hominem prudentissimum putantem minime amant.

IV. Unterstreiche Partizip und Bezugswort und übersetze den Ablativus absolutus mit einem Temporalsatz!

1. Troianis victoriam multo vino celebrantibus Graeci equum clam reliquerunt urbemque incenderunt.
2. Ulixe complures annos per maria errante multi viri summo honore eius uxorem in matrimonium ducere studebant.
3. Omni spe victoriae amissa exercitus Romanus auxilio divino servatus est.
4. Exercitu hostium appropinquante milites celeriter arma ceperunt.
5. Facinore atroci commisso Tantalus poenas graves solvit.
6. Romulo rege cives Romani mulieribus carentes filias Sabinorum rapuerunt.

V. Forme die Temporalsätze jeweils zu einem Ablativus absolutus um!

Bsp.: Dum Gaius legit, pater intrat. (Temporalsatz) → Gaio legente pater intrat. (Abl. abs.)

1. Dum quidam discipuli dormiunt, magister nova verba Graeca docet.
2. Postquam pensum difficile discipulis datum est, magister laetus ad cenam contendit.
3. Post meridiem, dum magister per campos ambulat, liberi pensa diligenter faciunt.
4. Postquam omnia pensa scripta sunt, liberi quoque domum relinquunt.

VI. Übersetze den folgenden Text über einen römischen Pantoffelhelden und unterstreiche alle Partizipia (PPA und PPP) samt ihren Bezugswörtern!

Dum Titus, miles Romanus, in caupona[1] sedet, amicos intrantes conspicit: „Venite, amici!", Titus clamat. „Vobis de bellis feliciter gestis referam!" Illi autem has res iam saepe narratas audire nolunt responderntque: „Haec omnia iam narravisti." Quibus verbis auditis Titus tamen narrare incipit: „Audite res novissimas: Magno exercitu hostium appropinquante plurimi nostrorum militum celerrime fugerunt. Quo viso hostes se iam vicisse putabant. Ego autem nullum periculum timens solus multos hostes fortissime pugnantes vici. Ceteri hostes fortitudine mea territi se celerrime receperunt. Ita patriam iterum servavi." Postquam Titus multum vinum bibens diu eiusmodi res narravit, amici domum redire decernunt. Tito resistente amici iterum ac iterum causam quaerunt. Denique ille miles fortissimus amicis ridentibus dicit: „Iratam uxorem me iam multas horas domi exspectantem metuo."

1 **caupona**, -ae f.: „Wirtshaus"

30 DE BENEFICIO SANCTI MARTINI

Einer der populärsten christlichen Heiligen ist Martin, der – ebenso wie Kaiser Konstantin – im 4. Jh. n. Chr. lebte. Als Sohn eines römischen Offiziers diente er zunächst im römischen Heer, ließ sich aber später taufen und brachte es schließlich bis zum Bischof der französischen Stadt Tours. Berühmt geworden ist er jedoch durch seine „Mantelteilung".

Olim Martinus miles Romanus mediā **hieme** in porta Ambianensium civitatis[1] virum **pauperem** conspexit, qui **veste** carens frigus[2] vix **patiebatur**. Ceteris hominibus sine ulla **misericordia** praetereuntibus[3] Martinus se virum **nudum** adiuvare debere intellexit. Hoc autem ei facile non erat. Quia enim **reliquas** res in beneficium **simile** consumpserat, ipse nihil praeter arma et vestem **militarem** secum habebat. Itaque vestem gladio divisit; **alteram** partem pauperi dedit, **alteram** iterum induit[4]. Nonnulli homines hoc videntes ridebant. Multi tamen, quibus **mens sanior** erat, **queri** coeperunt, quod Martinus solus se **humanum** praestiterat[5] ipsique plus **possidentes** virum pauperem non adiuverant.

Nocte, quae **secuta** est, Martinus somnio[6] Christum vidit ea veste **tectum**, quam viro pauperi donaverat. Et Christus ad multitudinem angelorum[7] **locutus** est: „Martinus, qui adhuc catechumenus[8] est, me hac veste tegere **veritus** non est. **Quidquid** enim fecistis uni ex fratribus meis minimis, mihi fecistis." Quo viso Martinus bonitatem[9] Dei in suo opere cognoscens ad baptismum[10] contendit. Nec tamen statim militare[11] desiit: Tribuno[12] **hortante** duos annos militabat, priusquam miles Christi Deo soli **serviebat**.

1 **civitas Ambianensium**: „die Stadt Amiens" (frz. Stadt); 2 **frigus**, -oris n.: „Kälte"; 3 **praeterire**: „vorübergehen"; 4 **induere** 3, -dui: „anlegen", „anziehen"; 5 **se praestare** (Perf.: praestiti): „sich erweisen"; 6 **somnium**, -i n.: „Traum"; 7 **angelus**, -i m.: „Engel"; 8 **catechumenus**, -i m.: „Taufschüler", „Taufanwärter"; 9 **bonitas**, -atis f.: „Güte"; 10 **baptismus**, -i m.: „Taufe"; 11 **militare** 1: „Kriegsdienst leisten"; 12 **tribunus**, -i m.: „Tribun" (Offizier)

? Gib (auf Deutsch) an, wer oder was mit den folgenden Pronomina gemeint ist!

Bsp.: *qui* (Z. 3): der arme Mann	*ipsi* (Z. 13):
hoc (Z. 6):	*quam* (Z. 16):
ei (Z. 6):	*me* (Z. 18):
hoc (Z. 10):	*quo* (Z. 20):

Martinigansl-Essen

Besonders verehrt wurde der aus Pannonien (Ungarn) stammende **Martin** in Gallien (heutiges Frankreich), wo er sich als Bischof von Tours um die Missionierung der letzten heidnischen Gebiete Galliens und um die Gründung der ersten Klöster im lateinischen Kulturbereich (z. B. Ligugé) verdient machte. Wie bei Heiligen üblich, ranken sich auch um ihn allerlei Legenden. Neben der Mantelteilung ist vor allem die Erzählung von den Gänsen, die seine Ernennung zum Bischof „erzwungen" haben (vgl. Text S. 141), bekannt. Auf diese Begebenheit geht angeblich auch der bei uns übliche Brauch zurück, dass zu **Martini** (dem Feiertag des hl. Martin am 11. November) eine Gans verspeist wird.

Der heilige Martin gilt als Patron der **Bettler, Soldaten und Schneider**; er ist auch der Landespatron des Burgenlands. Dargestellt wird er meist auf einem weißen Pferd in römischer Soldatenkleidung, wie er mit einem Bettler den Mantel teilt; fallweise auch als Bischof mit Schwert und Gans.

Die Mantelteilung (A. van Dyck, um 1618/20)

Vocabularium

beneficium	beneficii n.	die Wohltat	*vgl. Benefizveranstaltung; aus: bene + facere*
hiems	hiemis f.	der Winter	
pauper (m./f./n.)	pauperis (2.F.)	arm	*engl. poor*
vestis	vestis f.	das Gewand	*vgl. Weste, Transvestit, Investitur („Einkleidung")*
pati (D)	patior M, passus sum	1) ertragen; 2) erleiden	*vgl. passiv, Patient, Passion (= Leidensgeschichte)*
misericordia	misericordiae f.	das Mitleid	*vgl. miser =*
nudus/a/um		nackt	*engl. nude; vgl. Nudist (= Nacktbader)*
reliquus/a/um		übrig	*↔ relictus (PPP von relinquere) =*
similis/e		ähnlich	*engl. similar; vgl. As-similation („Anpassung")*
militaris/e		militärisch, Militär-	*engl. military; ↔ miles, -itis =*
alter/era/erum	alterius (2.F.), alteri (3.F.)	der andere (von zweien)	*vgl. Alternative, das Alter Ego (= zweites Ich), Altruismus (Selbstlosigkeit)*
alter – alter		der eine – der andere	
mens	mentis f.	der Geist, der Verstand	*vgl. mental, Mentalität (= Geisteshaltung)*
sanus/a/um		1) gesund; 2) vernünftig	*engl. sane; vgl. Sanitäter, sanitär; SPA (→ S. 29)*
queri (D)	queror 3, questus sum	klagen	*vgl. Querulant (= Nörgler); ↔ quaerere =*
humanus/a/um		menschlich	*engl. human, vgl. Humanbiologie*
possidére	possideo 2, possedi, possessum	besitzen	*engl. to possess; vgl. Possessivpronomen (= besitzanzeigendes Fürwort, z. B. „mein" etc.)*
sequi (D)	sequor 3, secutus sum	folgen	*vgl. Sequenz (= Abfolge), Konsequenz (= Folge)*
sequor te (Akk.!)		ich folge dir (Dativ!)	
tégere	tego 3, texi, tectum	bedecken	*vgl. Toga (= Körperbedeckung!)*
loqui (D)	loquor 3, locutus sum	sprechen	*vgl. eloquent (= redegewandt)*
vereri (D)	vereor 2, veritus sum	1) fürchten; 2) s. scheuen	*= timere / metuere*
quidquid		alles, was	
hortari (D)	hortor 1, hortatus sum	auffordern, ermuntern	
servire	servio 4, -ivi, -itum	dienen	*engl. to serve; vgl. servieren; ↔ servare =*

Mens sana in corpore sano.

„Ein gesunder Geist in einem gesunden Körper." – Heute versteht man diesen Spruch als Aufforderung, Sport zu betreiben, da zu einem gesunden Geist auch ein gesunder Körper gehöre. Im Originalzitat beim Dichter Juvenal (1. Jh. n. Chr.) heißt es dagegen, man solle sich von den Göttern „einen gesunden Sinn in einem gesunden Körper", also sowohl körperliche als auch geistige Gesundheit, wünschen.

„Österreichische" Heilige

Der **heilige Florian** erlitt 304 n. Chr., während der diokletianischen Christenverfolgung, im oberösterreichischen Lauriacum (Lorch) den Märtyrertod, indem er mit einem Stein um den Hals in der Enns ertränkt wurde. Er gilt als Helfer gegen Wasser- und vor allem Feuersnot. Als Schutzheiliger der Feuerwehren wird er meist als römischer Offizier dargestellt, der Wasser über ein brennendes Haus gießt. An seiner Begräbnisstätte befindet sich heute das Kloster St. Florian (OÖ).

Als „Apostel von Ufernoricum" wird der **heilige Severin** bezeichnet. Er unterstützte zur Zeit der untergehenden Römerherrschaft im Donauraum (5. Jh.) zwischen Passau und Wien die Not leidende Bevölkerung und soll auch mehrere Wunder vollbracht haben. In Favianis (Mautern, NÖ) gründete er ein Kloster. Er gilt als Schutzpatron der Weber, Winzer und Weinberge.

Sein Grab befindet sich in Frattamaggiore bei Neapel. (Eine Reliquie des Severin wurde 2003 der Pfarrkirche von Tulln/NÖ geschenkt.)

Hl. Florian (um 1522; Zagreb)

30 Grammatica

Deponentia

Deponentia sind Verba mit **passiver Form**, aber **aktiver Bedeutung**. Der Name Deponentia kommt vom Verbum *deponere* („ablegen"), da man meinte, diese Wörter hätten ihre aktiven Formen (bzw. passiven Bedeutungen) abgelegt. Entstanden sind Deponentia aus dem sogenannten „Medium", einem Mittelding zwischen Aktiv und Passiv:

• **Aktiv** (aktive Formen) →	ich tue etwas	*lavo* = „ich wasche"
• **Passiv** (passive Formen) →	mit mir geschieht etwas	*lavor* = „ich werde gewaschen"
• **Medium** (passive Formen!) →	ich tue etwas, was mich selbst betrifft	*lavor* = 1) „ich wasche mich"; 2) „ich bade"

		Präsens*	
		Form Passiv!	Übersetzung Aktiv!
Sg.	1.P.	*loquor*	„ich spreche"
	2.P.	*lóqueris*	„du sprichst"
	3.P.	*lóquitur*	„er/sie/es spricht"
Pl.	1.P.	*lóquimur*	„wir sprechen"
	2.P.	*loquímini*	„ihr sprecht"
	3.P.	*loquúntur*	„sie sprechen"

* am Beispiel von *loqui* (konsonantische Konjugation)

lavo = „ich wasche"

lavor = „ich werde gewaschen"

Infinitive und Partizipia der Deponentia:		
Infinitiv Präsens:	*loqui*	„(zu) sprechen"
Infinitiv Perfekt:	*locutum esse*	„gesprochen (zu) haben"
Infinitiv Futur:	*locuturum esse*	(„sprechen werden"; → S. 132)
Partizip Präsens:	*loquens, -entis*	„sprechend"
Partizip Perfekt:	*locutus/a/um*	„einer, der gesprochen hat"
Partizip Futur:	*locuturus*/a/um	„einer, der sprechen wird"; → S. 132

lavor = „ich bade"

Das **Partizip Perfekt** von Deponentia ist – im Gegensatz zum PPP – aktiv!

Parentes cum magistro locuti irati domum redierunt.
= „Die Eltern, die mit dem Lehrer gesprochen hatten, kehrten zornig nach Hause zurück."

Die **Imperative** musst du dir extra merken:

Imperativ Sg.:	*lóquere!*	„sprich!"	Der Imperativ Singular sieht aus wie ein aktiver Infinitiv Präsens.
Imperativ Pl.:	*loquímini!*	„sprecht!"	Der Imperativ Plural ist identisch mit der 2.P. Pl. Präsens Passiv.

NOTA BENE!
Ob ein Wort ein Deponens ist, kann man nicht erraten, sondern muss man anhand der Stammformen lernen!
Die Stammformen werden wie bei aktiven Verben angegeben:
Infinitiv Präsens, 1.P. Sg. Präsens, 1.P. Sg. Perfekt: *loqui, loquor 3, locutus sum:* „sprechen"

Dativ des Interesses *(Dativus commodi)*

Dieser Dativ drückt aus, **wofür** oder **für wen** etwas geschieht, und wird mit **„für"** übersetzt:

*Hoc **Martino** facile non erat.* = „Das war **für Martin** nicht leicht."
*Non **scholae**, sed **vitae** discimus.* = „Nicht **für die Schule**, sondern **fürs Leben** lernen wir." (vgl. S. 12)

Exercitationes

I. Verbformencheck: Bilde zu der angegebenen Verbform die fehlenden Zeiten in derselben Person und Zahl!

	Präsens	Futur	Perfekt	Plusquamperfekt
Aktiv	ducitis			
Passiv				

II. Übersetze die folgenden Verbformen!

1. hortamur: ____________________
2. passi sunt: ____________________
3. verita erat: ____________________
4. querebaris: ____________________
5. sequimini (2 Mögl.): ____________________
6. loquentur: ____________________
7. pati: ____________________
8. hortare: ____________________

III. Setze die Prädikate in der richtigen Person im Präsens und im Perfekt ein!

1. Quomodo hos dolores ______________ / ______________, Iulia? (pati)
2. Quintus puellam clam ______________ / ______________. (sequi)
3. Cur mecum non ______________ / ______________, puellae? (loqui)
4. Nos quoque poenam ______________ / ______________. (vereri)

IV. Übersetze!

1. Ille miles fortissimus nihil nisi uxorem vereri videbatur.
2. Spartacus, quod servitutem non iam passus est, cum compluribus servis fugere statuit.
3. Ille canis, quamquam eum hortatus non sum, me tamen suā sponte sequitur.
4. Daedalus locutus est: „Sine timore me sequere, mi fili!"
5. Orpheus diu de morte uxoris questus postremo ipse Tartarum adire decrevit.

V. Unterstreiche jeweils das Partizip und das Bezugswort, stelle fest, ob es sich um ein Participium coniunctum (PC) oder einen Abl. abs. handelt, und übersetze. Achte auf die Deponentia!

Marcus Aurelius gentes campos Romanos saepe vastantes imperio Romano expellere constituit. Hostibus victis imperator in finibus hostium bellum gerere veritus non est. Copiis traductis Marcus Aurelius ingentem exercitum advenire animadvertit. Quod milites maiorem hostium exercitum verentes pugnare dubitabant, imperator eos verbis acerrimis hortatus est. Imperatore locuto proelium atrox commissum est. At Romani, qui hostes fortissime pugnantes vincere non potuerunt, circumventi sunt. Quamquam militibus iam diu aqua carentibus spes victoriae non iam erat, tamen questi non sunt. Postremo exercitus Romanus Deo iuvante servatus est.

VI. De anseribus[1] clamantibus

Olim anseres clamando Romanos bene dormientes excitavisse[2] et magno periculo liberavisse nobis ignotum non est. Multis annis post anseres magnā voce clamantes iterum hominem prodidisse[3] dicuntur. Martinum, illum virum magnae misericordiae, exercitum Romanum reliquisse iam legimus. Deinde solum Deo servire ac exemplum Christi sequi studebat. Ne minimos quidem homines adiuvare verebatur et nonnulla miracula confecisse dicitur. Quod beneficiis suis magnam gratiam apud plebem sibi paravit, homines eum episcopum[4] facere voluerunt. At Martinus, qui se hac re dignum esse non putavit, celerrime fugit et se in stabulo[5], in quo praeter alia animalia anseres[1] quoque erant, abdidit[6]. Martinus se ibi inveniri non posse putabat, sed subito hominibus appropinquantibus anseres clamare coeperunt. Homines clamorem audientes stabulum[5] intraverunt et Martinum invenerunt. Qui tum non iam resistens homines in ecclesiam[7] secutus est, ubi paulo post episcopus[4] factus est.

1 anser, -eris m.: „Gans"; **2 excitare** 1: „aufwecken"; **3 prodere** 3, -didi, -ditum: „verraten"; **4 episcopus**, -i m.: „Bischof"; **5 stabulum**, -i n.: „Stall"; **6 abdere** 3, -didi, -ditum: „verstecken"; **7 ecclesia**, -ae f.: „Kirche"

Wortklauberei

1 Latein und Englisch

Da die Römer mehr als 350 Jahre lang (43 bis ca. 410 n. Chr.) Britannien, also das heutige England, besetzt hielten, ist es kein Wunder, dass die lateinische Sprache auch im heutigen Englisch ihre Spuren hinterlassen hat, obwohl ja Englisch keine romanische, sondern eine germanische Sprache ist. Besonders deutlich zeigt sich das im **Wortschatz**. Im Schriftenglisch sind 50 bis 60 Prozent aller Substantiva, Adjektiva und Verba lateinischer Herkunft!

? Ergänze die lateinischen Wörter, von denen sich die angegebenen englischen Begriffe ableiten, und gib auch ihre Bedeutung an!

Englisch	Lateinisch	Bedeutung
animal		
art		
example		
honour		

Englisch	Lateinisch	Bedeutung
to invite		
mount		
peace		
victory		

? Im Englischen gibt es auch mehrere Abkürzungen, die direkt aus dem Lateinischen übernommen wurden. Weißt du, wofür sie stehen und was sie bedeuten?

Die Abkürzung	… steht für:	… und bedeutet:
A. D.	*anno Domini*	
a. m.		
p. m.		
e. g.	*exempli gratia (= causa)*	
etc.		
i. e.	*id est*	
n. b.		

2 Wort- und Sachfelder

Bisher hast du schon von **Wortfamilien** gehört (→ S. 76). Sie bestehen aus sinnverwandten Wörtern, die denselben Wortstamm haben.

? Nenne je zwei weitere „Familienmitglieder" der folgenden Wortfamilien!

a) *civis* („Bürger"): ____________________

b) *cupere* („wünschen"): ____________________

Darüber hinaus kommen in Texten oft Wörter vor, die zwar nicht dieselbe Wurzel haben, aber miteinander sinnverwandt sind. Dabei unterscheidet man:

- **Wortfeld** = inhaltlich zusammenhängende Wörter derselben Wortart (z. B. Wortfeld „Verkehr": Auto, Straßenbahn, Ampel, Stau, Straße etc.)
- **Sachfeld** = inhaltlich zusammenhängende Wörter verschiedener Wortarten (z. B. Sachfeld „Verkehr": Auto, parken, Ampel, stauen, Straße etc.)

? Finde aus dem Text von Lektion 26 alle Begriffe zum Sachfeld „Feuer" heraus! (Zitiere sie so, wie sie im Text vorkommen.) Welches der angeführten Wörter müsste man weglassen, damit es sich um ein Wortfeld handelt?

____

____

____

3 Metapher

Ohne dass du es merkst, verwendest du in deiner Muttersprache ständig Metaphern, also bildliche Ausdrücke. Wenn du z. B. sagst „die Uhr geht falsch", ist das insofern eine Metapher, als sich die Uhr ja nicht auf Beinen vorwärtsbewegt (das wäre die **eigentliche Bedeutung** von „gehen"), sondern auf andere Weise angetrieben wird. Das Verb „gehen" ist hier also im **übertragenen** Sinn, als Metapher, verwendet.

Hier ein paar Beispiele für Wörter, die beide Bedeutungen haben können:

	eigentliche Bedeutung	übertragene/metaphorische Bedeutung
tollere	etwas aufheben (vom Boden)	ein Gesetz aufheben = beseitigen
gravis	schwer (an Gewicht)	schwer (an Bedeutung) = schwerwiegend
adducere	jemanden hinführen (an einen Ort)	jemanden zu einer Handlung hinführen = veranlassen

? Unterstreiche in den folgenden Satzpaaren jeweils den Satz mit dem metaphorisch gebrauchten Begriff!

a) Du wirkst heute völlig zerstört. – Die Römer zerstörten die eroberte Stadt zur Gänze.

b) Hannibal konnte Rom nicht erobern. – Quintus würde Julia gerne erobern.

c) Dieses Wissen bringt mir nichts. – Mami bringt mir einen Kakao.

4 Ein Wort – viele Bedeutungen!

Wieder einmal ein Wort, das viele verschiedene Bedeutungen haben kann: Im Nomen ***auctor**, -oris* („Urheber") verbirgt sich das Verbum *augére, auxi, auctum* („vermehren", „vergrößern"). Damit wird also eine Person bezeichnet, die hinter etwas steckt bzw. für etwas verantwortlich ist.

? Schaffst du es, für die Wortgruppen in der Grafik die richtigen Bedeutungen zu finden?

auctor = „Urheber"

auctor sceleris = ____________________

auctor famae = ____________________

auctor huius libri = ____________________

auctor urbis Romae = ____________________

5 Satzwertige Konstruktionen (sK)

Im Lateinischen gibt es einige Konstruktionen, die der Satzverkürzung dienen und im Deutschen meist mit einem Gliedsatz wiedergegeben werden:

- **Partizipkonstruktionen**: Participium coniunctum (PC) und Ablativus absolutus (Abl. abs.) → im Dt. Temporalsatz
- **Infinitivkonstruktionen**: ACI + NCI (*videtur / dicitur*) → im Dt. „dass"-Satz
- **-nd- Formen** (Gerundium + Gerundiv, s. S. 162): alle außer „müssen"-Gerundiv und Gerundium als Genetivattribut (z. B. *ars dicendi* = „die Kunst zu reden")

? Warum werden diese Konstruktionen als „satzwertige Konstruktionen" bezeichnet?

____

____

____

31 DE BELLIS CONTRA PERSAS[1] GESTIS

Im Jahr 490 v. Chr. hatten die Athener in der legendären Schlacht von Marathon die zahlenmäßig weit überlegenen Perser und ihren König Dareios I. besiegt (→ Text S. 147). Zehn Jahre später unternahm der Perserkönig Xerxes I. mit einem Landheer und einer Flotte einen Rachefeldzug gegen die Griechen. Nachdem er die Meerenge der Dardanellen (zwischen Asien und Griechenland) mit einer Schiffsbrücke überquert hatte, drang er bis nach Attika vor. In dieser gefährlichen Situation bewährte sich der Athener Themistokles durch seine strategischen Fähigkeiten.

Exercitu Persarum[1] appropinquante **Athenienses** miserunt **legatos** Delphos[2], **ut** Apollinem deum consulerent. Pythia[3] iis respondit, ut moenibus ligneis[4] se defenderent. Quam **sententiam** maxima pars civium non intellexit, Themistocles[5] autem **demonstravit**: „Moenia lignea[4] sunt naves! Consilium **igitur** Apollinis est, ut multas naves paremus et nos nostrasque res in eas feramus." Athenienses prudentiae huius viri **confisi sunt** atque omnes res suas navibus in quandam insulam nomine Salaminem[6] **transtulerunt**. Arx **sacerdotibus** mandata est, ut templa sacra **curarent**; reliqui incolae oppidum reliquerunt.

Sed Themistoclis[5] consilium nonnullis civitatibus Graecis non placuit. **Censebant** enim melius esse in terra pugnari. Itaque milites delecti cum **duce** Leonida[7], Lacedaemoniorum[8] rege, **profecti sunt**, ut Thermopylas[9] occuparent, **ne** hostes longius **procederent**. Ii autem hostium copiis **aggredientibus** resistere non potuerunt illoque loco omnes interierunt neque unus **revertit**. At Xerxes[10], ubi Thermopylas[9] expugnavit, **accessit** Athenis[11] eamque urbem interfectis sacerdotibus incendio delevit.

Tunc Themistocles[5] nuntium ad Xerxem[10] misit, qui ei rettulit Athenienses navibus suis fugere et facile superari posse. Quibus verbis confidens rex naves Graecorum cum sua classe ingenti statim secutus est. At Themistocles naves apud Salaminem[6] statuerat, ubi mare tam angustum[12] erat, ut multitudo navium Persarum[1] explicari[13] non posset. Victus **ergo** est Xerxes magis consilio Themistoclis[5] quam armis Graecorum.

1 **Persae**, -arum m.: „die Perser"; 2 **Delphi**, -orum m.: „Delphi"; 3 **Pythia**, -ae f.: „Pythia" (Priesterin von Delphi); 4 **ligneus/a/um**: „hölzern", „aus Holz"; 5 **Themistocles**, -is m.: „Themistokles"; 6 **Salamis**, -inis m.: „Salamis" (griech. Insel in der Nähe von Athen) ; 7 **Leonidas**, -ae m.: „Leonidas"; 8 **Lacedaemonii**, -orum m.: „die Spartaner"; 9 **Thermopylae**, -arum f.: „die Thermopylen" (Engpass in Mittelgriechenland); 10 **Xerxes**, -is m.: „Xerxes"; 11 **Athenae**, -arum f.: „Athen"; 12 **angustus/a/um**: „eng"; 13 **explicare** 1: Passiv: „sich entfalten"

Delphi: eindeutig zweideutig

Delphi war in der Antike nicht die einzige, aber die bei Weitem bekannteste Orakelstätte. Der Ort galt als Heiligtum des **Apoll**, der den dort lebenden Drachen Python getötet hatte. Wer privaten oder politischen Rat brauchte, begab sich zur Orakel-Priesterin **Pythia**, die über einer Erdspalte auf inspirierende Dämpfe wartete. Diese Dämpfe dürften in der Quelle der Orakelstätte freigesetzt worden sein: Das Wasser enthielt das Gas Äthylen, das die Priesterin in eine Art Rauschzustand versetzte. Ihre gestammelten Laute wurden von Priestern für die Ratsuchenden „übersetzt". Dabei waren die meisten Auskünfte zweideutig formuliert – jeder konnte also seine eigene Wahrheit darin finden.

Die Auskünfte waren übrigens nicht gratis. Die aus ganz Griechenland herbeigereisten Bittsteller brachten Weihegeschenke, die in so genannten **Schatzhäusern** im heiligen Bezirk von Delphi deponiert wurden.

Obwohl das antike Griechenland in viele voneinander unabhängige und teilweise auch untereinander verfeindete Stadtstaaten (**Poleis**, Sg. **Polis**) zerfiel, wurde das Orakel von Delphi doch von allen Griechen als gemeinsame Kultstätte betrachtet. Deshalb wurden hier auch alle vier Jahre die **„Pythischen Spiele"** (musische und sportliche Wettkämpfe) veranstaltet, die ähnlich wie die Olympischen Spiele einen einigenden Einfluss auf ganz Griechenland ausübten. Auch die Römer waren „Kunden" und ließen unter anderem das Theater von Delphi renovieren.

stock.adobe.com/anastasios71

Das Theater in Delphi

Vocabularium

☐ Athenienses (Pl.)	Atheniensium m.	die Athener	
☐ legatus	legati m.	der Gesandte	
☐ ut (+ Konjunktiv)		1) dass; 2) damit; 3) sodass	*(siehe Grammatica); ↔ ut + Indikativ =*
☐ sententia	sententiae f.	1) der Satz; 2) die Meinung	*engl. sentence; die Sentenz (= Sinnspruch)*
☐ demonstrare	demonstro 1, -avi, -atum	zeigen, darlegen	*vgl. demonstrieren, Demonstration; Demonstrativpronomen (z. B. hic/haec/hoc)*
☐ igitur	(nachgestellt)	daher, deshalb	*= itaque*
☐ confidere (SD)	confido 3, confisus sum	vertrauen	*(Semideponens: siehe Grammatica)*
☐ transferre*	transfero, -tuli, -latum		*engl. transfer; to translate, translation*
☐ sacerdos	sacerdotis m.	der Priester	*vgl. sacer/cra/crum =*
☐ curare	curo 1, -avi, -atum	1) sorgen für; 2) sich kümmern um	*vgl. kurieren, Kur; cura,-ae =*
☐ censére	censeo 2, censui, censum	1) meinen, glauben; 2) schätzen	*vgl. Zensur (= Beurteilung); Re-zension (= Bewertung von Büchern)*
☐ dux	ducis m.	der Führer, der Feldherr	*der Duce (= Mussolini, ital. Faschistenführer); vgl. ducere =*
☐ proficisci (D)	proficiscor 3, profectus sum	aufbrechen	
☐ ne (+ Konjunktiv)	(Verneinung von *ut*)	1) dass nicht; 2) damit nicht	*(siehe Grammatica); ↔ -ne =*
☐ procedere*	procedo 3, -cessi, -cessum		*vgl. das Prozedere (= Vorgangsweise), Prozess*
☐ aggredi (D)	aggredior M, aggressus sum	angreifen	*vgl. aggressiv (= angriffslustig)*
☐ reverti (SD)	revertor 3, reverti, reversum	zurückkehren	*(Semideponens: siehe Grammatica) vgl. reversibel (= umkehrbar)*
☐ accedere*	accedo 3, accessi, accessum		*vgl. engl. access („Zugang")*
☐ ergo		daher, folglich	*vgl. Cogito, ergo sum. =*

* Die Bedeutung dieser zusammengesetzten Verba kannst du mithilfe der Präfix-Liste auf Seite 197 leicht selbst erschließen!

Aufwärmübungen

❶ Gib die Grundformen und Grundbedeutung(en) folgender Vokabel aus dem Text an!

consulerent (Z. 3): ______________________ *quandam* (Z. 10): ______________________

civium (Z. 5) : ______________________ *civitatibus* (Z. 14): ______________________

❷ Erstelle ein Wortfeld zum Thema „Krieg führen" (mind. vier Begriffe)!

____

❸ Bestimme Fall/Zahl/Geschlecht bzw. Person/Zeit/Aktiv–Passiv und übersetze wörtlich!

navibus (Z. 10) = ______________________ *melius* (Z. 15) = ______________________

mandata est (Z. 11) = ______________________ *interierunt* (Z. 20) = ______________________

❹ Zitiere aus dem Text zwei Belege für den Ablativus absolutus!

____

❺ Bringe folgende Inhalte des Lektionstextes entsprechend ihrem Vorkommen im lateinischen Text in die richtige Reihenfolge!

Elitetruppe hält Feinden nicht stand – Hilfe durch Orakelspruch – Schutz auf Schiffen – unterschiedliche Voraussetzungen für den Kampf – Verwüstung Athens – zum Angriff verleitet

Konjunktiv Präsens und Imperfekt

a) Konjunktiv Präsens:

- Erkennungszeichen: *-a-* (Ausnahme a-Konjugation: *-e-*; *esse, posse, velle* → *-i-*).
- Endungen: die üblichen des Präsensstammes: ***-m/-s/-t, -mus/-tis/-nt*** (Passiv: ***-r/-ris/-tur; -mur/-mini/-ntur***)

		a-Konj.	e-Konj.	kons. Konj.	i-Konj.	Mischkonj.	*esse*	*posse*	*velle*
Sg.	1.P.	*amem*	*moneam*	*mittam*	*audiam*	*capiam*	*sim*	*possim*	*velim*
	2.P.	*ames*	*moneas*	*mittas*	*audias*	*capias*	*sis*	*possis*	*velis*
	↓	↓	↓	↓	↓	↓	↓	↓	↓
Pl.	3.P.	*ament*	*moneant*	*mittant*	*audiant*	*capiant*	*sint*	*possint*	*velint*

NOTA BENE!
Der Konjunktiv Präsens der a-Konjugation schaut auf ersten Blick wie ein Indikativ der e-Konjugation aus: *ames* (Konjunktiv von *amare*) ↔ *debes* (Indikativ von *debére*)!

b) Konjunktiv Imperfekt:

- Erkennungszeichen: die Form enthält (auch im Passiv!) den aktiven Infinitiv Präsens.
- Endungen: die üblichen des Präsensstammes: ***-m/-s/-t, -mus/-tis/-nt*** (Passiv: ***-r/-ris/-tur; -mur/-mini/-ntur***)

		a-Konj.	e-Konj.	kons. Konj.	i-Konj.	Mischkonj.	*esse*	*posse*	*velle*
Sg.	1.P.	*amarem*	*monerem*	*mitterem*	*audirem*	*caperem*	*essem*	*possem*	*vellem*
	2.P.	*amares*	*moneres*	*mitteres*	*audires*	*caperes*	*esses*	*posses*	*velles*
	↓	↓	↓	↓	↓	↓	↓	↓	↓
Pl.	3.P.	*amarent*	*monerent*	*mitterent*	*audirent*	*caperent*	*essent*	*possent*	*vellent*

Konjunktivische *ut*-Sätze

Der Konjunktiv hat in lateinischen Gliedsätzen eine andere Funktion als im Deutschen: Er zeigt an, welche Bedeutung das einleitende Bindewort hat. Während *ut* mit Indikativ „wie" oder „als" bedeutet (z. B. *Ut scis, te amo.* = „Wie du weißt, liebe ich dich."), kann es mit Konjunktiv drei verschiedene Bedeutungen haben:

a „dass" (begehrendes *ut*) – Verneinung: ***ne*** („dass nicht")
Peto a te, ut ad me venias. = „Ich bitte dich, dass du zu mir kommst (besser: ... zu mir zu kommen)."
Petivi a te, ut ad me venires. = „Ich bat dich, dass du zu mir komm(e)st (besser: ... zu mir zu kommen)."

b „damit" (bezweckendes/finales *ut*) – Verneinung: ***ne*** („damit nicht")
Domi maneo, ut dormiam. = „Ich bleibe zu Hause, damit ich schlafe (besser: ... um zu schlafen)."
Domi mansi, ut dormirem. = „Ich blieb zu Hause, damit ich schlief/schlafe (besser: ... um zu schlafen)."

TIPP: Begehrende und bezweckende *ut*-Sätzen solltest du im Deutschen nach Möglichkeit immer als **Infinitivgruppe** („zu ..." bzw. „um ... zu") wiedergeben. (Beispiele siehe oben!)

c „(so)dass" (folgerndes/konsekutives *ut*) – Verneinung: ***ut non*** („sodass nicht")
Dormis, ut me non audias. = „Du schläfst, sodass du mich nicht hörst."
Dormiebas, ut me non audires. = „Du schliefst, sodass du mich nicht hörtest."

? Wovon hängt es ab, ob im *ut*-Satz der Konjunktiv Präsens oder Imperfekt steht?

Semideponentia

Semideponentia („Halbdeponentia") sind „Zwitter", d.h. sie haben aktive Präsensstamm-, aber passive Perfektstammformen (oder umgekehrt): Die wichtigsten, die du dir merken solltest, sind:

- ***audére 2, ausus sum*** = „wagen"
- ***gaudére 2, gavisus sum*** = „sich freuen"
- ***solére 2, solitus sum*** = „gewohnt sein"
- ***(con)fídere 3, (con)fisus sum*** = „vertrauen"
- ***reverti 3, reverti, reversum*** = „zurückkehren"

Exercitationes

I. Verbformencheck: Bilde zu der angegebenen Verbform die fehlenden Zeiten in derselben Person und Zahl!

	Präsens	Futur	Imperfekt	Perfekt	Plusquamperfekt
Aktiv	tegunt				
Passiv					

II. Bilde zu den folgenden Verbformen den Konj. Präsens und Imperfekt!

1. habet: ______________________
2. cognoscimus: ______________________
3. curant: ______________________
4. ducitur: ______________________
5. augent: ______________________
6. loquimur: ______________________
7. estis: ______________________
8. potest: ______________________

III. Stelle fest, ob das Verb im *ut*-Satz im Konjunktiv oder Indikativ steht, und übersetze!

1. Ut scimus, Quintus discipulus malus est.
2. Pensa Quinti tam mala sunt, ut magister Latinus puerum semper moneat.
3. Magister iam saepe ab eo petivit, ut sua pensa ipse faceret.
4. Ut Quintus autem bene scit, pensa ab eo ipso scripta peiora sunt quam illa, quae auxilic Iuliae fecit.
5. Nam iam saepe pensa non ipse fecit, ut cum Iulia per forum ambularet.
6. Theseus, ut amorem Ariadnae intellexit, ab ea auxilium petivit.
7. Illa femina Theseum adiuvit, ut e labyrintho exire posset.
8. Deinde Theseus cum Ariadna navem ascendit, ut Cretam celerrime relinqueret.

IV. Übersetze die folgenden *ut*-Sätze. Gib begehrende und finale *ut*-Sätze nach Möglichkeit durch eine Infinitivgruppe wieder!

1. Liberi a patre petiverunt, ut cenam pararet.
2. Uxor a marito petit, ne cenam paret.
3. Quintus pensa facit, ne iterum a magistro moneatur.
4. Pater liberis imperavit, ut domi manerent.
5. Magister Quinto imperat, ut pensa semper faciat.
6. Paris Venerem delegit, ut feminam pulcherrimam acciperet.
7. Helena tam pulchra erat, ut ab omnibus viris cuperetur.
8. Daedalus filium monebat, ne soli appropinquaret.

V. De primo bello contra Persas[1] gesto

Im Jahr 490 v. Chr. gelang den Athenern unter ihrem Führer Miltiades in der berühmten Schlacht von Marathon ein unerwarteter Sieg gegen die zahlenmäßig überlegenen Perser:

Persae[1] profecti sunt, ut Athenas[2] totamque Graeciam sub suam potestatem redigerent[3]. Eorum dux magnam classem paravit et cum ingenti exercitu ad Atticam[4] accessit, ubi copias in campum Marathona[5] duxit.

Quae res ubi Athenis[2] nuntiata est, Miltiades[6] Atheniensibus persuasit, ut ipsi copias in campum Marathona[5] ducerent ibique hostem aggrederentur. Qui paruerunt et paulo post sub montis radicibus[7] aciem instruxerunt[8] in regione, ubi multis locis arbores rarae[9] erant. Athenienses proelium commiserunt hoc consilio, ut et ipsi montium altitudine[10] tegerentur et equites hostium illis arboribus in pugnando impedirentur[11]. Persarum[1] dux victoriae celeris cupidus periculum neglexit proeliumque commisit. In eo proelio Athenienses tam fortiter pugnabant, ut Persas[1] superarent et ita terrerent, ut post cladem non castra, sed naves suas peterent.

Hoc proelio feliciter gesto quidam miles Graecus statim – omnibus armis indutus[12] – celerrime Athenas[2] contendisse dicitur, ubi moriens[13] hoc solum nuntiavit: „Vicimus!"

1 **Persae**, -arum m.: „die Perser"; 2 **Athenae**, -arum f.: „Athen"; 3 **sub potestatem redigere**: „unter die Herrschaft bringen"; 4 **Attica**, -ae f.: „Attika" (Landschaft um Athen); 5 **campus Marathon** (Akk.: -ona): „die Ebene von Marathon" (Küstenort, ca. 42 km von Athen entfernt); 6 **Miltiades**, -is m.: „Miltiades" (Feldherr der Athener); 7 **sub radicibus montis**: „am Fuß eines Berges"; 8 **aciem instruere**: „eine Schlachtreihe aufstellen"; 9 **rarus/a/um**: hier: „einzeln stehend"; 10 **altitudo**, -inis f.: „Höhe"; 11 **impedire** 4: „behindern"; 12 **indutus/a/um**: „bekleidet", „ausgerüstet"; 13 **moriens**, -entis : „sterbend"

32 DE SOCRATE[1]

Der Athener Sokrates (469–399 v. Chr.) gilt als eine der wichtigsten Geistesgrößen, die Europa hervorgebracht hat. Seine Art des Denkens und Hinterfragens prägte verschiedene Disziplinen der Wissenschaften bis heute. Zu Lebzeiten machte sich Sokrates allerdings nicht bei all seinen Mitbürgern beliebt.

Cum amicus quidam Socratis[1] olim oraculum petivisset, ut nomen viri **sapientissimi nosceret**, ei responsum est neminem Socrate[1] sapientiorem esse. Socrates[1], cum id audivisset, statim profectus est, ut **aliquem** sapientiorem quaereret. Nonnullos homines, qui sapientes **habebantur**, adiit, ut eorum **sapientiam sermone exploraret**: Cum iis **disputavit** eosque suo more rogandi interrogavit. Qua **ratione** demonstravit illos, cum **aliquas** res **utiles** scirent, tamen multa **nescire**. Intellexit igitur: „Hac in re vere prudentior sum quam isti: Scio me nihil scire! At illi, cum multa nesciant, tamen putant se omnia scire."

Cum Socrates **philosophus** totum diem disputando in foro ageret neque **pecuniam** quaereret[2], eius uxor nomine Xanthippe[3] saepe irata erat et maritum obiurgabat[4]. Quodam die, cum Socrates domum venisset, Xanthippe, quae eum iam diu exspectaverat, Socratem iterum multis verbis obiurgavit[4]. Ille autem eius verba **vultu** immoto[5] audiens nihil respondit. Qua re iratior Xanthippe aquam in caput mariti fudit[6]. Qui iterum vultum non **mutavit,** sed dixit: „Sciebam post **tantum** tonitrum[7] secuturam esse pluviam[8]."

Haec similiaque verba **vel facta** Xanthippes[3] mox plurimi Athenienses noverant; fama igitur exstitit eam esse mulierem litigosissimam[9]. Qua de causa Socrates interrogatus est: „Cur Xanthippem[3], cum ista te tam saepe obiurget[4], non domo expellis?" Is respondisse dicitur: „Cum illam domi patior, exerceor, ut foris[10] petulantiam[11] et iniuriam ceterorum quoque hominum facilius feram."

1 **Socrates**, -is m.: „Sokrates"; 2 **quaerere** 3: hier: „verdienen"; 3 **Xanthippe**, -es f.: „Xanthippe"; 4 **obiurgare** 1: „beschimpfen"; 5 **immotus/a/um**: „unbewegt"; 6 **fundere** 3, fudi, fusum: „gießen"; 7 **tonitrus**, -us m.: „Donnerwetter"; 8 **pluvia**, -ae f.: „Regen"; 9 **litigosus/a/um**: „streitsüchtig"; 10 **foris**: „außer Haus"; 11 **petulantia**, -ae f.: „Frechheit"

Pecunia non olet

Die Wendung „Geld stinkt nicht" geht auf folgende Anekdote zurück: Kaiser Vespasian (69–79 n. Chr.) hatte für die öffentlichen Bedürfnisanstalten eine neue Steuer eingeführt. Als ihm sein Sohn Titus deswegen Vorwürfe machte, soll ihm Vespasian eine Münze unter die Nase gehalten und gefragt haben, ob sie stinke. Als Titus verneinte, sagte der Kaiser, dass sie dennoch vom Urin stamme. – Heute bedeutet der Spruch soviel wie: Es ist völlig egal, woher das Geld kommt; Hauptsache, man bekommt es.

Sokrates

Der wohl berühmteste Philosoph der Antike muss seinen athenischen Mitbürgern mit seinen bohrenden Fragen, durch die er ihre Unwissenheit ans Tageslicht brachte, gehörig auf die Nerven gegangen sein. Dementsprechend wurde er wegen **Gottlosigkeit** (er pflegte „beim Hund" zu schwören) und wegen seiner **„jugendgefährdenden"** Gespräche zum **Tod durch den Schierlingsbecher** (Trank aus einer Giftpflanze) verurteilt.

Ob die vielen Anekdoten über **Xanthippe**, die wesentlich jünger als Sokrates war und ihm drei Kinder gebar, wahr sind, ist fraglich. Jedenfalls galt Xanthippe lange Zeit als Inbegriff einer **streitsüchtigen Frau** – möglicherweise dienten die (von Männern überlieferten) Anekdoten aber auch dazu, das scheinbar mangelnde Verständnis von Frauen in Bezug auf die Philosophie aufzuzeigen.

Alamy Stock Photo/ART Collection

„Xanthippe und Sokrates" (Reyer Jacobsz van Blommendael, 1655)

Vocabularium

☐ cum (+ Konj.)		1) als; 2) weil; 3) obwohl	*vgl. Grammatica; ↔ cum + Indik.:*
☐ sapiens (m./f./n.)	sapientis (2. F.)	weise, klug	*vgl. Homo sapiens; = prudens*
☐ noscere	nosco 3, novi, notum	1) erfahren, erkennen; 2) Perf.: kennen, wissen	*novi (Perfekt) = „ich kenne", „ich weiß" (Präsens!)*
☐ aliquis, aliquid	(substantivisch)	(irgend)jemand, -etwas	*Deklination wie quis, quid*
☐ habéri (Passiv!)	habeor 2, habitus sum	für … gehalten werden	
☐ sapientia	sapientiae f.	Weisheit, Klugheit	*= prudentia*
☐ sermo	sermonis m.	Gespräch	*vgl. „einen Sermon halten" (= langatmig reden)*
☐ explorare	exploro 1, -avi, -atum	ausforschen, erforschen	*engl. to explore; vgl. Explorer (Internet, Windows)*
☐ disputare	disputo 1, -avi, -atum	diskutieren, erörtern	*vgl. Disput (= Streitgespräch)*
☐ ratio	rationis f.	1) die Vernunft; 2) die Art, die Weise	*vgl. rational (= von der Vernunft bestimmt)*
☐ aliqui, -qua, -quod	(adjektivisch)	(irgend)ein	*Deklination wie qui, quae, quod*
☐ utilis/e		nützlich	*vgl. Utensilien (= nützliche Dinge)*
☐ nescire	nescio 4, -ivi, -itum	nicht wissen	*↔ scire 4 =*
☐ philósophus	philósophi m.	der Philosoph	*vgl. Philosoph (wörtl.: „Weisheitsliebender")*
☐ pecunia	pecuniae f.	das Geld	*vgl. Pecunia non olet (S.148)*
☐ vultus	vultus m.	das Gesicht, die Miene	*↔ vulnus, -eris n. =*
☐ mutare	muto 1, -avi, -atum	1) verändern; 2) verwandeln	*vgl. Mutation (Veränderung des Erbgutes)*
☐ tantus/a/um		so groß	
☐ vel		oder	*= aut*
☐ vel – vel		entweder – oder	*= aut – aut*
☐ factum	facti n.	die Tat	*vgl. Fakten (Tatsachen)*

Aufwärmübungen

❶ Gib die Grundformen und Grundbedeutung(en) folgender Vokabel aus dem Text an!

profectus est (Z. 4): ______________________ *disputando* (Z. 13): ______________________

more (Z. 8): ______________________ *secuturam esse* (Z. 22): ______________________

❷ Bestimme Fall/Zahl/Geschlecht bzw. Person/Zeit/Aktiv–Passiv und übersetze wörtlich!

quaereret (Z. 5) = ______________________ *audiens* (Z. 19) = ______________________

multa (Z. 11) = ______________________ *expellis* (Z. 27) = ______________________

❸ Gliedere den folgenden Satz (Z. 1–3) in Hauptsatz (HS), Gliedsätze (GS) und satzwertige Konstruktion (sK) und zitiere die jeweilige lateinische Passage!

Cum amicus quidam Socratis olim oraculum petivisset, ut nomen viri sapientissimi nosceret, ei responsum est neminem Socrate sapientiorem esse.

❹ Bringe folgende Inhalte des Lektionstextes entsprechend ihrem Vorkommen im lat. Text in die richtige Reihenfolge!

Übungseinheit für Sokrates – Diskussion und Gespräch – Erkennen des Unwissens – Sokrates wird beschimpft – Sokrates ist angeblich der Weiseste – Suche nach (noch) weiseren Menschen – ein kalter Guss

Konjunktiv Perfekt und Plusquamperfekt

Im Gegensatz zum Konjunktiv Präsens und Imperfekt werden diese beiden Konjunktive vom **Perfektstamm** gebildet. Dementsprechend ist das Passiv, wie jede Form des passiven Perfektstammes, **zweiteilig**.

a) Konjunktiv Perfekt:

- **Aktiv**: aktiver Perfektstamm + *-erim, -eris, -erit* (Sg.) bzw. *-erimus, -eritis, -erint* (Pl.)
- **Passiv**: PPP + *sim, sis, sit* (Sg.) bzw. *simus, sitis, sint* (Pl.)

		a-Konjugation*		e-Konjugation*	
		Aktiv	Passiv	Aktiv	Passiv
Sg.	1.P.	*amaverim*	*amatus/a sim*	*monuerim*	*monitus/a sim*
	2.P.	*amaveris*	*amatus/a sis*	*monueris*	*monitus/a sis*
↓		↓	↓	↓	↓
Pl.	3.P.	*amaverint*	*amati/ae sint*	*monuerint*	*moniti/ae sint*

* Zu den Formen der übrigen Konjugationen vgl. S. 184 f.

b) Konjunktiv Plusquamperfekt:

- **Aktiv**: Perfektstamm + *-issem, -isses, -isset* (Sg.) bzw. *-issemus, -issetis, -issent* (Pl.)
- **Passiv**: PPP + *essem, esses, esset* (Sg.) bzw. *essemus, essetis, essent* (Pl.)

		a-Konjugation*		e-Konjugation*	
		Aktiv	Passiv	Aktiv	Passiv
Sg.	1.P.	*amavissem*	*amatus/a essem*	*monuissem*	*monitus/a essem*
	2.P.	*amavisses*	*amatus/a esses*	*monuisses*	*monitus/a esses*
↓		↓	↓	↓	↓
Pl.	3.P.	*amavissent*	*amati/ae essent*	*monuissent*	*moniti/ae essent*

* Zu den Formen der übrigen Konjugationen vgl. S. 184 f.

Konjunktivische *cum*-Sätze

Wie bei *ut* zeigt auch beim Bindewort *cum* der Konjunktiv lediglich an, dass *cum* eine andere als die gewohnte Bedeutung hat (↔ *cum* + Indikativ: „wenn", „sooft", „als").
Darüber hinaus kannst du aus der Art des Konjunktivs ablesen, welches **Zeitverhältnis** der Gliedsatz zum Hauptsatz hat (Konj. Präsens/Imperfekt → gleichzeitig, Konj. Perfekt/Plqpf. → vorzeitig):

a) „**als**", „**nachdem**", „**während**" (zeitlich/temporal)
Cum dormirem, de te somniabam. = „Als/während ich schlief, träumte ich von dir."
Cum dormivissem, pensa feci. = „Nachdem ich geschlafen hatte, machte ich die Aufgaben."

b) „**weil**" (begründend/kausal)
Cum mihi placeas, tibi rosam dono. = „Weil du mir gefällst, schenke ich dir eine Rose."
Cum mihi placeres, tibi rosam donavi. = „Weil du mir gefielst, schenkte ich dir eine Rose."

c) „**obwohl**" (einschränkend/konzessiv; oft im Hauptsatz: *tamen* = „dennoch")
Cum te amarem, te (tamen) reliqui. = „Obwohl ich dich liebte, habe ich dich (dennoch) verlassen."
Cum te olim amaverim, nunc aliam puellam amo. = „Obwohl ich dich einst geliebt habe, liebe ich jetzt ein anderes Mädchen."

NOTA BENE!
In *cum*-Sätzen **darfst** du den Konjunktiv **nicht** übersetzen, sondern musst ihn **als Indikativ** wiedergeben.

? Überprüfe die oben angeführten Beispiele: Um welche Konjunktive handelt es sich jeweils und mit welcher Zeit werden sie wiedergegeben? Welche einfache Regel für die Wiedergabe der lateinischen Konjunktive im Deutschen kann man daraus ableiten?

Exercitationes

I. Bilde zu den folgenden Verbformen den Konjunktiv Perfekt und Plusquamperfekt!

1. spectat: ______________________
2. intellego: ______________________
3. aedificatur: ______________________
4. dicimus: ______________________
5. dormitis: ______________________
6. sequuntur: ______________________
7. est: ______________________
8. possunt: ______________________

II. Um welche Konjunktive handelt es sich? Ordne sie in vier Spalten!

navigavisset – tangerent – abstineant – certavissem – potuerim – vivamus – datum esset – iuberet – sit – fuisses – duxerint – cognoscerem – essent – daretur – demus – tetigerim – trahamus – potuisses – putaveris – iudicarent

III. Verbformencheck: Bilde zu der angegebenen Verbform die fehlenden Zeiten in derselben Person und Zahl!

	Präsens	Imperfekt	Perfekt	Plusquamperfekt
Indikativ	timent			
Konjunktiv				

IV. Welche Übersetzung für *cum* ist die beste: „als“, „weil“ oder „obwohl“?

1. Milites Romani, cum summo in periculo essent, se receperunt.
2. Cum Cassandra magnā voce moneret, Troiani equum in oppidum traxerunt.
3. Tantalus, cum scelus atrocissimum commisisset, a dis punitus est.
4. Cum Europa eiusque amicae luderent, taurus pulcherrimus appropinquavit.
5. Cum ante moenia summā vi pugnaretur, Achilles iratus in castris sedebat.
6. Cum Orpheus voce pulchrā caneret, etiam animalia ac arbores ad eum accedebant, ut eius carmina audirent.
7. Caesar, cum e Gallia in patriam redisset, maxime celebratus est.

V. Bestimme, ob das Prädikat im *ut*-Satz im Indikativ oder Konjunktiv steht, und übersetze entsprechend!

1. Ut Europa a tauro in mare lata est, magno timore affecta est.
2. Caesar, ut in eius libris legimus, paucis annis totam Galliam occupavit.
3. Certe Caesar hoc bellum eo quoque consilio gessit, ut sibi gloriam maximam pararet.
4. Ulixes Graecos equum aedificare iussit, ut Troiam urbem tandem expugnarent.
5. Ut equus ante moenia urbis stetit, Troiani maxime gaudebant.
6. Troiani, ut equum in urbem traherent, partem moenium deleverunt.
7. Nocte, ut Homerus poeta tradidit, Graeci inclusi equum reliquerunt.

VI. De Diogene[1]

Diogenes[1] philosophus semper operam[2] dabat, ne rem inutilem[3] possideret. Vitam tantā modestiā[4] egisse dicitur, ut non solum pecuniā divitiisque, sed etiam domo careret et in magno dolio[5] habitaret. Nam censebat solum pauperem hominem esse liberum[6] felicemque. Notissima est haec fabula[7]: Alexander[8], magnus ille imperator, olim Diogenem[1], qui ante dolium[5] consederat, ut sole frueretur[9], adiit. Cum breviter cum illo philosopho locutus esset, eum hortatus est: „Dic mihi: Suntne ullae res, quas tibi praebere possum?“ Ille autem respondisse dicitur: „Maxime opto[10], ne stes inter me et solem. Cede paululum[11] a sole!“ Sic Alexander, qui omnes nationes vicerat, ab illo paupere victus est.

1 Diogenes, -is m.: „Diogenes“ (griechischer Philosoph); **2 opera**, -ae f.: „Mühe“; **3 inutilis/e**: „überflüssig“, „nutzlos“; **4 modestia**, -ae f.: „Bescheidenheit“; **5 dolium**, -i n.: „Fass“; **6 liber/era/erum**: „frei“; **7 fabula**, -ae f.: „Geschichte“, „Erzählung“; **8 Alexander**, -dri m.: „Alexander der Große“; **9 frui** 3 (+ Abl.): „(etwas) genießen“; **10 optare** 1: „wünschen“; **11 paululum**: „ein wenig“

33 CUR CROESUS BEATISSIMUS NON FUERIT*

Krösus, im 6. Jh. v. Chr. König von Lydien (in Kleinasien), ist wegen seiner unermesslichen Schätze sprichwörtlich geworden. Dennoch musste er erkennen, dass Reichtum allein keine Garantie für ein glückliches Leben ist.

Croesus **quondam** Solonem[1], **senem** sapientissimum **iustissimum**que, invitavit ac per domum **regiam** duxit. Deinde, cum ei omnes divitias ingentes **ostendisset**, e Solone[1] quaesivit, quem hominem beatissimum putaret. Croesus enim credebat: „Certe Solon **ob opes** meas me hominem beatissimum dicet!“ Ille autem respondit Croesum sine **dubio** divitem esse et populum magnum **regere**. „**Num** autem beatissimus sis,“ inquit „dicere non potero, priusquam **mortuus eris**. Nam nemo ante mortem beatus appellari potest.“

* * *

Nonnullis annis post Croesus summā **diligentiā** bellum contra Cyrum[2], Persarum[3] regem, paravit. **Timens, ne** hostes se vincerent, oraculo **uti** constituit. Cum autem nesciret, cui oraculo maxime confidi posset, varias **legationes** ad **singula** oracula misit. Omnibus imperavit, ut **certo** tempore ex oraculo quaererent, quid ipse eo tempore ageret. Cetera oracula id **ignorabant**, Delphis[4] autem legatis hoc dictum est: „Rex vester eo ipso momento[5] carnem[6] agni[7] testudinisque[8] coquit[9].“

Croesus, qui id re vera[10] egerat, post illud responsum[11] iterum legatos Delphos[4] misit, ut quaererent, num Persas[3] victurus esset. Responsum est eum illo bello imperium magnum deleturum esse. Rex, cum illud imperium sine dubio imperium Cyri[2] fore putaret, copias in fines Persarum[3] duxit ac hostes aggressus est. Sed paulo post exercitu superato multisque militibus amissis Croesus verborum oraculi **meminerat** intellexitque se non Cyri[2], sed suum regnum delevisse.

1 Solon, -onis m.: „Solon“ (athenischer Gesetzgeber); **2 Cyrus**, -i m.: „Kyros“ (Perserkönig); **3 Persae**, -arum m.: „die Perser“; **4 Delphi**, -orum m. (Pl.): „Delphi“; **5 momentum**, -i n.: „Augenblick“; **6 caro**, carnis f.: „Fleisch“; **7 agnus**, -i m.: „Lamm“; **8 testudo**, -inis f.: „Schildkröte“; **9 coquere** 3, coxi, coctum: „kochen“; **10 re vera**: „tatsächlich“; **11 responsum**, -i n.: „Antwort“

*) Lateinische Überschriften sind oft als indirekte Fragen formuliert: Ergänze dir dazu eine Einleitung „Jetzt wird erzählt …“ o. Ä.

In dubio pro reo

„Im Zweifel für den Angeklagten“ ist ein altrömischer Rechtsgrundsatz, der bis heute Gültigkeit besitzt: Wenn bei einem Prozess die Schuld des Angeklagten nicht eindeutig festgestellt werden kann, muss er freigesprochen werden.

Das Geld des Krösus

Der **Reichtum des Krösus** war schon in der Antike sprichwörtlich geworden. Doch war der lydische König wirklich so reich? Auf Grund des großen **Goldvorkommens** in Lydien besaß er sicherlich ein ansehnliches Vermögen, doch zum Ruf vom sagenhaften Reichtum trug auch eine Erfindung bei, die bis heute große Bedeutung hat: Der Vater des Krösus kam nämlich zum ersten Mal auf die Idee, **Münzen** prägen zu lassen. Bis dahin wurden Waren nur getauscht oder mit Gold und Silber bezahlt, das erst mühsam abgewogen werden musste. Auf die Münzen wurde als Symbol des Lyderreiches ein Löwenkopf geprägt. Da die Lyder eifrig Handel betrieben, verbreiteten sich diese Münzen ziemlich schnell.

Griechische 1-Euro-Münze

stock.adobe.com/bennymarty

Auch in den griechischen Städten stieß man nun ständig auf die Münzen des Lyderkönigs, weshalb man dachte, dieser müsse unglaublich reich sein.

Bald übernahmen auch die griechischen Stadtstaaten diese Erfindung und prägten ihre eigenen Münzen – natürlich nicht mit Löwenkopf, sondern mit eigenen Symbolen. In **Athen** wurde das Symbol der Stadtgöttin Athene auf die Münzen geprägt, die **Eule**, die man wegen ihrer großen Augen für besonders klug hielt: Daher kommt auch die Redewendung „Eulen nach Athen tragen“ für eine überflüssige Tätigkeit: Da Athen eine sehr reiche Stadt war, erschien es sinnlos, noch zusätzlich „Eulen“ (= Münzen) in die Stadt zu tragen (vgl. Redensarten wie „Holz in den Wald tragen“).

Vocabularium

beatus/a/um		glücklich	*vgl. Beate („die Glückliche")*
quondam		einst	*= olim; ↔ quendam (4.F. Sg. von quidam)*
senex	senis m.	der Greis, der alte Mann	*vgl. Senioren, Senat (= Ältestenrat)*
iustus/a/um		gerecht	*engl. just; vgl. iustitia =*
regius/a/um		königlich	*vgl. rex, regina, regnum*
osténdere	ostendo 3, ostendi, ostentum	zeigen	*vgl. ostentativ („deutlich zeigend" = nachdrücklich)*
ob (+ Akk.)		wegen	
opes (Pl.)	opum f.	die Schätze, der Reichtum	*vgl. opulent (= reichlich, aufwändig)*
dubium	dubii n.	der Zweifel	*engl. doubt; vgl. dubitare 1 =*
regere	rego 3, rexi, rectum	1) lenken, leiten; 2) regieren	*vgl. regnare 1 =*
num (im Gliedsatz)		ob	*↔ num (im Hauptsatz) =*
mori (D)	morior M, mortuus sum	sterben	*vgl. Mortalität (= Sterblichkeit)*
diligentia	diligentiae f.	die Sorgfalt	*vgl. diligens =*
timeo, ne (+ Konj.)		ich fürchte, dass ...	*nach Verba des Fürchtens: ne = „dass"!*
uti (D) (+ Abl.)	utor 3, usus sum	gebrauchen, benützen	*vgl. engl. to use: Utensilien*
legatio	legationis f.	die Gesandtschaft	*vgl. Delegation; legatus =*
singuli/ae/a (Pl.)		einzelne, je ein	*vgl. Singular*
certus/a/um		1) bestimmt; 2) sicher	*engl. certain; vgl. certe =*
ignorare	ignoro 1, -avi, -atum	nicht wissen, nicht kennen	*vgl. ignorieren (= nicht beachten)*
meminisse (+ Gen.)	memini	sich erinnern (an)	*memini (Perf.) = „ich erinnere mich" (Präs.)*

Aufwärmübungen

1 Gib die Grundformen und Grundbedeutung(en) folgender Vokabel aus dem Text an!

divitem (Z. 8): ______________________ *egerat* (Z. 22): ______________________

regem (Z. 13): ______________________ *deleturum esse* (Z. 25): ______________________

2 Bestimme Fall/Zahl/Geschlecht bzw. Person/Zeit/Aktiv–Passiv und übersetze wörtlich!

ei (Z. 3) = ______________________ *oracula* (Z. 16) = ______________________

dicet (Z. 7) = ______________________ *aggressus est* (Z. 27 f.) = ______________________

3 Gliedere den folgenden Satz (Z. 28–30) in Hauptsatz (HS), Gliedsatz (GS) und satzwertige Konstruktion (sK) und zitiere die jeweilige lateinische Passage! (Raster mit fünf Zeilen)

Sed paulo post exercitu superato multisque militibus amissis Croesus verborum oraculi meminerat intellexitque se non Cyri, sed suum regnum delevisse.

4 Übersetze die folgenden präpositionslosen Ablative!

nonnullis annis post (Z. 12): ______________________ *Delphis* (Z. 19): ______________________

eo tempore (Z. 18): ______________________ *illo bello* (Z. 24): ______________________

5 Hilfestellung (vor/während der Lektüre): Übersetze die lateinischen Paraphrasen der wesentlichen Inhalte (die Reihenfolge entspricht dem Vorkommen im Lektionstext)!

Croesus Soloni[1] divitias suas monstravit. – Rex a Solone[1] quaesivit, quem hominem beatissimum putaret. – Solon respondit: „Nemo ante mortem beatus appellari potest." – Croesus bellum contra Persas[3] paravit. – Croesus oraculum consulere constituit. – Nesciebat, cui oraculo maxime confidi posset. – Intellexit oraculum Delphorum[4] solum omnia scire. – Ex illo oraculo quaesivit, num victurus esset. – Responsum est Croesum eo bello imperium magnum deleturum esse. – Spe victoriae adductus Croesus Persas[3] aggressus est. – Exercitus Croesi victus est.

Indirekte Fragesätze und Consecutio temporum

Indirekte Fragen unterscheiden sich von direkten dadurch, dass sie von einem übergeordneten Verbum (z. B. des Fragens oder Wissens) abhängen:

- Direkte Frage: „Wie spät ist es?" (→ mit Fragezeichen, Hauptsatz)
- Indirekte Frage: „Ich frage dich / Ich weiß nicht, wie spät es ist." (→ ohne Fragezeichen, Gliedsatz)

Im Lateinischen muss in indirekten Fragesätzen (im Gegensatz zum Deutschen) der **Konjunktiv** stehen. Welcher, das wird durch die sogenannte Consecutio temporum (Zeitenfolge) geregelt:

Der übergeordnete Satz steht im …	Der untergeordnete Satz ist …		
	gleichzeitig (glz.)	vorzeitig (vz.)	nachzeitig (nz.)
Präsens, Futur:	Konj. Präsens	Konj. Perfekt	*-urus sim (sis …)**
Imperfekt, Perfekt:	Konj. Imperfekt	Konj. Plqpf.	*-urus essem (esses …)**

* Die Formen ***-urus sim (sis, sit …)*** und ***-urus essem*** (***esses***, ***esset*** …) bestehen aus dem Futurpartizip und dem Konj. Präsens bzw. Imperfekt von *esse*. Sie bilden eine Art Futur-Konjunktiv und werden ausschließlich in **nachzeitigen Gliedsätzen** (in der Praxis sind das fast immer indirekte Fragesätze) verwendet.

NOTA BENE!
Die *Consecutio temporum* gilt für folgende Gliedsätze:

- ***ut/ne*-Sätze** (→ immer gleichzeitig)
- ***cum*-Sätze** (→ gleich- oder vorzeitig)
- **indirekte Fragesätze** (→ gleich-, vor- oder nachzeitig)

Beispiele für die *Consecutio temporum* anhand indirekter Fragesätze:

Nescio,	*num dormias.*	„Ich weiß nicht,	ob du schläfst." (→ glz.)
	num dormiveris.		ob du geschlafen hast." (→ vz.)
	num dormiturus sis.		ob du schlafen wirst." (→ nz.)
Nesciebam,	*num dormires.*	„Ich wusste nicht,	ob du schliefst/schläfst*." (→ glz.)
	num dormivisses.		ob du geschlafen hattest/hast*." (→ vz.)
	num dormiturus esses.		ob du schlafen wirst." (→ nz.)

* Die Zeitenfolge ist im Deutschen nicht ganz so streng geregelt wie im Lateinischen.

TIPP: Gib den Konjunktiv beim Übersetzen zunächst in der entsprechenden Zeit des Indikativs wieder (Konj. Präsens → Indikativ Präsens, Konj. Perfekt → Indikativ Perfekt etc.)!

Indirektes Reflexiv

In den indirekten Fragesätzen und den meisten *ut*- bzw. *ne*-Sätzen kann sich das Reflexivpronomen (*sui, sibi, se* etc.) bzw. das Possessivpronomen (*suus/a/um*) auch auf das Subjekt des übergeordneten Satzes beziehen:

*Croesus timet, ne hostes **se** vincant.* = „Krösus fürchtet, dass die Feinde **ihn** (nicht: sich) besiegen."

Ob sich das Pronomen auf das Subjekt des *ut*-Satzes bzw. indirekten Fragesatzes oder auf das Subjekt des übergeordneten Satzes bezieht, kannst du nur aus dem Zusammenhang entscheiden.

Exercitationes

I. Verbformencheck: Bilde zu der angegebenen Verbform die fehlenden Zeiten in derselben Person und Zahl!

	Präsens	Imperfekt	Perfekt	Plusquamperfekt
Indikativ	agimus			
Konjunktiv				

II. Bestimme das Zeitverhältnis und übersetze!

1. Magister discipulos rogat, quis pensum non fecerit. (→ Zeitverhältnis: __________-zeitig)
2. Magister discipulos rogavit, quis pensum non fecisset. (→ __________-zeitig)
3. Magister interrogat, qui discipuli pensum non secum habeant. (→ __________-zeitig)
4. Magister a Quinto quaerit, cur numquam pensa faciat. (→ __________-zeitig)
5. Magister a Quinto quaerit, quo die pensum postremo ipse facturus sit. (→ __________-zeitig)
6. Quintus Gaium rogat, ubi Iulia sit. (→ __________-zeitig)
7. Quintus scire vult, cum qua puella Gaius per forum ambulaverit. (→ __________-zeitig)
8. Gaius narrare noluit, quid post scholam facturus esset. (→ __________-zeitig)
9. Quintus etiam scire voluit, ubi Iulia nunc esset. (→ __________-zeitig)
10. Amici Graeci domi narraverunt, quae artificia Romae spectavissent. (→ __________-zeitig)
11. Magister nobis narravit, quomodo Troia occupata esset. (→ __________-zeitig)
12. Nonne scis, quis Romam condiderit? (→ __________-zeitig)

III. Verwandle die direkten Fragesätze in indirekte. Achte auf die Zeitenfolge!

1. Magister rogat / rogavit: „Quis pensum non fecit?"
2. Magister rogat / rogavit: „Cur Quintus non adest?"
3. Parentes filium rogant / rogaverunt: „Quando[1] domum venisti?"

1 quando: „wann?"

IV. Wie ist *ne* den folgenden Sätzen zu übersetzen?

1. Milites Romani ab hostibus circumventi timebant, ne omnes interficerentur.
2. Daedalus filium hortatus est, ne soli appropinquaret.
3. Magnus erat timor Romanorum, ne Hannibal Romam quoque oppugnaret.
4. Theseus cum Minotauro pugnare constituit, ne plures liberi ab illo occiderentur.
5. Audivistisne de Spartaci bellis?
6. Gallis urbem vastantibus Romani metuebant, ne Capitolium quoque expugnaretur.

V. Quae Archimedis[1] ultima verba fuerint

Apud quendam auctorem Graecum legimus, quomodo Archimedes[1] interfectus sit. Milites Romani, cum Syracusas[2] expugnavissent, statim diripere[3] coeperunt, ut hostium mos est urbe captā. Abstulerunt omnia, quae sumere potuerunt. Miles quidam etiam ad Archimedem venit, qui in hortum[4] se receperat, ut more suo cogitaret et rationes iniret[5]. Diligenter spectans formas[6], quas in pulvere[7] scripserat, periculum neglexit et, cum militem ad se accedentem conspexisset, clamavit: „Noli turbare circulos[8] meos!" Miles autem, quod eum superbiā[9] adductum loqui credidit, Archimedem gladio interfecit.

1 Archimedes, -is m.: „Archimedes" (griech. Physiker und Mathematiker, 3. Jh. v. Chr.); **2 Syracusae**, -arum f.: „Syrakus" (Stadt auf Sizilien); **3 diripere** M, -ripui, -reptum: „plündern"; **4 hortus**, -i m.: „Garten"; **5 rationes inire**: „Überlegungen anstellen"; **6 forma**, -ae f.: „Form", „Gestalt"; **7 pulvis**, -eris m.: „Staub", „Sand"; **8 circulus**, -i m.: „Kreis"; **9 superbia**,-ae f.: „Stolz", „Hochmut"

34 DE DIONYSIO TYRANNO[1] (PARS PRIMA)

Dionysius war im 4. Jh. v. Chr. Tyrann (Alleinherrscher) von Syrakus, der bedeutendsten griechischen Stadt auf Sizilien. Er galt als kluger, kunstsinniger, aber auch grausamer Herrscher. Über ihn werden seit der Antike zahlreiche Anekdoten erzählt – wie die über das berühmte „Damoklesschwert".

Haec fabula[2] de Dionysii vita a Cicerone tradita est: Dionysius tyrannus[1] **potentissimus** et divitissimus erat. Plurimi homines eum ob divitias magnificas **admirabantur**, ob mores crudelissimos timebant.

Quodam die **fiebat**, ut unus ex eius **comitibus**, Damocles[3], in sermone ingentes eius divitias admiraretur clamaretque: „Si mihi tantae opes essent, vir beatissimus essem!" Quo audito Dionysius dixit: „Noli hoc credere, o Damocles! Faciamus experimentum[4]: Si **arbitraris** te **tali** vitā delectari, fortunam meam **experiaris**!" Cum ille se id cupere dixisset, tyrannus cum Damocle triclinium[5] auro ornatum **ingressus est** ac eum considere iussit. Deinde servis imperavit: „Cena magnifica **afferatur**!" Damocles beatissimus esse sibi videbatur.

At dum Damocles ad **mensam** cenat[6], Dionysius, ut ei pericula tyranni[1] demonstraret, gladium saetā equinā[7] **supra** eius caput demitti[8] iussit. Inde Damocles gladium maxime timens neque **cibos** illos tangere ausus est neque opes **adspiciebat**. Postremo a Dionysio **poposcit**: „Mihi liceat **abire**! Fortunam tuam **satis** expertus sum. Talem vitam minime cupio! Non iam beatus esse volo." Certe Damocles, nisi vitam tyranni[2] ipse expertus esset, non intellexisset illum non fieri beatum, qui semper aliquod periculum metuit.

1 tyrannus,-i m.: „Tyrann"; **2 fabula**, -ae f.: „Geschichte"; **3 Damocles**,-is m.: „Damokles"; **4 experimentum**, -i n.: „Versuch"; **5 triclinium**,-i n.: „Speisezimmer"; **6 cenare** 1: „speisen"; **7 saeta (-ae) equina** f.: „Rosshaar"; **8 demittere** 3: „herabhängen lassen"

Der Tyrann von Syrakus

Dionysios, seiner Herkunft nach Grieche, regierte in **Syrakus** auf Sizilien fast 40 Jahre lang (405–367 v. Chr.) und baute die Stadt zu einer der prächtigsten und größten seiner Zeit aus (über 100.000 Einwohner). Trotz (oder gerade wegen) seiner ungeheuren Macht und seines grenzenlosen Reichtums war er von ständigen Ängsten erfüllt: Reden pflegte er aus Sicherheitsgründen von einem Turm aus zu halten, seine Rasur ließ er nur von seinen Töchtern vornehmen (vgl. Text S. 159), beim Schlafen schützte er sich durch einen um sein Bett gezogenen Wassergraben. Selbst die Gefangenen, die er in den berüchtigten Steinbrüchen von Syrakus eingekerkert hatte, belauschte er (vgl. Abb.). Von diesem Verfolgungswahn getrieben, errichtete er schließlich eine **grausame Gewaltherrschaft**. Der Begriff „Tyrann", der zunächst nur „Alleinherrscher" bedeutete, bekam erst durch ihn seine gänzlich negative Bedeutung.

? Was versteht man heute unter einem „Damoklesschwert"?

Wolfram Kautzky, Wien

Das sogenannte „Ohr des Dionysios" ist eine 65 m tiefe, 23 m hohe und 5–11 m breite, s-förmig gewundene Höhle mit der akustischen Besonderheit, dass auch sehr leise gesprochene Worte von einer am Eingang stehenden Person belauscht werden können. Die Klänge werden circa sechsfach verstärkt.

Vocabularium

potens	potentis (2.F.)	mächtig	*vgl. potent, Potenz*
admirari (D)	admiror 1, admiratus sum	1) bewundern; 2) sich wundern	*engl. to admire*
fieri	fio, factus sum	1) (gemacht) werden; 2) geschehen	*= Passiv zu facere!*
comes	comitis m.	der Begleiter	
arbitrari (D)	arbitror 1, arbitratus sum	glauben	
talis/e		so beschaffen, solch	
experiri (D)	experior 4, expertus sum	versuchen, erproben	*vgl. Experiment, Experte*
ingredi (D)	ingredior M, ingressus sum	betreten, eintreten	*↔ aggredi M =*
afferre*	affero, attuli, allatum		
mensa	mensae f.	der Tisch	*↔ mens, mentis f. =*
supra (+ Akk.)		über, oberhalb	*vgl. Sopran (= oberste Frauenstimme)*
cibus	cibi m.	die Speise, die Nahrung	
adspicere*	adspicio M, -spexi, -spectum		*vgl. Aspekt (= Betrachtungsweise)*
poscere	posco 3, poposci, –	fordern	*= postulare 1*
abire*	abeo, abii, abitum		*vgl. Abitur*
satis		genug	*vgl. engl. satisfaction =*

* Die Bedeutung dieser zusammengesetzten Verba kannst du mithilfe der Präfix-Liste auf Seite 197 leicht selbst erschließen!

Aufwärmübungen

❶ Gib die Grundformen und Grundbedeutung(en) folgender Vokabel aus dem Text an!

divitissimus (Z. 2): ______ *iussit* (Z. 13): ______ *ausus est* (Z. 20): ______

ingentes (Z. 6): ______ *eius* (Z. 18): ______ *talem* (Z. 22): ______

❷ Bestimme Fall/Zahl/Geschlecht bzw. Person/Zeit/Aktiv–Passiv und übersetze wörtlich!

die (Z. 5) = ______ *auro* (Z. 12) = ______

delectari (Z. 10) = ______ *metuit* (Z. 25) = ______

❸ Gliedere den folgenden Satz (Zeile 16–18) in Hauptsatz (HS), Gliedsatz (GS) und satzwertige Konstruktion (sK) und zitiere die jeweilige lateinische Passage! (Raster mit vier Zeilen)

At dum Damocles ad mensam cenat, Dionysius, ut ei pericula tyranni demonstraret, gladium saetā equinā supra eius caput demitti iussit.

❹ Bringe folgende Inhalte des Lektionstextes entsprechend ihrem Vorkommen im lateinischen Text in die richtige Reihenfolge!

aufschlussreiche Demonstration – einen Versuch wert – Erwähnung des Reichtums – keineswegs wünschenswert – Platz nehmen bei Tisch – scheinbares Glück – wie gelähmt – Wunsch, nach Hause zu gehen

Konjunktiv im Hauptsatz

Im Gegensatz zum Konjunktiv im Gliedsatz (*ut*-Sätze, *cum*-Sätze, indirekte Fragesätze, → S. 146, 150, 154), wo der Konjunktiv ein Zeitverhältnis zum Ausdruck bringt, drückt der Konjunktiv im Hauptsatz meistens

a) einen Wunsch,
b) eine Aufforderung oder
c) eine Unmöglichkeit aus.

Er **muss** daher **übersetzt werden**! Die wichtigsten Übersetzungsmöglichkeiten sind:

Konjunktiv Präsens im Hauptsatz	
a) **Wunsch (Optativus):** „soll", „möge"	*Audiatur et(iam) altera pars.* = „Es soll/möge auch die andere Seite gehört werden."
b) **Aufforderung (Hortativus):** „lasst uns", „wir wollen" (nur 1. P. Pl.)	*Gaudeamus igitur!* = „Wir wollen uns also freuen!"
c) **Zweifelnde Frage (Dubitativus):** „soll" (nur 1. P. Sg. + Pl.)	*Quid faciam?* = „Was soll ich machen?"

Konjunktiv Imperfekt im Hauptsatz	
Unmöglichkeit (Irrealis) der Gegenwart: „würde" (oder deutscher Konjunktiv 2)	*Si ad me venires, gauderem.* = „Wenn du zu mir kommen würdest (= kämest), würde ich mich freuen."

Konjunktiv Plusquamperfekt im Hauptsatz	
Unmöglichkeit (Irrealis) der Vergangenheit: „wäre/hätte" (+ Mittelwort der Vergangenheit)	*Si tacuisses, philosophus mansisses.* = „Wenn du geschwiegen hättest, wärest du ein Philosoph geblieben."

Konditionalsätze (Bedingungssätze)

Bedingungssätze werden mit ***si*** („wenn", „falls") oder ***nisi*** („wenn nicht", „falls nicht") eingeleitet. Steht in ihnen ein Konjunktiv, muss er übersetzt werden, und zwar nach den Regeln des Konjunktivs im Hauptsatz (siehe oben):

- ***si* + Konj. Imperfekt** (Irrealis der Gegenwart: eine Situation kann jetzt unmöglich eintreten): „würde" oder Konj. 2:
  Si Iulia Quintum amaret, ille felix esset.
  = „Wenn Julia Quintus lieben würde (liebte), wäre jener glücklich." (→ aber Julia liebt Quintus nicht)
- ***si* + Konj. Plqpf.** (Irrealis der Vergangenheit: eine Situation konnte früher unmöglich eintreten): „wäre/hätte":
  Si Iulia Quintum amavisset, ille felix fuisset.
  = „Wenn Julia Quintus geliebt hätte, wäre jener glücklich gewesen." (→ aber Julia hat Quintus nicht geliebt)

Übersicht: Konjunktivübersetzung

Der lateinische Konjunktiv **muss** übersetzt werden:	• in Hauptsätzen • in Konditionalsätzen (*si*-Sätzen)
Der lateinische Konjunktiv **kann** übersetzt werden:	• in *ut-/ne*-Sätzen (Ausnahme: Folge-*ut* „sodass") • in indirekten Fragesätzen
Der lateinische Konjunktiv **darf nicht** übersetzt werden:	• in *cum*-Sätzen • in Folge-*ut*-Sätzen („sodass")

Exercitationes

I. Verbformencheck: Bilde zu der angegebenen Verbform die fehlenden Zeiten in derselben Person und Zahl!

	Präsens	Imperfekt	Perfekt	Plusquamperfekt
Indikativ	sequitur			
Konjunktiv				

II. Ordne die folgenden Verbformen nach der Art des Konjunktivs und übersetze sie nach den Regeln des Konjunktivs im Hauptsatz!

cogitavisses – esset – pareant – habuissem – cognosceretur – punirent – flevissemus – gaudeas – detur – rideret – traxissent – moveamus – stares – sim – conspexisses – ponatis – morerentur – respondeat – fuissemus – manerem – sequamur – visus essem – conficiant – deleatur – oret – tacuissem

III. Bilde zu den folgenden Verben den in Klammer angegebenen Konjunktiv und übersetze die Form dann nach den Regeln des Konjunktivs im Hauptsatz!

1. intrat (Konj. Präsens)
2. pareo (Konj. Plqpf.)
3. agimus (Konj. Imperfekt)
4. puniuntur (Konj. Präs)
5. aggreditur (Konj. Plqpf.)
6. sumus (Konj. Präsens)

IV. Bestimme die Konjunktive und übersetze die folgenden Sätze!

1. Discipuli pensa sine auxilio alieno faciant.
2. Hunc senem clarum consulamus!
3. Si me amares, non semper alias puellas spectares.
4. Vivat lingua Latina!
5. Nisi me adiuvares, pensa mea facere non possem.
6. Si Iulia pensum fecisset, monita non esset.
7. Discipuli gauderent, si magister iis nulla pensa daret.
8. Caesar, nisi imperator optimus fuisset, Galliam non occupavisset.
9. Quid vobis narrem?
10. Scias nos te semper adiuturos esse!

V. Verbinde die Satzhälften und übersetze!

1. Icarus, nisi verba patris neglexisset, ________
2. Nisi Ulixes consilium prudens cepisset, ________
3. Nisi Patroclus interfectus esset, ________
4. Si Troiani verbis Cassandrae credidissent, ________

a) Achilles semper proeliis abstinuisset.
b) in mare non cecidisset.
c) oppidum deletum non esset.
d) viri Graeci a Polyphemo necati essent.

VI. Übersetze die folgenden Redewendungen!

1. Fiat voluntas[1] tua! (aus dem Vaterunser)
2. Requiescat[2] in pace! (Grabinschrift)
3. Vivat, crescat[3], floreat[4]! (Glückwunschformel)
4. Gaudeamus igitur! (Studentenlied)
5. Fiat lux! (Aus der Genesis)
6. Prosit!

1 **voluntas**, -atis f.: „Wille"; 2 **requiescere** 3: „ruhen"; 3 **crescere** 3: „wachsen"; 4 **florere** 2: „blühen"

VII. De tyranno timoris pleno

Dionysius tyrannus, cum crudelissime regnaret, non sine causa semper in timore erat, ne interficeretur. Quod etiam verebatur, ne tonsor[1] se ferro[2] occideret, filias suas barbam[3] tondere[4] docuit. Secum cogitavit: „Nisi filiae meae essent, ne iis quidem confiderem." Tamen iis ferrum[2] abstulit imperavitque, ut candentibus[5] iuglandium putaminibus[6] barbam[3] sibi adurerent[7]. Cum olim, ut erat eius mos, pila[8] ludere vellet vestemque deponeret, adulescenti, quem amabat, gladium tradidit. Cum quidam ex eius comitibus iocans[9] dixisset eum nunc huic adulescenti vitam committere[10] risissetque adulescens, utrumque interfici iussit: Alterum capitis damnavit[11], quia viam tyrannum occidendi demonstraverat, alterum, quia ea verba ridendo approbaverat[12].

1 **tonsor**, -oris m.: „Frisör"; 2 **ferrum**, -i n: hier: „Messer"; 3 **barba**, -ae f.: „Bart"; 4 **tondere** 2: „schneiden"; 5 **candens**, -entis: „glühend"; 6 **iuglandium putamen**, -inis n.: „Nussschale"; 7 **adurere** 3, -ussi,-ustum: „versengen"; 8 **pila**, -ae f.: „Ball"; 9 **iocari** 1: „scherzen"; 10 **committere**: hier: „anvertrauen"; 11 **capitis damnare** 1: „zum Tod verurteilen"; 12 **approbare** 1: „gutheißen"

35 DE DIONYSIO TYRANNO[1] (PARS ALTERA)

Neben der Erzählung über das Damokles-Schwert ist eine weitere Anekdote über den sizilischen Tyrannen Dionysios überliefert, die durch Friedrich Schillers „Bürgschaft“ zu Berühmtheit gelangt ist.

Cum in Sicilia Dionysius tyrannus[1] regnaret civesque **valde** terreret, Damon[2] consilium tyranni occidendi cepit. Qui cum clam tyranni domum ingressus esset, a custodibus comprehensus et ad Dionysium ductus est. A quo interrogatus, quid in animo habuisset, Damon respondit se eum necare voluisse. Haec cum audivisset, tyrannus iussit: „**Propter** hoc **nefas turpissimum** iste vir **capitis damnandus** est!“

Damon autem a Dionysio **optavit**: „Liceat mihi in patriam ire ad **sororem** meam collocandam[3]! Promitto me tertio die certe rediturum esse. Tibi amicum **obsidem** relinquo, ne me fugiturum esse credas.“ Tyrannus ei **moram** trium dierum dedit ad sororem collocandam[3], sed amico Damonis[2], cui erat nomen Phintias, dixit: „Tibi moriendum est, si Damon non ad diem[4] revertitur!“

Damon profectus est et sorore collocatā[3] **quam** celerrime reverti studebat amici liberandi causa. At tempestate[5] repente **ortā** flumen ita increvit[6], ut transiri non posset. Damon consedit coepitque orare: „Phintias pro me interficiendus non est!“

Interim, quoniam dies tertius iam advenerat, Dionysius Damone[2] **absente** amicum eius ad crucem duci iussit. Qui cum duceretur, Damon flumine superato celerrime **cucurrit** et **procul** clamavit: „Illum libera! Ego damnandus atque necandus sum!“

Quibus verbis auditis Dionysius vitam utrique amico reddidit eosque rogavit, ut se tertium amicum reciperent.

1 **tyrannus**, -i m.: „Tyrann“; 2 **Damon**, -onis m.: „Damon“; 3 **collocare** 1: „verheiraten“; 4 **ad diem**: „rechtzeitig“; 5 **tempestas**, -atis f.: „Unwetter“; 6 **increscere** 3, -crevi: „anschwellen“

Die Bürgschaft

Die Persönlichkeit des Dionysios, der in der Antike als Inbegriff eines Gewaltherrschers galt, faszinierte unter anderem Friedrich Schiller, der ihn in den Mittelpunkt seiner Ballade „Die Bürgschaft“ stellte:

Zu Dionys, dem Tyrannen, schlich
Damon, den Dolch im Gewande.
Ihn schlugen die Häscher in Bande.
„Was wolltest du mit dem Dolche, sprich!“
entgegnet ihm finster der Wüterich.
„Die Stadt vom Tyrannen befreien!“ –
„Das sollst du am Kreuze bereuen!“

(Als Damon kurz vor Ablauf der Frist wirklich zurückkommt, ist Dionysios tief bewegt.)

Drauf spricht er: „Es ist euch gelungen,
ihr habt das Herz mir bezwungen.
Und die Treue, sie ist doch kein leerer Wahn –
so nehmet auch mich zum Genossen an:
Ich sei, gewährt mir die Bitte,
in eurem Bunde der Dritte!“

Theater von Syrakus

Dionysios von Syrakus

? Was bedeutet der Satz (Z. 3) „Ihn schlugen die Häscher in Bande“?

Vocabularium

☐ valde		sehr	*= maxime*
☐ propter (+ Akk.)		wegen	*= ob (+ Akk.)*
☐ nefas	n. (nur 1. und 4.F.Sg.)	Frevel, Unrecht	
☐ turpis/e		1) schändlich; 2) hässlich	
☐ damnare	damno 1, -avi, -atum	verurteilen	*engl. to damn; vgl. verdammen*
☐ capitis damnare		zum Tod verurteilen	*vgl. Kapitalstrafe (= Todesstrafe)*
☐ optare	opto 1, -avi, -atum	wünschen	*vgl. Option (= Wahlmöglichkeit)*
☐ soror	sororis f.	Schwester	
☐ obses	obsidis m.	Geisel	
☐ mora	morae f.	Verzögerung, Aufschub	*vgl. Moratorium (= Aufschub); ↔ mos, moris =*
☐ quam (+ Superlativ)		möglichst	*z. B. quam optime = „möglichst gut"*
☐ oriri (D)	orior 4, ortus sum	entstehen, aufgehen	*vgl. Orient (= wo die Sonne aufgeht)*
☐ interim (Adv.)		inzwischen	*vgl. Interimslösung (= Übergangslösung)*
☐ quoniam		weil (ja)	*= quia, quod; ↔ quondam =*
☐ abesse	absum, afui, –	abwesend sein, weg sein	*↔ ad-esse =*
☐ absens	absentis (2.F.)	abwesend	*engl. absent; vgl. Absenz (= Abwesenheit)*
☐ patre absente		in Abwesenheit des Vaters	
☐ cúrrere	curro 3, cucurri, cursum	laufen	*vgl. Kurs, Cursor*
☐ procul		von / in der Ferne	*S. 192*

Aufwärmübungen

1 Gib die Grundformen und Grundbedeutung(en) folgender Vokabel aus dem Text an!

voluisse (Z. 6): ____________________ *dierum* (Z. 13) : ____________________

trium (Z. 13): ____________________ *utrique* (Z. 27): ____________________

2 Bestimme Person/Zeit/Aktiv–Passiv/Modus und übersetze wörtlich!

ductus est (Z. 4) = ____________________ *coepit* (Z. 20) = ____________________

liceat (Z. 9) = ____________________ *duci* (Z. 24) = ____________________

3 Sammle aus dem Text insgesamt fünf Konjunktivformen und bestimme sie!

____

____

4 Liste alle Ablativi absoluti auf und übersetze sie!

Abl. abs.	Übersetzung des Abl. abs.

5 Hilfestellung (vor/während der Lektüre): Übersetze die lateinischen Paraphrasen der wesentlichen Inhalte. Die Reihenfolge entspricht dem Vorkommen im Lektionstext.

Damon tyrannum interficere studuit. – Captus et damnatus est. – Dixit se sororem suam collocare[3] debere et tertio die rediturum esse. – Amicum pro se reliquit. – Sorore collocatā[3] rediens flumen transire non potuit, quod tempestas[5] orta est. – Tamen flumen viribus summis transiit. – Amicum periculo mortis liberavit. – Dionysius Damonem non punivit, quod eius amicitiam cum socio admirabatur.

Gerundiv

Wie das Gerundium (→ S. 114) ist auch das Gerundiv (= Gerundivum) an der Silbe *-nd-* zu erkennen. Im Gegensatz zum Gerundium ist es allerdings kein Nomen, sondern ein **Adjektiv** (und kann daher in jedem Geschlecht und auch im Plural stehen):

amandus/a/um; ebenso: *monendus; mittendus; audiendus; capiendus*

Das Gerundiv wird auf zwei ganz unterschiedliche Arten verwendet:

❶ Gerundivkonstruktion („*Gerundivum pro gerundio*")

Diese Art des Gerundivs steht statt eines Gerundiums mit Objekt und wird auch genauso **wie das Gerundium übersetzt:**

Fall*	Gerundium (Nomen)	Gerundivum (Adjektiv)
2	a) ***legendi*** =„des Lesens" / „zu lesen" b) ***legendi causa*** = „um zu lesen"	***libri legendi*** = („des Buchlesens"), „ein Buch zu lesen" ***libri legendi causa*** = „um ein Buch zu lesen"
4	***ad legendum*** = „um zu lesen"	***ad librum legendum*** = „um ein Buch zu lesen"
6	a) ***legendo*** = „durch das Lesen" b) ***in legendo*** = „beim Lesen"	***libro legendo*** = „durch das Lesen eines Buches" ***in libro legendo*** = „beim Lesen eines Buches"

* Im 1. Fall wird anstelle der Gerundivkonstruktion der Infinitiv verwendet, im 3. Fall kommt sie nur sehr selten vor.

Das Gerundiv passt sich in Zahl und Geschlecht seinem Objekt an:

ad sententiam legendam = „um den Satz zu lesen"
in libris legendis = „beim Lesen von Büchern"

❷ prädikatives Gerundiv („müssen-Gerundiv")

Das Gerundiv hat noch eine zweite Bedeutung, die von der ersten deutlich abweicht: Wenn es mit dem Subjekt übereingestimmt ist (d.h. **im Nominativ** steht) und gemeinsam mit einer Form von ***esse*** das Prädikat bildet, drückt es aus, dass etwas **gemacht werden muss:**

Liber legendus est. = (das Buch ist zu lesen →) a) „Das Buch **muss** gelesen werden."
b) „Man **muss** das Buch lesen."

Tibi liber legendus est.* = (dir ist das Buch zu lesen →) a) „Das Buch **muss** von dir gelesen werden."
b) „Du **musst** das Buch lesen."

* Der Dativ, der beim Gerundiv denjenigen bezeichnet, der etwas tun muss, heißt ***Dativus auctoris*** (Dativ des Urhebers).

Wenn das prädikative Gerundiv durch *non* **verneint** ist, musst du es mit „**darf nicht**" übersetzen.

Tibi liber legendus non est. = (dir ist das Buch nicht zu lesen →) a) „Das Buch **darf** von dir **nicht** gelesen werden."
b) „Du **darfst** das Buch **nicht** lesen."

LATEINISCHE SPRICHWÖRTER MIT „MÜSSEN"-GERUNDIV:

Pacta sunt servanda.	„Verträge sind einzuhalten." (= „Verträge müssen eingehalten werden.")
Quod erat demonstrandum. (q.e.d.)	„Was zu beweisen war." (= „Was man beweisen musste.")
De gustibus non est disputandum.	„Über Geschmack ist nicht zu streiten." (= „… darf man nicht streiten.")
Ceterum censeo Carthaginem esse delendam. (Gerundiv im ACI)	„Im Übrigen bin ich der Meinung, dass Karthago zu zerstören ist." (= „zerstört werden muss.") – Berühmter Ausspruch des konservativen römischen Politikers Cato im Senat.

Exercitationes

I. Verbformencheck: Bilde zu *rogare* die angegebenen Verbformen und übersetze sie auch!

	Partizip Perfekt	Partizip Futur	Partizip Präsens	Gerundium (2.F., mit *causa*)
Lateinisch:				
Deutsch:				

II. Übersetze die folgenden Wortgruppen und gib jeweils an, ob es sich um ein Gerundium oder Gerundiv handelt!

1. occasio fugiendi: ______________________
2. ad puellas terrendas: ______________________
3. exercendi causa: ______________________
4. ad scribendum: ______________________
5. ad pensa scribenda: ______________________
6. cupiditas docendi: ______________________
7. cupiditas vini bibendi: ______________________
8. spes vincendi: ______________________
9. filii laudandi causa: ______________________
10. studium discendi: ______________________
11. ad linguas alienas discendas: ______________________
12. in canendo: ______________________

III. Übersetze!

1. Si mihi plus temporis discendi esset, pensa mea ipse scriberem.
2. Legistisne iam illum clarissimum librum Latinum de arte amandi?
3. Auctor illius libri hoc scripsit: Quaedam mulieres non ad spectandum in theatrum veniunt, sed ut ipsae spectentur.
4. Quam magna est mea cupiditas dormiendi!
5. Rex bellum parans filios ad oraculum consulendum misit.
6. Marcus Aurelius hostium vincendorum causa magnum exercitum in eorum fines traduxit.
7. Cum Roma condita esset, cives Romani ad uxores sibi parandas virgines Sabinorum rapuerunt.
8. Quod Romae locus domus ingentis aedificandae non iam erat, Nero urbem incendisse dicitur.
9. In vino bibendo multi homines veritatem dicunt.

IV. Übersetze das prädikative Gerundiv mit einem „müssen"-Satz!

1. Tibi multum discendum est. Itaque tibi nunc dormiendum non est.
2. Etiam Graecis antiquis lingua Latina discenda erat.
3. Cur mihi cum Iulia in foro ambulandum non est?
4. Cassandra monuit: „Hic equus in oppidum trahendus non est."
5. Tantalo, cum filium necavisset, semper fames sitisque tolerandae erant.
6. Civibus Romanis, quia feminis carebant, mulieres rapiendae erant.
7. Troiā occupatā Ulixi decem annos per maria navigandum erat.

V. Cur quaedam femina pro tyranni[1] salute oraverit

Olim Dionysii[2] milites mulierem quandam conspexerunt. Quae magnā voce a dis petivit, ut isti tyranno vitam longam darent. Cum ceteri homines Dionysium[1] maxime timerent neque pro eius salute orarent, milites hanc mulierem Dionysium[2] illudere[3] arbitrati sunt. Ita eam comprehenderunt ac ad tyrannum duxerunt.

Ibi mulier a tyranno interrogata haec narravit: „Olim tyranno crudeliter regnante optabam, ut ab isto viro atroci liberaremur. Quod cum factum esset, tyrannus crudelior secutus est. Iterum orabam, ut ille moreretur. At post eius mortem tu, tyrannus crudelissimus, regnum occupavisti. Quod tyrannum, qui te crudelior est, ferre non possum, a dis orare coepi, ut vitam longissimam tibi donarent."

Quibus verbis auditis omnes, qui aderant, censebant Dionysium[2] eam nunc capitis damnaturum esse. Ille autem mulierem, quoniam veritatem dicere non dubitaverat, sine ulla poena domum misit.

1 tyrannus, -i m.: „Tyrann"; **2 Dionysius**, -i m.: „Dionysios" (Tyrann von Syrakus);
3 illudere 3, -lusi, -lusum: „verspotten"

Wortklauberei

1 Latein und Englisch/2

Hier noch einmal englische Wörter, die aus dem Lateinischen abgeleitet sind:

? Ergänze die lateinischen Wörter, von denen sich die angegebenen englischen Begriffe ableiten, und gib auch ihre Bedeutung an!

Englisch	Lateinisch	Bedeutung des lat. Wortes
sentence		
to admire		
to punish		
ridiculous		
finish		
anniversary (2 Wörter)		
inhabitant		
question		
mortal		
to use		
invisible		
to possess		

2 Eine „nützliche" Wortfamilie

? Kannst du – auch mithilfe deines Präfix- und Suffix-Wissens – die Mitglieder der folgenden Wortfamilie identifizieren?

a) *uti* (Perfekt: *usus sum*) = ______________________

b) *usus, -us* m. = ______________________

c) *utilis/e* = ______________________

d) *inutilis/e* = ______________________

e) *utilitas, -atis* f. = ______________________

3 Assimilationen

Wie du bereits weißt (→ S. 121), versteht man unter Assimilation die Anpassung eines Buchstaben an den nächsten (Beispiel: *pot-sum* → *pos-sum*). Besonders oft sind Assimilationen bei den Präfixen *ad-* („heran-"), *ex-* („hinaus-") und *in-* („hinein-") zu beobachten.

? Mit welchen Präfixen sind die folgenden zusammengesetzten Wörter (Komposita) gebildet? Die Bedeutung kannst du ganz leicht aus der des Präfix (→ S. 197) und des Grundwortes ableiten!

	entstanden aus:	Bedeutung:
accedere		
illaesus		
attrahere		
alloqui		
acclamare		
effugere		
importare		

4 Komposita

Komposita (*verba composita*) sind zusammengesetzte Zeitwörter, die aus einem Präfix und dem Wortstamm bestehen. Kennt man die Bedeutung des Präfix (→ S. 197), kann man in der Regel ganz leicht erschließen, was das Kompositum heißen muss – auch wenn man es noch nie gesehen bzw. gehört hat!

? Was bedeuten die folgenden Komposita zum Verbum *ferre* (= „tragen", „bringen")? Beachte dabei mögliche Assimilationen (siehe S. 164, Ü 3)!

	Bedeutung
inferre	
afferre	
auferre	
offerre	

	Bedeutung
conferre	
efferre	
referre	
transferre	

5 Vokalschwächung

Bei manchen Verba verändert sich in Zusammensetzungen (Komposita) der Stammvokal, d.h. ein *-a-* oder *-e-* wird dann zu einem *-i-*.

? Finde heraus, von welchen Grundverba die folgenden Komposita abgeleitet sind! Kannst du auch ihre Bedeutung identifizieren?

a) *retinere*: ______________________

b) *excipere*: ______________________

c) *afficere*: ______________________

d) *concinere*: ______________________

e) *recidere*: ______________________

f) *conquirere*: ______________________

6 Ähnlich, aber doch ganz was anderes!

? Was bedeuten die folgenden Wörter?

apparere		↔	*aperire*	
redire		↔	*reddere*	
servire		↔	*servare*	
ornare		↔	*orare*	
sic		↔	*si*	
alter		↔	*altus*	
mora		↔	*mors*	
quoniam		↔	*quondam*	
curare		↔	*currere*	
abesse		↔	*adesse*	

Repetitiones

I. Bestimme Fall und Zahl und übersetze! (Den Vokativ musst du dabei nicht berücksichtigen.)

1. aquam: ________________________________
2. spectacula (2 Mögl.): ________________________________
3. oculorum: ________________________________
4. feminae (3 Mögl.): ________________________________
5. gladii (2 Mögl.): ________________________________

II. Setze die angegebenen Verba in der richtigen Form ein!

1. Quid ________________, pueri? – Templum novum ________________. (spectare)
2. Quis post Iuliam ________________? – Gaius Quintusque post Iuliam ________________. (sedere)
3. Cur ________________, Quinte? ________________, quod pensum non habemus. (gaudere)
4. Placetne vobis puellas ________________? – Libenter puellas ________________. (terrere)
5. Ubi amicas ________________, puellae? – In foro amicas ________________. (exspectare)

III. Ergänze die Endungen und übersetze!

Claudia cum amic_______ (Pl.) ad schol_______ properat. Ante schol_______ Iulia iam amicam exspectat. Numquam[1] sine amic_______ (Sg.) in aedifici_______ intrat. Tum magister multum de vir_______ clar_______ narrat. Discipuli iam diu in schol_______ sunt. Postremo a schol_______ domum[2] properare licet. Post schol_______ otium discipulos exspectat. Alii cum magn_______ gaudi_______ spectacula vident, aliis diu per Rom_______ pulch_______ ambulare placet.

1 numquam: „niemals"; **2 domum**: „nach Hause"

IV. Ergänze die fehlenden Endungen der Imperative und Vokative und übersetze!

1. Proper_______ ad scholam, Quint_______ et Iul_____!
2. Narr_______ nobis de viris claris, Ga_______!
3. Pugn_______ pro vita vestra, vir_______!
4. Respond_______ magistro, Claud_______!
5. Monstr_______ nobis aedificia clara, amic_______! (Sg.)
6. Laud_______ discipulos tuos, magist_______!
7. Gaud_______ et rid_______, puer_______! (Pl.)

V. De nova amica Quinti

Quintus cum puella pulchra per vias Romae ambulat. Tum Gaius amicum videt clamatque: „Salve, Quinte! Ambulatisne ad forum? Certe mihi vobiscum ambulare licet!" Nunc Gaius amicum interrogat: „Quis est haec[1] puella?" – „Haec puella est Corinna", Quintus inquit, „amica mea. Nonne puella pulchra est?" Gaius puellam spectat respondetque: „Certe Corinna puella pulchra est, sed cunctae[2] amicae tuae mihi placent."

Verba Gaii puellam minime delectant. „Cur Gaius dicit[3] ‚cunctae'?", Corinna clamat. „Num multas amicas habes, Quinte?" – „Minime, solum te amo. Aliae puellae mihi non placent!" Sed Corinna Gaium quoque interrogat: „Responde, Gai: Habetne Quintus alias amicas?" – „Non habet. Claudia Iuliaque amicae Quinti non sunt. Etiam Cornelia Quinto non placet et Lydia ..." – „Nunc Gaio nobiscum ambulare non iam[4] licet – habet enim[5] magna pensa!", Quintus iratus clamat et cum Corinna ad forum properat.

1 haec: „diese(s)"; **2 cuncti/ae/a**: „alle"; **3 dicit**: „(er) sagt"; **4 non iam**: „nicht mehr" **5 enim**: „nämlich"

VI. Übersetze die folgenden Sätze! Überlege jeweils, ob *suus/a/um* mit „sein" oder „ihr" zu übersetzen ist!

1. Discipuli magistro pensa sua monstrant.
2. Puellae Gaium et magistrum suum in foro vident.
3. Discipuli saepe de schola et magistro suo narrant.
4. Gaius iam diu Quintum et amicam suam exspectat.
5. Iulia et Claudia amicos suos exspectant.
6. Claudia cum Gaio et amica sua per forum ambulat.

VII. Setze die Pronomina im richtigen Fall ein!

1. Nonne spectacula _______ delectant? (tu)
2. Cur magister _______ non laudat? (ego)
3. Narra _______ de _______! (ego/tu)
4. Cur statuae deorum _______ non placent? (tu)
5. Amici _______ Romam pulchram monstrant. (nos)

VIII. Welches Wort passt nicht zu den anderen? Warum?

1. ☐ puella ☐ monstra ☐ aqua ☐ vita
2. ☐ nos ☐ nobiscum ☐ nostris ☐ nobis
3. ☐ deas ☐ feminas ☐ linguas ☐ donas
4. ☐ delecto ☐ animo ☐ cogito ☐ narro
5. ☐ vita ☐ copia ☐ gaudia ☐ statua
6. ☐ terris ☐ terres ☐ terrae ☐ terra

IX. Übersetze ins Lateinische!

1. Claudia zeigt dem Lehrer ihre Aufgabe.
2. Quintus hat seine Aufgabe nicht bei sich.
3. Der Lehrer fragt: „Warum arbeitest du nicht, Quintus?"
4. Der Bub antwortet: „Ich liebe es zu arbeiten. Unsere Aufgaben erfreuen mich."
5. Die Mädchen lachen über die Worte des Buben.
6. Der Lehrer gibt[1] nun Quintus viele Aufgaben.
7. „Sicher sind dir die Aufgaben eine große Freude!"

1 **dat**: „(er) gibt"

X. Kreuze die richtige Antwort an!

1. Quis est primus[1] magister discipulorum Romanorum?
   - ☐ grammaticus ☐ rhetor
   - ☐ litterator ☐ professor
2. Ubi gladiatores pugnant?
   - ☐ in circo ☐ in theatro
   - ☐ in thermis ☐ in amphitheatro
3. Quid Romani in theatris plerumque[2] spectant?
   - ☐ comoedias ☐ gladiatores
   - ☐ tragoedias ☐ puellas nudas[3]
4. Quid in foro Romano non est?
   - ☐ basilica ☐ templum
   - ☐ curia ☐ theatrum

1 **primus/a/um**: „der erste"; 2 **plerumque**: „meistens"; 3 **nudus/a/um**: „nackt"

XI. Setze die gesuchten Formen ein!

Die Lösung ist ein Schimpfwort, mit dem, wie wir aus Kritzeleien an den Wänden einer Schule in Pompeji wissen, Schüler ihren Lehrer bedacht haben (auf Deutsch etwa: „Weichling", „Weichei", „Warmduscher").

1. schau an!
2. den Freundinnen
3. du kämpfst
4. (zu) arbeiten
5. ihr freut euch
6. das andere
7. wir haben
8. die Buben (Akk.)

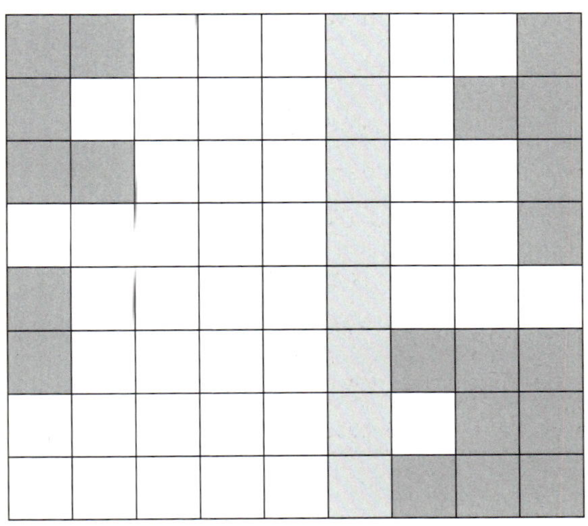

Repetitiones

I. Ordne die Adjektiva bzw. Pronomina den passenden Substantiva zu!

1. virtute _____ 3. militibus _____ 5. timore _____ 7. parti _____

2. vocum _____ 4. imperatorem_____ 6. hostis _____ 8. vocem_____

a) ceteris b) magna c) magnae d) magno e) multarum f) nostrum g) sui h) tuam

II. Setze die bei Übung I. gebildeten Wortpaare in die folgenden Sätze ein und übersetze!

1. Manlius, vir _____ _____, Gallos Capitolio prohibere potuit.
2. Quod Romani multos milites occiderunt, hostes cum _____ _____ fugerunt.
3. Dum foro appropinquamus, clamorem _____ _____ audivimus.
4. Copiae hostium nocte castra expugnaverunt et _____ _____ occiderunt.
5. Neque imperatori neque _____ _____ in castris manere placebat.
6. Scipio quoque virtutem _____ _____ laudavit.
7. _____ _____ discipulorum otium placet.
8. Si _____ _____ audio, maxime gaudeo.

III. Setze die angegebenen Verben an den richtigen Stellen in den Text ein und übersetze!

amant – contenditis – dicit – interrogat – mane – monstrare – placet – potest – spectare – venire

Quintus Alexandrum, amicum Graecum, _____: „Placetne tibi mecum in circum[1] _____?" Alexander autem respondet: „Amicus equorum[2] non sum." Quintus nunc dicit: „Multi homines, quamquam equos[2] non _____, tamen in circo[1] sunt. Nam ibi non solum equos, sed etiam multas puellas pulchras _____ potes." Ita Alexander paulo post ad Lydiam _____: „Hora decima Quintus mihi circum[1] _____ in animo habet." – „Bene!", Lydia inquit. „Ego quoque libenter tecum venio, Quinte!" – „Pulchrum ibi non est", Alexander clamat, „_____ domi! Clamor multorum hominum tibi certe non _____." – „Si ibi pulchrum non est, cur vos in circum[1] _____?", Lydia interrogat. „Vobiscum venire certe necesse est!" Ita Alexander, quod amicam circo[1] prohibere non _____, cum Quinto et Lydia in circum[1] properat.

1 **circus**, -i m.: „Zirkus", „Rennbahn"; 2 **equus**, -i m.: „Pferd"

IV. Übersetze!

De Carthagine[1]

Regi[2] Tyri[3] duo liberi erant, Dido[4] et Pygmalion[5]. Post mortem[6] regis populus Pygmalionem regem fecit. Sychaeus, vir summo honore, Didonem in matrimonium[7] duxit. At paulo post Pygmalion Sychaeum, quod magnam copiam auri[8] habebat, occidit. Itaque Dido nunc magno in timore erat et cum multis aliis hominibus e patria in Africam ad alium regem fugit, ubi urbem novam aedificare in animo habebat.

Rex autem de consilio hominum alienorum audivit et Didoni terram non donavit. Itaque Dido, femina summa prudentia[9], ad regem dixit: „Donasne nobis terram, quae[10] corio taurino[11] tegi[12] potest?" Rex respondit: „Terram tam parvam vobis libenter dono!" Deinde autem Dido corium taurinum[11] in tenues[13] partes secuit[14]. Quod ita corium taurinum[11] magnam partem terrae continebat[15], Dido auxilio ceterorum hominum urbem magnificam nomine Carthaginem aedificare potuit.

1 **Carthago**, -inis f.: „Karthago"; 2 **rex**, regis m.: „König"; 3 **Tyrus**, -i f.: „Tyrus" (Stadt in Phönikien); 4 **Dido**, -onis f.: „Dido"; 5 **Pygmalion**, -onis m.: „Pygmalion"; 6 **mors**, mortis f.: „Tod"; 7 **in matrimonium ducere**: „heiraten"; 8 **aurum**, -i n.: „Gold"; 9 **prudentia**, -ae f.: „Klugheit"; 10 **quae**: „das" (auf terra bezogen); 11 **corium (-i) taurinum**: „Rinderhaut"; 12 **tegi** (Infinitiv Passiv): „bedeckt werden"; 13 **tenues** (Akk. Pl.): „dünn"; 14 **secare** 1, -ui: „schneiden"; 15 **continere** 2: „einschließen"

V. Setze die folgenden Präsensformen in der gleichen Person auch ins Imperfekt und Perfekt!

1. pares: ______________________
2. dormiunt: ______________________
3. adiuvat: ______________________
4. vincimus: ______________________
5. estis: ______________________
6. possum: ______________________

VI. Rätsel zur Konjugation:

Waagrecht: **1.** ich sehe **4.** du siehst **5.** sagt! **7.** sie sieht **10.** sie kommen **11.** ich komme **12.** du bist

Senkrecht: **1.** ihr seht **2.** (zu) sagen **3.** (zu) sein **4.** du kommst **6.** ihr kommt **8.** du sagst **9.** ich sage

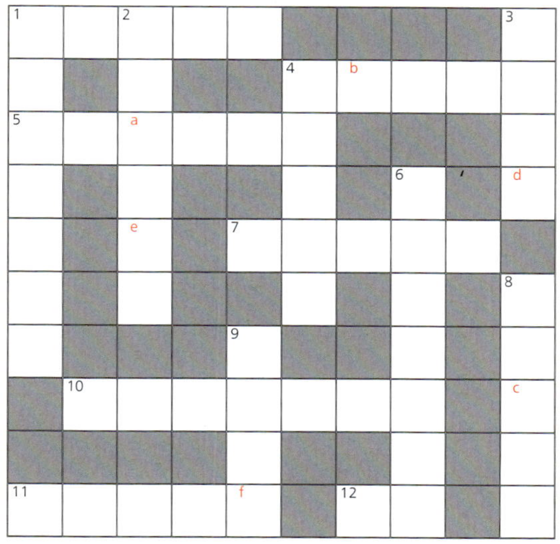

Die Lösung ergibt einen berühmten Römer, dessen Name übersetzt „Kichererbse" heißt:

a	b	c	d	e	f

VII. Kreuze die richtige Antwort an!

1. Quis fuit pater[1] Romuli?
   - ☐ Remus
   - ☐ Iuppiter
   - ☐ Mars
   - ☐ Numitor

2. Quis Hannibalem vicit?
   - ☐ Alexander
   - ☐ Dido
   - ☐ Scipio
   - ☐ Caesar

3. Quot[2] reges[3] Romae[4] regnabant?
   - ☐ quattuor
   - ☐ decem
   - ☐ septem
   - ☐ centum

4. Quis fuit primus rex[3] Romanorum?
   - ☐ Tarquinius
   - ☐ Romulus
   - ☐ Amulius
   - ☐ Procas

1 **pater**, -tris: „Vater"; 2 **quot**: „wie viele"; 3 **rex**, regis m.: „König"; 4 **Romae**: „in Rom"

VIII. Setze die fehlenden Endungen ein und übersetze!

De Romulo

Amulius Romulum et Remum, fili_______ Rheae Silviae, in flum_______ exposuit[1]. Sed pastor[2] liber_______ vidit et secum domum portavit. Ita pueri diu apud pastorem[2] habit_________. Multis annis post Romulus Remusque pastorem[2] reliqu_________. Arma cep_________ et Amulium occiderunt. Deinde oppidum novum aedific_______ in animo habuerunt. Dum autem Romulus vallum[3] oppid_______ nov_______ aedificat, Remus venit et de vall_______[3] parv_______ risit. Itaque Romulus iratus Remum gladi_______ necavit.

Quod in oppid_______ nov_______ feminae non erant, Romulus consilium cepit: Sabinos[4] in oppid_______ su_______ invitavit[5]. Dum autem spectacul_________ pulchr_________ exspectant, Romani filias Sabinorum rapuerunt. Ita Romulus Romanis femin____ paravit. Sabini autem irati in patriam contenderunt et filias arm____ liberare constituerunt. Itaque paulo post milit____ Sabinorum ad urb_______ venerunt. Quod autem viri Romani puell____ placebant, Sabini et Romani pac______ fecerunt. Romulus deinde diu magna iustitia[6] regn________. Sed post mult____ ann____, dum orationem[7] ad milit____ suos habet[7], subito magn____ nube[8] ex oculis hominum evanuit[9]. Paulo post Romulus non iam inter homines, sed apud deos fuit.

1 **exponere** 3, -posui: „aussetzen"; 2 **pastor**, -oris m.: „Hirte"; 3 **vallum** ,-i n.: „Wall"; 4 **Sabini**, - orum m.: „die Sabiner"; 5 **invitare** 1: „einladen"; 6 **iustitia**, -ae f.: „Gerechtigkeit"; 7 **orationem habere**: „eine Rede halten"; 8 **nubes**, -is f.: „Wolke"; 9 **evanescere** 3, -ui: „verschwinden".

Repetitiones

I. Verbinde die Pronomina mit den passenden Nomina und übersetze!

1. quoddam ______________
2. eandem ______________
3. illius ______________
4. hac ______________
5. ipsis ______________
6. quo ______________
7. ei ______________
8. eae ______________
9. hos ______________

a) metu b) virgines c) dies d) domum e) adulescenti f) re g) animal h) periculi i) parentibus

II. Setze die richtigen Formen von *idem, eadem, idem* ein, ordne den Hauptsätzen die passenden Relativsätze zu und übersetze!

1. Quidam homines semper ______________ oppida petunt, ______
2. Gaius ______________ die multos amicos invitavit, ______
3. Quintus pulchritudinem Iuliae ______________ verbis laudat, ______
4. Liberi iam multas horas ______________ carmen canunt, ______
5. Ibi venit ______________ puella, ______
6. Amici ______________ nave domum navigaverunt, ______

a) qua venerant.
b) quibus Claudiam laudare solet.
c) quae iam saepe spectaverunt.
d) quam iam in foro vidimus.
e) quo parentes urbem reliquerunt.
f) quod magister eos docuit.

III. Übersetze die folgenden Sätze! Beachte, dass *quam* und *quod* nicht nur von *qui, quae, quod* kommen können!

1. Audivistisne iam de facinore, quod Tantalus commisit?
2. Quod facinus ille amicus deorum commisit?
3. Tantalus illud facinus commisit, quod prudentiam deorum probare[1] constituerat.
4. Quam improbum hoc facinus fuit!
5. Quam poenam Tantalus solvere debet?
6. Quod Tantalus tam improbum facinus commiserat, poena, quam di ei dederunt, magna erat.

1 probare 1: „auf die Probe stellen"

IV. Setze die folgenden Verba ins Imperfekt, Perfekt und Plusquamperfekt und übersetze die letzte Form!

1. quaerit: ______________________________
2. neglegitis: ______________________________
3. do: ______________________________
4. reddimus: ______________________________
5. sunt: ______________________________

V. Hercules[1] quoque Tartarum[2] petit

Non solum Orpheo, sed etiam Herculi[1] ante mortem Tartarum intrare licuit. Nam ille vir magnae virtutis duodecim opera, quae ei Eurystheus[3] rex imperaverat, conficere debuit. Postquam Hercules[1] iam nonnulla animalia summa magnitudine[4] interfecit, Eurystheus[3] ei hoc quoque imperavit: „Descende[5] in Tartarum et apporta[6] Cerberum canem!" Ille canis, cui tria capita sunt, ad portam Tartari mortuos custodit[7]. Ita nemo Tartarum relinquere potest. Hercules[1], qui ne hoc quidem periculum timebat, paruit atque Tartarum petivit. Ibi a Plutone[8] petivit: „Da mihi Cerberum! Eum ad Eurystheum[3] portare debeo!" Is respondit: „Cerberum tibi dare non possum. Si autem illum sine armis superare potes, Cerberum tecum ducere tibi licet." Et Hercules[1], postquam diu summā vi cum illo cane pugnavit, eum manibus superavit et ad Eurystheum portavit. Quod is autem Cerberum maxime timebat, Hercules[1] illum paulo post Plutoni[8] reddidit.

1 Hercules, -is m.: „Herkules"; **2 Tartarus**, -i m.: „Tartarus" (Unterwelt); **3 Eurystheus**, -ei m.: „Eurystheus" (König von Mykene); **4 magnitudo**, -inis f.: „Größe"; **5 descendere** 3, descendi: „hinabsteigen"; **6 apportare** 1: „herbeibringen"; **7 custodire** 4: „bewachen"; **8 Pluto**, -onis m.: „Pluto" (Gott der Unterwelt)

VI. Setze die folgenden Interrogativpronomina an der richtigen Stelle ein und übersetze den Brief!

cui – qua – quae – quae – quas – quem – quis – quid – quocum – quos

Iulia Claudiae salutem[1] dicit.

Certe gaudes, quod tibi nunc cum parentibus in insulis Graecis esse licet. ________________ nostrum iter in Graeciam facere non placet? ________________ ad mare ludere et templa clara spectare non delectat? ________________ insulas visistis[2]? ________________ insula tibi maxime placuit? In ________________ insula nunc estis? ________________ ibi facitis? ________________ montes ascenditis? ________________ oppida spectatis? ________________ vobis aedificia clara monstrat? Suntne ibi adulescentes pulchri? ________________ nocte ambulare soles? Certe non solum cum parentibus! Te iam exspecto! Certe multum narrare potes.

1 **salus**, -utis f.: „Gruß“; 2 **visere** 3, visi: „besichtigen“

VII. Übungssätze zur Kasuslehre:

1. Quis amicorum me hac curā liberat?
2. Ne magnis quidem poenis magister illos pueros facinoribus prohibere potest.
3. Magister nos semper pensis huius generis delectat.
4. Nemo adulescentium Iuliam, virginem et magnae pulchritudinis et summae prudentiae, non amat.
5. Cui vestrum hoc die pulchro in schola esse placet?
6. Illum virum, cui uxor summo honore est, iam saepe cum quibusdam puellis vidimus.

VIII. Worum handelt es sich bei den folgenden Begriffen?

1. Pönale:
   - ☐ Endspiel
   - ☐ Strafsumme
   - ☐ Filmfestival
   - ☐ Haarfett

2. Diäten (2 Möglichkeiten):
   - ☐ Taggelder
   - ☐ Vorwürfe
   - ☐ fremde Währungen
   - ☐ Ernährungsvorschriften

3. Auditorium:
   - ☐ Wagnis
   - ☐ Zuhörerschaft
   - ☐ Prophezeiung
   - ☐ Hoheitsgebiet

4. Akklamation:
   - ☐ Beschwerde
   - ☐ Zuruf
   - ☐ Anpassung
   - ☐ Eingewöhnung

IX. Setze die gesuchten Begriffe im Nominativ Sg. (außer bei Pluralwörtern) ein!

Waagrecht: **1.** Ii in scholam venire debent, si facinus commisisti. **5.** Romani multos eorum habebant, nos unum habemus. **7.** Duodecim earum dies apud Romanos habebat. **9.** Ea post vitam nos exspectat. **11.** Iis videmus. **14.** Ea iter per mare facimus. **15.** Ea milites semper secum habent. **16.** Ibi multa templa sunt.

Senkrecht: **1.** Eam solvimus, si scelus commisimus. **2.** Ea post diem venit. **3.** Tres et quattuor sunt … **4.** Eam tolerare debemus, si diu nihil bibimus. **6.** Eo in aedificio liberi ante meridiem esse solent. **8.** Per eam domum intramus. **10.** Ea est uxor regis. **12.** Is meridie summo in caelo est. **13.** Id discipuli post meridiem sine magno gaudio faciunt.

Lösung: Eine (zumindest in den Asterix-Bänden) häufige Frage nach dem geistigen Gesundheitszustand des anderen.

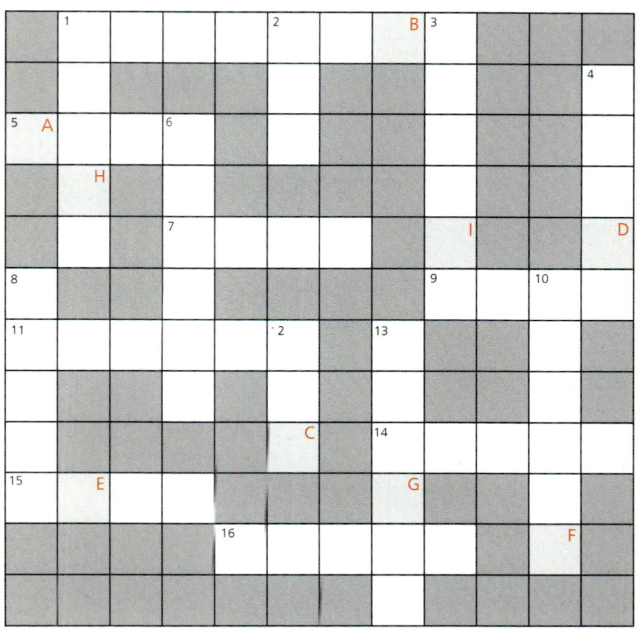

A	B	C	D	E	F	G	H	I	?

Repetitiones

I. Setze ins Futur, Imperfekt, Perfekt und Plusquamperfekt (in derselben Person)!

Präsens	Futur	Imperfekt	Perfekt	Plusquamperfekt
augemus				
ponunt				
aufers				
adit				

II. Stimme die angegebenen Adjektiva mit den Nomina überein und setze sie auch in den Komparativ und Superlativ!

1. proeliis ______ – ______ – ______ (atrox, -ocis)
2. verbi ______ – ______ – ______ (acer/acris/acre)
3. pensum ______ – ______ – ______ (facilis/e)
4. rem ______ – ______ – ______ (parvus/a/um)
5. classi ______ – ______ – ______ (magnus/a/um)

III. Ordne die Adjektiva den passenden Nomina zu und übersetze!

prudentem – clara – novae – peius – breves – atrocium – honestis – improbus – fortiori – breviore

1. die ______ : ______
2. iudicium ______ : ______
3. civis ______ : ______
4. legis ______ : ______
5. mulieribus ______ : ______
6. exercitui ______ : ______
7. rerum ______ : ______
8. virum ______ : ______
9. litteras ______ : ______
10. oratio ______ : ______

IV. Ein Übungstext zur Kasuslehre:

Cui discipulorum horae Latinae non maxime placent? Nemo nostrum horas Latinas non amat. Nihil nos horis Latinis prohibere potest. Horae Latinae enim, quae omnibus ceteris horis pulchriores sunt, nobis semper magno gaudio sunt. Magister noster, vir summae prudentiae, nos semper pulchris libris Latinis delectat. Post meridiem quoque et nocte, cum nobis otium est, libenter libros Latinos legimus.

V. Setze die gesuchten Formen von *ire* und *ferre* ein!

Waagrecht: **1.** ihr wart gegangen **2.** ich trug (Perf.) **4.** ihr gingt (Perf.) **8.** ich gehe **9.** wir gingen (Perf.) **11.** er ging (Imperf.) **12.** ich trug (Imperf.) **13.** du gehst **14.** ihr trugt (Perf.) **16.** sie gehen **17.** sie trug (Perf.)

Senkrecht: **1.** ihr geht **2.** du hattest getragen **3.** wir waren gegangen **5.** du gingst (Imperf.) **6.** wir trugen (Perf.) **7.** ich ging (Perf.) **10.** geht! **12.** tragt! **15.** sie ging (Perf.)

Lösung:
So hieß die spanische Stadt Saragossa in der Antike:

C	A	B	C	D	E	–
F	G	G	H	I	J	K

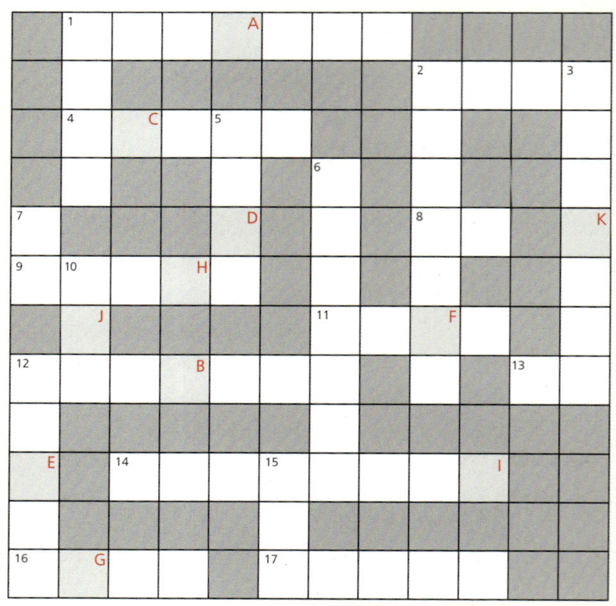

VI. Was kann *qui, quae, quod* alles bedeuten?

Qui orator clarior erat quam Cicero? Qui dum consul est, rem publicam servavit, quae erat summo in periculo. Nam Catilinam, qui consules interficere constituerat, Romam relinquere coegit. In senatu, quem ipse convocaverat, hanc orationem habuit: „Quod scelus non commisisti, Catilina? Omnia, quae fecisti, vidimus. Quam improba facinora tua sunt! Consilia quoque, quae cum sociis tuis improbissimis cepisti, nobis ignota non sunt. Rem publicam, quam sceleribus tuis iam diu terrebas, timore magno libera!" Ita Catilina sponte sua Romā exiit et se ad copias suas recepit, quas ante urbem paraverat.

VII. Bilde jeweils von dem angegebenen Verb das PPP, stimme es mit dem Nomen überein und übersetze!

Bsp.: *amica amata:* die geliebte Freundin (*amare*)

1. socios ______________________ (vocare)
2. civem ______________________ (defendere)
3. nationis ______________________ (vincere)
4. animali ______________________ (occidere)
5. librum ______________________ (reddere)
6. carminum ______________________ (audire)
7. virgini ______________________ (iuvare)
8. facinora ______________________ (committere)

VIII. Ergänze die fehlenden passiven bzw. aktiven Formen!

1. spectavi – ______________________
2. ______________________ – exerciti erant
3. moverunt – ______________________
4. ______________________ – clausae estis
5. auxerat – ______________________
6. ______________________ – ablata sunt

IX. Setze die folgenden Sätze ins Passiv und übersetze die gebildeten Sätze!

Bsp: Magister discipulos laudavit. → Discipuli a magistro laudati sunt. (Die Schüler wurden vom Lehrer gelobt.)

1. Pueri amicum servaverunt.
2. Rex consilium prudentius cepit.
3. Galli urbem expugnaverant.
4. Imperator milites fortissimos convocavit.
5. Puellae nos iam exspectaverant.
6. Pater te certe punivit.

X. Jeder der folgenden Sätze beinhaltet einen inhaltlichen Fehler. Stelle sie alle richtig!

1. Verres, qui multa artificia pulcherrima e Sicilia abstulerat, oratione Ciceronis adductus Romam fugere constituit.
2. Iuppiter, quod Tantalus prudentior erat, facinus atrocissimum intellexit.
3. Populus Romanus, quem Hannibal maxime timebat, magno cum metu clamavit: „Hannibal ante portas!"
4. Quod iis uxores non erant, Sabini feminas rapere constituerunt.
5. Caesar, qui paucis annis omnes fere civitates Germanorum vicerat, legiones suas Romam duxit.
6. Sisyphus, cuius carmina pulcherrima erant, uxorem in Tartaro quaerebat.

XI. Setze die folgenden Pronomina an passender Stelle ein und übersetze!

cui – eam – hoc – ille – illius – istas – quendam

Caesar, ____________ imperator clarissimus, priusquam bellum in Gallia gessit, a senatu in Hispaniam provinciam missus erat. Dum iter per montes in ____________ provinciam facit, cum nonnullis sociis ad vicum[1] ______________ minimum venit, ubi pauci homines vivebant. Unus e sociis, ____________ Caesaris cupiditas potestatis ignota non erat, risit dixitque: „Vide, Caesar, ____________ domus miserrimas! Incolis ____________ vici[1] potestas honoresque certe curae non sunt." Cui Caesar ____________ respondit: „Malo[2] in eo vico[1] primus esse, quam Romae secundus."

1 vicus, -i m.: „Dorf"; **2 malo**: „ich will lieber"

Repetitiones

I. Bilde aus den folgenden Adjektiva Adverbia und setze dann beide Formen in den Komparativ und Superlativ:

1. clarus 2. acer 3. facilis 4. malus

II. Unterteile die folgenden Wörter in Adjektiva und Adverbia und übersetze sie! (Einige Formen können sowohl Adjektiva als auch Adverbia sein. Bedenke auch den Vokativ!)

acerrimis – altius – celeribus – magnifice – diligenter – dulciora – crudeliter – facilius – forte – breve – firmiores – laetissimam – honestissimum – noviores – nobiliori – peius – pulchre – veros – difficillimi

III. Setze ins Futur, Imperfekt, Perfekt, Plusquamperfekt und Futur exakt!

1. orat 2. ponunt 3. adsumus 4. vis

IV. Ergänze die fehlenden Formen!

Inf. Präs. Aktiv	Inf. Perf. Aktiv	Inf. Perf. Passiv	PPA	PPP	Gerundium (4.F.)
spectare					
					puniendum
	delegisse				

V. Ordne den Nomina die passenden Partizipia zu und übersetze!

1. libertati ______ 3. pulchritudo ______ 5. domibus ______ 7. exercitui ______

2. rem ______ 4. tempus ______ 6. verbi ______ 8. equos ______

a) laudantis b) actum c) incensis d) neglecta e) cognitam f) promissae g) misso h) apparentes

VI. Setze die gesuchten Fremdwörter für die folgenden Begriffe ein! (Sie sind alle von lateinischen Perfektpartizipia gebildet.)

Waagrecht: 3. Tatsachen; Vorgänge, die wirklich geschahen (= **gemacht wurden**) (Pl.) 5. Satzungen, **festgesetzte** Grundregeln (Pl.) 7. anvertrautes Geld; **Glaube** an die Bereitschaft eines anderen, dieses Geld zurückzuzahlen 9. Auftrag, der anderen (meist Politikern) **anvertraut** wurde 11. jemand, der in Rechtsstreitigkeiten **herbeigerufen** wird 12. **Auszug** aus pflanzlichen Stoffen 13. Anweisung, welche Arzneien man **(auf-)nehmen** soll

Senkrecht: 1. **Forderung** 2. ursprünglich die Angabe, wann ein Schriftstück heraus**gegeben** wurde 4. etwas (meist süß) Zubereitetes (= **Ausgeführtes**) 6. **Sicht**vermerk im Reisepass 8. etwas in vergangenen Zeiten **Zurückgelassenes** 10. schriftlicher **Beschluss**

Lösung: lateinischer Name von Preußen:

	A	B	C	D	E	F	G
B							

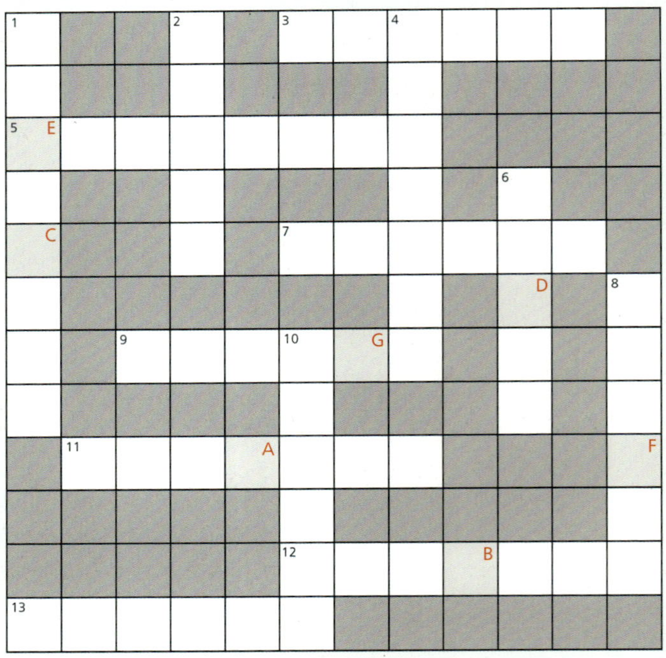

VII. Bilde das PPA und stimme es mit dem Nomen überein. Übersetze die Wortgruppen auch!

1. amicorum ____________________ (sperare)
2. senatui ____________________ (decernere)
3. arma ____________________ (laedere)
4. pueros ____________________ (discere)
5. reginam ____________________ (flere)
6. saxi ____________________ (cadere)

VIII. Unterstreiche die Partizipia und ihre Bezugswörter und übersetze mit Relativsatz. Achte auf die Zeiten!

1. Ulixes erat prudentissimus Graecorum ad Troiam pugnantium.
2. Post multa proelia ante moenia oppidi frustra commissa Ulixes ad milites in castris convocatos dixit:
3. „Troiam tam diu a vobis oppugnatam vi expugnare non potestis.
4. Si autem dolum[1] paramus, Troianos patriam fortissime defendentes vincere possumus."
5. Quodam die Troiani hora prima ex oppido exeuntes castra relicta invenerunt.
6. Ante castra equum ingentem a Graecis summa arte aedificatum conspexerunt.
7. Tunc Troiani hunc equum donum Minervae putantes partem moenium diruerunt[2].
8. Deinde ille equus complures milites Graecos continens ad arcem tractus est.
9. Postera nocte Graeci Troianos victoriam multo vino celebrantes adierunt.

1 dolus, -i m.: „List"; **2 diruere** 3, -rui, -rutum: „einreißen"

IX. Übersetze!

1. In legendo nihil audio.
2. Ea animalia bibendi causa hoc flumen petunt.
3. Pater tacendo nos punire solet.
4. Estne tibi nunc tempus domum navigandi?
5. Discendi causa veni, non ad ludendum.
6. Is orator canendo vocem suam exercuit.
7. Tibi non est ius occidendi.
8. Me sub arborem recepi ad librum legendum.

X. Unterstreiche Subjektsakkusativ und Infinitiv und übersetze!

1. Magister discipulos sibi de feriis[1] suis narrare iubet.
2. Quintus se feriis cum nonnullis puellis pulcherrimis convenisse narrat.
3. Gaius dicit se multum discere voluisse, sed semper ab amicis prohibitum esse.
4. Claudia dicit se summo gaudio ad insulas Graecas navigavisse.
5. Iulia se clam cum amico novo iter ad mare fecisse non narrat.
6. Se otio maxime delectatos esse complures discipuli dicunt.
7. Nemo autem discipulorum magistro dicit se scholam et magistros iam magno cum gaudio exspectavisse.
8. Plurimos discipulos ferias[1] tempus pulcherrimum putare constat.

1 feriae, -arum f.: „Ferien"

XI. Forme die folgenden Sätze jeweils zu einem ACI um und übersetze! Achte auf die Zeit!

1. Daedalus videt: „Filius mortuus est."
2. Theseus audit: „Minotaurus liberos interficit."
3. Constat: „Cleopatra se ipsam necavit."
4. Troiani putant: „Graeci domum navigant."
5. Legimus: „Galli a Caesaris copiis victi sunt."
6. Orpheus intellegit: „Uxorem iterum amisi."

XII. Ergänze die fehlenden Endungen und übersetze!

Penelopa[1], uxor Ulixis, multos annos maritum amat______ exspectare debuit. Saepe, cum de mortibus quorundam virorum fort________ audiverat, metu magn______ affecta est. Speraba______ deos Ulixem adiuvare. Post decem annos magno cum gaudi______ a nuntiis audivit Troiam tandem expugnat______ esse. Iidem dixerunt Ulixem cum ceter______ Graec______ navem ascendisse et illam terram alienam reliquisse domum redeundi causa. Penelopa maxime gaudebat, sed tamen Ulixes non redi______. Itaque nuntios ad alios reg______ Graecos, qui interea domum redi________, misit. Nemo autem Ulixem post illud bellum atro______ viderat. Plurimi homin______ Ulixem interfectum esse putabant. Itaque multi viri apud Penelopam conven________, qui hanc feminam pulchram et divit______ in matrimonium ducere volebant. At fides illius mulier______ maxima erat. Nemo ei persuadere potuit Ulixem mortu______ esse.

1 Penelopa,- ae f.: „Penelope"

Repetitiones

I. Setze in alle Zeiten (in derselben Person und Zahl)!

1. accusamus 2. scis 3. sunt 4. hortatur

II. Bilde von den folgenden Verba alle Infinitive, die Imperative und die Partizipia!

1. nuntio 2. scribo 3. tollo 4. patior

III. Setze die folgenden Formen ins Passiv!

1. misi → ______________________
2. amat → ______________________
3. invitabimus → ______________________
4. includebant → ______________________
5. consuluisti → ______________________
6. laedam → ______________________
7. rogatis → ______________________
8. laudaverat → ______________________
9. ducimus → ______________________
10. sumpserit → ______________________
11. laedere → ______________________
12. rogavisse → ______________________

IV. Welches Prädikat passt? Übersetze auch!

1. Nero, quod multos homines crudeliter interfici iusserat, a plurimis civibus Romanis maxime *laudabatur / timebatur / verebatur.*
2. Orpheus, qui uxorem amatam amiserat, multis cum lacrimis de fortuna sua *fletus est / narratus est / questus est.*
3. Europa, quae a Iove rapta erat, a fratribus diu *quaerebatur / querebatur / spectabatur.*
4. Milites Romani ab exercitu hostium circumventi sitim vix *feruntur / patiuntur / tolerantur.*
5. Timore militum animadverso imperator *dictus est / locutus est / clamatus est*: „Nolite copias hostium *metui / timeri / vereri*!"

V. Deponens oder echtes Passiv? Ordne die Formen in zwei Gruppen und übersetze auch!

hortamini, superamini, traditur, ornatum, referetur, dubitatur, rogari, metuebamur, sequi, locuti sunt, queruntur, quaeruntur, passa erat, divisum est, sequor, ducor, iuvaris, loquere

VI. Setze die gesuchten Fremdwörter für die folgenden Begriffe ein! (Sie sind diesmal alle von lateinischen Präsenspartizipia gebildet.)

Waagrecht:
1. widerstandsfähig (sich widersetzend)
4. ein Leidender
7. vieles ertragend
9. ein Verb, das die aktiven Formen ablegt
10. ein Vortragender, Berichtender
11. vieles erkennend

Senkrecht:
2. den Kreis berührende Linie
3. zusammenhaltendes Festland
5. ein Verbrauchender
6. ein Studierender
8. ein Lehrender

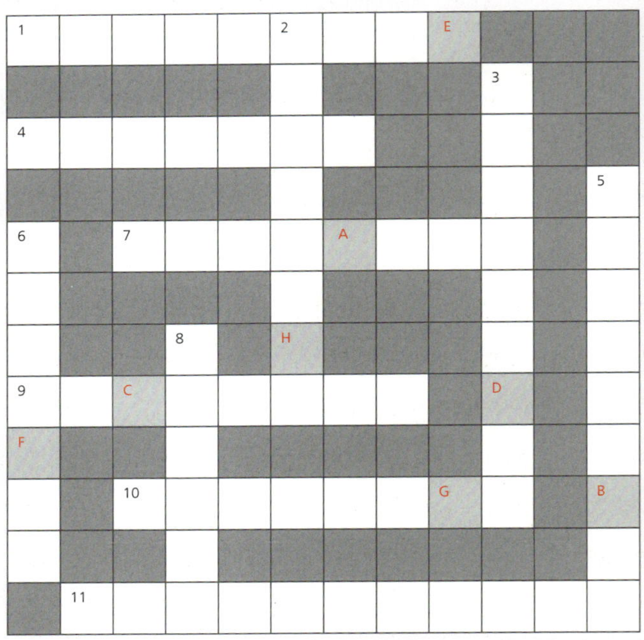

Lösung: ein (die Klasse) Wiederholender

A	B	C	D	E	F	G	H

VII. Unterstreiche die Partizipia und deren Bezugsworte und übersetze!

1. Discipuli pulchros libros Latinos lecturi in scholam venerunt.
2. Magno cum gaudio discipuli nunc magistrum novos libros Latinos ferentem conspiciunt.
3. Nihil enim pulchrius est quam libros lingua Latina scriptos legere.
4. At libros ante nonnullos dies a magistro acceptos iam legerunt.
5. Nam discipulis linguam Latinam maxime amantibus eos libros non solum in schola, sed etiam domi legere placebat.
6. Quintus quoque saepe de difficilibus pensis Latinis questus hodie librum Latinum legere incipit.

VIII. Ordne den folgenden Sätzen jeweils den richtigen Ablativus absolutus zu und übersetze!

1. ________ Petrus deo gratias agens in urbem redire constituit.
2. ________ equus in oppidum trahitur.
3. ________ Maxentius metu mortis commotus Romam relinquere verebatur.
4. ________ subito miraculum accidisse dicitur.
5. ________ Graeci hostes vincere non possunt.
6. ________ princeps Christianos comprehendi ac puniri iussit.
7. ________ Ulixes decem annos patriā prohibetur.
8. ________ Spartacus cum copiis Romanis pugnare non dubitavit.
9. ________ Galli Capitolium ascendere coeperunt.

a) Achille proeliis abstinente b) Christo viso c) Militibus sitim vix tolerantibus d) Multis servis coactis e) Oraculo consulto f) Romanis dormientibus g) Troiā occupatā h) Urbe incendio vastatā i) Verbis Cassandrae neglectis

IX. In den folgenden Sätzen kommt jeweils ein ACI vor. Unterstreiche Subjektsakkusativ und Infinitiv und übersetze!

1. Daedalus cum Icaro per caelum fugiens intellexit filium se non iam sequi.
2. Legimus Helenam, mulierem pulcherrimam, raptam et Troiam ductam esse. Quam rem causam belli atrocis fuisse constat.
3. Achilles, cui serva pulcherrima ablata erat, iratus clamavit se inde proeliis abstenturum esse.
4. Marco Aurelio nuntiatum est Christianos ad deum suum orantes saepe periculis maximis liberatos esse.
5. Maxentius, quod animadverterat exercitum suum a copiis Constantini vinci, fugae se mandavit.
6. Martinus, qui virum pauperem a ceteris hominibus non adiuvari vidit, vestem suam gladio divisit.
7. Galliā expugnatā Caesar copias suas in Pompeium duxit speravitque se etiam in eo bello victorem fore.

X. Die folgenden Wörter können verschiedene Bedeutungen haben. Welche?

1. consulis: ______________________________
2. leges: ______________________________
3. quo: ______________________________
4. eo: ______________________________

XI. Ergänze die fehlenden Endungen und übersetze!

Magister, qui nonnull______ discipul______ pensa iterum non fecisse animadvertit, eos verbis acerrim______ monet. Magistro locuto quidam discipul______ interrogare audent: „Scripsistine ips______ semper pensa tua?“ – Magister respondet: „Nonne scitis me discipul______ optim______ fuisse? Numquam sine pensis diligentissim______ scriptis in scholam veni. Nam pensa facere mihi magn______ gaudio erat. Itaque saepe plur______ ac difficilior______ pensa a magistris postulabam. Iam puer[1] enim intellexeram nos non scholae, sed vitae disc______. Itaque pens______ factis saepe tot______ noctem libros lingua Latina aut Graeca script______ legebam. Aestat______ quoque amicis itinera facientibus magno studio disc______ solebam. Ita semper a magistris laudaba______ et omnibus discipulis exemplo eram.“ – Quibus verbis audit______ Quintus intellegit magistro iam puero[1] mentem sanam non fuisse.

1 **iam puer**: „schon als Bub“

Repetitiones

I. Von welchen Vokabeln stammen die folgenden Wörter? Gib die vollständigen Formen an, wie sie im Vokabelverzeichnis angeführt sind!

1. aderas ______________
2. ducum ______________
3. secutus es ______________
4. canam ______________
5. fugam ______________
6. sedisti ______________
7. divitibus ______________
8. incolas ______________
9. viribus ______________

II. Unterteile die folgenden Verba in indikativische und konjunktivische Formen und übersetze sie! (Eine der Formen kann sowohl Indikativ als auch Konjunktiv sein!)

perveneras – petivisset – mandata sunt – sedemus – trahes – toleratis – venisti – vetet – tegeretis – mutemus – responsum esset – sciam – quaerebat – reddatur – ingressa esset – vicit – regas – tacebunt – usus erat – paterer

III. Übersetze und achte dabei besonders auf die Übersetzung aller Konjunktive!

1. Graeci putabant: „Nisi Achilles proeliis abstineret, hostes certe vinceremus."
2. Cassius et Brutus, ut liberam rem publicam servarent, statuerunt: „Iulius Caesar occidatur!"
3. Daedalus filium suum monuit: „Hanc insulam relinquamus patriamque petamus!"
4. Troiani, cum equum ingentem spectavissent, clamabant: „Hoc artificium in arce ponatur!"
5. Si Troiani verbis Cassandrae credidissent, oppidum expugnatum non esset.
6. Cum tres deae certarent, Iuppiter decrevit: „Paris iudicet et pulcherrimam deligat!"
7. Theseus, cum navem ascenderet, ad parentes liberorum delectorum locutus est: „Di me adiuvent, ut liberi vestri vobis mox reddantur!"
8. Nero, ne ipse auctor incendii putaretur, constituit: „Christiani, cum Romam incenderint, puniantur!"

IV. Achte in den folgenden Sätzen auf die richtige Übersetzung des Konjunktivs im Hauptsatz!

1. Hoc spectaculum crudele finiamus! ______________
2. Tuum pensum fecissem, si me rogavisses. ______________
3. Quis hoc patiatur? ______________
4. Semper beatus sis! ______________
5. Nemo dicat se semper beatum esse. ______________
6. Pensa diligentissime faciamus! ______________
7. Iussa magistri conficiantur! ______________
8. Quid Claudiae donem? ______________
9. Hoc donum vobis usui sit! ______________
10. Beatus essem, si mecum theatrum adires. ______________

V. Suche aus den angegebenen Verbformen die richtige aus und übersetze!

1. Si Spartacus exercitum Romanum iterum vinceret, imperium magno in periculo *esset / sit / est*.
2. Nisi rex nobis navem dabit, alio modo hanc insulam *relinquimus / relinquemus / reliquimus*.
3. Si Hannibal Romam adisset, urbem certe *expugnavisset / expugnaret / expugnata esset*.
4. Si mihi divitiae maximae essent, certe a Iulia non *neglegar / neglegerer / neglectus essem*.
5. Nisi miraculum accidisset, Marcus Aurelius cladem *acciperet / accipiet / accepisset*.

VI. Setze in die Konjunktive Präs., Imperf. und Plqpf. und übersetze nach den Regeln des Konj. im Hauptsatz!

1. venis: ______________
2. damnatur: ______________
3. sunt: ______________

VII. Bestimme die fett gedruckten Verbalformen und ihre Verwendung und übersetze!

1. Quintus e Iulia quaesivit: „Ubi te **exspectem**?“ ______
2. Quintus semper est cupidus Iuliae **exspectandae**. ______
3. Iulia saepe a Quinto frustra **exspectari** dicitur. ______
4. Quintus dixit: „Si velles, te etiam multas horas **exspectarem**.“ ______
5. Iulia Quintum hortata est, ne se ante scholam **exspectaret**. ______
6. Tamen puer ad Iuliam **exspectandam** meridie ante scholam fuit. ______
7. Nonnulli amici Quintum interrogaverunt, quem **exspectaret**. ______
8. Quintus respondit sibi nunc puellam quandam **exspectandam** esse. ______
9. Sciebant autem omnes Quintum Iuliam **exspectare**. ______
10. Neque nesciebant Quintum eam iam saepe frustra **exspectavisse**. ______
11. Quinto Iuliam **exspectante** amici domum contenderunt. ______
12. Iuliae **exspectandae** causa Quintus diu ad portam scholae stabat. ______
13. In **exspectando** Quintus etiam multas alias puellas pulchras vidit. ______
14. At Quintus Iuliam **exspectans** illas puellas non spectavit. ______
15. Iulia, cum **exspectaretur**, tamen pensa in schola scribere constituit. ______
16. Ita fiebat, ut Quintus Iuliam frustra **exspectaret**. ______
17. Iuliā unam horam **exspectatā** Quintus domum profectus est. ______
18. Sciebat: „Numquam Iuliam iterum tam diu **exspectabo**!“ ______
19. Denique Iulia a Quinto diu **exspectata** scholam reliquit. ______
20. Amici Iuliae referunt eam a Quinto diu **exspectatam esse**. ______
21. Postero die Quintum rogant, num Iuliam frustra **exspectaverit**. ______
22. Quintus amicis non narrat, quam diu Iuliam **exspectaverit**. ______
23. Quintus dicit se Iuliam non iam **exspectaturum esse**. ______
24. Amici autem sciunt, quis postero die Iuliam iterum **exspectaturus sit**. ______

VIII. Setze die angegebenen Verbalformen in die passenden Sätze ein und übersetze!
oppugnanda – oppugnandae – oppugnandam – oppugnandum – oppugnari – oppugnata

1. Graeci ad Troiam ______ patriam multis navibus reliquerunt.
2. Troia decem annos ______ Ulixes consilium prudentissimum cepit.
3. Exercitu Romano victo Hannibali occasio Romae ______ data est.
4. Galli in Roma ______ multa aedificia delebant.
5. Caesar oppidum Gallorum ______ iussit.
6. Militibus Romanis oppidum hostium diu ______ erat.

IX. Die folgenden Wörter können jeweils zwei verschiedene Bedeutungen haben. Welche?

1. regno: ______ / ______
2. dona: ______ / ______
3. regis: ______ / ______
4. soli: ______ / ______
5. curas: ______ / ______
6. duci: ______ / ______

Deklinationen

A. Nomina (Substantiva)*

		o-Dekl.		a-Dekl.	e-Dekl.	u-Dekl.
		m.	n.	f.	f.	m.
Singular	1.F.	*amicus*	*verbum*	*amica*	*res*	*casus*
	2.F.	*amici*	*verbi*	*amicae*	*rei*	*casus*
	3.F.	*amico*	*verbo*	*amicae*	*rei*	*casui*
	4.F.	*amicum*	*verbum*	*amicam*	*rem*	*casum*
	5.F.	*amice!*	*verbum!*	*amica!*	*res!*	*casus!*
	6.F.	*(ab) amico*	*verbo*	*(ab) amicā*	*re*	*casu*
Plural	1./5.F.	*amici*	*verba*	*amicae*	*res*	*casus*
	2.F.	*amicorum*	*verborum*	*amicarum*	*rerum*	*casuum*
	3.F.	*amicis*	*verbis*	*amicis*	*rebus*	*casibus*
	4.F.	*amicos*	*verba*	*amicas*	*res*	*casus*
	6.F.	*(ab) amicis*	*verbis*	*(ab) amicis*	*rebus*	*casibus*

		3. Deklination				
		Konsonantenstämme		Mischstämme	i-Stämme	
		f.	n.	f.	f.	n.
Singular	1./5.F.	*vox*	*flumen*	*navis*	*turris*	*mare*
	2.F.	*vocis*	*fluminis*	*navis*	*turris*	*maris*
	3.F.	*voci*	*flumini*	*navi*	*turri*	*mari*
	4.F.	*vocem*	*flumen*	*navem*	*turrim*	*mare*
	6.F.	*voce*	*flumine*	*nave*	*turri*	*mari*
Plural	1./5.F.	*voces*	*flumina*	*naves*	*turres*	*maria*
	2.F.	*vocum*	*fluminum*	*navium*	*turrium*	*marium*
	3.F.	*vocibus*	*fluminibus*	*navibus*	*turribus*	*maribus*
	4.F.	*voces*	*flumina*	*naves*	*turres*	*maria*
	6.F.	*vocibus*	*fluminibus*	*navibus*	*turribus*	*maribus*

* In deinem E-Book findest du diese Tabellen auch mit Übersetzung.

Geschlechtsregeln 3. Deklination

Konsonantenstämme	m.	*-er (-eris) / -or (-oris) / -os (-oris)*
	f.	*-as (-atis) / -us (-utis) / -x (-gis/-cis) / -o (-onis/-inis)*
	n.	*-us (-oris/-eris) / -men (-minis)*
Mischstämme	f.	• *navis, navis* (→ 1. = 2.F. Sg., „Gleichsilbler") • *urbs, pars* (→ Endung mit zwei oder mehr Konsonanten)
i-Stämme	f.	*turris* (Turm), *sitis* (Durst), *vis* (Kraft; Gewalt)
	n.	Wörter auf *-e (mare)* und *-al (animal)*

B. Adjektiva

		a-/o-Deklination		
		m.	f.	n.
Singular	1.F.	*bonus*	*bona*	*bonum*
	2.F.	*boni*	*bonae*	*boni*
	3.F.	*bono*	*bonae*	*bono*
	4.F.	*bonum*	*bonam*	*bonum*
	5.F.	*bone!*	*bona!*	*bonum!*
	6.F.	*bono*	*bonā*	*bono*
Plural	1./5.F.	*boni*	*bonae*	*bona*
	2.F.	*bonorum*	*bonarum*	*bonorum*
	3.F.	*bonis*	*bonis*	*bonis*
	4.F.	*bonos*	*bonas*	*bona*
	6.F.	*bonis*	*bonis*	*bonis*

3. Deklination*		
m.	f.	n.
fortis	*fortis*	*forte*
fortis	*fortis*	*fortis*
forti	*forti*	*forti*
fortem	*fortem*	*forte*
fortis!	*fortis!*	*forte!*
forti	*forti*	*forti*
fortes	*fortes*	*fortia*
fortium	*fortium*	*fortium*
fortibus	*fortibus*	*fortibus*
fortes	*fortes*	*fortia*
fortibus	*fortibus*	*fortibus*

* Ebenso *atrox,-ocis* etc. (**eine** Endung im Nominativ) und *celer,-eris,-ere* etc. (**drei** Endungen im Nominativ)

		Pronominale Deklination		
		m.	f.	n.
Singular	1./5.F.	*totus*	*tota*	*totum*
	2.F.	*totius*	*totius*	*totius*
	3.F.	*toti*	*toti*	*toti*
	4.F.	*totum*	*totam*	*totum*
	6.F.	*toto*	*totā*	*toto*

ebenso wandeln ab:
solus („allein")
unus („ein")
nullus („kein")
ullus („irgendein")
alter („der andere")

Steigerung (Komparativ)

		Adjektiva der a-/o-Deklination		
		m.	f.	n.
Singular	1./5.F.	*clarior*	*clarior*	*clarius*
	2.F.	*clarioris*	*clarioris*	*clarioris*
	3.F.	*clariori*	*clariori*	*clariori*
	4.F.	*clariorem*	*clariorem*	*clarius*
	6.F.	*clariore*	*clariore*	*clariore*
Plural	1./5.F.	*clariores*	*clariores*	*clariora*
	2.F.	*clariorum*	*clariorum*	*clariorum*
	3.F.	*clarioribus*	*clarioribus*	*clarioribus*
	4.F.	*clariores*	*clariores*	*clariora*
	6.F.	*clarioribus*	*clarioribus*	*clarioribus*

Adjektiva der 3. Deklination		
m.	f.	n.
fortior	*fortior*	*fortius*
fortioris	*fortioris*	*fortioris*
fortiori	*fortiori*	*fortiori*
fortiorem	*fortiorem*	*fortius*
fortiore	*fortiore*	*fortiore*
fortiores	*fortiores*	*fortiora*
fortiorum	*fortiorum*	*fortiorum*
fortioribus	*fortioribus*	*fortioribus*
fortiores	*fortiores*	*fortiora*
fortioribus	*fortioribus*	*fortioribus*

Konjugationen

A) Indikativ Aktiv

		Präsens Aktiv				
		a-Konj.	e-Konj.	kons. Konj.	Mischkonj.	i-Konj.
Singular	1.P.	*amo*	*moneo*	*mitto*	*capio*	*audio*
	2.P.	*amas*	*mones*	*mittis*	*capis*	*audis*
	3.P.	*amat*	*monet*	*mittit*	*capit*	*audit*
Plural	1.P.	*amamus*	*monemus*	*mittimus*	*capimus*	*audimus*
	2.P.	*amatis*	*monetis*	*mittitis*	*capitis*	*auditis*
	3.P.	*amant*	*monent*	*mittunt*	*capiunt*	*audiunt*

		Imperfekt Aktiv				
		a-Konj.	e-Konj.	kons. Konj.	Mischkonj.	i-Konj.
Singular	1.P.	*amabam*	*monebam*	*mittebam*	*capiebam*	*audiebam*
	2.P.	*amabas*	*monebas*	*mittebas*	*capiebas*	*audiebas*
	3.P.	*amabat*	*monebat*	*mittebat*	*capiebat*	*audiebat*
Plural	1.P.	*amabamus*	*monebamus*	*mittebamus*	*capiebamus*	*audiebamus*
	2.P.	*amabatis*	*monebatis*	*mittebatis*	*capiebatis*	*audiebatis*
	3.P.	*amabant*	*monebant*	*mittebant*	*capiebant*	*audiebant*

		Futur Aktiv				
		a-Konj.	e-Konj.	kons. Konj.	Mischkonj.	i-Konj.
Singular	1.P.	*amabo*	*monebo*	*mittam*	*capiam*	*audiam*
	2.P.	*amabis*	*monebis*	*mittes*	*capies*	*audies*
	3.P.	*amabit*	*monebit*	*mittet*	*capiet*	*audiet*
Plural	1.P.	*amabimus*	*monebimus*	*mittemus*	*capiemus*	*audiemus*
	2.P.	*amabitis*	*monebitis*	*mittetis*	*capietis*	*audietis*
	3.P.	*amabunt*	*monebunt*	*mittent*	*capient*	*audient*

		Perfekt Aktiv				
		a-Konj.	e-Konj.	kons. Konj.	Mischkonj.	i-Konj.
Singular	1.P.	*amavi*	*monui*	*misi*	*cepi*	*audivi*
	2.P.	*amavisti*	*monuisti*	*misisti*	*cepisti*	*audivisti*
	3.F.	*amavit*	*monuit*	*misit*	*cepit*	*audivit*
Plural	1.P.	*amavimus*	*monuimus*	*misimus*	*cepimus*	*audivimus*
	2.P.	*amavistis*	*monuistis*	*misistis*	*cepistis*	*audivistis*
	3.P.	*amavérunt*	*monuérunt*	*misérunt*	*cepérunt*	*audivérunt*

		Plusquamperfekt Aktiv				
		a-Konj.	e-Konj.	kons. Konj.	Mischkonj.	i-Konj.
Singular	1.P.	*amaveram*	*monueram*	*miseram*	*ceperam*	*audiveram*
	2.P.	*amaveras*	*monueras*	*miseras*	*ceperas*	*audiveras*
	3.F.	*amaverat*	*monuerat*	*miserat*	*ceperat*	*audiverat*
Plural	1.P.	*amaveramus*	*monueramus*	*miseramus*	*ceperamus*	*audiveramus*
	2.P.	*amaveratis*	*monueratis*	*miseratis*	*ceperatis*	*audiveratis*
	3.P.	*amáverant*	*monúerant*	*míserant*	*céperant*	*audíverant*

Wolfram Kautzky · Oliver Hissek

Serviceteil für LehrerInnen

3 bis 4

3. bis 4. Klasse

VERITAS
Gemeinsam besser lernen

Inhalt

1. Auflage (2019)

Umschlagfotos: Alamy Stock Photo/Jan Wlodarczyk

Schulbuchvergütung/Bildrechte: © Bildrecht/Wien

ISBN: 978-3-7101-3438-8

1 *Medias In Res!* 3–4 – Was ist neu?

Sehr geehrte Kolleginnen und Kollegen!

Seit 2005 ist der Grundband von *Medias In Res! (MIR)* nun auf dem Markt und hat in dieser Zeit in den österreichischen Gymnasien sowohl in der Kurz- als auch in der Langform des Lateinunterrichts einen stattlichen Marktanteil erreicht.

Nach der Überarbeitung des *MIR*-Grundbandes für das Kurzlatein (L4) auf Basis des neuen Lehrplanes für die NOST (Neue Oberstufe) im Jahr 2016 legen der Verlag und die Autoren nun auch eine Neubearbeitung des seit 2012 bestehenden *MIR*-Grundbandes **für die Latein-Langform** (L6) vor[1].

Bei diesem Relaunch standen folgende Aspekte im Mittelpunkt:

- **Reduzierung der Lektionen von 40 auf 35**, da laut Rückmeldung mehrerer Benutzerinnen und Benutzer die bisherige Anzahl von Lektionen in der 3. und 4. Klasse zeitmäßig nicht zu bewältigen war.
- **Übernahme bewährter Elemente aus der Neubearbeitung von *MIR 5–6*** (2016) wie z. B. Aufbereitung des Vokabulars, Formenanhang und „Wortklauberei". Damit verbunden wurden, wie auch in *MIR 5–6*, einige Inhalte und Fragestellungen bereits an die Anforderungen der Neuen Oberstufe angepasst.
- **Praxisbasierte Umschichtungen** in der Reihenfolge der **Grammatikpräsentation**, insbesondere was die Einführung des Perfekts und der Konjunktive im Gliedsatz betrifft.
- **Berücksichtigung von Verbesserungswünschen**, die in den letzten Jahren seitens der Kollegenschaft beim Verlag und bei den Autoren eingegangen sind.
- **„vorentlastende Übungen" („Aufwärmübungen") ab Lec. 31**: Um dem Motivationsabfall vieler L6- Schülerinnen und -Schüler, insbesondere jener, die nach der 4. Klasse das Gymnasium verlassen, entgegenzuwirken, wurden ab Lec. 31 „vorentlastende Übungen" („Aufwärmübungen") zu den Lektionstexten eingebaut. Dadurch soll die zu diesem Zeitpunkt bereits komplexe Übersetzungstätigkeit durch Übungen zur Texterfassung (analog zu den Arbeitsaufgaben bei den Interpretationstexten der Lektürephase) erleichtert und gleichzeitig ein fließender Übergang zur Originallektüre in der 5. Klasse geschaffen werden.

1.1 ÜBERBLICK: Die wichtigsten Änderungen in *MIR 3–4* NEU gegenüber der bisherigen Ausgabe (2012)

NOTA BENE:

Nicht geändert haben sich im Vergleich zur bisherigen Ausgabe von *MIR 3–4*:

- die Inhalte der Lektionen 1–30 (Ausnahme: Lec. 8, siehe unten)
- das Vokabular von Lec. 1–30 (Einige wenige Vokabel wurden wegen der Grammatikumschichtungen vorgezogen, z. B. *postquam* von Lec. 15 in Lec. 8.)
- die diversen Kolumnen wie „De Romanis / Graecis", „Latein im Alltag" etc. (mit wenigen Ausnahmen)

Anzahl der Lektionen	✓ Reduktion von 40 auf 35 Lektionen
Lektionen-Inhalte:	✓ Die Inhalte der Lec. 1–30 blieben inhaltlich unverändert. Die bisherigen Lektionen 31–35 (Mythologie) entfallen zugunsten eines Fünferblocks über „Berühmte Griechen" (Themistokles, Sokrates, Solon–Krösus, zweimal Dionysios). Nicht mehr enthalten sind wegen der Reduktion auf 35 Lektionen die bisherigen Lec. 39 (Witwe von Ephesos) und 40 (Neulatein). ✓ Der für 13-Jährige möglicherweise irritierende bisherige Text über die Vergewaltigung der Lukretia (Lec. 8) wurde ersetzt durch einen Text über die Rolle des L. Iunius Brutus bei der Vertreibung der etruskischen Königsfamilie. ✓ „Aufwärmübungen" zur Vorentlastung bei Lec. 31–35 (vgl. oben).
Grammatikaufteilung:	✓ Ab Lec. 6 wurde die Grammatik umgeschichtet und entsprechend in die Lektionstexte eingebaut. Die wichtigsten Änderungen gegenüber der bestehenden Ausgabe (Details siehe S. 5f.): – Perfekt und Imperfekt wurden vorgezogen (statt in Lec. 14 und 15 schon in Lec. 6 bzw. 8). – Der Konj. im Gliedsatz (Lec. 31–33) wird vor dem Konj. im Hauptsatz (Lec. 34) behandelt.

[1] Insgesamt beträgt der Anteil von Langlatein an Österreichs Gymnasien etwa 30 Prozent.

Vokabular:	✓ Die Vokabel der Lec. 1–30 bleiben unverändert. ✓ Die Vokabel der Lec. 31–35 entsprechen nicht mehr vollständig dem bisherigen Vokabular der Lec. 31–35 (bzw. 40), sondern wurden den neuen Inhalten angepasst. ✓ Die Gesamtzahl der Vokabel von *MIR 3–4* wurde durch den Entfall von fünf Lektionen um circa 100 reduziert (850 statt 950 Vokabel). Gegenüber *MIR 5–6* umfasst der Wortschatz 96 Wörter mehr (aufgeteilt auf die Lec. 31–35).
Aufbereitung des Vocabulariums:	✓ Die erste Spalte dient nur mehr der Grundform, also bei Substantiven dem Nominativ und bei Verben dem Infinitiv (entsprechend der Usance in den meisten modernen Wörterbüchern). ✓ In der zweiten Spalte stehen die übrigen Formen; bei den Verba sind dies bereits ab Lec. 1 die kompletten Stammformen, die so schon von Anfang an mitgelernt oder wenigstens später leichter nachgelernt werden können. ✓ Dritte Spalte: Hier wurde bei allen deutschen Substantiva der Artikel hinzugefügt, um Schülerinnen und Schülern nicht-deutscher Muttersprache einen Mehrwert für das Deutschlernen zu ermöglichen. ✓ Vierte Spalte: Als Vergleichssprache ist nur Englisch angegeben (nicht, wie in *MIR 5–6*, auch Ital. / Span. / Frz.), da die Schülerinnen und Schüler im Langlatein in der Regel noch keine romanische Sprache gelernt haben. Dafür wurde die Anzahl der hier präsentierten Fremdwörter erhöht und (für ein ökonomischeres Lernen) mit der deutschen Begriffserklärung versehen. ✓ Neu ist die Glühbirne als Hinweissymbol für Vokabel, die im Abschnitt „Vokabellernen leicht gemacht" (siehe unten) behandelt werden.
De Romanis/Graecis	✓ Bei Lec. 17 wurde der Textauszug aus „Das Leben des Brian" durch den Abschnitt „Römisches Gerichtswesen" ersetzt.
Latein im Alltag:	✓ In Analogie zu den Kolumnen „Latein im Alltag" wurde bei Lec. 23 und Lec. 27 jeweils ein Abschnitt „Griechisch im Alltag" hinzugefügt.
Grammatica:	✓ Auf den Grammatik-Seiten wurden aus lernpsychologischen Gründen (mögliche Demotivation der Schülerinnen und Schüler durch allzu viele und zu umfangreiche Formentabellen) die Verbformentabellen auf jeweils ein bis zwei Beispielwörter reduziert (diese aber mit vollständiger Übersetzung). Die kompletten Paradigmata aller Deklinationen und Konjugationen finden sich zum schnellen Nachschlagen im neuen Formenanhang (S. 180 ff.).
Exercitationes:	✓ Ab Lec. 6 wurden die Übungen an die neue Grammatikverteilung (siehe oben) angepasst. (Dementsprechende Anpassungen wurden auch bei den *Repetitiones* ab Lec. 6–10 durchgeführt.) ✓ Beim Abschlusstext aller Übungen wurde auf Wunsch vieler Lehrerinnen und Lehrer die Zeilennummerierung hinzugefügt. ✓ Wegfall des Eulensymbols als Kennzeichnung schwierigerer Übungen.
„Wortklauberei"-Seiten:	✓ Nach jeweils fünf Lektionen werden Grammatikfachbegriffe, Prinzipien der Wortbildungslehre (Suffixe, Präfixe etc.), Anregungen zur Wortschatzarbeit etc. zusammengefasst und durch Übungen trainiert (vgl. *MIR 5–6*).
Zusatzseiten:	✓ Neu ist die Liste der Stammformen inkl. PPP (Seite 199 ff.) über alle im Buch enthaltenen unregelmäßigen Verba. (Die bisherigen Listen nach Lec. 13 und 22 wurden obsolet, weil im Vokabular bereits ab Lec. 6 die Perfektformen angegeben sind.) ✓ Nota bene: In der Stammformenliste sind jene Verba fett gedruckt, die in den Lektionen 1–19 vorkommen und deren Stammformen ab Lec. 20 nachzulernen sind. ✓ Die Listen der Prä- und Suffixe sowie die Auswahl der Stilmittel (Seite 197 f.) wurden an die aktuelle Fassung des Leitfadens angepasst.

	✓ „Vokabellernen leicht gemacht!“: Um die momentan aktuelle Fachdidaktik-Diskussion zum Wortschatztraining zu berücksichtigen, wurden ab S. 192 fünf Zusatzseiten diesem Thema gewidmet – dies insbesondere auch in Hinblick darauf, dass der Grundwortschatz für L6 umfangreicher als der für L4 ist und deshalb das Angebot zusätzlicher Merktechniken zweckmäßig erscheint. (Auf Wörter, die in diesem Abschnitt behandelt werden, wird im jeweiligen Lektionsvokabular mit einem Glühbirnen-Symbol verwiesen:)
Sprachliche Gestaltung:	✓ In deutschen Texten wurde die Sprache dem Wortschatz der 13- bis 14-Jährigen angepasst (Weglassung bzw. Erklärung schwieriger Fremdwörter, weniger Gliedsätze etc.). Dies betrifft v. a. Einleitungstexte zu manchen Lektionen und die Rubrik *De Romanis/Graecis*.

1.2 Überblick über alle Grammatik-Umschichtungen in *MIR 3–4* NEU

	MIR 3–4 **(2012)**	***MIR 3–4*** **NEU (2020)**
Lec. 1–5	Grammatik unverändert	
Lec. 6	*esse* + *posse*; ~~Abl. instr.; Dat. poss.~~	Perfekt A (bisher: Lec. 14)
Lec. 7	i-/Misch-/kons. Konj.	
Lec. 8	Numeralia; Abl. temp.; ~~Akk. der Zeitstrecke~~	Imperfekt (bisher: Lec. 15)
Lec. 9	3. Dekl. (kons.); *quis, quid*	
Lec. 10	3. Dekl. (Misch/-i); Abl. sep.; Abl. qual.	Abl. instr. + Dat. poss. (bisher: Lec. 6)
Lec. 11	*is* + *idem*; Gen. qual.; Gen. part.	
Lec. 12	*qui/quae/quod*; Relativsätze	
Lec. 13	e-/u-Dekl.; Gen. obj.	
Lec. 14	~~Perfekt A~~; *hic/haec/hoc*	Plusquamperfekt A (bisher: Lec. 20)
Lec. 15	~~Imperf. A~~; *ille* + *ipse*	Neutrum Plural (bisher: Lec. 17); Pronominale Dekl. (bisher: Lec. 30)
Lec. 16	Adjektiva 3. Dekl.; Apposition, Prädikativum	
Lec. 17	*ire* + *ferre*; Städtenamen; ~~Neutrum Plural~~	Futur A (bisher: Lec. 21)
Lec. 18	Komparativ; Abl. comp.; relat. Anschluss	
Lec. 19	Superlativ; unregelm. Steigerung	Historisches Präsens
Lec. 20	~~Plusquamperfekt~~; Dat. fin.	PPP; Perfektstamm P (bisher: Lec. 23)
Lec. 21	~~Futur~~; Futur exakt	doppelter Akkusativ (bisher: Lec. 22)
Lec. 22	Adverb (inkl. Steigerung); ~~dopp. Akk.~~	
Lec. 23	~~PPP; Passiv d. Perfektstammes~~	PPA + PC (bisher: Lec. 28)
Lec. 24	*velle/nolle*; Verbot mit *noli/nolite*	Gerundium (bisher: Lec. 38)
Lec. 25	Inf. Perfekt A + P; ACI	
Lec. 26	Präsensstamm Passiv	
Lec. 27	Inf. Präsens P; NCI	
Lec. 28	~~PPA~~; ~~PC~~	Part. Futur + Inf. Futur (bisher: Lec. 31)
Lec. 29	Abl. Abs.; nominaler Abl. Abs.	
Lec. 30	Deponentia; ~~pron. Dekl.~~; Dat. comm.	
Lec. 31	~~Part. Futur, Inf. Futur~~; Semideponentia	Konj. Präs. + Imperf., ut-Sätze (bisher: Lec. 32 f. + 36)
Lec. 32	~~Konj. Präsens (HS)~~	Konj. Perf. + Plqpf.; cum-Sätze (bisher: Lec. 34 f. + 36)
Lec. 33	~~Konj. Imperfekt (HS)~~	indir. FS; Cons. temporum (bisher: Lec. 37); indirektes Reflexiv
Lec. 34	~~Konj. Plqpf. (HS)~~; Konditionalsätze	Konj. im HS (bisher: Lec. 35)

Lec. 35	~~Konj. Perfekt (HS)~~	Gerundiv (bisher: Lec. 39 f.)
Lec. 36	~~Konj. im NS (ut, cum)~~	-----
Lec. 37	~~indir. FS; Cons. temporum~~	-----
Lec. 38	~~Gerundium~~	-----
Lec. 39	~~attr. Gerundiv~~	-----
Lec. 40	~~präd. Gerundiv~~	-----

Die umgeschichteten grammatikalischen Phänomene wurden den Möglichkeiten entsprechend, jedenfalls aber in angemessenem Ausmaß in die bestehenden Lektionstexte eingebaut und in den dazugehörigen Abschnitten *Grammatica*, *Exercitationes* und *Repetitiones* berücksichtigt.

1.3 Das E-Book zum Schulbuch

Ergänzend zum gedruckten Buch ist auch ein E-Book verfügbar, das über die Schulbuchaktion bestellt werden kann (SBNR 195.876 – Set Buch + E-Book). Ihnen als LehrerIn (mit Berechtigungscode) wird das E-Book automatisch auf **scook.at** freigeschaltet, wenn an Ihrer Schule das zugehörige (gedruckte) Buch bestellt ist.

Das E-Book ist

- immer online verfügbar
- bearbeitbar (Markieren, Notizen hinzufügen etc.)
- gleichzeitig ein Hörbuch: Das Audio-Symbol im Buch weist auf das Übungsvokabular hin, das nach jeweils fünf Lektionen angeboten wird.

Exklusiv für LehrerInnen (mit Berechtigungsnachweis):

- Präsentationsmöglichkeit in der Klasse (für Beamer oder Whiteboard)
- Kommunikation mit SchülerInnen in Online-Klassen
- Lösungsfassung: Lösungen zu allen im Buch zu lösenden Aufgaben zum Einblenden. Einfach auf die Glühbirne links oben klicken!
- Weiters finden Sie als Lehrerin/Lehrer im E-Book auch einige ergänzende Materialien, z. B. weitere „Aufwärmübungen" zu den Lec. 31–35 und die Deklinationstabellen aus dem Anhang mit deutscher Übersetzung.

Die Audios zum Buch sind übrigens auch über die **VERITAS-Mediathek** gratis nutzbar. Die **Gratis-App** einfach im AppStore (Apple) oder Play Store (Android) herunterladen, das Audio über die Kapitelnavigation suchen und die Datei streamen oder herunterladen.

Viel Freude und Erfolg bei der Arbeit mit *MIR 3-4* wünschen Ihnen *Wolfram Kautzky & Oliver Hissek*

2 Zusatzmaterialien

Bei der Arbeit mit *Medias In Res! L6. 3–4* unterstützen zahlreiche Zusatzmaterialien …

… für Schülerinnen und Schüler:

Gedrucktes …

- ***Mediam In Grammaticam!***, das kompakte Grammatik-Heft, das nicht nur für den Anfangsunterricht, sondern auch für die Lektürephase konzipiert wurde und auch mit allen anderen Lateinlehrgängen kompatibel ist; SBNR 170.273

- ***Medias In Res! 3-4. Übungsbuch für das sechsjährige Latein*** mit jeder Menge Zusatzübungen zu jedem einzelnen Kapitel des Lehrbuchs (Neuauflage, Herbst 2020); SBNR 185.492

- ***Medias In Res! Schularbeitentraining L4 und L6 für die ersten beiden Latein-Lernjahre*** (Neuauflage, Herbst 2020); ISBN 978-3-7101-4003-7

- ***Medias In Res! Wortschatztraining***: beinhaltet thematisch aufbereitet sowohl den Grundwortschatz als auch den Erweiterungsgrundschatz für den nachfolgenden Lektüreunterricht; ISBN 978-3-7058-9321-4

- ***Medias In Res! L6. 3-4. Lösungen***, mit den Übersetzungen der Lektionstexte sowie den Lösungen zu allen *Exercitationes* und *Repetitiones* (erhältlich ab Herbst 2020); ISBN 978-3-7101-3963-5

- ***Medias In Res! Top in Form(en). Deklinations- und Konjugationstraining***, mit dem speziell das Konjugieren und Deklinieren geübt werden kann; ISBN 978-3-7058-8962-0

… und Digitales:

- ***Medias In Res! L6. 3-4 NEU. Interaktive Übungen (PLUS-Modul)*** als digitales Zusatzangebot: zahlreiche Übungen zu allen Lektionen und den *Repetitiones*. **Im Schuljahr 2020/21 GRATIS und frei zugänglich!** Ab 2021/22 über die Schulbuchaktion erhältlich.
- eSquirrel (Lernen wird mobil) – Die App bietet zahlreiche leichte bis knifflige Übungen, abgestimmt auf die Inhalte des *MIR*-Grundbandes.
- Quizlet – In *Quizlet* finden Sie Übungen zum Wortschatz, nach Themenbereichen gegliedert.

… für Lehrerinnen und Lehrer:

Die Angebote zu *Medias In Res! 5-6* sind auch gut zur Ausgabe für die Langform nutzbar:

- *Medias In Res! 5-6* (vierjähriges Latein) PRO **Checklisten** (E-Book-Modul); ISBN 978-3-7101-2036-7
- *Medias In Res! 5-6* (vierjähriges Latein) **Hörgeschichten** (MP3-CD). – Geschichten hinter bekannten Redewendungen und Sprichwörtern; ISBN 978-3-7101-3299-5 (auch als PRO E-Book-Modul erhältlich)

Nähere Informationen zu den einzelnen Produkten finden Sie im Online-Katalog auf www.veritas.at!
Über aktuelle Neuerungen halten wir Sie immer auf dem Laufenden!

3 Aufbau und didaktische Empfehlungen

3.1 Die Charakteristika von *Medias In Res! 3–4*

Wenn Sie *MIR* schon länger verwenden, sind Ihnen viele Merkmale bereits gut bekannt. Diese Charakteristika wurden auch in der neuen Ausgabe beibehalten:

- Zusammenfassung des gesamten Stoffes des Anfangsunterrichts in einem Band
- kompakte Darstellung der lateinischen Grammatik (so knapp wie möglich, aber doch so ausführlich wie nötig)
- Übersichtlichkeit in der Präsentation des Stoffes (Vier-Seiten-Prinzip)
- inhaltlicher Zusammenhang der Lesestücke untereinander (je fünf Kapitel bilden eine Einheit)
- witzige Illustrationen
- Verknüpfung von Latein mit der Gegenwart (Sprichwörter, Redensarten etc.) und auch mit der Lebenswelt der Schülerinnen und Schüler (Latein-Rezeption in Werbeslogans und Produktnamen, Filmen und Popsongs etc.)
- gut dosierter Umfang des Wortschatzes (ca. 850 Wörter)
- Fokus auf dem Wortschatzerwerb: Weiterleben der lateinischen Wörter in der Gegenwart (eigene Spalte im Vokabular), Rubrik „Wortklauberei" nach jeweils fünf Lektionen. NEU: Fünf Extra-Seiten „Vokabellernen leicht gemacht".
- „All inclusive"-Charakter: Das Buch enthält auch umfangreiches Übungsmaterial, zusammenfassende Übungen zur Schularbeitsvorbereitung, realienkundliche Informationen, Überblick über die griechisch-römischen Götter, umfangreiches Kartenmaterial und viele übersichtliche Zusammenfassungen (z. B. lateinische Sprichwörter, Alltagslatein, die wichtigsten Prä- und Suffixe, Stilmittel, Stammformen der Verba), was der Lehrerin / dem Lehrer unnötigen zusätzlichen Kopieraufwand erspart.

3.2 Die einzelnen Elemente

A) LEKTIONSTEXTE:

Bei der Auswahl wurde besonders darauf geachtet, dass es sich nicht um „Orchideen-Themen", sondern um relevante, also gewissermaßen zur „Grundausstattung" eines Latein-Lehrgangs gehörige Stoffe handelt. Wichtig war den Autoren auch, dass der griechische Bereich nicht zu kurz kommt – ein Ziel, dem durch die Einführung der *amici Graeci* in den Lektionen 3–5 (samt Kontrastierung der römischen und griechischen *spectacula*), durch den Abschnitt „Berühmte Griechen" (Lec. 31–35) sowie durch zwei Abschnitte „Griechisch im Alltag" (Lec. 23 und 27) Rechnung getragen wurde.

Die einzelnen Kapitel von *MIR* sind nach chronologischen und inhaltlichen Gesichtspunkten in **sieben Blöcke zu je fünf Lektionen** geordnet:

1.	Lec. 1–5	Römischer Alltag
2.	Lec. 6–10	Römische Geschichte (I): Die Frühzeit
3.	Lec. 10–15	Griechische Mythologie (I): Varia
4.	Lec. 16–20	Römische Geschichte (II): Die Republik
5.	Lec. 20–25	Griechische Mythologie (II): Trojanischer Krieg
6.	Lec. 26–30	Römische Geschichte (III): Kaiserzeit + Christentum
7.	Lec. 31–35	Berühmte Griechen

Bei der **thematischen Reihung** wurde einerseits darauf geachtet, eine abwechslungsreiche Folge von historischen und mythologischen Stoffen zu bieten, andererseits aber innerhalb der historischen Kapitel eine chronologische Abfolge einzuhalten, die den Schülerinnen und Schülern eine bessere Orientierung in der römischen Geschichte ermöglicht.[2] Ein abschließender **Überblick über die römische Geschichte**, der alle in den Lektionstexten behandelten Ereignisse zusammenfasst, findet sich auf S. 210.

Die Wortanzahl der Lektionstexte liegt am Anfang bei 100 bis 150 Wörtern und steigert sich ab Lektion 10 auf 150 bis 200 Wörter. Die Texte sind bewusst länger gehalten, um von Anfang an das flüssige Übersetzen zu trainieren. Erfahrungsgemäß können viele Schülerinnen und Schüler Übungssätze, in denen ein grammatikalisches Phänomen isoliert behandelt wird, relativ leicht lösen. Beim Übersetzen neuer Texte sind sie aber oft nicht mehr in der Lage, das erworbene Wissen anzuwenden.

[2] Zu einigen Lektionen seien die ausgezeichneten, je 45 Minuten dauernden Dokumentationen aus der ZDF-Serie „Sphinx. Geheimnisse der Geschichte" empfohlen: Lec. 10: „Hannibal – Der Schrecken Roms" (1. Staffel); Lec. 16: „Spartacus – Gladiator gegen Rom" (6. Staffel); Lec. 18: „Die letzte Schlacht der Kelten" 7. Staffel); Lec. 19/20: „Kleopatra – Das letzte Lächeln der Pharaonen" (1. Staffel); Lec. 26: „Nero – Legende eines Monsters" (3. Staffel). Teilweise abrufbar über Youtube, einige Folgen sind auch auf Amazon verfügbar.

Im Übrigen wurde bei *MIR* besonderer Wert darauf gelegt, den neuen Grammatikstoff nicht nur isoliert in jeweils einer Lektion vorzustellen, sondern auch, zwecks Festigung, verstärkt in den darauf folgenden Kapiteln vorkommen zu lassen. So erscheint z. B. das in Lec. 22 vorgestellte Adverb auch mehrfach in Lec. 23 etc.

Die im Anschluss an den Lektionstext gestellten **Arbeitsaufgaben** beziehen sich inhaltlich auf den übersetzten lateinischen Text und orientieren sich weitgehend an den Frageformaten der kompetenzorientierten IT-Fragen in der Lektürephase. Es wurde darauf Wert gelegt, möglichst viele der in den „Bausteinen" aufgelisteten Aufgabenformate abzudecken. So kann schon im Rahmen des Elementarunterrichts die spätere Bearbeitung von Interpretationsfragen bei Schularbeiten und bei der Reifeprüfung trainiert werden.

Tipps und Tricks:

Vor allem im ersten Lernjahr kann es sich empfehlen, die Schülerinnen und Schüler im Rahmen der Hausübungen auch den lateinischen Text abschreiben zu lassen, und zwar jeweils zuerst den lateinischen Satz (evtl. auch farbig) und danach den entsprechenden deutschen Satz. Der Gewinn dabei ist ein mehrfacher: Durch das Schreiben prägen sich die lateinischen Wörter besser ein, die Unterschiede zwischen Latein und Deutsch in Bezug auf die Wortstellung (bes. des Verbs) werden augenfällig und – last but not least – kann die Lehrperson beim Korrigieren auf das Buch verzichten.

Bei den späteren Lektionen (z. B. ab Lec. 21) könnte eine Hausübung auch darin bestehen, den Inhalt eines Kapitels schriftlich zusammenzufassen (ca. 150 Wörter) oder zu paraphrasieren. So prägen sich die Lektionsinhalte besser ein und können – sofern die Zusammenfassungen z. B. in einer Mappe gesammelt werden – später auch wieder abgerufen werden.[3]

B) VOCABULARIUM

Wie erwähnt umfasst das Gesamtvokabular von *MIR 3–4* etwa **850 Wörter**, aufgeteilt auf 35 Lektionen. Während die Zahl der neuen Vokabel in den ersten Lektionen naturgemäß höher ist (max. 30 pro Kapitel), sinkt die Anzahl ab Lektion 20 auf durchschnittlich 20 neue Wörter.

Bei der Erstellung des in *MIR* verwendeten Vokabulars wurde besonderer Wert auf die Vermittlung eines **Kulturwortschatzes** gelegt: Forciert wurden also speziell jene Wörter, die in den romanischen Sprachen, im Englischen und im Deutschen weiterleben bzw. Entsprechungen haben. So können die Schülerinnen und Schüler, die bereits eine andere lebende Fremdsprache gelernt haben, leicht Parallelen erkennen und Querverbindungen herstellen.[4]

Auf den Vokabelseiten ist die **letzte Spalte** für diverse Merkhilfen reserviert: vorrangig für aus dem Lateinischen abgeleitete Fremd- und Lehnwörter, aber auch für Parallelen zwischen Latein und Englisch. Zusätzlich sind durch Doppelpfeil hervorgehobene „Verwechslungswörter" angeführt.

Vor jedem Vokabeleintrag befindet sich eine Extra-Spalte mit Kästchen für das effiziente Vokabellernen: Hier können die Schülerinnen und Schüler Vokabel, die sie nicht wissen, (möglichst mit Bleistift) markieren und gezielt wiederholen.

Tipps und Tricks:

Es hat sich als günstig erwiesen, die Schülerinnen und Schüler auch ein **Vokabelheft** führen zu lassen, in das sie die Lektionsvokabel einschreiben, und zwar geordnet nach Wortarten: a) Nomen, b) Adjektiva (inkl. deklinierbare Pronomina), c) Verba, d) „Kleine Wörter" (= alle, die nicht unter die ersten drei Kategorien fallen). Es ist in der Praxis oft erstaunlich, wie schwer diese vermeintlich simple Aufgabe vielen Schülerinnen und Schülern fällt (und wie nützlich das Einprägen dieser Wortkategorien folglich bei der Schaffung von Strukturen ist). Zusätzlich kann das Vokabelheft für das Eintragen verwechslungsanfälliger Wörter, Wortfamilien, nicht im Buch enthaltener Fremdwörter, Verbesserungen von Vokabelwiederholungen etc. verwendet werden.

Beim Abprüfen der Vokabel hat sich die Variante des „**Vokabelchecks**" als probat erwiesen: Die Lehrkraft diktiert zwölf Vokabel (anfänglich durchaus auch deutsch-lateinisch), die die Schülerinnen und Schüler ins Heft schreiben. Danach müssen in ca. drei bis fünf Minuten die Lösungen gefunden werden, anschließend wird verglichen. Vokabel, bei denen Fehler gemacht wurden, werden ins Vokabelheft (siehe oben) eingetragen. Erfahrungsgemäß werden solche Vokabelwiederholungen als durchaus spannend und nicht angstbesetzt empfunden.

Wie schon oben erwähnt, wurden in der letzten Spalte bei vielen **Fremdwörtern** die deutschen Bedeutungen in Klammer dazugefügt. (Ausgenommen davon sind lediglich jene, deren Bedeutung mit dem lateinischen Vokabel 1:1 korreliert.) In Hinblick auf die späteren IT-Fragen ist es von Vorteil, bei der Definition des Schularbeitsstoffes diese Wörter zu inkludieren und sie dann bei den Arbeitsaufgaben der Anfangsunterricht-Schularbeiten auch abzufragen.[5]

3 Besonders effizient ist das Abfassen (und Speichern) der Inhaltsangaben auf dem Computer, da auf diese Weise gleichzeitig der für das spätere Abfassen der VWA nötige Umgang mit Word geübt wird.

4 Besonders verwiesen sei in diesem Zusammenhang auf das *MIR*-Wortschatztraining: Es beinhaltet – neben mehreren für die späteren Module relevanten Themenwortschätzen – auch den gesamten *MIR*-Grundwortschatz, allerdings nicht, wie im Lehrbuch, in der Reihenfolge des Vorkommens im Text, sondern thematisch geordnet.

5 Z. B. durch Aufgaben wie: „Gib die Bedeutung der folgenden Fremdwörter an und nenne das lateinische Grundwort, von dem sie sich ableiten!"

C) KULTURKUNDE

Ziel der realienkundlichen Erläuterungen ist es, den Schülerinnen und Schülern ein Basiswissen über die römische, aber auch über die griechische Kultur zu vermitteln (daher auch die auf den jeweiligen Stoff abgestimmte Überschrift „De Romanis" bzw. „De Graecis"). Auf entlegene Themen wurde, wie bei den Lektionsinhalten, weitgehend verzichtet.

Tipps und Tricks:

Erarbeitet werden können die kulturkundlichen Informationen auf verschiedene Arten:

- durch gemeinsames Durchlesen inkl. Markieren der wichtigsten Begriffe (im Unterricht);
- durch stichwortartiges Festhalten der wichtigsten Begriffe auf einem A5- oder A6-Zettel und in einer „Mini-Realien-Mappe" (als Hausübung);
- durch vom Lehrer zusammengestellte Fragelisten mit kniffligen Fragen im Stil der späteren IT-Frageformate[6], was vor allem in Hinblick auf die bei den Schularbeiten zu lösenden Arbeitsaufgaben sinnvoll ist (und obendrein dem Ehrgeiz mancher Schülerinnen und Schüler beim Tüfteln entgegenkommt).

D) GRAMMATICA

Die Aufteilung des Grammatikstoffes orientiert sich vor allem an zwei Aspekten: an der inneren Logik in der Abfolge und an der Berücksichtigung lernpsychologischer Prinzipien.

Am Beispiel der Nomen bedeutet das: Zunächst stehen a- und o-Deklination auf dem Programm (Lec. 1–4; Abfolge: Nominativ / Akkusativ / Vokativ / übrige Fälle) und erst in Lektion 9 und 10, wenn die Endungen der a-/o-Dekl. (hoffentlich) bereits gefestigt sind, wird die Dritte Deklination durchgenommen. (Auf eine detaillierte Besprechung der Misch- und i-Stämme wurde aus Gründen der Lernökonomie verzichtet.) Die vergleichsweise seltenen, aber weitgehend analog gebildeten e- und u-Stämme folgen gemeinsam in Lektion 13.

Bei den Verbformen wird zunächst parallel das Präsens der a- und e-Konjugation präsentiert (Lec. 1–3). Bereits in Lec. 6 folgt das in der Praxis viel häufigere Perfekt, in Lec. 8 das Imperfekt und in Lec. 14 das Plusquamperfekt. Der Konjunktiv wird zunächst anhand der *ut-* (Lec. 31) und *cum*-Sätze (Lec. 32) eingeführt, bevor die vergleichsweise seltenere Verwendung als Konjunktiv im Hauptsatz behandelt wird (Lec. 34).

Bei der Aufbereitung der grammatikalischen Erklärungen steht Übersichtlichkeit im Vordergrund. Gegenüber den bisherigen Auflagen wurde bei den Formentabellen (v. a. bei den Verbformen) aus Platzgründen auf das Abdrucken sämtlicher Paradigmata verzichtet. Stattdessen wurde ein tabellarischer Formen-Anhang eingeführt, der sämtliche Deklinationen und Konjugationen umfasst (→ Seite 180 ff).

Die in der *Grammatica* verwendeten Beispielsätze sind entweder den Lektionstexten entnommen oder es handelt sich um gängige Sprichwörter und Wendungen.

E) EXERCITATIONES

Bei den Übungsformen wurde dem Grundsatz *Variatio delectat* entsprochen: Neben reinen Übersetzungs- und Einsetzübungen werden auch Kreuzworträtsel, Multiple-Choice-Übungen und Satzhälftenzuordnungen angeboten. Den Abschluss bildet jeweils ein längerer, oft mit dem Lektionstext in Zusammenhang stehender Text, der der Förderung der Übersetzungspraxis dient.

Tipps und Tricks:

Es empfiehlt sich, zumindest einen Teil der *Exercitationes* im Unterricht durchzumachen und dabei auf die Eigenständigkeit der Schülerinnen und Schüler zu achten. Einige der Übungen (v. a. die Einsetzübungen) können ohne Weiteres auch weitgehend mündlich bearbeitet werden. Mithilfe der Lösungen (*Medias In Res! L6. 3–4. Lösungen*; ISBN 978-3-7101-3963-5) können die Schülerinnen und Schüler die *Exercitationes* auch selbstständig erarbeiten.

[6] Als Angebot dazu empfehlen wir Medias In Res! 5-6 (vierjähriges Latein) PRO Checklisten (E-Book-Modul). Darin sind zu jeweils fünf Lektionen Fragen zusammengestellt und die Lösungen aufbereitet.

F) REPETITIONES

Die *Repetitiones* am Ende des Lektionenteils dienen der Wiederholung und Vertiefung nach jeweils fünf Kapiteln. Sie sind speziell für Übungsphasen (z. B. vor Schularbeiten) und für die selbstständige Erarbeitung durch die Schülerinnen und Schüler gedacht und daher kein „Muss“ innerhalb des Unterrichts.

Tipps und Tricks:

Gerade für die *Repetitiones* ist es zweckmäßig, die Schülerinnen und Schüler auf das Lösungsheft zu *MIR 3–4* aufmerksam zu machen, um ihnen ein Üben mit Selbstkontrolle zu ermöglichen.

4 Die Gestaltung von Schularbeiten im Latein-Elementarunterricht[7]

A) Zahl und Dauer von Schularbeiten im sechsjährigen Latein

Klasse	Zahl gesamt	Einheiten gesamt	Dauer min. / max.
3. Klasse	3–4	3–4	½ UE / 1 UE
4. Klasse	4–5	4–5	½ UE / 2 UE

B) Die Gestaltung von Schularbeiten im Elementarunterricht[8]

Inhaltliche Gestaltung:

- Im Zentrum der Aufgabenstellung steht die Übersetzung eines zusammenhängenden lateinischen Textes ins Deutsche. Dazu kommen lehrplanbezogene Arbeitsaufgaben, die in keinem Zusammenhang mit dem Übersetzungstext stehen dürfen.
- Die Schularbeit muss so gestaltet werden, dass die minimal kompetente Schülerin / der minimal kompetente Schüler ein Genügend erreicht[9].
- Die Gesamtzahl der lateinischen Wörter im Übersetzungstext und in den lehrplanbezogenen Arbeitsaufgaben beträgt bei **einstündigen Schularbeiten** im Elementarunterricht in Latein **70 bis 100 Wörter**. Als Wort zählt alles, was zwischen zwei Leerzeichen steht. In diese Gesamtanzahl sind folgende Wörter einzuberechnen:
  a) alle Wörter des Übersetzungstextes (dazu zählen auch die lateinischen Wörter, die zur Hilfestellung übersetzt oder ergänzt sind)
  b) alle lateinischen Wörter, die in den Arbeitsaufgaben von der Lehrperson vorgegeben sind
  c) alle lateinischen Wörter, die in den Arbeitsaufgaben von der Schülerin / vom Schüler zu übersetzen bzw. zu bestimmen sind
  d) alle lateinischen Formen, die in den Arbeitsaufgaben ergänzt bzw. gebildet werden müssen.
- Aufgaben in Form von Lückentexten müssen eine klare Sinnerfassung ermöglichen und sind getrennt vom Textteil zu stellen.
- Es ist unzulässig, die Übersetzung von ganzen Sätzen und Textpassagen vom Deutschen ins Lateinische zu verlangen.
- Das Stellen von „Zusatzfragen“ und die Vergabe von Bonuspunkten sind ausnahmslos verboten.

Formale Gestaltung:

- Die Prüfungsaufgaben sollen übersichtlich gestaltet werden, wobei auch Platz für eigene Anmerkungen der Schülerinnen und Schüler einzuräumen ist (Zeilenabstand).
- Handschriftliche Ausfertigungen und Anmerkungen seitens der Lehrerin / des Lehrers sind zu unterlassen.
- In der Aufgabenstellung ist die maximal zu erreichende Punkteanzahl bei den einzelnen Aufgabenbereichen anzugeben, die einzelnen Checkpoints sind nicht auszuweisen.

[7] Vgl. Consensus (Rechtsgrundlagen und Leitlinien zur kompetenzorientierten Leistungsfeststellung und Leistungsbeurteilung in den klassischen Sprachen Latein und Griechisch, 2017), S. 32 ff.
[8] Die folgenden Punkte stellen die Zusammenfassung der im Consensus (vgl. Fußnote 7) auf Seite 34–37 angeführten Vorschriften dar.
[9] Zu den Mindestanforderungen bei der standardisierten schriftlichen Reifeprüfung vgl. das Dokument „Mindeststandards für die schriftliche Reifeprüfung aus Griechisch und Latein“, https://www.srdp.at/downloads/dl/mindeststandards-fuer-die-schriftliche-reifepruefung-aus-griechisch-und-latein/).

- Die Aufgabenstellung der Schularbeit ist in vervielfältigter Form vorzulegen.
- Die Anmerkungen sind im Layout in sachlich-inhaltliche und sprachliche zu trennen.
- Bei Arbeitsaufgaben, die eine genau definierte Anzahl von Lösungen verlangen, ist ein Tabellenraster mit entsprechender Anzahl von Zeilen / Kästchen vorzugeben. Lösungen außerhalb dieses Rasters sind für die Beurteilung irrelevant.

Korrektur und Beurteilung von Schularbeiten:

- Grundsätzlich ist das für die Reifeprüfung entwickelte Korrekturmodell anzuwenden[10].
- Bei der Beurteilung ist die Übersetzung mit mindestens 60 %, die Lösung der Arbeitsaufgaben mit mindestens 30 % zu gewichten.
- Im Übergang zur Lektürephase soll die Gewichtung der Arbeitsaufgaben auf 40 % erweitert werden[11].
- Der Beurteilung der Übersetzung sind die Dimensionen Sinnäquivalenz, Lexik, Morphologie und in zunehmendem Maß Syntax zugrunde zu legen. Ebenso ist die sprachliche Qualität in der Zielsprache in die Beurteilung einzubeziehen.
- Die Doppelbelegung eines Wortes durch zwei Checkpoint-Typen ist nach Möglichkeit zu vermeiden.
- Dasselbe Missverständnis, das den Sinn mehrerer Sinneinheiten stört, ist nur einmal ins Kalkül zu ziehen. In den Bereichen Morphologie und Syntax ist es möglich, zum selben sprachlichen Phänomen mehrere Checkpoints zu setzen (z. B. fünf Checkpoints für den Abl. abs.).
- Die Schülerinnen und Schüler sind darauf hinzuweisen und zu trainieren, dass sie sich bei der Übersetzung für eine Variante entscheiden müssen. Alternativübersetzungen in Klammern werden nicht bewertet.

Notenschlüssel:

Gewichtung Übersetzungstext (ÜT) : Arbeitsaufgaben (AA)		Note
70% : 30% (ÜT: 42 P., AA: 18 P.)	60% : 40% (ÜT: 36 P., AA: 24 P.)[12]	
36 Checkpoints: 12 Sinneinheiten 24 Lexik / Morphologie / Syntax (mind. 6 pro Kategorie) 6 P. Formulierung in der Zielsprache	30 Checkpoints: 12 Sinneinheiten 18 Lexik / Morphologie / Syntax (mind. 4 pro Kategorie) 6 P. Formulierung in der Zielsprache	
53–60 Punkte		Sehr Gut
45–52 Punkte		Gut
37–44 Punkte		Befriedigend
30–36 Punkte		Genügend
‹ 30 Punkte		Nicht genügend

[10] Dazu siehe ausführlich den Consensus (Fußnote 8), Seite 41–48.
[11] Siehe die Tabelle unten.
[12] Die Verteilung 60% : 40% soll im Übergang zur Lektürephase erreicht werden (vgl. Consensus, Seite 35).

5 Lösungen

Lektion 1

?

1: F; 2: F; 3: R; 4: R

Exercitationes

I.

1. Pensum magnum est. – Die Aufgabe ist groß. 2. Gaius discipulus bonus non est. – Gaius ist kein guter Schüler. (… nicht ein guter Schüler.) 3. Amici laeti sunt. – Die Freunde sind froh. 4. Iulia amica mea est. – Julia ist meine Freundin. 5. Claudia et Iulia discipulae bonae sunt. – Claudia und Julia sind gute Schülerinnen. 6. Cur Iulia laeta non est? – Warum ist Julia nicht fröhlich?

II.

1. Claudia laeta: die fröhliche Claudia 2. amicae bonae: die guten Freundinnen 3. discipuli boni: die guten Schüler 4. pensum malum: die schlechte Aufgabe 5. amicus meus: mein Freund 6. schola magna: die große Schule

III.

1. Cur discipulae non respondent? – Warum antworten die Schülerinnen nicht? 2. Hic amica mea sedet. – Hier sitzt meine Freundin. 3. Quintus et Gaius non libenter laborant. – Quintus und Gaius arbeiten nicht gerne. 4. Cur amici semper rident? – Warum lachen die Freunde immer? 5. Quintus et amicae non gaudent. – Quintus und die Freundinnen freuen sich nicht. 6. Amicus laetus clamat. – Der frohe Freund ruft.

IV.

1. Amici mei laeti sunt. – Meine Freunde sind fröhlich.
2. Discipulus nunc gaudet. – Der Schüler freut sich jetzt.
3. Amicae meae saepe rident. – Meine Freundinnen lachen oft.
4. Pensum magnum est. – Die Aufgabe ist groß. 5. Discipuli boni libenter respondent. – Die guten Schüler antworten gerne.
6. Amica mea laeta est. – Meine Freundin ist fröhlich.

V.

1. schola (Nomen) 2. pensa (Neutrum plural) 3. libenter (Adverb)
4. amici (Nomen) 5. schola (Singular) 6. est (Verb)

VI.

1. Quintus et Gaius amici boni sunt / saepe rident. – Quintus und Gaius sind gute Freunde / lachen oft. 2. Pensa semper magna sunt. – Die Aufgaben sind immer groß. 3. Grammaticus saepe laudat. – Der Sprachlehrer lobt oft. 4. Amica mea laeta est. – Meine Freundin ist froh. 5. Discipuli boni diu laborant / amici boni sunt. – Die guten Schüler arbeiten lange / sind gute Freunde. 6. Iulia et amica saepe rident / diu laborant. – Julia und die (ihre) Freundin lachen oft / arbeiten lange.

VII.

1. Hic amica mea est. 2. Quintus et Gaius amici mei sunt.
3. Discipulae et discipuli boni gaudent. 4. Amicae semper laetae sunt. 5. Cur discipulae semper rident? 6. Pensa saepe magna sunt.

VIII.

Iulia et Claudia saepe diu laborant. Itaque discipulae bonae sunt. Quintus discipulus malus est. Non libenter laborat. Saepe clamat: „Cur pensum magnum est?" Tum Iulia et Claudia, amicae bonae, rident: „Pensa magna non sunt, sed nonnulli discipuli stulti sunt."

Julia und Claudia arbeiten oft lange. Daher sind sie gute Schülerinnen. Quintus ist ein schlechter Schüler. Er arbeitet nicht gerne. Oft ruft er: „Warum ist die Aufgabe groß (= viel)?" Dann lachen Julia und Claudia, gute Freundinnen: „Die Aufgaben sind nicht groß (= viel), aber (sondern) manche Schüler sind dumm."

Lektion 2

?

1: R; 2: R; 3: F; 4: F

Exercitationes

I.

1. puellam pulchram 2. magistrum laetum 3. amicas bonas
4. pensa magna 5. oculum pulchrum 6. discipulos malos

II.

1. Magistri irati pueros exspectant. – Die zornigen Lehrer erwarten die Buben. 2. Cur amicae iratae sunt? – Warum sind die Freundinnen zornig? 3. Magistri discipulas bonas laudant. – Die Lehrer loben die guten Schülerinnen. 4. Ubi est amicus tuus? – Wo ist dein Freund? 5. Puer puellam pulchram spectat. – Der Bub schaut das schöne Mädchen an. 6. Discipuli libros Graecos amant. – Die Schüler lieben die griechischen Bücher.

III.

1. Quam pulchri sunt oculi tui! – Wie schön sind deine Augen!
2. Magister linguam Graecam docet. – Der Lehrer lehrt die griechische Sprache. 3. Magistri semper discipulos malos interrogant. – Die Lehrer fragen immer die schlechten Schüler.
4. Cur Quintus semper amicam tuam spectat? – Warum schaut Quintus immer deine Freundin an? 5. Pueri laeti Claudiam exspectant. – Die frohen Buben erwarten Claudia. 6. Cur magister Quintum non laudat? – Warum lobt der Lehrer Quintus nicht?

IV.

1. Quintus libenter puellas pulchras spectat. 2. Iuliam amat.
3. Sed Iulia puerum non spectat. 4. Itaque Quintus cogitat:
5. „Etiam Claudia puella pulchra est." 6. Sed Claudia iam Gaium amat.

V.

1. Quid magister docet? 2. Quis discipulos docet? 3. Magister discipulos bonos laudat. 4. Claudia librum Latinum amat. 5. Pueri puellas pulchras spectant. 6. Quam pulchri oculi tui sunt! 7. Iulia Quintum amat. 8. Quintus Iuliam amat. 9. Irata est. 10. Iratus est. 11. Irati (Iratae) sunt. 12. Pulchrum est. 13. Pulchra est. 14. Iuliam spectat.

VI.

1. oculum (Akkusativ) 2. oculus (Nomen) 3. pensum (Neutrum) 4. secum (Pronomen) 5. verba (Neutrum Plural) 6. lingua (Singular)

VII.

Schon lange lehrt der Lehrer, weil er die griechische Sprache liebt, fröhlich griechische Wörter. Quintus und Gaius, schlechte Schüler, lieben die griechische Sprache nicht. Daher schauen sie nicht den Lehrer an, sondern die Mädchen. Sie sind froh und lachen oft. Aber der Lehrer ist nicht froh. Zornig schreit er und ermahnt die Buben. Auch Claudia und Julia sind zornig, weil sie eine große Aufgabe erwarten. Sie denken bei sich: „Warum lachen die Buben immer?" Der Lehrer gibt jetzt eine große Aufgabe. Daher arbeiten nicht nur die Buben, sondern auch die Mädchen lange.

Lektion 3

?

1: R; 2: R; 3: F

Exercitationes

I.

1. Laborate, Alexander et Quinte! – Arbeitet, Alexander und Quintus! 2. Responde, Marce! – Antworte, Markus! 3. Spectate forum, discipuli! – Schaut das Forum an, Schüler! 4. Gaudete, amicae! – Freut euch, Freundinnen! 5. Exspecta amicos, Gai! – Erwarte die Freunde, Gaius! – 6. Laudate discipulos, magistri! – Lobt die Schüler, Lehrer!

II.

1. Quid ibi vides, Marce? – Quintus fragt Markus: „Was siehst du dort, Markus?" 2. Quid cogitas, amice? – Gaius fragt den Freund: „Was denkst du, Freund?" 3. Cur ridetis, Claudia et Quinte? – Der Lehrer fragt Claudia und Quintus: „Warum lacht ihr, Claudia und Quintus?" 4. Cur gaudetis, pueri? – Claudia fragt die Buben: „Warum freut ihr euch, Buben?" 5. Ubi sunt oculi tui, Gai? – Die Mädchen fragen Gaius: „Wo sind deine Augen, Gaius?" 6. Cur non respondes, Iuli? – Der Lehrer fragt Julius: „Warum antwortest du nicht, Julius?"

III.

1. Pueri puellas pulchras amant. 2. Ante templa statuas magnas videmus. 3. Vide, ibi templum clarum est! 4. Iam diu puerum exspecto. 5. Interrogate magistros! 6. Spectatisne semper puellas pulchras, pueri?

IV.

1.c.: Der Lehrer ist zornig, weil die Buben schreien. 2.a.: Die Mädchen lachen oft, weil sie froh sind. 3.d.: Die Mädchen spazieren über das Forum, wo viele Tempel sind. 4.f.: Die Freunde betreten das Amphitheater, wo sie die berühmten Schauspiele anschauen. 5.e.: Quintus hat oft seine Aufgaben nicht bei sich, weil er nicht gerne arbeitet. 6.b.: Julia hat viele Freunde, weil sie so hübsch ist.

V.

1. Quintus ante scholam sedet. 2. Gaius amicum videt et interrogat: 3. „Cur hic sedes, Quinte?" 4. „Iuliam exspecto. 5. Post scholam ad forum ambulamus." 6. Nunc amicus ridet: 7. „Iulia et Alexander iam diu per vias ambulant et multum rident."

VI.

Quintus per forum ambulat. Tum Claudiam Iuliamque videt. Quintus: „Salvete, puellae! Spectatisne hic templa clara?" Claudia: „Templa non spectamus, sed Iulia amicas exspectat." Quintus: „Libenter vobiscum amicas exspecto! Suntne pulchrae?" Iulia: „Cur non laboras? Pensum magnum habemus!" Quintus: „Pensum magnum non est. Itaque hic ambulo." Claudia: „Vide, Iulia! Ibi amicas tuas video." Quintus et Claudia et Iulia ad amicas ambulant. Puer nunc puellas spectat; tum clamat: „Quam libenter vobiscum maneo!"

Quintus spaziert über das Forum. Dann sieht er Claudia und Julia. Quintus: „Seid gegrüßt, Mädchen! Schaut ihr hier die berühmten Tempel an?" Claudia: „Wir schauen nicht die Tempel an, sondern Julia erwartet ihre Freundinnen." Quintus: „Gerne erwarte ich mit euch die Freundinnen! Sind sie hübsch?" Julia: „Warum arbeitest du nicht? Wir haben eine große Aufgabe!" Quintus: „Die Aufgabe ist nicht groß. Daher gehe ich hier spazieren." Claudia: „Sieh, Julia! Dort sehe ich deine Freundinnen." Quintus, Claudia und Julia spazieren zu den Freundinnen. Der Bub schaut jetzt die Mädchen an; dann ruft er: „Wie gern bleibe ich bei euch!"

Lektion 4

?

narrat – clamant – interrogat – respondet – interrogant

Exercitationes

I.

die Freundin (4. Fall) – der Freundin (3. Fall) – Blumen (4. Fall) – den Eltern (3. Fall) – der Freundin (2. Fall) – Blumen (1. Fall) – die kleinen Brüder (1. Fall) – Geschenke (4. Fall) – Markus (1. Fall) – die Freundin (4. Fall) – die Freundin (1. Fall) – Markus (4. Fall)

II.

1. aedificia: 1. F. Pl.: die Gebäude; 4. F. Pl.: die Gebäude

2. puellae: 2. F. Sg.: des Mädchens; 3. F. Sg.: dem Mädchen; 1. F. Pl.: die Mädchen

3. oculi: 2. F. Sg.: des Auges; 1. F. Pl.: die Augen

4. magistro: 3. F. Sg.: dem Lehrer; 6. F. Sg.: von dem Lehrer

5. templum: 1. F. Sg.: der Tempel; 4. F. Sg.: den Tempel

6. gladios: 4. F. Pl.: die Schwerter

7. viris: 3. F. Pl.: den Männern; 6. F. Pl.: von den Männern

8. terrarum: 2.F. Pl.: der Länder

III.

1. Puellae Quinto pensa/um sua/um non monstrant. (Akkusativ)
2. Discipuli mali saepe magistro/tris non respondent. (Dativ)
3. Quid pulchrae/is puellae/is donatis, amici? (Dativ) 4. Magister discipulis de terris alienis narrat. (Dativ) 5. Spectacula multis viris et feminis placent. (Dativ) 6. Quintus amicis Graecis nunc forum et viam/as pulchram/as monstrat. (Dativ, Akkusativ)

IV.

1.e.: Gaius sitzt vor dem Tempel. 2.d.: Die Mädchen spazieren durch die Straßen. 3.b.: Claudia lacht mit der Freundin. 4.a.: Der Lehrer erzählt über die griechischen Götter. 5.g.: Quintus denkt an schöne Mädchen. 6.c.: Die Schüler arbeiten nach der Schule lange. 7.h.: Julia antwortet für Quintus. 8. f.: Die Buben sind bei den Statuen.

V.

Alexander, ein griechischer Bub, spaziert mit Quintus und den Mädchen über das Forum. Julia fragt: „Ich sehe Gaius nicht. Wo ist er?" Quintus antwortet Julia: „Gaius ist beim Amphitheater." Dann taucht Gaius auf und spaziert zu den Freunden. „Sei gegrüßt, Gaius!", ruft Julia. „Erzählst du den Freunden über die berühmten Tempel?" Daher erzählt der Bub den Freunden über die Tempel.

Dann spaziert auch der Lehrer über das Forum und sieht die Schüler. „Seid gegrüßt, Schüler! Was schaut ihr hier an?", fragt er. Julia antwortet: „Wir zeigen Alexander, dem (unserem) griechischen Freund, das Forum." „Gut!", lobt der Lehrer die Schüler. „Das römische Forum ist berühmt. Hier sind die Tempel vieler Götter." Der Lehrer erzählt jetzt lange über die römischen und griechischen Götter. Aber die Freude der Buben und Mädchen ist nicht groß. Der Lehrer erzählt nicht nur, sondern fragt auch: „Wo ist der Tempel des Jupiter, Gaius?" Aber der Bub antwortet nicht. Wo ist er? Er sitzt schon lange hinter einer Statue und schläft.

Lektion 5

?

1: R, 2: R, 3: R, 4: F

Exercitationes

I.

1. Discipuli nunc certe in schol<u>a</u> sunt. 2. Quam diu Quintus sub aqu<u>a</u> manet! 3. Amici magistri in terr<u>a/is</u> alien<u>a/is</u> laborant. 4. Pueri cum puell<u>is</u> in schol<u>am</u> properant. 5. Vos post schol<u>am</u> in foro exspecto. 6. Pueri thermas intrant et in aqu<u>am</u> properant. 7. Quintus gaudet, quod solus cum Claudi<u>a</u> in templ<u>o</u> est.

II.

1. Amicus me ad statuam exspectat. 2. Placetne vobis nobiscum ambulare? 3. Monstra mihi pensum tuum, discipule! 4. Nos amicas nostras amamus, vos amicas vestras amatis. 5. Magister amici mei me quoque docet. 6. Amicae vestrae nobis quoque placent. 7. Narrate nobis de vobis, amici! 8. Amicus noster pensum suum secum non habet.

III.

1. Quis vestrum spectacula <u>videre / spectare</u> non amat? – Wer von euch liebt es nicht, die Schauspiele zu sehen / anzuschauen? 2. Num vobis in schola <u>sedere</u> placet? – Gefällt es euch etwa, in der Schule zu sitzen? 3. Per vias pulchras <u>ambulare</u> nobis semper placet. – Durch schöne Straßen zu spazieren, gefällt uns immer. 4. Amici Quinti forum <u>spectare / videre</u> in animo habent. – Quintus´ Freunde haben vor, das Forum anzuschauen / zu sehen. 5. In schola <u>clamare</u> discipulis non licet. – In der Schule zu schreien, ist den Schülern nicht erlaubt. 6. Magister verba Graeca <u>docere</u> in animo habet. – Der Lehrer hat vor, griechische Wörter zu lehren. 7. Cur tibi amphitheatrum <u>intrare</u> non licet? – Warum ist es dir nicht erlaubt, ins Amphitheater einzutreten?

IV.

1. Magister noster nobiscum in foro ambulat. 2 Nobis et amicis nostris multum narrat. 3. Nos saepe laudat, semper laetus est. 4. Ridetne vester quoque magister saepe? 5. Nostrum magistrum amamus. 6. Amatisne vos quoque vestrum magistrum Latinum?

V.

Post scholam Quintus Gaiusque ad Iuliam properant.

Gaius: „Salve, Iulia! Placetne <u>tibi</u> nunc <u>nobiscum</u> in thermas venire?"

Iulia: „<u>Vobiscum</u> in thermas venire me semper delectat, sed pensum <u>meum</u> tam magnum est."

Quintus: „<u>Nos</u> pensum magnum non habemus. Cur <u>tu</u> pensum magnum habes?"

Iulia: „<u>Vos</u> quoque pensum magnum habetis, sed <u>vobis</u> laborare non placet!"

Gaius: „Ita est. Sed pensa in thermis scribere in animo habemus.

Iulia: „Consilium vestrum <u>mihi</u> non placet. Iam video: <u>Vos</u> in aqua sedetis et <u>ego</u> non solum <u>mea</u>, sed etiam <u>vestra</u> pensa scribo."

Nach der Schule eilen Quintus und Gaius zu Julia.

Gaius: „Sei gegrüßt, Julia! Gefällt es dir, jetzt mit uns in die Thermen zu kommen?"

Julia: „Mit euch in die Thermen zu kommen, erfreut mich immer, aber meine Aufgabe ist so groß."

Quintus: „Wir haben keine große Aufgabe. Warum hast du eine große Aufgabe?"

Julia. „Auch ihr habt eine große Aufgabe, aber euch gefällt es nicht zu arbeiten."

Gaius: „So ist es. Aber wir haben vor, die Aufgaben in den Thermen zu schreiben."

Julia: „Euer Plan gefällt mir nicht. Ich sehe schon: Ihr sitzt im Wasser und ich schreibe nicht nur meine, sondern auch eure Aufgaben."

Wortklauberei 1–5:

1/1

Italienisch, Spanisch, Portugiesisch, Französisch, Rumänisch

1/2

ami: Französisch

amico: Italienisch

amigo: Spanisch + Portugiesisch

amic: Rumänisch

1/3

a) novus b) spectare c) liber d) intrare e) docere f) multi

2

a) templum Romanum

b) puella Graeca

3/1

J – K – W

3/2

I – C – V

4

Deklination: Abwandlung eines Nomens (das Mädchen – des Mädchens etc.); Konjugation: Abwandlung eines Verbums (ich schlafe – du schläfst – er schläft etc.); Nomen / Substantiv: Namenwort, Hauptwort (der Freund, die Freundin, das Buch etc.); Adjektiv: Eigenschaftswort (gut, schön, fröhlich etc.); Verbum: Zeitwort (gehen, singen, googeln etc.); Infinitiv: Nennform (zu schlafen, zu lesen etc.); Imperativ: Befehlsform (schlaf!, lies! etc.); Personalpronomen: persönliches Fürwort (ich, du, er/sie/es, wir, ihr, sie); Possessivpronomen: besitzanzeigendes Fürwort (mein, dein, sein; unser, euer, ihr)

5/1

a) Präpositionen mit Ablativ: *ab, ex, de, cum, sine, pro, prae; in, sub* (auf die Frage „wo?")

b) Präpositionen mit Akkusativ: *per, ante, post, ad; in, sub* (auf die Frage „wohin?")

5/2

Präludium = Vorspiel; präparieren = vorbereiten; prähistorisch = vorgeschichtlich; Prävention = Vorbeugung; Präsident = Vorsitzender; Präfekt = Vorgesetzter; Präfix = Vorsilbe; Präposition = Vorwort

Lektion 6

?

Numitor; Amulius; Wölfin; Hirten; Geier

Exercitationes

I.

1. ihr lobtet 2. sie hatten 3. wir spazierten 4. er/sie/es fürchtete 5. ich gefiel 6. du besiegtest 7. ihr lachtet 8. ich trat ein

II.

Perfekt – Präsens – Perfekt – Präsens – Perfekt – Präsens – Perfekt – Präsens – Perfekt – Präsens – Perfekt – Präsens – Präsens – Perfekt – Präsens – Perfekt – Präsens

III.

1. narravisti 2. properavit 3. monstravi 4. spectaverunt 5. terrui 6. donavistis 7. fuimus 8. potuisti

IV.

Magister cum discipulis per Romam ambulavit. In foro <u>esse</u> discipulis placuit. Nunc magister discipulique ante templum pulchrum <u>fuerunt</u>. Magister interrogavit: „Ubi nunc <u>sumus</u>? Quis vestrum respondere <u>potest</u>? – Gai, <u>potes</u>ne mihi respondere? Gai, ubi <u>es</u>?" – „Hic <u>sum</u>, sed respondere non <u>possum</u>!" Deinde magister puellas interrogavit: „Claudia et Iulia, discipulae bonae <u>estis</u>. Certe vos respondere <u>potestis</u>!" Iulia respondere <u>potuit</u>: „Ante templum Vestae deae <u>sumus</u>."

Der Lehrer spazierte mit den Schülern durch das Forum. Im Forum zu sein, gefiel den Schülern. Jetzt waren der Lehrer und die Schüler vor einem schönen Tempel. Der Lehrer fragte: „Wo sind wir jetzt? Wer von euch kann antworten? – Gaius, kannst du mir antworten? Gaius, wo bist du?" – „Ich bin hier, aber ich kann nicht antworten!" Dann fragte der Lehrer die Mädchen: „Claudia und Julia, ihr seid gute Schülerinnen. Sicherlich könnt ihr antworten!" Julia konnte antworten: „Wir sind vor dem Tempel der Göttin Vesta."

V.

De Aenea

Graeci multos annos ad Troiam, oppidum clarum magnificumque pugnaverunt. Postremo oppid<u>um</u> expugnaverunt multosque vir<u>os</u> necaverunt. Aeneas autem fugere potuit. Filium parvum quoque ex oppid<u>o</u> portavit et deinde cum multis viris et femini<u>s</u> Carthaginem, in oppidum novum et pulchrum, properavit. Regina viros alienos vidit Aeneamque interrogavit: „Quis es?" Aeneas nunc de vit<u>a</u> su<u>a</u> narravit. Quod regin<u>a</u>, femin<u>a</u> pulchr<u>a</u>, Aeneae plac<u>uit</u>, hic manere in animo habuit. Di autem aliud imperaverunt. Itaque in Italiam properavit, ubi diu cum nonnull<u>is</u> populis pugna<u>vit</u>. Postremo eos superavit et in Italia manere potuit. Nonnullis annis post Iulus, filius Aeneae, oppidum novum, Albam Longam, aedifica<u>vit</u>.

Über Äneas

Die Griechen kämpften viele Jahre bei Troja, einer berühmten und großartigen Stadt. Schließlich eroberten sie die Stadt und töteten viele Männer. Äneas aber konnte flüchten. Auch seinen kleinen Sohn trug er aus der Stadt und dann eilte er mit vielen Männern und Frauen nach Karthago, einer neuen und schönen Stadt. Die Königin sah die fremden Männer und fragte Äneas: „Wer bist du?" Äneas erzählte nun über sein Leben. Weil die Königin, eine schöne Frau, Äneas gefiel, hatte er vor, hier zu bleiben. Die Götter aber befahlen anderes. Daher eilte er nach Italien, wo er lange mit einigen Völkern kämpfte. Schließlich besiegte er diese und konnte in Italien bleiben. Einige Jahre später erbaute Julus, der Sohn des Äneas, eine neue Stadt, Alba Longa.

Lektion 7

?

1. … sie einladen möchten. 2. … sie keine Waffen mithaben.
3. … sich die Frauen zwischen ihre Männer und ihre Väter stellen.

Exercitationes

I.

1. contendit, contendunt, contende, contendite

2. venit, veniunt, veni, venite

3. parat, parant, para, parate

4. rapit, rapiunt, rape, rapite

5. manet, manent, mane, manete

6. legit, legunt, lege, legite

II.

1. mittit: Julia schickt ihre Freundin in die Stadt. 2. estis: Warum seid ihr so fröhlich, Kinder? 3. Audite: Hört die Worte des Lehrers, Schüler! 4. Adiuvas: Hilfst du uns, Claudia? 5. possunt: Die Buben können dem Lehrer nicht antworten. 6. relinquunt, properant: Die Schüler verlassen die Schule und eilen nach Hause. 7. dicis: Was sagst du, Gaius? 8. contendis, manes: Warum eilst du nach Hause und bleibst nicht mit mir hier, Quintus?

III.

1. portavit 2. regnaverunt 3. licuit 4. narravisti 5. monui 6. habuimus 7. fuit 8. possunt, 9. toleravisti

IV.

1. Gaius dixit: „Cur non mecum ambulas, Iulia?

2. Semper dicis: „Non venire possum, Gai, quod otium non habeo."

3. Sed tamen saepe cum Claudia in oppido ambulas."

4. Iulia respondit: „Ita est, sed ita vita est."

V.

Parentes Quintum in scholam mittunt. Dicunt: „Contende in scholam!" Quintus autem non contendit, sed cum Gaio amico per vias ambulat. Itaque pueri post alios discipulos in scholam veniunt. Magister clamat: „Cur nunc venitis? Vos iam exspectamus. Dum vos ambulatis, nos iam diu de Roma legimus. Potestisne de Romulo Remoque narrare?" Quintus dicit: „Certe possumus: Remus Romulusque Troiam relinquunt; deinde Remus Romulum necat." – Alii discipuli rident, magister clamat: „Stulti estis!" Deinde magister multum de Roma et de viris claris narrat. Meridie discipulos domum mittit. Quintus et Gaius ad portam properant, sed tum magistrum audiunt: „Hic manete, pueri! Vobis scholam relinquere non licet. Nunc de Romulo Remoque legite!" Itaque Quintus Gaiusque diu in schola legunt, dum alii liberi domum contendunt.

Die Eltern schicken Quintus in die Schule. Sie sagen: „Eile in die Schule!" Aber Quintus eilt nicht, sondern spaziert mit seinem Freund Gaius durch die Straßen. Daher kommen die Buben nach den anderen Schülern in die Schule. Der Lehrer ruft: „Warum kommt ihr jetzt? Wir erwarten euch schon. Während ihr spazieren geht, lesen wir schon lange über Rom. Könnt ihr über Romulus und Remus erzählen?" Quintus sagt: „Sicherlich können wir: Remus und Romulus verlassen Troja; dann tötet Remus Romulus." – Die anderen Schüler lachen, der Lehrer schreit: „Ihr seid dumm!" Dann erzählt der Lehrer von Rom und berühmten Männern. Zu Mittag schickt er die Schüler nach Hause. Quintus und Gaius eilen zum Tor, aber dann hören sie den Lehrer: „Bleibt hier, Buben! Euch ist es nicht erlaubt, die Schule zu verlassen. Lest jetzt über Romulus und Remus!" Daher lesen Quintus und Gaius lange in der Schule, während die anderen Kinder froh nach Hause eilen.

Lektion 8

?

1. Lucretia, Collatia

2. hundert, Rom, Sextus Tarquinius

3. vertreiben

Exercitationes

I.

1. septem: Romulus erbaute Rom auf sieben Hügeln. 2. duas: Der Sprachlehrer lehrte zwei Sprachen. 3. tertiam/secundam: Wir lernen jetzt schon die dritte/zweite Sprache. 4. septimus: Tarquinius Superbus war der siebente König der Römer. 5. duos: Rhea Silvia hatte zwei Söhne. 6. duos, decem: Wir haben zwei Augen und zehn Finger. 7. unam: Quintus hat nicht eine, sondern einige Freundinnen. 8. quinque: Sieben und fünf machen (macht/sind) zwölf.

II.

Hora prima discipuli de Romanis claris audiunt. Hora secunda alius magister de Romanis claris narrat. Quod hora tertia magister iterum de Romanis claris narrare in animo habet, Gaius clamat: „Iam duas horas de Romanis claris audimus. Num sex horas de Romanis claris audire necesse est? Unam horam de Romanis claris audire nobis placet. Post horam tertiam autem Romanos claros non iam amamus." Itaque magister nunc tres horas de Graecis claris narrat. Post horam quintam discipulis domum contendere licet.

In der ersten Stunde hören die Schüler über berühmte Römer. In der zweiten Stunde erzählt ein anderer Lehrer über berühmte Römer. Weil in der dritten Stunde der Lehrer wieder vorhat, über berühmte Römer zu erzählen, ruft Gaius: „Wir hören schon zwei Stunden über berühmte Römer. Ist es etwa notwendig, sechs Stunden über berühmte Römer zu hören? Eine Stunde über berühmte Römer zu hören, gefällt uns. Aber nach der dritten Stunde lieben wir die berühmten Römer nicht mehr." Daher erzählt der Lehrer jetzt drei Stunden (lang) über berühmte Griechen. Noch der fünften Stunden ist es den Schülern erlaubt, nach Hause zu eilen.

III.

1. audiebant, audiverunt 2. pugnabam, pugnavi 3. dicebat, dixit 4. terrebas, terruisti 5. legebamus, legimus 6. poteratis, potuistis

IV.

Präsens: mittunt – adiuvant – est – rapiunt – respondet – sunt – licet – superatis – video – dicimus – possumus

Imperfekt: mittebant – legebam – eramus – rapiebant – placebat – manebam – narrabas – superabatis – poterant

Perfekt: toleraverunt – habitavimus – fuit – rapuerunt – respondit – licuit – vidi – diximus – potui – potuerunt

V.

Über Mucius Scaevola

Das erzürnte römische Volk vertrieb die Familie der Tarquinier. Tarquinius aber eilte zu den Etruskern, wo Porsenna herrschte. Dort sagte er zu Porsenna: „Weil ich das Unrecht der Römer nicht ertragen kann, habe ich vor, Krieg mit dem römischen Volk zu führen. Wenn du mir hilfst, kann ich die Römer sicherlich besiegen."

So machten (errichteten) die Etrusker ein Lager bei Rom und belagerten die Stadt lange. Dann fasste Mucius, ein römischer Mann, einen Beschluss: „Wenn ich Porsenna töte, verlassen die Etrusker sicherlich unser Land." Daher kam er allein ins Lager der Etrusker. Die Etrusker aber fassten Mucius und führten ihn zu Porsenna. „Weil du vorhattest, mich zu töten", sagte Porsenna, „töte ich dich nun in den Flammen." Aber Mucius rief: „Sieh!

Römische Männer fürchten die Flammen nicht." Dann streckte er die rechte Hand in die Flammen. Dann schenkte Porsenna, weil er die Tapferkeit der Römer sehr fürchtete, Mucius das Leben und führte wenig später seine Truppen nach Hause.

Lektion 9

?

kapieren: cepit (Z. 18, fassen); Karenz: carebant (Z. 14, frei sein), Militär: milites (Z. 2, Z. 19, Soldaten), Triumvirat: vir (Z. 16, Mann)

Exercitationes

I.

1. nominibus: 3. F. Pl.: den Namen
2. vocum: 2. F. Pl.: der Stimmen
3. annum: 4. F. Sg.: das Jahr
4. servi: 2. F. Sg.: des Sklaven; 1. F. Pl.: die Sklaven; 5. F. Pl.: Sklaven!
5. militi: 3. F. Sg.: dem Soldaten
6. noctis: 2. F. Sg.: der Nacht

II.

1. homo clarus: ein berühmter Mensch 2. nomen aliud: ein anderer Name/einen anderen Namen 3. clamoris magni: des großen Geschreis 4. vocibus pulchris: den schönen Stimmen 5. fluminum magnorum: der großen Flüsse 6. cani parvo: dem kleinen Hund

III.

1. multis fluminibus 2. nomini Latino 3. homines magni/magnos 4. militis clari 5. cum cane meo 6. flumina magna 7. nocte pulchra 8. nomina clara

IV.

Magister discipulis multum de Iunone hominibusque narravit. „Iuno homines non semper adiuvat. Nam saepe irata est, quod Iuppiter non solum Iunonem, sed etiam multas alias puellas amat. Quinte, potesne mihi nomina puellarum dicere?" Quintus autem vocem magistri non audivit, quod iam diu dormiebat. Ceteri discipuli riserunt, Quintus autem clamorem discipulorum non audivit.

Itaque magister clamavit: „Quinte!" Puer statim exsultavit. „Cur nunc dormis, Quinte? Quid nocte facere soles?", magister interrogavit. – „Multis noctibus dormire non possum", Quintus respondit, „nam tam diu pensa mea facio."

Der Lehrer erzählte den Schülern viel über Juno und die Menschen. „Juno hilft den Menschen nicht immer. Denn sie ist oft zornig, weil Jupiter nicht nur Juno, sondern auch viele andere Mädchen liebt. Quintus, kannst du mir die Namen der Mädchen sagen?" Aber Quintus hörte die Stimme des Lehrers nicht, weil er schon lange schlief. Die übrigen Schüler lachten, aber Quintus hörte den Lärm der Schüler nicht,

Daher rief der Lehrer: „Quintus!" Der Bub sprang sofort auf. „Warum schläfst du jetzt, Quintus? Was pflegst du in der Nacht zu machen?", fragte der Lehrer. – „In vielen Nächten kann ich nicht schlafen", antwortete Quintus, „denn ich mache so lange meine Aufgaben."

V.

Über das Unrecht der Gallier

Die Soldaten der Gallier besetzten Rom und töteten viele Römer. Dann belagerten sie lange das Kapitol, wo die übrigen Römer waren. Weil sie das Kapitol nicht erobern konnten, warteten sie, bis das römische Volk den Hunger nicht mehr ertragen konnte. Dann fassten die Römer einen Entschluss: „Wenn die Gallier an unserem Hunger zweifeln, verlassen sie sicher Rom." Daher warfen sie Brot vom Kapitol. Die Gallier blieben dennoch unter dem Kapitol. Schließlich riefen die Römer Brennus, den Führer der Gallier, zu sich und fragten: „Verlasst ihr unsere Stadt, wenn wir euch eine große Menge Gold schenken?" Brennus antwortete: „Wenn wir tausend Pfund Gold erhalten, verlassen wir sofort Rom." Daher trugen die Römer das Gold zu den Galliern, dann aber sahen sie die Gewichte der Gallier. „Eure Gewichte sind falsch!", riefen sie. Brennus aber warf auch sein Schwert unter die Gewichte und rief: „Wehe den Besiegten!"

Lektion 10

?

imperator, copiae, miles, pugna, vincere, oppugnare, bellum, hostis

Exercitationes

I.

1. militum Graecorum: der griechischen Soldaten 2. virtuti tuae: deiner Tapferkeit 3. urbium clararum: der berühmten Städte 4. in mari magno: im großen Meer 5. in mare magnum: ins große Meer 6. partem parvam: den kleinen Teil 7. pace nova: durch den neuen Frieden 8. honori tuo: deiner Ehre 9. oppidi alieni: der fremden Stadt

II.

1. nuntium (Akkusativ) 2. iniuria (f. Singular) 3. servi (2.F. Sg./ 1.F. Pl.) 4. dabam (Verb) 5. constituis (Präsens) 6. audi (Imperativ)

III.

1. gladio suo: Der zornige Romulus tötete Remus mit seinem Schwert. 2. summo honore: Unser Lehrer ist ein Mann von großem Ansehen (ein sehr angesehener Mann). 3. magna virtute: Die Soldaten der Feinde kämpften mit großer Tapferkeit. 4. multis verbis: Der Lehrer lobte die Schüler mit vielen Worten. 5. oppido suo: Die Römer konnten die Truppen der Gallier nicht von ihrer Stadt fernhalten. 6. multis navibus: Der Feldherr führte die Truppen mit vielen Schiffen über das Meer.

IV.

1. Unsere Soldaten können die Feinde nicht mehr von der Heimat fernhalten. (Trennungsablativ) 2. Scipio, ein Feldherr von großem Ansehen (ein sehr angesehener Feldherr), führte viele tausend Soldaten mit Schiffen nach Afrika. (Ablativ der Eigenschaft, Mittelsablativ) 3. Die Römer besiegten die Karthager in (mit) drei Kriegen. (Mittelsablativ) 4. Wer kann uns von der großen Schuld befreien? (Ablativ der Trennung) 5. Die Griechen besetzten und zerstörten die Stadt der Feinde in der Nacht. (Zeitablativ) 6. Markus Manlius, ein sehr tapferer Mann, besiegte mithilfe der übrigen Soldaten die Gallier. (Ablativ der Eigenschaft, Mittelsablativ) 7. Der Feldherr führte zwei Jahre mit den Galliern Krieg; im dritten Jahr konnte er die Feinde besiegen. (Zeitablativ)

V.

1. Die Römer hatten viele Götter. 2. Julia hat schöne Augen. 3. Hast du einen neuen Freund, Julia? 4. Einige Buben haben viele Freundinnen. 5. Ich habe oft Freizeit. 6. Wir haben viele neue Bücher. 7. Die Römer hatten oft eine große Menge an Kindern. 8. Unser Lehrer hat einen kleinen Sohn.

VI.

Über Hannibal

Nachdem die Römer die Karthager besiegt und Frieden geschlossen hatten, floh Hannibal aus der Heimat und kam zu König Prusias. Weil er dort wieder Krieg (vor)bereitete, beschlossen die Römer Hannibal zu töten und schickten Boten mit einigen Soldaten auf einem Schiff zu Prusias. Die Boten kamen zu Prusias und sagten: „Übergib uns Hannibal, unseren Feind. So kannst du das römische Volk von großer Furcht befreien."

Nachdem er diese Worte gehört hatte, wagte Prusias nicht, Hannibal zu retten, und antwortete: „Es ist mir nicht erlaubt, Hannibal zu übergeben, weil er mein Gast ist. Aber sicherlich könnt ihr das Gebäude finden, wo er wohnt." So sah Hannibal wenig später römische Soldaten vor dem Tor. Sofort beschloss er, durch ein anderes geheimes Tor zu flüchten. Aber überall waren römische Soldaten. Dann rief Hannibal, ein Mann von höchster Tapferkeit (ein sehr tapferer Mann): „Die Römer können mich nicht töten!", und nahm Gift.

Wortklauberei 6–10

1

Infinitiv: Nennform (zu schlafen, zu lesen …); Imperativ: Befehlsform (schlaf!, lies! …); Deklination: Abwandlung eines Nomens (das Mädchen – des Mädchens – dem Mädchen …); Konjugation: Abwandlung eines Verbums (ich schlafe – du schläfst …); Dativus possessivus: Dativ des Besitzers (mir ist eine hübsche Freundin → ich habe eine hübsche Freundin); Vokal: Selbstlaut (a, e, i, o, u);

Konsonant: Mitlaut (b, c, d, f, g, h, j, k, l, m, n, p, q, r, s, t, v, w, x, z); Diphthong: Zwielaut (au, ei, ae, oe)

2/1

maskulin: alle auf -or/-oris (clamor, imperator, timor, honor);

feminin: die meisten auf -is/-is (navis,-is); alle auf -us/-utis (virtus, -utis); die meisten auf -x (nox, vox, pax); die meisten, die mit zwei Konsonanten enden (pars, urbs);

neutrum: alle auf -men/-minis (flumen, nomen);

„natürliches Geschlecht": männliche Lebewesen ↔ mask. (hostis, miles, homo, canis); weibliche Lebewesen ↔ fem. (Iuno)

2/2

der Genetiv Sg. auf -is

3/1

z. B. wegtragen, hintragen, auftragen, hineintragen, hinauftragen (etc.)

3/2

a) expugnare = erobern

b) oppugnare = belagern

4

castra hostium capere = das Lager einnehmen

gladium capere = das Schwert ergreifen

librum capere = ein Buch nehmen

magnus timor me capit = große Furcht erfasst mich

5/1

copiae, copiarum f. = Truppen; arma, armorum n. = Waffen; liberi, liberorum m. = Kinder; Graeci, Graecorum m. = die Griechen; Romani, Romanorum m. = die Römer; Galli, Gallorum m. = die Gallier

5/2

Graecus/a/um bzw. Romanus/a/um = „griechisch" bzw. „römisch" (Adjektiva!)

6

audire = hören ↔ audere = wagen

parare = vorbereiten ↔ parere = gehorchen

nos = wir; uns ↔ vos = ihr; euch

novus = neu ↔ nonus = der neunte

ab = von ↔ ad = zu, an, bei

ibi = dort ↔ ubi = wo

tam = so ↔ tum = damals, dann

alius = der andere ↔ alienus = fremd

manere = bleiben ↔ monere = ermahnen

Lektion 11

?

1: R, 2: F, 3: F, 4: F

Exercitationes

I.

1. eius urbis: dieser Stadt 2. eum montem: diesen Berg 3. ea nave: mit diesem Schiff 4. iis hostibus: diesen Feinden 5. ii liberi: diese Kinder 6. ea corpora: diese Körper 7. ei flumini: diesem Fluss 8. id aedificium: dieses Gebäude

II.

1. easdem: Quintus und Gaius lieben immer dieselben Mädchen. 2. iidem: Warum machen immer dieselben Schüler ihre Aufgaben nicht? 3. eodem: Wir reisten im selben Jahr in diese Stadt. 4. eorundem: Dem Lehrer gefallen immer die Aufgaben derselben Schüler nicht. 5. eadem: Gaius kam zur selben Stunde in die Schule. 6. eadem: Die römischen Soldaten und ihre Feinde kämpften mit derselben Tapferkeit. 7. idem: Acht Buben fassten denselben Beschluss: Sie beschlossen, zu Hause zu bleiben.

III.

1. Hamilkar führt seinen (den) Sohn, einen Buben von neun Jahren (einen neunjährigen Buben), mit sich in den Krieg. 2. Jupiter gefielen nicht nur Europa, sondern viele Mädchen mit schönem Körper. 3. Die Griechen verloren in diesem Krieg nicht nur viele Soldaten, sondern auch eine Flotte von hundert

Schiffen. 4. Romulus hatte vor, eine Stadt von höchster Schönheit (eine sehr schöne Stadt) zu erbauen. 5. Die römischen Soldaten pflegten eine große Menge an Getreide mit sich zu tragen.

IV.

1. Wer von den Schülern macht gerne die Aufgaben? (Teilungsgenetiv) 2. Der Lehrer hat zwei vierjährige Söhne. (Dativ des Besitzers, Genetiv der Eigenschaft) 3. Während der Erste der Schüler schon in die Schule eintrat, schlief Quintus zu Hause gut. (Teilungsgenetiv) 4. Ist es mir erlaubt, in dieser Nacht bei der Freundin zu bleiben? (Zeitablativ) 5. Euer Hund erschreckt mich immer mit seinem Geschrei (= Bellen). (Mittelsablativ) 6. Wem von euch gefällt es, diesen sehr hohen Berg mit uns zu besteigen? (Teilungsgenetiv, Genetiv der Eigenschaft) 7. Julia, ein sehr schönes Mädchen, hat keinen Freund. (Dativ des Besitzers, Genetiv der Eigenschaft) 8. Unser Hund hält mit seiner Stimme fremde Menschen immer vom Tor ab. (Mittelsablativ, Ablativ der Trennung)

V.

Über Kadmos

Nachdem Jupiter Europa, ein sehr schönes Mädchen, mit sich durch das Meer getragen hatte, befahl König Agenor seinem Sohn Kadmos: „Eile und suche Europa! Es ist dir nicht erlaubt, ohne meine Tochter nach Hause zurückzukehren." Kadmos gehorchte und suchte lange Europa. Weil er aber das Mädchen nicht sehen konnte, kam er zum Gott Apollo: „Hilf mir!", rief er. „Zeige mir eine neue Heimat!" Und der Gott schickte ein schönes Rind. Dieses Rind führte Kadmos durch die Länder. Wo sich aber das Rind hinlegte, beschloss Kadmos, eine neue Stadt zu erbauen. Weil er zuerst vorhatte, das Rind den Göttern zu opfern, schickte er die Freunde zu einer Quelle. Dort wohnte aber ein Drache von erstaunlicher Größe und tötete sofort viele von ihnen. Wenig später eilte Kadmos, weil er die Freunde weder sah noch deren Stimmen hörte, zu derselben Quelle und erblickte die Körper der Freunde und den Drachen. Kadmos, ein sehr tapferer Mann, wagte es, mit diesem Drachen zu kämpfen. Sie kämpften lange und der eine konnte den anderen nicht besiegen, schließlich aber tötete Kadmos den Drachen.

Lektion 12

?

Dativ: dare, engl. entrance: intrare, Mission: mittere, Relikt: relinquere

Exercitationes

I.

1. (liberis, quos) Theseus bestieg mit den Kindern, die die Eltern nach Kreta schicken mussten, das Schiff. 2. (Theseum, qui) Ariadne beschloss, Theseus, der ihr sehr gefiel, zu helfen. 3. (Gallos, qui) Nicht einmal die Hunde hörten die Gallier, die in der Nacht das Kapitol bestiegen. 4. (Virgines, quibuscum) Die Mädchen, mit denen Europa zu spielen pflegte, eilten ohne die Tochter des Königs nach Hause. 5. (filias, quae) Die Römer trugen die Töchter der Sabiner, die schöne Schauspiele erwarteten, mit sich nach Hause. 6. (virginum, quibus) Die Eltern der Mädchen, denen es gefiel, in der neuen Stadt zu bleiben, machten (schlossen) Frieden mit den Römern.

II.

1. quem: Gaius, den der Lehrer schon lange in der Schule erwartete, spazierte durch die Stadt. 2. quam: Wem von uns gefällt es nicht, mit Julia, die viele Buben lieben, zu spazieren? 3. cuius: Claudia kam nach der Schule zu Julia, mit deren Hilfe sie ihre Aufgaben machte. 4. quae: Quintus schaut gerne die schönen Mädchen an, die auf dem Forum spazieren. 5. quem: Niemand außer Gaius, dem die Eltern immer helfen, hat seine Aufgabe bei sich. 6. quas: Die Mädchen, die ihre Eltern lange mit großer Sorge suchten, waren in der Nacht bei Freunden.

III.

1.e.: Jupiter erblickt Europa und die Freundinnen, die beim Meer spielen. 2.a.: Europa, die sehr schön ist (von höchster Schönheit ist), gefällt auch Jupiter. 3.c.: Daher verwandelt sich der Gott, den viele Menschen fürchten, in einen Stier. 4.d.: Das Mädchen sieht nun diesen Stier, der an der Küste spaziert, und lobt ihn mit vielen Worten. 5.b.: Jupiter freut sich über diese Worte, die Europa sagt, und nähert sich dem Mädchen. 6.f.: Europa wagt es zuerst nicht, den Stier zu berühren, dessen Augen ihr sehr gefallen.

IV.

1. quos: Welche Buben ermahnt der Lehrer? 2. quod: Welche Gefahr fürchtest du jetzt? 3. quam: Welches Mädchen liebst du am meisten, Gaius? 4. quem: Welchen Buben liebst du gar nicht (am wenigsten), Julia? 5. quibus: Welchen Buben gefällt dieses Mädchen nicht? 6. cuius/quod: Wessen/Welchen Kopf hat der Minotaurus?

V.

Über Prokrustes

Theseus tötete nicht nur den Minotaurus, sondern befreite die Menschen auch aus anderen Gefahren. Nachdem er einige Räuber getötet hatte, kam er auch zu Prokrustes, einem sehr großen Mann. Dieser pflegte, wenn sich Wanderer näherten, zu sagen: „Tretet ein! In meinem Haus sind Betten für euch vorbereitet." Er hatte nämlich zwei Betten: Das eine war klein, das andere war groß. Große Menschen führte er zum kleinen Bett und sagte: „Obwohl du so groß bist, kannst du trotzdem in diesem Bett schlafen." Dann schnitt er Teile ihrer Körper mit dem Schwert ab. Kleine Menschen führte er aber zum großen Bett und dann streckte er sie mit einem Hammer in die Länge. Zu diesem Mann kam auch Theseus und betrat ohne Furcht dessen Haus. Dort zeigte Prokrustes Theseus das kleine Bett. Dann aber tötete Theseus, ein sehr tapferer Mann, Prokrustes auf dieselbe Weise, auf die dieser arme Menschen zu töten pflegte: Er schnitt dessen Kopf und Füße ab.

Lektion 13

?

a) Z. 9–14, b) Z. 19–27, c) 15–19, d) Z. 1–8

Exercitationes

I.

1. ea re: mit dieser Sache 2. eo die: an diesem Tag 3. ei manui: dieser Hand 4. eum metum: diese Furcht 5. ei/eius rei: dieser Sache 6. eius patris: dieses Vaters 7. earum manuum: dieser Hände 8. id opus: dieses Werk

II.

De casibus Latinis

Magister a discipulis quaerit: „Quot casus habent substantiva Latina?" – „Sunt sex casus", Claudia respondet. „Bene!", magister inquit. „Et tu, Gai, potesne mihi nomina casuum Latinorum dicere?" Is nomina quinque casuum scit, sed nomen casus primi dicere non potest. Magister clamat: „Rem novam a te non quaero: Iam multos dies vos has res doceo!" Deinde Quintum interrogat: „Quinte, quod est nomen casus primi?" Quintus secum cogitat: „Genetivum, dativum, accusativum, vocativum, ablativum scio, solum casum primum nescio!" Denique respondet: „Primitivus?", ceterique discipuli rident.

Über die lateinischen Fälle

Der Lehrer fragt die Schüler: „Wie viele Fälle haben die lateinischen Substantiva?" – „Es sind sechs Fälle", antwortet Claudia. „Gut!", sagt der Lehrer, „Und du, Gaius, kannst du mir die Namen der lateinischen Fälle sagen?" Dieser weiß die Namen von fünf Fällen, aber den Namen des ersten Falles kann er nicht sagen. Der Lehrer ruft: „Ich frage dich keine neue Sache: Schon viele Tage lehre ich euch diese Sachen!" Dann fragt er Quintus: „Quintus, welcher (was) ist der Name des ersten Falles?" Quintus denkt bei sich: „Den Genetiv, den Dativ, den Akkusativ, den Vokativ, den Ablativ weiß (kenne) ich, nur den ersten Fall weiß ich nicht!" Schließlich antwortet er: „Primitivus?", und die übrigen Schüler lachen.

III.

1. Obwohl sich die Feinde schon Rom näherten, war die Furcht der Römer dennoch nicht groß. 2. Scipio befreite die Römer von der Furcht vor Hannibal. 3. Die Furcht der Römer vor den Elefanten war groß. 4. Wie kann ich mir Julias Liebe verschaffen? 5. Fremde Menschen wagen es nicht, unseren Garten zu betreten, weil die Furcht vor unserem Hund groß ist. 6. Die Liebe meiner Freundin / zu meiner Freundin ist groß.

IV.

1. quem: Europa wagt es zuerst nicht, diesen Stier, den sie beim Meer erblickt, mit den Händen zu berühren. 2. qui: Die Gallier belagern die Stadt der Römer, die schon lange Nahrung entbehren (keine Nahrung haben), viele Tage lang. 3. quo: Theseus beschließt am selben Tag, an dem er nach Kreta kommt (gekommen ist), den Minotaurus zu töten. 4. cuius: Ariadne, deren Vater der König der Insel Kreta war, bestieg mit dem fremden jungen Mann das Schiff. 5. qui: Dädalus, der Kunstwerke von höchster Schönheit auszuführen (anzufertigen) pflegte, war es nicht erlaubt, die Insel Kreta zu verlassen. 6. quocum: Dädalus fertigte für sich und den Sohn, mit dem er vorhatte, durch den Himmel zu flüchten, Flügel an.

V.

Über den erzürnten Neptun

Jupiter hatte mit Europa, die auf der Insel Kreta wohnte, einen Sohn mit dem Namen Minos. Nach einigen Jahren schickte der Gott Neptun Minos, der nun König dieser Insel war, einen außergewöhnlich schönen Stier und befahl: „Opfere mir diesen Stier!" Aber Minos gehorchte nicht, weil ihm dieser Stier sehr gefiel, sondern opferte einen von seinen Stieren. Daher bestrafte der zornige Gott Minos so (auf diese Weise): Pasiphaë begann Neptuns Stier sehr zu lieben. Niemand konnte sie von der Liebe zu dem Stier befreien. Schließlich empfing sie auch einen Sohn von ihm. Aber die Menschen, die diesen Sohn erblickten, dachten sofort bei sich: „Dessen Vater ist nicht Minos. Denn dieses Lebewesen hat den Kopf eines Stieres." Der von diesen Worten erzürnte Minos befahl Dädalus, ein Labyrinth zu bauen, wo er den Sohn der Pasiphaë einschloss.

Lektion 14

?

3. Diese hatten ihn zu ihren Mahlzeiten eingeladen.

Exercitationes

I.

1. laudavisti, laudaveras 2. habuerunt, habuerant 3. ambulavimus, ambulaveramus 4. timuistis, timueratis 5. scivi, sciveram 6. punivisti, puniveras 7. necavit, necaverat 8. monuerunt, monuerant 9. steti, steteram 10. intellexit, intellexerat

II.

invitaverant (Plusquamperfekt) – puniverunt (Perfekt) – donaverat (Plusquamperfekt) – reddunt (Präsens) – habuistis (Perfekt) – vocaveram (Plusquamperfekt) – coniungimus (Präsens) – prohibuimus (Perfekt) – imperavit (Perfekt) – sciverunt (Perfekt) – cadit (Präsens) – liberavistis (Perfekt) – legis (Präsens) – expugnaverant (Plusquamperfekt) – parui (Perfekt) – paravi (Perfekt) – audivimus (Perfekt) – regnaverat (Plusquamperfekt) – habuerant (Plusquamperfekt) – placuit (Perfekt) – monstraveras (Plusquamperfekt) – tangitis (Präsens) – exspectaveram (Plusquamperfekt)

III.

1. hoc scelus: dieses Verbrechen 2. hoc die: an diesem Tag 3. hanc rem: diese Sache 4. huic manui: dieser Hand 5. huius mortis: dieses Todes 6. haec corpora: diese Körper

IV.

1: 4.F. Pl. f. → eas (diese) 2: 3.F. Sg. m./f./n. → ei (diesem/dieser/diesem) 3: 4.F. Sg. f. → eam (diese) 4: 1.F. Pl. m. → ii (diese) 5: 3./6.F. Pl. m./f./n. → iis (diesen/mit diesen) 6: 4.F. Pl. m. → eos (diese) 7: 4.F. Sg. m. → eum (diesen) 8: 2.F. Sg. m./f./n. → eius (dieses/dieser/dieses) 9: 6.F. Sg. f. → ea (mit dieser)
10: 2.F. Pl. m./n. → eorum (dieser)

V.

1. Der Lehrer, der immer die Buben ermahnt hatte, ermahnte schließlich auch einige Mädchen. 2. Mit diesem Schiff, mit dem ich in die Heimat gekommen war, segelte ich wenig später nach Griechenland. 3. Warum hast du mir nicht die Bücher gegeben, um die ich dich gebeten hatte? 4. Die Götter schickten Tantalus, der ihnen vorher immer lieb gewesen war, in den Tartarus.
5. Quintus, der mir schon oft von der Schönheit eines gewissen Mädchens erzählt hatte, hat mir dieses trotzdem nicht gezeigt.

VI.

Die Töchter des Danaos begehen ein Verbrechen

Danaos, der fünfzig Töchter hatte, war ein König von höchstem Ansehen (ein sehr angesehener König). Aber eines Tages beschloss ein Mann mit Namen Ägyptos, sich mit Gewalt dessen Königreich zu verschaffen. Er hatte aber erkannt: „Wenn ich Danaos töte, ist dessen Königreich dennoch nicht meines. Ich muss auch dessen fünfzig Töchter töten. Wie kann ich das machen?" Weil aber auch Ägyptos fünfzig Söhne hatte, fasste er diesen Beschluss: „Ich kann meine Söhne mit den Töchtern des Danaos verheiraten!" So machten (feierten) an demselben Tag fünfzig junge Männer und ebenso viele Mädchen Hochzeit. Danaos aber hatte den Töchtern befohlen: „Wenn die Männer nach dem Mahl schlafen, tötet diese!" Nur eine von den Töchtern widersetzte sich diesem Befehl, die übrigen aber gehorchten dem Vater und töteten in der Nacht ihre Männer. Daher schickten die Götter sie in die Unterwelt, wo sie diese Strafe verbüßen: Sie müssen immer Wasser von einem Fluss tragen und in ein Fass hineinschütten. Weil aber dieses Fass durchlöchert ist, gibt es kein Ende dieses Werkes.

Lektion 15

?

1: R, 2: F., 3: F.

?

Intervall: intervallum („Zwischenraum")

Quintett: quinque („fünf")

Komponist: componere („zusammensetzen")

Dirigent: dirigere („leiten")

Oktave: octo („acht")

Dur: durus/a/um („hart")

Moll: mollis/e („weich")

Dissonanz: dis- + sonare („auseinander" + „klingen")

Crescendo: crescere 3 („wachsen")

Exercitationes

I.

1. illi regi 2. eum/hunc regem 3. quidam rex 4. regibus ipsis 5. iisdem regibus 6. soli amico 7. nullius amici 8. nulli amico 9. unius viri 10. tibi soli

II.

Discipuli magistro ea pensa, quae post meridiem fecerant, monstraverunt. Ille pensa eorum laudavit, tunc ad Quintum quoque venit. Postquam eius pensum spectavit, clamavit: „Cur quidam discipuli pensa non ipsi faciunt? Hoc pensum non ipse fecisti, Quinte!"

Is autem dixit: „Certe pensum meum ipse feci!" – „Cur autem idem scripsisti, quod Claudia quoque scripsit?", magister ab eo quaesivit. Puer ei respondit: „Casu eadem verba scripsimus." His verbis iratus magister Quinto aliud pensum magnum dedit.

Die Schüler zeigten dem Lehrer diese Aufgaben, die sie am Nachmittag gemacht hatten. Jener lobte deren Aufgaben, dann kam er auch zu Quintus. Nachdem er dessen Aufgabe angeschaut hatte, rief er: „Warum machen gewisse Schüler ihre Aufgaben nicht selbst? Diese Aufgabe hast du nicht selbst gemacht, Quintus!" Dieser aber sagte: „Sicherlich habe ich meine Aufgabe selbst gemacht!" – „Aber warum hast du dasselbe geschrieben, was auch Claudia geschrieben hat?", fragte ihn der Lehrer. Der Bub antwortete ihm: „Durch Zufall haben wir dieselben Worte geschrieben." Über diese Worte erzürnt gab der Lehrer Quintus eine andere große Aufgabe.

III.

1. Warum erzählst du uns das alles? 2. Das, was du gemacht hast, ist mir nicht unbekannt. 3. Auch bei den Römern mussten die Schüler vieles lernen, was ihnen nicht gefiel. 4. Dasselbe, was du mir sagst, hast du sicher schon vielen anderen Mädchen gesagt. 5. Einige Menschen streben immer das an, was sie sich nicht selbst verschaffen können.

IV.

Imperfekt: stabant – carebant – ludebam – dicebant – erant

Perfekt: invitavistis – risimus – fecerunt – punivit – debui

Plusquamperfekt: dederam – fecerant – duxerat – miseras – pugnaverat

V.

Über die Gefahr für den Sänger

Arion war ein berühmter griechischer Sänger. Dieser erfreute nicht nur in seiner Heimat, sondern auch auf der Insel Sizilien viele Menschen mit seinen Liedern sehr. Eines Tages beschloss jener Sänger, der sich auf Sizilien große Schätze erworben hatte, durch die Liebe zur Heimat bewegt nach Hause zu reisen. Daher bestieg er ein Schiff, mit dem er nach Griechenland fuhr (Griechenland anstrebte). Aber auf diesem Schiff waren böse Piraten, die vorhatten Arions Schätze zu rauben und ihn selbst zu töten. Nachdem Arion deren Plan erkannt hatte, bat er die Piraten das: „Ist es mir erlaubt, ein letztes Lied zu singen?" Weil die Piraten das erlaubten, sang Arion mit schöner Stimme, dann aber sprang er ins Wasser hinab. Aber die Götter, denen Arions Kunst sehr gefiel, retteten diesen Mann: Sie schickten einen Delfin, der Arion über das Meer in die Heimat trug.

Wortklauberei 11–15

1

Demonstrativpronomen: hinweisendes Fürwort (dieser, jener, derselbe, selbst); Relativpronomen: bezügliches Fürwort (der/die/das; welcher/e/es); Interrogativpronomen: Fragefürwort (welcher/e/es?; wer/was?); Possessivpronomen: besitzanzeigendes Fürwort (mein, dein, sein, unser, euer, ihr); Personalpronomen: persönliches Fürwort (ich, du, er/sie/es, wir, ihr, sie)

2

magnus/a/um = groß → magnitudo, -inis = Größe;

longus/a/um = lang → longitudo, -inis = Länge;

clarus/a/um = berühmt → claritudo, -inis = Berühmtheit;

solus/a/um = allein → solitudo, -inis = Einsamkeit

3

facere = tun + facinus, -oris = Tat, Untat + conficere = ausführen, beenden

4

gloriam peto = ich begehre / will Ruhm

hostem peto = ich greife den Feind an

Italiam peto = ich reise nach Italien

a te auxilium peto = ich bitte dich um Hilfe

amicam pulchram peto = ich will eine hübsche Freundin

5

a) identisch: idem/eadem/idem (derselbe); b) Kapitän: caput,-itis (Kopf); c) Maniküre: manus,-us (Hand) + cura,-ae (Sorge); d) Lokomotive: locus,-i (Ort) + movere 2 (bewegen); e) domestizieren: domus,-us (Haus); f) Daten: dare 1 (geben); g) engl. peninsula: paene (fast) + insula,-ae (Insel); h) engl. library: liber, libri (Buch)

Lektion 16

?

bellum: Krieg; exercitus: Heer; arma: Waffen; copiae: Truppen; pugna: Kampf

Exercitationes

I.

1. spectaculum crudele 2. facinore atroci 3. virum fortem 4. virorum nobilium 5. exercitus celeris 6. libris brevibus

II.

1. virum crudelem: den grausamen Mann 2. tempus breve: die kurze Zeit 3. opera difficilia: die schwierigen Werke 4. rerum atrocium: der grässlichen Dinge 5. morte celeri: durch den schnellen Tod 6. homini misero: dem armen Menschen

III.

1. Romulus und Remus, die als Kinder lange bei Hirten gewohnt hatten, beschlossen eine Stadt zu erbauen. 2. Hannibal war schon als neunjähriger Bub ein Feind der Römer. 3. Marcus Manlius erkannte als Erster der Römer die Gallier, die das Forum bestiegen. 4. Spartakus, der als Gladiator mit verschiedenen Waffen zu kämpfen gelernt hatte, führte viele Sklaven gegen das römische Heer.

IV.

Magister a discipulis, qui iam multum de Spartaci bellis didicerunt, quaerit: „Quid mihi de Spartaco narrare potestis?" – „Romani hunc virum nobilem ceperunt", Claudia respondet. Gaius scit: „Non solum vir nobilis, sed etiam miles fortis erat." – „Bene", magister dicit, „et quos homines miseros Spartacus liberavit, Quinte?" – Puer respondet: „Discipulos?" – „Num discipuli homines miseri sunt?", magister interrogat. Gaius nunc amicum adiuvat clamatque: „Ita est. Ut servi discipuli quoque multas horas laborare debent neque pecuniam accipiunt. Si opera eorum magistro crudeli non placent, poenam atrocem accipiunt. Nos discipulos autem nemo liberat."

Der Lehrer fragt die Schüler, die schon viel über die Kriege des Spartakus gelernt haben: „Was könnt ihr mir über Spartakus erzählen?" – „Die Römer fingen diesen vornehmen Mann", antwortet Claudia. Gaius weiß: „Er war nicht nur ein vornehmer Mann, sondern auch ein tapferer Soldat." – „Gut", sagt der Lehrer, „und welche armen Menschen befreite Spartakus, Quintus?" – Der Bub antwortet: „Die Schüler?" – „Sind Schüler etwa arme Menschen?", fragt der Lehrer. Gaius hilft nun dem Freund und ruft: „So ist es. Wie Sklaven müssen auch Schüler viele Stunden arbeiten und bekommen kein Geld. Wenn ihre Werke dem grausamen Lehrer nicht gefallen, bekommen sie eine grässliche Strafe. Uns Schüler aber befreit niemand."

V.

1. pensum difficile: die schwierige Aufgabe; 2. viri nobilis: des vornehmen Mannes; 3. tempore brevi: in kurzer Zeit; 4. hostibus crudelibus: den grausamen Feinden; 5. manum celerem: die schnelle Hand; 6. pueris fortibus: den tapferen Buben

VI.

Über den dankbaren Löwen

Einst sahen die Menschen, die im Amphitheater ein grausames Schauspiel erwarteten, dies: Ein Sklave, der den Namen Androclus hatte, musste mit wilden Tieren kämpfen, weil er vor seinem Herrn geflohen war. Schon war er mitten im Amphitheater, als ein großer Löwe eintrat und zu Androclus eilte. Jener wagte weder zu flüchten noch zu kämpfen und erwartete einen grässlichen Tod. Aber der Löwe tötete ihn nicht, sondern leckte dessen Hände wie ein Hund.

Der Kaiser, der dieses Schauspiel gesehen hatte, rief Androclus wenig später zu sich und fragte ihn: „Warum hat dich jener Löwe nicht getötet (Warum tötet dich jener Löwe nicht)?" Androclus erzählte dies: „Nachdem ich das Haus meines Herrn verlassen hatte, verbrachte ich lange das Leben in einer Höhle. In dieselbe Höhle zog sich aber jener Löwe von großen Schmerzen veranlasst zurück. Denn in seinem Fuß war ein großer Dorn. Bald sah ich den Grund der Schmerzen und befreite den Löwen von jenem Dorn. Durch Zufall schickten nun deine Soldaten denselben Löwen ins Amphitheater. Dieser erkannte mich sofort und tötete mich nicht."

Lektion 17

?

Teil 1: Z. 1–11: z. B.: Verres, Der Kunstraub o. Ä.; Teil 2: Z. 12–28: z. B. Catilina, Der Staatsstreich o. Ä.

Exercitationes

I.

1. movebit (er/sie/es wird bewegen) 2. puniam (ich werde bestrafen) 3. petent (sie werden aufsuchen) 4. dabunt (sie werden geben) 5. vocabimus (wir werden rufen) 6. ducemus (wir werden führen) 7. vincet (er/sie/es wird siegen) 8. capiet (er/sie/es wird fangen) 9. erit (er/sie/es wird sein) 10. coges (du wirst zwingen) 11. licebit (es wird erlaubt sein) 12. capiam (ich werde fangen)

II.

1. habet – habebit – habebat – habuit – habuerat; 2. agimus – agemus – agebamus – egimus – egeramus; 3. invitas – invitabis – invitabas – invitavisti – invitaveras; 4. cupio – cupiam – cupiebam – cupivi – cupiveram; 5. sunt – erunt – erant – fuerunt – fuerant

III.

1. ite: Geht nach Hause, Kinder! 2. fert: Dieses schnelle Schiff bringt die Kinder zur Insel Kreta. 3. i, fer: Geh nach Hause und bring den Eltern diesen Brief, Claudia! 4. fers: Wem bringst du diese Sachen, Julia? 5. ire: Der Konsul befahl jenem bösen Mann, ins Exil zu gehen. 6. ferte: Bringt dem Lehrer diese Bücher, Schüler! 7. ferre: Jener griechische Mann bemühte sich, viele Sklaven in die Heimat zu bringen. 8. is: Warum gehst du nicht in die Schule, Quintus?

IV.

1. Nachdem Hannibal das römische Heer besiegt hatte, eilte er von Cannae mit seinen Truppen nach Rom. 2. Weil die Heimat in großer Gefahr war, musste Hannibal selbst nach Karthago eilen. 3. Nachdem Spartakus aus Capua geflohen war, nahm er viele tapfere Sklaven in sein Heer auf. 4. Cicero verbrachte viele Jahre das Leben in Rom, dann ging er nach Athen, wo er berühmte griechische Lehrer hörte. 5. Dädalus, der in Athen ein grässliches Verbrechen begangen hatte, flüchtete auf die Insel Kreta. 6. Kommt ihr von zu Hause, Kinder?

V.

Dum ceteri discipuli iam in scholam <u>eunt</u>, Quintus bene dormiebat. Hora tertia surrexit et solem in caelo vidit: „In scholam <u>ire</u> nunc certe non iam necesse est", cogitavit. Itaque ad forum <u>iit</u>, ubi paulo post amicum conspexit: „Quo <u>is</u>, Gai?", clamavit. „Cur non in schola es?" Is respondit: „Domum <u>eo</u>. Nam magister nos eo die pulchro domum misit. – Et tu? Cur non in scholam <u>isti</u>?" Quintus ei respondit: „Non in scholam <u>ii</u>, quod tam diu dormiveram. Quid nunc agere possumus? Cur non in thermas <u>imus</u>? – Vide: Ibi Iulia Claudiaque veniunt. Certe iis quoque id consilium placebit!" Puellae pueros iam conspexerunt et eos interrogaverunt: „<u>Itis</u>ne nobiscum in thermas?" Ii respondent: „Idem consilium nobis fuit." Itaque pueri et puellae ad thermas <u>ierunt</u>.

Während die übrigen Schüler schon in die Schule gingen, schlief Quintus gut. In der dritten Stunde stand er auf und sah die Sonne am Himmel: „In die Schule zu gehen, ist nun sicher nicht mehr notwendig", dachte er. Daher ging er zum Forum, wo er wenig später seinen Freund erblickte: „Wohin gehst du, Gaius?", rief er. „Warum bist du nicht in der Schule?" Dieser antwortete: „Ich gehe nach Hause. Der Lehrer hat uns nämlich an diesem schönen Tag nach Hause geschickt. – Und du? Warum bist du nicht in die Schule gegangen?" Quintus antwortete ihm: „Ich bin nicht in die Schule gegangen, weil ich so lange geschlafen hatte. Was können wir nun tun? Warum gehen wir nicht in die Thermen? – Sieh: Dort kommen Julia und Claudia. Sicher wird auch ihnen dieser Plan gefallen!" Die Mädchen erblickten die Buben schon und fragten sie: „Geht ihr mit uns in die Thermen?" Diese antworteten: „Wir hatten denselben Plan." Daher gingen die Buben und die Mädchen zu den Thermen.

Lektion 18

?

Vercingetorix berief eine Versammlung ein, in der einige dazu rieten, sich zu ergeben. Andere wollten auf jeden Fall kämpfen, auch wenn es den Tod bedeutete. Critognatus aber riet, sich von der Körpern der Alten und Kranken zu ernähren.

Exercitationes

I.

1. pulchriori 2. prudentioribus 3. gratiora 4. latiorum 5. crudelioris 6. celeriore 7. atrocius 8. laetiores

II.

1. fortiores; Die Gallier waren tapferer als die übrigen Feinde der Römer. 2. prudentior; Tantalus, der klüger als die Götter zu sein wünschte, büßt große Strafen. 3. celerior; Dieses Schiff ist schneller als jenes. 4. clarior; Cicero war in kurzer Zeit berühmter als die übrigen Redner. 4. 5. breviores; Warum sind deine Briefe immer kürzer als meine? 6. Habt ihr etwa eine schönere Stadt als Rom gesehen?

III.

1. Ist dieses Mädchen schöner als Julia? – Estne haec puella Iulia pulchrior? 2. Unsere Aufgabe ist schwieriger als eure. – Pensum nostrum vestro difficilius est. 3. Hannibal war bald berühmter als sein Vater. – Hannibal mox patre clarior erat. 4. Was ist heller als die Sonne? – Quid sole clarius est?

IV.

1. Scipio führte die römischen Truppen nach Afrika. Diese konnten Hannibal bald besiegen. 2. König Romulus lud die Sabiner in die neue Stadt ein. Er hatte vor, ihre Töchter zu rauben. 3. Die Eltern mussten ihre Söhne und Töchter auf die Insel Kreta schicken. Auf dieser Insel erwartete der Minotaurus die Kinder. 4. Wessen Lieder waren schöner als die des Orpheus? Während dieser sang, näherten sich ihm auch Tiere und Bäume. 5. Vercingetorix erwartete schon lange ein Heer. Sobald er dieses erblickte, beschloss er sofort eine Schlacht zu beginnen.

V.

Welche Sprache lernt ihr in der Schule? – Der Lehrer lehrt uns nicht nur die lateinische Sprache, die auch in unseren Zeiten viele Schüler verschiedener Völker zu lernen pflegen, sondern auch die griechische Sprache. Diese begannen wir dieses Jahr zu lernen. Obwohl die griechische Sprache schwieriger ist als die lateinische Sprache, lernen wir sie dennoch gerne. Mit großer Freude lesen wir griechische Bücher. Wie schön ist es, über den trojanischen Krieg und die Gefahren des Odysseus in griechischer Sprache zu lesen!

VI.

Quintus sagt der schönen Corinna einen Gruß.

Durch große Liebe veranlasst schicke ich dir diesen Brief. Seit dem Tag, an dem ich dich gesehen habe, habe ich andere Mädchen nicht mehr angeschaut. Keine kann dich an Schönheit überragen. Rom hat kein schöneres Mädchen als dich. Dein Körper ist edler als die Körper der Göttinnen, deine Augen sind heller als das Licht der Sonne. Auch das Übrige – wer wird dies nicht loben?

Sicher bin ich dir nicht unbekannt. Oft, wenn du mit deiner Freundin die Schule betrittst, siehst du mich am Tor. Schon lange bemühte ich mich, mit dir zu sprechen, aber niemals erblicke ich dich ohne jene Freundin. Hast du meine Liebe nicht bemerkt? Warum schaust du mich niemals an? Den ganzen Tag denke ich an dich, auch in der Nacht kann ich nicht schlafen. War schon (einmal) ein junger Mann ärmer als ich? O Mädchen, schöner als Venus, befreie mich von diesen Schmerzen! Gefällt es dir, mich morgen zur zehnten Stunde beim Tempel des Jupiter zu erwarten? Aber ich liebe dich allein; es ist nicht notwendig, mit deiner Freundin zu kommen. Diese kann zu Hause bleiben.

Lektion 19

?

1. König; 2. Freiheit; 3. Iden, 15.3.; Dolch- / Messerstiche

Exercitationes

I.

1. habetis – habebitis – habebatis – habuistis – habueratis
2. puniunt – punient – puniebant – puniverunt – puniverant

II.

1. prudentissimus/a/um 2. crudelissimum/am 3. acerrimis 4. brevissimum 5. minimos 6. difficillima

III.

1. res difficiliores / difficillimae – die schwierigsten Dinge
2. discipulis miserioribus / miserrimis – den ärmsten Schülern
3. cenam peiorem / pessimam – das schlechteste Mahl
4. flumen longius / longissimum – der längste Fluss
5. cives honestiores / honestissimi – die ehrenhaftesten Bürger
6. familiae nobilioris / nobilissimae – der vornehmsten Familie

IV.

1. Ich las jene berühmten Worte Cäsars. – clariora, clarissima 2. Sie kamen an demselben Tag mit einem schnellen Schiff. – celeriore, celerrima 3. Auch schwierige Aufgaben mache ich selbst. – difficiliora, difficillima 4. Diese Buben sind gute Schüler. – meliores, optimi 5. Claudia erzählt mir auch von ihren kleinen Sorgen. – minoribus, minimis 6. Quintus pflegt schlechte Bücher zu lesen. – peiores, pessimos

V.

1. Cicero war der berühmteste aller römischer Redner. 2. Der Lehrer pflegt uns sehr schwere Aufgaben zu geben. 3. Sicherlich ist Julia ein sehr kluges Mädchen, aber Claudia übertrifft sie an Klugheit. 4. Welche (Was) ist die schönste Stadt deiner Heimat?

VI.

1. celer (3. Deklination) 2. tempus (3. Deklination) 3. breve (Adjektiv) 4. varius (kein Komparativ) 5. terremus (Verbalform) 6. iis (keine Form von ire)

VII.

Seeräuber fangen Cäsar

Einst fingen Seeräuber Cäsar, den sehr berühmten Feldherrn, und dessen Gefährten, die mit dem Schiff Griechenland anstrebten (nach Griechenland fuhren). Weil er keine Reichtümer bei sich hatte, brachten sie Cäsar auf eine kleine Insel. Dort forderten sie von ihm eine gewisse Menge Gold. Sie sagten: „Sicher können deine Gefährten das Gold auf unsere Insel bringen. Ein sehr grausamer Tod wird dich erwarten, wenn deine Gefährten nicht mit dem Gold kommen." Cäsar aber lachte: „Ich bin Julius Cäsar, ein sehr vornehmer Mann! Warum fordert ihr nicht mehr Gold?" Dann ließ er seine Gefährten eine größere Menge Gold bringen. Während diese das Gold aus Milet brachten, blieb Cäsar ohne Furcht bei den Seeräubern. Oft aber sagte er ihnen: „Bald werde ich euch alle töten." Diese freilich lachten über diese Worte. Nachdem die Gefährten mit dem Gold angekommen waren, gaben die Seeräuber Cäsar die Freiheit zurück. Dieser eilte sofort nach Milet und kam wenig später mit vielen Soldaten wiederum auf diese Insel. Die meisten der Piraten ergriff er und schlug sie wenige Tage später ans Kreuz.

Lektion 20

?

qui: die Gebiete; eius: Kleopatra; suas: Antonius; eius: Kleopatra; cuius: die Schlange

Exercitationes

I.

1. liberatum 2. punitum 3. convocatum 4. scitum 5. prohibitum 6. expugnatum 7. paratum 8. aedificatum 9. exercitum 10. territum

II.

1. der verteidigten Stadt 2. die bestraften Menschen 3. dem erbauten Haus 4. die bestiegenen Berge 5. den besetzten Ort 6. die übergebenen Waffen 7. die verbrachte Zeit 8. dem eingeladenen Freund

III.

1. sie waren geführt worden 2. sie wurde getötet 3. es wurde gegeben 4. es war gesagt worden 5. sie wurden missachtet 6. ich wurde berührt 7. sie waren zurückgelassen worden 8. sie wurden übergeben

IV.

1. invitatus/a sum: ich wurde eingeladen 2. territi/ae sumus: wir wurden erschreckt 3. superatus/a erat: er/sie war besiegt worden 4. delectati/ae sunt: sie wurden erfreut 5. vocati/ae erant: sie waren gerufen worden 6. exspectatus/a es: du wurdest erwartet 7. puniti/ae sunt: sie wurden bestraft 8. monitus/a eram: ich war ermahnt worden

V.

1. Der Tod der Tochter, die er sehr geliebt hatte, bereitete Cicero großen Schmerz. 2. Obwohl es nicht sehr leicht ist, bereitet es uns dennoch Freude, lateinische Bücher zu lesen. 3. Die Sitten jener Zeiten bereiteten Cicero große Sorge. 4. Antonius gab der geliebten Kleopatra weite römische Gebiete zum Geschenk. 5. Scipio, jenem sehr berühmten Feldherrn, verschaffte die Schlacht, in der er Hannibal besiegte, große Ehre. 6. Sobald Vercingetorix die Truppen sah, die die übrigen Stämme zu Hilfe geschickt hatten, beschloss er, eine Schlacht zu beginnen.

VI.

Von Ptolemäus wurde ein grausamer Mord begangen

Pompeius und Cäsar waren die berühmtesten Feldherren. Während dieser in Gallien Krieg führte, war jener Konsul in Rom und verschaffte sich sehr große Macht. Diese Sache gefiel Cäsar keineswegs. Daher ging er mit seinen Legionen nach Rom und dann, weil Pompeius schon geflohen war, eilte er nach Griechenland, wo er dessen Heer besiegte. Pompeius selbst konnte wiederum flüchten und zog sich zu König Ptolemäus, Kleopatras Bruder, zurück. Jener aber, der mit Cäsars Hilfe sein Königreich zu vergrößern wünschte, dachte bei sich: „Pompeius' Tod wird Cäsar sicher höchste Freude bereiten!" So tötete er Pompeius und schickte dessen Kopf an Cäsar. Aber Cäsar, dem dieses sehr grässliche Geschenk großen Schmerz bereitete, weinte lange. Denn obwohl sie Feinde gewesen waren, war dennoch die Tapferkeit jenes ehrenhaften Mannes von Cäsar immer gelobt worden. Wenig später bereitete Cäsar einen Krieg gegen Ptolemäus vor und machte Kleopatra, eine von ihm sehr geliebte Frau, zur Königin.

Wortklauberei 16–20

1

orator = Redner ← orare = reden; spectator = Zuschauer ← spectare = anschauen; amator = Liebhaber ← amare = lieben; imperator = Feldherr; Kaiser; Befehlshaber ← imperare = befehlen

2

traditio = Überlieferung ← tradere = überliefern; laudatio = das Loben; Lobrede ← laudare = loben; auctio = (Ver-)Steigerung ← augere = steigern; contentio = Kampf ← contendere = kämpfen

4

regnare = herrschen + regnum = Herrschaft + rex = König + regina = Königin

5/1

super, hervorragend, fantastisch, großartig, außerordentlich …

5/2

occidere, interficere

5/3

a) schwarz, b) schlecht, c) dunkel

5/4

facilis/e = leicht ↔ schwierig = difficilis/e;

bonus/a/um = gut ↔ schlecht = malus;

multi/ae/a = viele ↔ wenige = pauci;

docere = lehren ↔ lernen = discere;

pax = Friede ↔ Krieg = bellum;

novus/a/um = neu ↔ alt = antiquus/a/um

6

o-Dekl. m.: animus, socius, discipulus

u-Dekl. m./f.: senatus, casus; manus, domus

3. Dekl. f.: virtus, servitus

3. Dekl. n.: tempus, litus, facinus; vulnus, opus, genus

7

coepi = ich begann ↔ cepi = ich fasste;

vicerunt = sie siegten ↔ vixerunt = sie lebten;

posuit = er/sie stellte ↔ potuit = er/sie konnte;

more = mit/nach der Sitte ↔ morte = durch den Tod;

parat = er/sie bereitet vor ↔ paret = er/sie gehorcht;

consilium = der Plan ↔ concilium = die Versammlung

Lektion 21

?

Juno versprach ihm Macht und Reichtum, Minerva Tapferkeit und Venus die schönste Frau.

Exercitationes

I.

1. stabimus – stetimus – steteramus – steterimus 2. vivent – vixerunt – vixerant – vixerint 3. incipietis – coepistis – coeperatis – coeperitis 4. aderit – adfuit – adfuerat – adfuerit 5. studebo – studui – studueram – studuero

II.

Dädalus sagte zu Ikarus: „Minos wird uns immer von der Heimat abhalten. Wenn ich nicht bald einen klugen Beschluss fasse, werde ich die Heimat nicht mehr sehen. Ich werde Flügel machen, mit denen wir durch den Himmel flüchten können. Die Reise, die wir machen werden, wird sehr schwierig sein. Dennoch werden wir es wagen, dies zu tun. Wenn wir die Insel über den Himmel verlassen (haben), werden uns die Soldaten des Königs nicht fangen können. Außerdem werden wir schon in Sicherheit sein, wenn Minos unsere Flucht bemerkt. Aber halte dich von der Sonne fern. Wenn du dich nämlich der Sonne näherst, wirst du die Flügel verlieren und ins Meer fallen."

III.

1. Cäsar nannte sich Diktator auf Lebenszeit. 2. Alle Bürger hielten Romulus, der mit höchster Gerechtigkeit regierte, für einen guten König. 2. Durch große Liebe veranlasst machte Cäsar Kleopatra zur Königin. 4. Einige Menschen nennen Hannibal, weil er die Römer besiegt hat, den besten Feldherrn. 5. Tantalus, der sich für klüger als die Götter hielt, wurde grausam bestraft. 6. Nachdem Antonius Kleopatra römisches Gebiet geschenkt hatte, wurde er vom Senat Feind der Römer genannt.

IV.

1. exieris – Cicero zu Catilina: „Wenn du Rom verlässt, wirst du uns alle von großer Angst befreien." 2. amabat – Cassius und Brutus, den Cäsar wie einen Sohn liebte, beschlossen dessen Ermordung.
3. mandaverant – Theseus führte alle Kinder, die ihm die Eltern mit großer Sorge anvertraut hatten, wieder in die Heimat.
4. occupata erit – Cäsar dachte bei sich: „Wenn ganz Gallien erobert worden ist, wird mein Ruhm sehr groß sein. 5. pugnabitis – Spartakus überzeugte viele Gallier: „Wenn auch ihr im Heer der Sklaven kämpft, werden wir die Römer besiegen können."
6. commisit – Weil Tantalus eine sehr grässliche Untat begangen hat, muss er eine grausame Strafe ertragen.

V.

Sowohl Paris als auch Helena wurden auf seltsame Weise geboren

Bevor Hekabe, die Gattin des Priamos, Paris gebar, hatte sie einen sehr grässlichen Traum gehabt. Sofort erzählte sie dem König alles, was sie gesehen hatte: „Im Traum gebar ich keinen Buben, sondern große Flammen." Priamos, dem dies große Sorge bereitete, ging zu einem gewissen Priester und befragte ihn über diesen Traum. Dieser antwortete: „Der Sohn, den deine Gattin gebären wird, wird einst Troja eine große Niederlage verursachen." Durch diese Worte veranlasst beschloss der König: „Wenn die Gattin einen Sohn geboren hat, werde ich ihn von Troja in die Berge wegbringen." So verbrachte Paris lange sein Leben unter Hirten, von denen er durch Zufall gefunden worden war.

Auch Helena, die Tochter der Leda, wurde auf seltsame Weise geboren. Jupiter war nämlich ihr Vater. Dieser näherte sich, wie wir schon gehört haben, oft nicht in seiner Gestalt, sondern in der Gestalt von Tieren den Frauen. Weil er aber in Gestalt eines Schwanes mit Leda zusammengekommen war, gebar jene keine Tochter, sondern ein riesiges Ei, aus dem einige Tage später Helena geboren wurde.

Lektion 22

?

vincere: superabunt; pugna: proelium; interfecit: cecidit / occidit

Exercitationes

I.

1. augebunt, augebant, auxerunt, auxerint 2. iunget, iungebat, iunxit, iunxerit 3. cedes, cedebas, cessisti, cesseris

II.

1. crudeliter 2. magnifice 3. pessime 4. breviter 5. facilius 6. clare 7. melius 8. celerrime

III.

Adjektiva	Adverbia	beides
acre	atrociter	longe
breve	bene	honestius
diviti		peius
difficile		celerrime
altiora		pulchrius
parvus		improbe
miseriorum		male
laetior		minus

VI.

1. Imperator milites fortius (fortissime) pugnare iussit. 2. Etiam discipuli prudentiores (prudentissimi) non semper prudentius (prudentissime) respondent. 3. Tuam vocem pulchriorem (pulcherrimam) facilius (facillime) cognoscimus. 4. Iuliam, discipulam meliorem (optimam), magister saepe laudat.

V.

2. nobiles – Vercingetorix rief sofort alle adeligen Männer zur Versammlung zusammen. 2. pulchre – Weil Orpheus schön sang, gab ihm Proserpina die Gattin zurück. 3. acriter – Bevor der Lehrer eintrat, stritten die Schüler heftig. 4. celeres – Weil die Boten des Königs schnelle Pferde hatten, kamen sie schon drei Stunden später nach Rom. 5. bene – Jene Wörter hast du gut gelernt, Gaius. 6. fortiter – Achill besiegte Hektor, obwohl jener tapfer kämpfte.

VI.

Thetis versteckt Achill

Thetis, Achills Mutter, hatte einst vom Orakel gehört: „Wenn dein Sohn am Trojanischen Krieg teilnimmt, werden die Feinde ihn töten." Einige Jahre später bereitete Agamemnon einen Krieg gegen die Trojaner und begann die Männer ganz Griechenlands zu versammeln. Sobald Thetis dies hörte, rief sie ihren Sohn schnell zu sich und sagte: „Du wirst in großer Gefahr sein, mein Sohn, wenn du dich nicht vom Krieg fernhältst. Eile zum König Lykomedes, der dich unter seinen Töchtern verstecken wird. So werden dich alle für ein Mädchen halten und du wirst nicht nach Troja gehen, wo der Tod dich erwartet." Daher versteckte sich Achill, jener sehr tapfere Mann, mit der Kleidung von Frauen bekleidet, unter den Töchtern des Königs. Aber Odysseus, dem Agamemnon befohlen hatte, Achill zu suchen, war klüger als Thetis. Denn er brachte den Töchtern des Lykomedes mehrere sehr schöne Geschenke, unter denen auch Waffen waren. Diese Geschenke stellte Odysseus mitten im Haus auf, dann aber, während die Mädchen jene mit großer Freude anschauten, ließ er einen Freund zum Angriff blasen. Die Mädchen flüchteten schnellstens, Achill aber ergriff sofort die Waffen. So wurde sehr leicht der Mann unter den Mädchen erkannt.

Lektion 23

?

1: R, 2: R, 3: F

Exercitationes

I.

1. favebis, favebas, favisti, faveras 2. trahemus, trahebamus, traximus, traxeramus

II.

1. der flüchtende Sklave (1.F.Sg.) 2. die lernenden Buben (1.F.Pl.) 3. des eintretenden Freundes (2.F.Sg.) 4. die singenden Mädchen (4.F.Pl.) 5. dem lachenden Schüler (3.F.Sg.) 6. den arbeitenden Vater (4.F.Sg.) 7. der helfenden Männer (2.F.Pl.) 8. dem schlafenden Bruder (3.F.Sg.)

III.

1.c.: die eilenden Soldaten 2.e.: der angeschauten Stadt 3.g: den erzählenden Lehrer 4.a.: der schreienden Mädchen 5.d.: den arbeitenden Männern 6.h.: der bestiegene Berg 7.f.: das mahnende Wort 8.b.: die anvertrauten Geschenke

IV.

1. Quintus – spectans: Quintus, der Julia schon lange anschaut, hört die Worte des Lehrers nicht. 2. Quintus – monitus: Quintus, der vom Lehrer mit vielen Worten ermahnt worden ist, hört dennoch nicht auf Julia anzuschauen. 3. Octavianus – cupiens: Oktavian, der Kleopatra nach Rom zu bringen wünschte, nahm der Königin alle Waffen weg. 4. Galliam – occupatam: Cäsar verließ Gallien, das von den römischen Truppen besetzt worden war, und eilte nach Rom. 5. Tantalus – stans: Tantalus, der mitten in einem Fluss steht, muss dennoch Durst ertragen. 6. Orpheus – canens: Orpheus, der mit sehr schöner Stimme sang, erfreute sogar Tiere. 7. Equus – relictus: Die Trojaner glaubten: „Das Pferd, das von den Griechen an der Küste zurückgelassen worden ist, ist ein Geschenk an Minerva." 8. liberis – missis: Theseus kehrte mit allen Kindern, die zum Minotaurus geschickt worden waren, in die Heimat zurück. 9. Caesarem – regnantem: Brutus sagte: „Wir müssen Cäsar, der nach der Sitte von Königen regiert, töten."

V.

Über eine sehr unglückliche Liebe

Nachdem Hektor, der tapferste Mann, getötet worden war, war die Hoffnung auf den Sieg bei den Trojanern, die schon lange von den Truppen der Griechen umzingelt (worden) waren, sehr klein. Aber dann erschien ein großes Heer. Die Amazonen, jenes Volk von sehr tapfer kämpfenden Frauen, hatten nämlich beschlossen, den eingeschlossenen Trojanern zu Hilfe zu kommen. Mit großer Freude wurden die Amazonen zum König geführt, wo zu ihrer Ehre ein prächtiges Mahl bereitet wurde. Am nächsten Tag verließen die Truppen der Amazonen und der Trojaner schon zur ersten Stunde die Stadt und griffen das Lager der Griechen an. Sobald diese die Feinde bemerkten, ergriffen sie schnellstens die Waffen und eilten in die Schlacht. Die Amazonen kämpften tapfer, die Tapferste von allen aber war ihre Königin mit Namen Penthesileia. Sie tötete mehrere Griechen, dann kam sie auch zu Achill. Dieser sah den Speer, der von Penthesileia geworfen worden war, und verteidigte sich schnell mit dem Schild. Dann verwundete er selbst, der den Speer mit höchster Kraft warf, die Königin sehr schwer. Beinahe tot fiel jene vom Pferd in Achills Hände. Dieser, der dann unter dem Helm die sehr schöne Frau erblickte, wurde von größter Liebe erfasst. Aber wenig später schied Penthesileia in seinen Händen aus dem Leben.

Lektion 24

?

Um Kassandra für sich zu gewinnen, verspricht ihr Apoll die Gabe, in die Zukunft schauen zu können. Kassandra geht zum Schein auf sein Angebot ein, sobald sie aber die Gabe erhalten hat, verlässt sie Apoll. Dieser kann sein Geschenk nicht rückgängig machen, aber er bestimmt, dass niemand ihren Prophezeiungen Glauben schenken werde.

Exercitationes

I.

Parentes, qui ante meridiem ambulare volunt, e filiis quaerunt: „Vultisne nunc nobiscum ambulare, Gai et Marce?" Gaius, qui cum parentibus ambulare non vult, celeriter librum Graecum aperit respondetque: „Libenter vobiscum ambulare volo, sed difficillima verba Graeca discere debeo." Marcus quoque, qui nunc dormire vult, hoc solum respondet: „Nolo." At pater iratus clamat: „Quamquam non vis, tamen nunc nobiscum venies! Cur non nocte dormivisti?" Ita parentes paulo post cum Marco ambulant, dum Gaius domi bene dormit.

Die Eltern, die am Vormittag spazieren gehen wollen, fragen die Söhne: „Wollt ihr mit uns spazieren gehen, Gaius und Markus?" Gaius, der mit den Eltern nicht spazieren gehen will, öffnet schnell sein Griechischbuch und antwortet: „Gerne will ich mit euch spazieren gehen, aber ich muss sehr schwierige griechische Wörter lernen." Auch Markus, der jetzt schlafen will, antwortet nur dies: „Ich will nicht." Aber der Vater ruft zornig: „Obwohl du nicht willst, wirst du jetzt dennoch mit uns kommen. Warum hast du nicht in der Nacht geschlafen?" So gehen die Eltern wenig später mit Markus spazieren, während Gaius zu Hause gut schläft.

II.

1. Nolite hunc librum legere! – Lest dieses Buch nicht! 2. Noli multum vini bibere! – Trinke nicht viel Wein! 3. Noli me spectare! – Schau mich nicht an! 4. Nolite mox redire! – Kehrt nicht (so) bald zurück!

III.

1. die Gelegenheit zu flüchten 2. die Hoffnung zurückzukehren 3. dem schlafenden Feind 4. die gelehrten Männer 5. die lehrenden Männer 6. die Begierde zu lehren 7. der Eifer zu lesen 8. dem lesenden Schüler 9. die lesenden Schüler 10. des gelesenen Buches / die gelesenen Bücher 11. durch sorgfältiges Lesen 12. um zu streben / zu studieren

IV.

1. Jene Schüler kommen in die Schule, um zu schlafen. 2. Weil diese Buben durch ihr Lachen den Lehrer vom Unterrichten abgehalten hatten, gab uns jener eine große Aufgabe. 3. Seid ihr etwa gekommen, um zu streiten? 4. Ich hatte keine Zeit zu lernen. 5. Orpheus bewegte durch das Singen Proserpinas Sinn. 6. Habt ihr schon jenes Buch über die Kunst des Liebens gelesen? 7. Wie groß ist meine Begierde, nach Hause zurückzukehren!

V.

1. Discordia – invitata: Discordia, die zur Hochzeit nicht eingeladen worden war, warf einen Apfel unter die Göttinnen, der ein Geschenk für die schönste Göttin war. 2. deis – certantibus: Jupiter befahl Paris: „Wähle aus den drei Göttinnen, die sehr heftig um den Apfel streiten, die schönste aus!" 3. Venerem – promittentem: Paris nannte Venus, die ihm die schönste Ehefrau versprach, die schönste. 4. Helenam – raptam: Nachdem Paris Helena, die in Griechenland geraubt worden war, nach Hause geführt hatte, sagte ihr Ehemann: 5. facinus – commissum: „Diese Untat, die von jenem bösen Mann begangen worden ist, können wir nicht ertragen." 6. exercitus – coactus: Wenig später segelte ein riesiges Heer, das aus allen Gemeinden Griechenlands versammelt worden war, nach Troja.

VI.

Über die missachteten Worte Laokoons

Nachdem die Griechen mit ihren Schiffen eine Insel aufgesucht hatten, fanden die Trojaner das Pferd, das mit höchster Kunst erbaut worden war. Weil sie dieses Pferd für ein Geschenk der Götter (an die Götter) hielten, wollten sie es in die Stadt ziehen. Da rief der Priester Laokoon, der sich aus der Stadt näherte: „O Elende! Dieses Geschenk bringt sicher eine große Gefahr mit sich, sei es, dass dieses Pferd eingeschlossene Männer enthält, sei es, dass eine andere List von Odysseus erfunden worden ist." Dann warf er einen Speer auf das Pferd.

Wenig später, während Laokoon an der Küste war, um ein Opfer zu bringen, erschienen plötzlich zwei riesige Schlangen aus dem Meer. Viele Menschen kamen zusammen, um zu schauen. Aber dann sahen sie ein grausames Schauspiel: Die Schlangen griffen schnell Laokoons kleine Söhne an und umschlangen deren Körper. Laokoon kam den erfassten Buben sofort zu Hilfe, aber bald wurde er selbst umschlungen. So wurden der Priester und dessen Söhne grausam getötet. Die Trojaner, die über diese Sache sehr erschrocken waren, sagten: „Diese Schlangen wurden von den Göttern geschickt, um Laokoon zu bestrafen." Dann zogen sie das Pferd in die Stadt.

Lektion 25

?

inierunt, rediit, exitum, adiit, exire

Exercitationes

I.

1. speratum (erhofft), sperans (hoffend), ad sperandum (um zu hoffen) 2. inclusum (eingeschlossen), includens (einschließend), ad includendum (um einzuschließen) 3. territum (erschrocken), terrens (erschreckend), ad terrendum (um zu erschrecken)

II.

1. laesisse, laesum esse 2. auxisse, auctum esse 3. paravisse, paratum esse 4. tetigisse, tactum esse 5. punivisse, punitum esse 6. sustulisse, sublatum esse

III.

1. Graecos – pugnavisse: Welcher Dichter erzählt, dass die Griechen zehn Jahre mit höchster Kraft bei Troja gekämpft haben? 2. firmissima moenia – oppugnata esse: Homer überlieferte, dass die sehr starken Mauern Trojas zehn Jahre vergeblich von den Griechen belagert worden waren. 3. Achillem iratum – abstinuisse, adiuvisse: Wir hörten, dass sich Achill zornig den Schlachten lange ferngehalten und die Gefährten nicht unterstützt hatte. 4. Graecos – aedificavisse: Wir wissen, dass die Griechen im zehnten Jahr ein Pferd erbaut haben. 5. nos – trahere: Die Trojaner riefen: „Es ist notwendig, dass wir dieses Pferd in die Stadt ziehen." 6. Graecos – navigare: Die Trojaner glaubten, dass die Griechen nach Hause segelten. 7. Cassandram – monuisse: Bei den alten Dichtern ist geschrieben (wurde geschrieben), dass Kassandra die Trojaner vergeblich gewarnt hat (hatte). 8. viros inclusos – reliquisse: Homer erzählt, dass die eingeschlossenen Männer das Pferd in der Nacht heimlich verlassen haben. 9. Troiam – incensam esse: Es steht fest, dass Troja dann von den Griechen angezündet worden ist.

IV.

1. Cicero narrat cives Romanos suam orationem audire noluisse. – Cicero erzählt, dass die römischen Bürger seine Rede nicht hören wollten. 2. Verres narrat se multa templa adisse et artificia magnifica quaesivisse. – Verres erzählt, dass er viele Tempel aufgesucht und großartige Kunstwerke gesucht hat. 3. Romulus narrat se moenia oppidi novi aedificare coepisse. – Romulus erzählt, dass er begonnen hat, die Mauern einer neuen Stadt zu erbauen. 4. Hannibal narrat se de elephanto maximo cecidisse. – Hannibal erzählt, dass er vom größten Elefant gefallen ist. 5. Caesar narrat se venisse, vidisse, vicisse. – Cäsar erzählt, dass er gekommen sei, gesehen habe und gesiegt habe. 6. Sisyphus narrat illud saxum iam paene summo in monte fuisse. – Sisyphus erzählt, dass jener Fels schon beinahe auf der Spitze des Berges gewesen ist. 7. Minotaurus narrat se multas horas exitum domus suae non invenisse. – Der Minotaurus erzählt, dass er viele Stunden den Ausgang seines Hauses nicht gefunden hat. 8. Achilles narrat servam pulcherrimam sibi ablatam esse. – Achill erzählt, dass ihm eine sehr schöne Sklavin weggenommen worden ist. 9. Iuppiter narrat se illam virginem pulcherrimam non tetigisse. – Jupiter erzählt, dass er jenes sehr schöne Mädchen nicht berührt hat.

V.

Über die Lieder der Sirenen

Bei den alten Dichtern lesen wir, dass Odysseus nach dem Krieg, der zehn Jahre bei Troja geführt worden war, lange durch die Meere geirrt ist. Beim Segeln kam er auch zur Insel der Sirenen. Die Sirenen, die den Körper eines Vogels und den Kopf eines Mädchens hatten, saßen auf einem hohen Felsen und pflegten sehr schön zu singen, wenn sie sahen, dass sich ein Schiff näherte. Alle Menschen, die diese sehr schönen Lieder hörten, suchten die Insel auf. Odysseus wusste aber, dass jene die Insel niemals verlassen hatten, sondern dort gestorben waren. Weil er diese Lieder dennoch selbst hören wollte, sagte er den Gefährten: „Ich werde eure Ohren mit Wachs verschließen. Mich aber bindet sorgfältig an den Mastbaum. Auch wenn ich später etwas anderes befehlen werde, gehorcht meinen Worten nicht!" So wurde es gemacht und wenig später hörte Odysseus die süßen Stimmen der Sirenen. Schönere Lieder hatte er niemals gehört. Mit lauter Stimme rief er: „Befreit mich! Hört ihr diese Lieder? Die Küste dieser Insel müssen wir aufsuchen!" Aber die Männer konnten weder Odysseus noch die Sirenen hören und hielten den Kurs. Schließlich, weil sie bemerkt hatten, dass Odysseus die Stimmen nicht mehr hörte, befreiten sie ihn. Dieser dankte dann den Gefährten, weil sie seine Befehle missachtet hatten.

Wortklauberei 21–25

1/1

abire = weggehen; abesse = weg sein; adducere = hinführen; adire = hingehen; convenire = zusammenkommen; convocare = zusammenrufen; deponere = ablegen; desinere = ablassen; dimittere = wegschicken; discordia = Zwietracht; exire = hinausgehen; expellere = vertreiben; includere = einschließen; inducere = hineinführen; ingratus = undankbar; infirmus = schwach; neglegere = ignorieren; nescire = nicht wissen; permagnus = sehr groß; permulti = sehr viele; praeparare = vorbereiten; praemittere = vorschicken; reddere = zurückgeben; redire = zurückkehren; tradere = übergeben; traducere = hinüberführen

1/2

Absenz = Abwesenheit; Advent = Ankunft; deponieren = ablegen; Diskriminierung = Unterscheidung, Herabsetzung; Disqualifikation = Ausschluss; Dissonanz = Missklang; Export = Ausfuhr; Immigration = Einwanderung; inhuman = unmenschlich; Kongress = Zusammenkunft; Konsens = Übereinstimmung; Konsonant = Mitlaut; Negation = Verneinung; permanent = ununterbrochen; Präferenz = Vorliebe; reflektieren = zurückstrahlen; Renaissance = Wiedergeburt; retour = zurück; Transfer = Übertragung; Transfusion = Blutübertragung

2

commovere ← con-movere = bewegen, veranlassen; afficere ← ad-facere = versehen, erfüllen; accipere ← ad-capere = annehmen, erhalten; immittere ← in-mittere = hineinschicken; assimilare ← ad-similare = angleichen

3

Läsion = Verletzung ← laedere („verletzen"); Intellekt = Verstand ← intellegere („verstehen", „einsehen"); kontrahieren = zusammenziehen ← con- + trahere („zusammen-ziehen"); konzelebrieren = gemeinsam feiern ← con- + celebrare („zusammen feiern"); Motor = Antriebsmaschine ← movere („bewegen") + -tor (Täter); Prävention = Vorsorge ← prae + venire („zuvor-kommen"); Relikt = Überrest ← re- + linquere („zurück-lassen"); Reparatur = Wiederherstellung ← re + parare („wieder bereiten")

Lektion 26

?

GS-ACI-GS-HS

Exercitationes

I.

1. conditur: er/sie/es wird gegründet 2. spectabimur: wir werden betrachtet werden 3. cognoscentur: sie werden erkannt werden 4. deligebar: ich wurde ausgewählt 5. exspector: ich werde erwartet 6. inveniemini: ihr werdet gefunden werden

II.

1. ich werde gesehen 2. ich werde gesehen werden 3. ihr werdet geliebt werden 4. es wird beschlossen 5. wir werden eingeschlossen werden 8. sie werden zerstört

III.

1. ornabitur – ornabatur – ornatus/a/um est – ornatus/a/um erat

2. vincentur – vincebantur – victi/ae/a sunt – victi/ae/a erant

IV.

1. Odysseus wird von Polyphem gefragt: „Wie wirst du genannt?" Jener antwortet: „Ich werde Niemand genannt." 2. Odysseus und seine Gefährten, die von Polyphem eingeschlossen worden waren, glaubten: „Wir werden niemals befreit werden." 3. Nero, der selbst für den Urheber des Brandes gehalten wurde, sagte, dass die Christen Rom angezündet hätten. 4. In der Nacht wurde der Sieg mit viel Wein gefeiert, als plötzlich die Feinde die Stadt betraten. 5. Die Trojaner werden von Kassandra ermahnt: „Wenn ihr das Pferd in die Stadt zieht, werden wir alle getötet werden." 6. Patroklos sagte zu Achill: „Du wirst von den Trojanern am meisten gefürchtet. Wenn du mir deine Waffen gibst, werde ich die Feinde erschrecken und vom Lager abhalten."

V.

1. laudabimur: Wenn wir viel lernen, werden wir sicher vom Lehrer gelobt werden. 2. punior: Warum werde ich bestraft, obwohl ich diese Untat nicht begangen habe? 3. mittemini: Wenn ihr nicht aufhört zu schreien, werdet ihr nach Hause geschickt werden. 4. animadvertetur: Dein grässliches Verbrechen wird sicher bald bemerkt werden.

VI.

Über den größten Sänger

Nero, jener Kaiser, der sehr begierig nach Ruhm war, glaubte, dass er die übrigen Sänger an Kunst übertreffe. Daher wurden seine Lieder auch im Theater oft gehört. Dort sah Nero, obwohl er mehrere Stunden zu singen pflegte, dass die Menschen dennoch bis zum Ende blieben und seine Kunst sehr lobten. Die Tore des Theaters waren nämlich vorher geschlossen worden. Außerdem mussten fünftausend junge Männer auf Befehl des Kaisers mit lauter Stimme Beifall rufen.

Einst kamen Gesandte einer griechischen Stadt nach Rom und lobten Neros Kunst des Singens sehr. Nero rief, dass nur die Griechen wahre Kenntnis der Kunst hätten, und versprach den Gesandten: „Alle Griechen werden durch meine Lieder erfreut werden." Dann machte er eine Reise nach Griechenland, wo er zwei Jahre in vielen Städten sang.

Auch durch dessen letzte Worte erkennen wir, dass Nero sich für den berühmtesten Sänger gehalten hat. Weil das Volk und der Senat dessen sehr grässliche Untaten nicht mehr ertrugen, vertrieben sie den Kaiser aus Rom. Dieser flüchtete sehr schnell, dann aber, bevor er gefangen wurde, tötete er sich selbst mit Hilfe eines Sklaven und rief: „Welch ein Künstler stirbt mit mir!"

Lektion 27

?

1. … ihm seine Freunde halfen.
2. Herr, wohin gehst du?
3. … er selbst nach Rom gehen soll, um gekreuzigt zu werden.
4. … er nicht genauso sterben wollte wie Jesus.

Exercitationes

I.

Aktiv: terremus – terrebimus – terrebamus – terruimus

Passiv: terremur – terrebimur – terrebamur – territi/ae sumus

II.

1. dare – dari – dedisse – datum esse

2. terrere – terreri – terruisse – territum esse

3. trahere – trahi – traxisse – tractum esse

4. referre – referri – rettulisse – relatum esse

III.

1. Julia soll mit einem neuen Freund gesehen worden sein. 2. Julias neuer Freund scheint reich zu sein. 3. Quintus schien die ganze Nacht nicht geschlafen zu haben. 4. Du scheinst in der Schule immer zu schlafen. 5. Der Lehrer soll selbst ein schlechter Schüler gewesen sein. 6. Julia scheint von mehreren jungen Männern geliebt zu werden.

IV.

1. Magna pars urbis deleta esse dicitur. – Magnam partem urbis deletam esse homines dicunt. 2. Princeps ipse Romam incendisse dicitur. – Principem ipsum Romam incendisse homines dicunt. 3. Christiani illius criminis accusati esse dicuntur. – Christianos illius criminis accusatos esse homines dicunt. 4. Eiusmodi scelera a Christianis non committi dicuntur. – Eiusmodi scelera a Christianis non committi homines dicunt. 5. Petrus quoque comprehensus esse dicitur. – Petrum quoque comprehensum esse homines dicunt. 6. Multae feminae flammis necatae esse dicuntur. – Multas feminas flammis necatas esse homines dicunt.

V.

Der Lehrer fragt: „Quintus, welcher griechische Mann soll der klügste gewesen sein?" – „Odysseus wurde der klügste genannt." – „Gut!", sagt der Lehrer. „Du scheinst viel gelernt zu haben. Und was soll Odysseus klug gemacht haben?" – „Odysseus musste diese Göttin auswählen, die ihm die schönste zu sein schien. Er zögerte nicht, Venus auszuwählen. Jene hatte ihm nämlich Helena versprochen, die zu dieser Zeit die schönste Frau gewesen sein soll." – „Du schienst mir klug, bevor du das erzählt hast", ruft der Lehrer. „Denn nicht Odysseus, sondern Paris soll Venus ausgewählt haben. Außerdem scheinen Männer, die nichts außer schönen Frauen anstreben, keine Klugheit zu haben."

VI.

1. duci (Infinitiv Präsens Passiv) 2. sceleri (Nomen) 3. laesi (Perfekt) 4. celeris (Adjektiv) 5. arbor (Nomen)

VII.

Über den Tod der heiligen Barbara

Barbara soll ein sehr schönes Mädchen gewesen sein, das viele adelige junge Männer zu heiraten wünschten. Sie aber wollte lieber unter Christen sein. Aber ihr Vater, ein sehr reicher Mann, ließ einen hohen Turm bauen, in dem er die Tochter einschloss. Aber einst rief Barbara heimlich einen Priester zu sich, um die Taufe zu empfangen. Der Vater, der diese Sache mit großem Zorn erkannte, beschloss die eingeschlossene Tochter zu töten. Aber wenig später sah er, dass die Tore des Turmes geöffnet waren und die Tochter geflohen war. So meldete er, weil er wusste, dass alle Christen vom Kaiser zum Tod verurteilt wurden, dass seine Tochter die römischen Götter missachte. Daher wurde Barbara von Soldaten gesucht und bald ergriffen. Während sie aber zum Kerker geführt wurde, sah sie auf der Straße einen Kirschbaum, von dem sie einen Zweig nahm und mit sich trug. Dann erwartete sie mit vielen Tränen im Kerker ihren Tod. Aber plötzlich begann jener Zweig des Kirschbaumes zu blühen und Barbara erkannte, dass Gott mit ihr war. So nahm sie ohne Furcht die Todesstrafe auf sich. Aber Barbara wurde nicht von Soldaten getötet, sondern der Vater selbst schlug, von größtem Zorn bewegt, dem Mädchen den Kopf ab.

Lektion 28

? (Seite 130)

credebat – putabant; at – autem / sed; pugna – proeliis; vincere – superavit

? (Seite 131)

a) Noricum: Kärnten, Salzburg, Oberösterreich, Niederösterreich, Steiermark

Rätien: Tirol, Vorarlberg

Pannonien: Burgenland, Niederösterreich

b) das Gebiet nördlich der Donau (Teile von OÖ und NÖ)

c) Lentia: Linz

Ovilava: Wels

Iuvavum: Salzburg

Brigantium: Bregenz

Cetium: Sankt Pölten

Exercitationes

I.

Aktiv: vocant – vocabunt – vocaverunt – vocaverant

Passiv: vocantur – vocabuntur – vocati/ae/a sunt – vocati/ae/a erant

II.

1. dubitans, dubitatum, dubitaturum, dubitare, dubitari, dubitavisse, dubitatum esse, dubitaturum esse 2. rogans, rogatum, rogaturum, rogare, rogari, rogavisse, rogatum esse, rogaturum esse 3. condens, conditum, conditurum, condere, condi, condidisse, conditum esse, conditurum esse 4. dividens, divisum, divisurum, dividere, dividi, divisisse, divisum esse, divisurum esse

III.

1. der besiegte Feldherr kommt 2. der Feldherr kommt, um zu siegen 3. zum siegenden Feldherrn 4. um den Feldherrn zu besiegen 5. der Feldherr war im Begriff zu siegen 6. der Feldherr war besiegt worden 7. die Hoffnung des siegenden Feldherrn 8. die Hoffnung, den Feldherrn zu besiegen

IV.

1. Quintus verspricht der neuen Freundin, dass er sie immer lieben werde. 2. Zu Mittag eilen die Schüler nach Hause, die einen, um die Aufgaben zu machen, die anderen, um auf den Feldern zu spielen. 3. Der Lehrer glaubte, dass die Schüler das Lateinbuch mit großer Freude lesen werden, aber er irrte sich. 4. Ich hoffe, dass der Vater mich beim Arbeiten unterstützen wird. 5. Gaius wollte die Schule verlassen, als er plötzlich vom Lehrer gerufen wurde.

V.

1. Pater putat filios post meridiem laboraturos esse. = Der Vater glaubt, dass die Söhne am Nachmittag arbeiten werden.
2. Magister scit Quintum hunc librum numquam lecturum esse. = Der Lehrer weiß, dass Quintus dieses Buch niemals lesen wird.
3. Spero me mox domi futurum/am esse (fore). = Ich hoffe, dass ich bald zu Hause sein werde. 4. Amici promittunt se media nocte redituros esse. = Die Freunde versprechen, dass sie mitten in der Nacht zurückkehren werden.

VI.

Postquam Troia decem annos frustra oppugnata est, Graeci se numquam victuros esse putabant. Ulixes autem, qui Troiam vi expugnari non posse intellexerat, consilium prudens cepit: Equum ingentem aedificari et nocte ante portas oppidi poni iussit. Postero die Troiani Graecos litus reliquisse viderunt. A quodam autem viro illum equum donum deorum esse audiverunt. Magno cum gaudio Troiani, qui se vicisse putabant, equum ad arcem traxerunt. Putabant enim hunc equum sibi maxime profuturum esse. Cassandra autem, ubi equum in oppidum trahi vidit, magna voce clamavit: „Video nos omnes interituros esse." Nos scimus Cassandram non erravisse multosque Troianos a Graecis interfectos esse.

Nachdem Troja zehn Jahre lang vergeblich belagert worden war, glaubten die Griechen, dass sie niemals siegen werden. Aber Odysseus, der erkannt hatte, dass Troja nicht mit Gewalt erobert werden könne, fasste einen klugen Beschluss. Er befahl, dass ein riesiges Pferd erbaut und in der Nacht vor die Tore der Stadt gestellt werde (Er ließ … erbauen und … stellen). Am nächsten Tag sahen die Trojaner, dass die Griechen die Küste verlassen hatten. Von einem gewissen Mann aber hörten sie, dass jenes Pferd ein Geschenk an die Götter sei. Mit großer Freude zogen die Trojaner, die glaubten, dass sie gesiegt hätten, das Pferd zur Burg. Sie glaubten nämlich, dass dieses Pferd ihnen sehr nützen werde. Aber Kassandra rief, sobald sie sah, dass das Pferd in die Stadt gezogen wurde, mit lauter Stimme: „Ich sehe, dass wir alle sterben werden." Wir wissen, dass sich Kassandra nicht geirrt hat und dass viele Trojaner von den Griechen getötet worden sind.

VII.

Mark Aurel wird schwer verletzt

Mark Aurel, ein sehr kluger Kaiser, führte viele Jahre Krieg. Denn er musste einige Völker, die das römische Gebiet oft angriffen, vom Reich fernhalten. So ließ er mehrere sehr starke Lager und Städte erbauen, in denen er selbst sehr lange sein Leben verbrachte. Denn wenn sich in einem Teil die besiegten Feinde zurückgezogen hatten, fielen in einem anderen Teil wieder Feinde ein, um die Felder zu verwüsten.

Einst wurde der Kaiser beim Kämpfen sehr schwer verletzt. Die besten Ärzte, die schnellstens aus dem ganzen Reich zusammengerufen worden waren, konnten dem Kaiser, der die größten Schmerzen ertrug, nicht helfen. Zufällig hörte Mark Aurel, der fast keine Hoffnung auf Rettung mehr hatte, von einer gewissen Quelle, die verletzte Tiere aufzusuchen pflegten und dann in kurzer Zeit geheilt wurden. Sofort suchte der Kaiser, weil er hoffte, dass dieses Wasser auch ihm nützen werde, jene Quelle selbst auf und trank sehr gierig das Wasser. Wenig später sollen seine Kräfte zurückgekehrt sein. Von da an suchten viele Menschen, durch Sorge um ihr Heil bewegt, diese Quelle auf. Das Wasser jener Quelle ist auch in unseren Zeiten unter dem Namen „Römerquelle" nicht unbekannt.

Lektion 29

?

1. Mit (In) diesem Zeichen wirst du siegen. (Hoc signo vinces.)
2. sibyllinischen, Heute wird ein Feind der Römer sterben.
3. Milvischen, Rom

Exercitationes

I.

1. parare – parari – paravisse – paratum esse – paraturum esse
2. scribere – scribi – scripsisse – scriptum esse – scripturum esse
3. movere – moveri – movisse – motum esse – moturum esse

II.

1. nachdem die Untat bemerkt worden ist / war 2. nachdem der König vertrieben worden ist / war 3. als (während) die Truppen kämpfen / kämpften 4. als (während) Lehrer erzählt / erzählte 5. nachdem diese Sachen missachtet worden sind / waren 6. als die Freunde / Freundinnen spielen / spielten

III.

1. Quintus – ardens, puellam – ambulantem: Quintus, der vor Liebe zu Julia brannte, sah das Mädchen, das mit einem anderen jungen Mann spazierte, am Forum. 2. itinere – facto: Die Freunde erzählen uns viel über die Reise, die im Sommer nach Griechenland gemacht worden ist. 3. Litteras – missas: Den Brief, der von dir nach Rom geschickt worden war, haben wir niemals erhalten. 4. Magister – narrans: Der Lehrer, der mit höchstem Eifer über die Kriege der Römer erzählt(e), bemerkt(e) nicht, dass die Schüler schon lange schlafen (schliefen). 5. Ii libri Latini – scripti: Diese lateinischen Bücher, die von sehr berühmten Dichtern geschrieben worden sind, werden mit großer Freude gelesen. 6. hunc magistrum – putantem: Die Schüler lieben diesen Lehrer, der sich für den klügsten Menschen hält, am wenigsten.

IV.

1. Troianis – celebrantibus: Als die Trojaner den Sieg mit viel Wein feierten, verließen die Griechen heimlich das Pferd und zündeten die Stadt an. 2. Ulixe – errante: Als Odysseus mehrere Jahre durch die Meere irrte, bemühten sich viele Männer von höchstem Ansehen (sehr angesehene Männer), dessen Gattin zu heiraten. 3. Omni spe – amissa: Als jede Hoffnung auf den Sieg verloren (worden) war, wurde das römische Heer durch göttliche Hilfe gerettet. 4. Exercitu – appropinquante: Als sich das Heer der Feinde näherte, ergriffen die Soldaten schnell die Waffen. 5. Facinore atroci – commisso: Nachdem er eine grässliche Untat begangen hat / hatte, büßt / büßte Tantalus schwere Strafen. 6. Romulo – rege: Unter König Romulus raubten die römischen Bürger, die keine Frauen hatten, die Töchter der Sabiner.

V.

1. Quibusdam discipulis dormientibus magister nova verba Graeca docet. 2. Penso difficili discipulis dato magister laetus ad cenam contendit. 3. Post meridiem magistro per campos ambulante liberi pensa diligenter faciunt. 4. Omnibus pensis scriptis liberi quoque domum relinquunt.

VI.

Dum Titus, miles Romanus, in caupona sedet, <u>amicos</u> <u>intrantes</u> conspicit: „Venite, amici!", Titus clamat. „Vobis de <u>bellis</u> feliciter <u>gestis</u> referam!" Illi autem <u>has res</u> iam saepe <u>narratas</u> audire nolunt respondentque: „Haec omnia iam narravisti." <u>Quibus verbis</u> <u>auditis</u> Titus tamen narrare incipit: „Audite res novissimas: <u>Magno exercitu</u> hostium <u>appropinquante</u> plurimi nostrorum militum celerrime fugerunt. <u>Quo</u> <u>viso</u> hostes se iam vicisse putabant. <u>Ego</u> autem nullum periculum <u>timens</u> solus <u>multos hostes</u> fortissime <u>pugnantes</u> vici. <u>Ceteri hostes</u> fortitudine mea <u>territi</u> se celerrime receperunt. Ita patriam iterum servavi." Postquam <u>Titus</u> multum vinum <u>bibens</u> diu eiusmodi res narravit, amici domum redire decernunt. <u>Tito</u> <u>resistente</u> amici iterum ac iterum causam quaerunt. Denique ille miles fortissimus <u>amicis ridentibus</u> dicit: „<u>Iratam uxorem</u> me iam multas horas <u>exspectantem</u> metuo."

Während Titus, ein römischer Soldat, im Wirtshaus sitzt, erblickt er die eintretenden Freunde: „Kommt, Freunde!", ruft Titus. „Ich werde euch von glücklich geführten Kriegen erzählen!" Aber jene wollen diese Sachen, die schon oft erzählt worden sind, nicht hören und antworten: „Du hast das alles schon erzählt." Als (Obwohl) er diese Worte gehört hat, beginnt Titus dennoch zu erzählen: „Hört die neuesten Sachen: Als sich ein großes Heer der Feinde näherte, flohen die meisten unserer Soldaten schnellstens. Als sie dies gesehen hatten, glaubten die Feinde, dass sie schon gewonnen hätten. Aber ich, der ich keine Gefahr fürchte, besiegte alleine viele Feinde, die sehr tapfer kämpften. Die übrigen Feinde, die über meine Tapferkeit erschrocken waren, zogen sich schnellstens zurück. So rettete ich wiederum die Heimat." Nachdem Titus, der viel Wein trank, lange derartige Dinge erzählt hat, beschließen die Freunde nach Hause zurückzukehren. Als sich Titus widersetzt, fragen die Freunde wieder und wieder nach dem Grund. Schließlich sagt jener sehr tapfere Soldat den lachenden Freunden: „Ich fürchte meine zornige Gattin, die mich schon viele Stunden erwartet."

Lektion 30

?

hoc: dem Armen zu helfen; ei: Martin; hoc: die Mantelteilung; ipsi: die zusehenden Menschen; quam: das Gewand; me: Christus; quo: Die Erscheinung Christi im Traum

Exercitationes

I.

Aktiv: ducitis – ducetis – duxistis – duxeratis

Passiv: ducimini – ducemini – ducti/ae estis – ducti/ae eratis

II.

1. wir fordern auf 2. sie erduldeten 3. sie hatte gefürchtet 4. du klagtest 5. ihr folgt / folgt! 6. sie werden sprechen 7. (zu) erdulden 8. fordere auf!

III.

1. Quomodo hos dolores pateris / passa es, Iulia? 2. Quintus puellam clam sequitur / secutus est. 3. Cur mecum non loquimini / locutae estis, puellae? 4. Nos quoque poenam veremur / veriti/ae sumus.

IV.

1. Jener sehr tapfere Soldat schien nichts außer der Gattin zu fürchten. 2. Weil Spartakus die Sklaverei nicht mehr ertrug, beschloss er, mit mehreren Sklaven zu flüchten. 3. Obwohl ich ihn nicht aufgefordert habe, folgt mir jener Hund dennoch freiwillig.
4. Dädalus sprach: „Folge mir ohne Angst, mein Sohn!"
5. Orpheus, der lange über den Tod der Gattin geklagt hatte, beschloss, selbst die Unterwelt aufzusuchen.

V.

Marcus Aurelius gentes campos Romanos saepe vastantes imperio Romano expellere constituit. Hostibus victis imperator in finibus hostium bellum gerere veritus non est. Copiis traductis Marcus Aurelius ingentem exercitum advenire animadvertit. Quod milites maiorem hostium exercitum verentes pugnare dubitabant, imperator eos verbis acerrimis hortatus est. Imperatore locuto proelium atrox commissum est. At Romani, qui hostes fortissime pugnantes vincere non potuerunt, circumventi sunt. Quamquam militibus iam diu aqua carentibus spes victoriae non iam erat, tamen questi non sunt. Postremo exercitus Romanus Deo iuvante servatus est.

Mark Aurel beschloss die Völker, die die römischen Felder oft verwüsteten, aus dem römischen Reich zu vertreiben. Nachdem die Feinde besiegt worden waren, fürchtete sich der Kaiser nicht, im Gebiet der Feinde Krieg zu führen. Nachdem er die Truppen hinübergeführt hatte, bemerkte Mark Aurel, dass ein riesiges Heer herankam. Weil die Soldaten, die das größere Heer der Feinde fürchteten, zögerten zu kämpfen, ermunterte sie der Kaiser mit sehr heftigen Worten. Nachdem der Kaiser gesprochen hatte, wurde eine grässliche Schlacht begonnen. Aber die Römer, die die sehr tapfer kämpfenden Feinde nicht besiegen konnten, wurden umzingelt. Obwohl die Soldaten, die schon lange kein Wasser hatten, keine Hoffnung auf Sieg mehr hatten, klagten sie dennoch nicht. Schließlich wurde das römische Heer mit Gottes Hilfe gerettet.

VI.

Über die schreienden Gänse

Es ist uns nicht unbekannt, dass einst Gänse durch Schreien die Römer, die gut schliefen, aufgeweckt und aus einer großen Gefahr befreit haben. Viele Jahre später sollen Gänse, die mit lauter Stimme schrien, wieder einen Menschen verraten haben. Dass Martin, jener sehr barmherzige Mann, das römische Heer verlassen hatte, haben wir schon gelesen. Dann bemühte er sich, nur Gott zu dienen und dem Beispiel Christi zu folgen. Er fürchtete sich nicht einmal davor, den geringsten Menschen zu helfen, und soll einige Wunder vollbracht haben. Weil er sich mit seinen Wohltaten großen Dank beim Volk verschaffte, wollten ihn die Menschen zum Bischof machen. Aber Martin, der glaubte, dass er dieser Sache nicht würdig sei, flüchtete schnellstens und versteckte sich in einem Stall, in dem außer anderen Tieren auch Gänse waren. Martin glaubte, dass er dort nicht gefunden werden konnte, aber plötzlich, als sich die Menschen näherten, begannen die Gänse zu schreien. Die Menschen, die das Geschrei hörten, betraten den Stall und fanden Martin. Dieser, der dann keinen Widerstand mehr leistete, folgte den Menschen in die Kirche, wo er wenig später zum Bischof gemacht wurde.

Wortklauberei 26–30

1/1

animal: animal,-alis n. = Tier

art: ars, artis f. = Kunst

example: exemplum,-i n. = Beispiel

honour: honor,-oris m. = Ehre

to invite: invitare 1 = einladen

mount: mons, montis m. = Berg

peace: pax, pacis f. = Frieden

victory: victoria,-ae f. = Sieg

1/2

A. D.: Anno Domini = im Jahr des Herrn

a. m.: ante meridiem = vor Mittag

p. m.: post meridiem = nach Mittag

e. g.: exempli gratia (= causa) = zum Beispiel

etc.: et cetera = und so weiter

i. e.: id est = das heißt

n. b.: nota bene = wohlgemerkt

2/1

a) civis (Bürger): civitas (Stamm), civilis/e (bürgerlich)

b) cupere (wünschen): cupidus/a/um (gierig), cupiditas (Begierde, Gier)

2/2

incendium / incendio / incendia / incendi (Brand), igne / ignis (Feuer), flammis (Flamme), incensam esse / incendebantur (anzünden), faces (Fackeln);

incensam esse / incendebantur (anzünden) müsste man weglassen, da es sich im Gegensatz zu den anderen Wörtern um ein Verb handelt.

3

a) Du wirkst heute völlig zerstört.

b) Quintus würde Julia gerne erobern.

c) Dieses Wissen bringt mir nichts.

4

auctor sceleris = der Anstifter des Verbrechens

auctor huius libri = der Autor dieses Buches

auctor urbis Romae = der Gründer der Stadt Rom

auctor famae = der Verbreiter des Gerüchts

5

Weil sie im Lateinischen keine eigenständigen Sätze sind, sondern erst bei der Übersetzung ins Deutsche zu Gliedsätzen gemacht werden. Eine lateinische sK hat also nur den „Wert" eines (deutschen) Satzes, ist aber kein eigenständiger Satz.

Lektion 31

Aufwärmübungen

1

consulerent: consulere, consulo 3, consului, consultum: befragen

civium: civis,-is m.: Bürger

quandam: quidam / quaedam / quodam: ein gewisser

civitatibus: civitas,-atis f.: Stamm, Gemeinde

2

pugnari (Z. 16), delevit (Z. 23), pugnae, occuparent (Z. 18), aggredientibus (Z. 19) u. a.

3

navibus: 6.F. Pl. f.: mit Schiffen

mandata est: 3.P. Sg. Perfekt Passiv: sie wurde anvertraut

melius: 4.F. Sg. n.: besser

interierunt: 3.P. Pl. Perfekt Aktiv: sie gingen zugrunde

4

exercitu Persarum appropinquante (Z. 1); interfectis sacerdotibus (Z. 22f.)

5

Hilfe durch Orakelspruch – Schutz auf Schiffen – Elitetruppe hält Feinden nicht stand – Verwüstung Athens – zum Angriff verleitet – unterschiedliche Voraussetzungen für den Kampf

Exercitationes

I.

Aktiv: tegunt – tegent – tegebant – texerunt – texerant

Passiv: teguntur – tegentur – tegebantur – tecti/ae/a sunt – tecti/ae/a erant

II.

1. habeat, haberet 2. cognoscamus, cognosceremus 3. curent, curarent 4. ducatur, duceretur 5. augeant, augerent 6. loquamur, loqueremur 7. sitis, essetis 8. possit, posset

III.

1. Wie wir wissen, ist Quintus ein schlechter Schüler. 2. Quintus´ Aufgaben sind so schlecht, dass der Lehrer den Buben immer ermahnt. 3. Der Lehrer hat ihn schon oft gebeten, dass er seine Aufgaben selbst mache. 4. Wie Quintus aber gut weiß, sind die von ihm selbst geschriebenen Aufgaben schlechter als jene, die er mit Julias Hilfe gemacht hat. 5. Denn schon oft hat er die Aufgaben nicht selbst gemacht, um mit Julia über das Forum zu spazieren. 6. Als Theseus Ariadnes Liebe erkannte, bat er sie um Hilfe. 7. Jene Frau unterstützte Theseus, sodass (damit) er aus dem Labyrinth hinausgehen konnte. 8. Dann bestieg Theseus mit Ariadne ein Schiff, um Kreta schnellstens zu verlassen.

IV.

1. Die Kinder baten den Vater, eine Mahlzeit zu bereiten. 2. Die Gattin bittet den Ehemann, keine Mahlzeit zu bereiten. 3. Quintus macht die Aufgaben, um nicht wieder vom Lehrer ermahnt zu werden. 4. Der Vater befahl den Kindern, zu Hause zu bleiben. 5. Der Lehrer befiehlt Quintus, immer seine Aufgaben zu machen. 6. Paris wählte Venus aus, um die schönste Frau zu erhalten. 7. Helena war so schön, dass sie von allen Männern begehrt wurde. 8. Dädalus ermahnte den Sohn, sich nicht der Sonne zu nähern.

V.

Über den ersten Krieg, der gegen die Perser geführt worden ist

Die Perser brachen auf, um Athen und ganz Griechenland unter ihre Herrschaft zu bringen. Ihr Führer bereitete eine große Flotte vor und näherte sich Attika mit einem riesigen Heer, wo er seine Truppen auf die Ebene von Marathon führte.

Als diese Sache in Athen gemeldet worden war, überredete Miltiades die Athener, dass sie selbst die Truppen auf die Ebene von Marathon führten und dort den Feind angriffen. Diese gehorchten und stellten wenig später am Fuß eines Berges in einem Gebiet, wo an vielen Orten einzelne Bäume waren, ihre Schlachtreihe auf. Die Athener begannen die Schlacht mit der Absicht, dass sowohl sie selbst durch die Höhe der Berge bedeckt (geschützt) wurden als auch die Reiter der Feinde durch jene Bäume beim Kämpfen gehindert wurden. Der Führer der Perser, der gierig nach einem schnellen Sieg war, ignorierte die Gefahr und begann die Schlacht. In dieser Schlacht kämpften die Athener so tapfer, dass sie die Perser besiegten und so erschreckten, dass sie nach der Niederlage nicht das Lager, sondern ihre Schiffe aufsuchten.

Nachdem diese Schlacht glücklich geschlagen worden war, soll ein griechischer Soldat sofort – mit allen Waffen ausgerüstet – sehr schnell nach Athen geeilt sein, wo er sterbend nur dies meldete: „Wir haben gesiegt!"

Lektion 32

Aufwärmübungen

1

profectus est: proficisci, proficiscor 3, profectus sum: aufbrechen;

more: mos, moris m.: Sitte, Brauch;

disputando: disputare, disputo 1,-avi,-atum: diskutieren;

secuturam esse: sequi, sequor 3, secutum esse: folgen

2

quaereret: 3.P. Sg. Konj. Imperfekt Aktiv: er suchte;

multa: 4.F. Pl. neutrum: vieles;

audiens: PPA, 1. F. Sg. m.: hörend;

expellis: 2.P. Sg. Präsens Aktiv: du vertreibst

3

GS: Cum amicus quidam Socratis olim oraculum petivisset
GS: ut nomen viri sapientissimi nosceret,
HS: ei responsum est
sK: neminem Socrate sapientiorem esse.

4

Sokrates ist angeblich der Weiseste – Suche nach (noch) weiseren Menschen – Diskussion und Gespräch – Erkennen des Unwissens – Sokrates wird beschimpft – ein kalter Guss – Übungseinheit für Sokrates

? (Seite 150)

dormirem = Konj. Impf. → ÜS: Präteritum; dormivissem = Konj. Plqpf. → ÜS: Plqpf.; placeas = Konj. Präs. → ÜS: Präs.; placeres = Konj. Impf. → ÜS: Prät.; amarem = Konj. Impf. → ÜS: Präteritum; amaverim = Konj. Perf. → ÜS: Perf.

Regel: Der lateinische Konjunktiv wird im Deutschen mit dem Indikativ derselben Zeit wiedergegeben.

Exercitationes

I.

1. spectaverit, spectavisset 2. intellexerim, intellexissem
3. aedificatum sit, aedificatum esset 4. dixerimus, dixissemus
5. dormiveritis, dormivissetis 6. secuti/ae sint, secuti/ae essent
7. fuerit, fuisset 8. potuerint, potuissent

II.

Konj. Präsens: abstineant, vivamus, sit, demus, trahamus

Konj. Imperfekt: tangerent, iuberet, cognoscerem, essent, daretur, iudicarent

Konj. Perfekt: potuerim, duxerint, tetigerim, putaveris

Konj. Plqpf: navigavisset, certavissem, datum esset, fuisses, potuisses

III.

Indikativ: timent – timebant – timuerunt – timuerant

Konjunktiv: timeant – timerent – timuerint – timuissent

IV.

1. Weil / Als die römischen Soldaten in höchster Gefahr waren, zogen sie sich zurück. 2. Obwohl Kassandra mit lauter Stimme warnte, zogen die Trojaner das Pferd in die Stadt. 3. Weil Tantalus ein sehr grässliches Verbrechen begangen hatte, wurde er von den Göttern bestraft. 4. Als Europa und ihre Freundinnen spielten, näherte sich ein sehr schöner Stier. 5. Obwohl / Als vor den Mauern mit höchster Kraft gekämpft wurde, saß Achill zornig im Lager. 6. Als Orpheus mit schöner Stimme sang, näherten sich ihm auch Tiere und Bäume, um seine Lieder zu hören. 7. Als Cäsar aus Gallien in die Heimat zurückgekehrt war, wurde er sehr gefeiert.

V.

1. Als Europa vom Stier ins Meer getragen wurde, wurde sie von großer Furcht erfüllt. 2. Cäsar besetzte, wie wir in seinen Büchern lesen, in wenigen Jahren ganz Gallien. 3. Sicher führte Cäsar diesen Krieg auch in der Absicht, sich größten Ruhm zu verschaffen. 4. Odysseus befahl den Griechen ein Pferd zu erbauen, um Troja endlich zu erobern. 5. Als das Pferd vor den Mauern der Stadt stand, freuten sich die Trojaner sehr. 6. Um das Pferd in die Stadt zu ziehen, zerstörten die Trojaner einen Teil der Mauern. 7. In der Nacht, wie der Dichter Homer über ieferte, verließen die eingeschlossenen Griecher das Pferd.

VI.

Über Diogenes

Der Philosoph Diogenes gab sich immer Mühe, keine überflüssige Sache zu besitzen. Er soll ein Leben in so großer Bescheidenheit geführt haben, dass er nicht nur kein Geld und keinen Reichtum, sondern auch kein Haus besaß und in einem großen Fass wohnte. Er meinte nämlich, dass nur ein armer Mensch frei und glücklich sei. Sehr bekannt ist diese Geschichte: Alexander, jener große Feldherr, suchte einst Diogenes auf, der sich vor sein Fass gesetzt hatte, um die Sonne zu genießen. Als er kurz mit jenem Philosophen gesprochen hatte, forderte er ihn auf: „Sag mir: Gibt es irgendwelche Sachen, die ich dir geben kann?" Jener aber soll geantwortet haben: „Am meisten wünsche ich, dass du nicht zwischen mir und der Sonne stehst. Geh ein wenig aus der Sonne!" So wurde Alexander, der alle Völker besiegt hatte, von jenem Armen besiegt.

Lektion 33

Aufwärmübungen

1

divitem: dives, -itis: reich;

regem: rex, regis m.: König;

egerat: agere, ago 3, egi, actum: machen;

deleturum esse: delere, deleo 2, delevi, deletum: zerstören

2

ei: 3.F. Sg. m.: diesem;

dicet: 3.P. Sg. Futur Aktiv: er wird sagen / nennen;

oracula: 4.F. Pl. n.: die Orakel;

aggressus est: 3.P. Sg. Perfekt Aktiv: er griff an

3

HS: Sed paulo post ... Croesus verborum oraculi meminerat intellexitque
sK: exercitu superato
sK: multisque militibus amissis
sK: se non Cyri, sed suum regnum delevisse.

4

nonnullis annis post: einige Jahre später;

eo tempore: zu dieser Zeit;

Delphis: in Delphi;

illo bello: durch jenen Krieg

5

Krösus zeigte Solon seine Schätze. – Der König fragte Solon, wen er für den glücklichsten Menschen halte. – Solon antwortete: „Niemand kann vor dem Tod für glücklich gehalten werden." – Krösus bereitete einen Krieg gegen die Perser vor. – Krösus beschloss das Orakel zu befragen – Er wusste nicht, welchem Orakel am meisten vertraut werden könne. – Er erkannte, dass nur das Orakel von Delphi alles wusste. – Er fragte jenes Orakel, ob er siegen werde. – Es wurde geantwortet, dass Krösus durch diesen Krieg ein großes Reich zerstören werde. – Durch Hoffnung auf den Sieg veranlasst, griff Krösus die Perser an. – Das Heer des Krösus wurde besiegt.

Exercitationes

I.

Indikativ: agimus – agebamus – egimus – egeramus

Konjunktiv: agamus – ageremus – egerimus – egissemus

II.

1. vorzeitig: Der Lehrer fragt die Schüler, wer die Aufgabe nicht gemacht hat. 2. vorzeitig: Der Lehrer fragte die Schüler, wer die Aufgaben nicht gemacht hatte. 3. gleichzeitig: Der Lehrer fragt, welche Schüler die Aufgabe nicht bei sich haben. 4. gleichzeitig: Der Lehrer fragt Quintus, warum er niemals die Aufgabe macht. 5. nachzeitig: Der Lehrer fragt Quintus, an welchem Tag er endlich die Aufgabe selbst machen wird. 6. gleichzeitig: Quintus fragt Gaius, wo Julia ist. 7. vorzeitig: Quintus will wissen, mit welchem Mädchen Gaius über das Forum spaziert ist. 8. nachzeitig: Gaius wollte nicht erzählen, was er nach der Schule machen werde. 9. gleichzeitig: Quintus wollte auch wissen, wo Julia nun war (ist). 10. vorzeitig: Die griechischen Freunde erzählten zu Hause, welche Kunstwerke sie in Rom angeschaut hatten. 11. vorzeitig: Der Lehrer erzählte uns, wie Troja besetzt worden war. 12. vorzeitig: Weißt du nicht, wer Rom gegründet hat?

III.

1. Magister rogat / rogavit, quis pensum non fecerit / fecisset.
2. Magister rogat / rogavit, cur Quintus non adsit / adesset.
3. Parentes filium rogant / rogaverunt, quando domum venerit / venisset.

IV.

1. Die römischen Soldaten, die von den Feinden umzingelt worden waren, fürchteten, dass sie alle getötet werden. 2. Dädalus forderte seinen Sohn auf, sich nicht der Sonne zu nähern. 3. Groß war die Furcht der Römer, dass Hannibal auch Rom belagere. 4. Theseus beschloss mit dem Minotaurus zu kämpfen, damit nicht mehr Kinder von jenem getötet werden. 5. Habt ihr von den Kriegen des Spartakus gehört? 6. Als die Gallier die Stadt verwüsteten, fürchteten die Römer, dass auch das Kapitol erobert werde.

V.

Was Archimedes´ letzte Worte gewesen sind

Bei einem (gewissen) griechischen Autor lesen wir, wie Archimedes getötet worden ist. Als die römischen Soldaten Syrakus erobert hatten, begannen sie sofort zu plündern, wie es der Brauch der Feinde ist, nachdem eine Stadt eingenommen worden ist. Sie trugen alles fort, was sie nehmen konnten. Ein (gewisser) Soldat kam auch zu Archimedes, der sich in seinen Garten zurückgezogen hatte, um nach seinem Brauch nachzudenken und Überlegungen anzustellen. Sorgfältig die Formen betrachtend, die er in den Sand geschrieben hatte, missachtete er die Gefahr und rief, als er einen Soldaten erblickt hatte, der sich ihm näherte: „Störe meine Kreise nicht!" Der Soldat aber tötete Archimedes mit dem Schwert, weil er glaubte, dass dieser durch Hochmut veranlasst sprach.

Lektion 34

?

Damoklesschwert = eine drohende Gefahr

Aufwärmübungen

1

divitissmus: dives,-itis: reich;

ingentes: ingens,-entis: riesig;

iussit: iubere, iubeo 2, iussi, iussum: befehlen;

eius: is, ea, id: dieser;

ausus est: audere, audeo 2, ausus est: wagen;

talem: talis,-e: solch

2

die: 6.F. Sg. m.: am Tag;

delectari: Inf. Präsens Passiv: erfeut zu werden;

auro: 6.F. Sg. n.: mit Gold;

metuit: 3.P. Sg. Ind. Perfekt Aktiv: er fürchtete

3

GS: At dum Damocles ad mensam cenat
HS: Dionysius … iussit.
sK: gladium saetā equinā supra eius caput demitti
GS: ut ei pericula tyranni demonstraret

4

Erwähnung des Reichtums – einen Versuch wert – Platz nehmen bei Tisch – scheinbares Glück – wie gelähmt – keineswegs wünschenswert – Wunsch, nach Hause zu gehen – aufschlussreiche Demonstration

Exercitationes

I.

Indikativ: sequitur – sequebatur – secutus/a/um est – secutus/a/um erat

Konjunktiv: sequatur – sequeretur – secutus/a/um sit – secutus/a/um esset

II.

Konj. Präsens: pareant: sie sollen gehorchen, gaudeas: du sollst dich freuen, detur: es soll gegeben werden, moveamus: wir wollen bewegen, sim: ich soll sein, ponatis: ihr sollt stellen, respondeat: er/sie soll antworten, sequamur: wir wollen folgen, conficiant: sie sollen ausführen, deleatur: es soll zerstört werden, oret: er/sie soll beten

Konj. Imperfekt: esset: er/sie/es wäre, cognosceretur: er/sie/es würde erkannt werden, punirent: sie würden bestrafen, rideret: er/sie/es würde lachen, stares: du würdest stehen, morerentur: sie würden sterben; manerem: ich würde bleiben

Konj. Plqpf.: cogitavisses: du hättest gedacht, habuissem: ich hätte gehabt, flevissemus: wir hätten geweint, traxissent: sie hätten gezogen, conspexisses: du hättest erblickt, fuissemus: wir wären gewesen, visus essem: ich wäre gesehen worden, tacuissem: ich hätte geschwiegen

III.

1. intret: er/sie soll eintreten 2. paruissem: ich hätte gehorcht 3. ageremus: wir würden machen 4. puniantur: sie sollen bestraft werden 5. aggressus/a esset: er/sie hätte angegriffen 6. simus: wir wollen sein

IV.

1. Konj. Präsens: Die Schüler sollen die Aufgaben ohne fremde Hilfe machen. 2. Konj. Präsens: Wir wollen diesen berühmten alten Mann befragen! 3. Konj. Imperfekt: Wenn du mich liebtest, würdest du nicht immer andere Mädchen anschauen. 4. Konj. Präsens: Die lateinische Sprache soll leben! 5. Konj. Imperfekt: Wenn du mir nicht helfen würdest, könnte ich meine Aufgaben nicht machen. 6. Konj. Plqpf.: Wenn Julia die Aufgabe gemacht hätte, wäre sie nicht ermahnt worden. 7. Konj. Imperfekt: Die Schüler würden sich freuen, wenn der Lehrer ihnen keine Aufgaben geben würde. 8. Konj. Plqpf.: Wenn Cäsar nicht der beste Feldherr gewesen wäre, hätte er Gallien nicht besetzt. 9. Konj. Präsens: Was soll ich euch erzählen? 10. Konj. Präsens: Du sollst wissen, dass wir dir immer helfen werden.

V.

1.b.: Wenn Ikarus die Worte des Vaters nicht missachtet hätte, wäre er nicht ins Meer gefallen. 2.d.: Wenn Odysseus keinen klugen Plan gefasst hätte, wären die griechischen Männer von Polyphem getötet worden. 3.a.: Wenn Patroklus nicht getötet worden wäre, hätte sich Achill immer von den Schlachten ferngehalten. 4.c.: Wenn die Trojaner Kassandras Worten geglaubt hätten, wäre die Stadt nicht zerstört worden.

VI.

1. Dein Wille geschehe! 2. Er/Sie ruhe in Frieden! 3. Er/Sie möge leben, wachsen und blühen! 4. Also wollen wir uns freuen! 5. Es werde Licht! 6. Es soll nützen!

VII.

Über einen Tyrannen voll von Angst

Weil der Tyrann Dionysios sehr grausam regierte, war er nicht ohne Grund immer in Angst, dass er getötet werde. Weil er auch fürchtete, dass der Frisör ihn mit seinem Messer töte, lehrte er seine Töchter den Bart zu schneiden. Er dachte sich: „Wenn es nicht meine Töchter wären, würde ich nicht einmal ihnen vertrauen." Dennoch nahm er ihnen das Messer weg und befahl, dass sie ihm den Bart mit glühenden Nussschalen versengten.

Als er einmal, wie es sein Brauch war, mit einem Ball spielen wollte und sein Gewand ablegte, übergab er einem jungen Mann, den er liebte, sein Schwert. Als einer von seinen Begleitern scherzend gesagt hatte, dass er nun diesem jungen Mann sein Leben anvertraue, und der junge Mann gelacht hatte, ließ er beide töten: Den einen verurteilte er zum Tode, weil er einen Weg, den Tyrannen zu töten, gezeigt hatte, den anderen, weil er diese Worte durch sein Lachen gutgeheißen hatte.

Lektion 35

Aufwärmübungen

1

voluisse: velle, volo, volui: wollen

trium: tres / tria: drei

dierum: dies, diei m.: Tag

utrique: uterque, utraque, utrumque: jeder von beiden

2

ductus est: 3.P. Sg. Ind. Perf. Passiv: er wurde geführt

liceat: 3.P. Sg. Konj. Präsens Aktiv: es möge erlaubt sein

coepit: 3.P. Sg. Ind. Perfekt Aktiv: er begann

duci: Inf. Präsens Passiv: geführt zu werden

3

regnaret: 3.P. Sg. Konj. Imperfekt Aktiv; terreret: 3.P. Sg. Konj. Imperfekt Aktiv; ingressus esset: 3.P. Sg. Konj. Plqpf. Aktiv; habuisset: 3.P. Sg. Konj. Plqpf. Aktiv; audivisset: 3.P. Sg. Konj. Plqpf. Aktiv; liceat: 3.P. Sg. Konj. Präsens Aktiv; credas: 2.P. Sg. Konj. Präsens Aktiv; posset: 3.P. Sg. Konj. Imperfekt Aktiv

4

sorore collocata (Z. 17): nachdem die Schwester verheiratet worden war

tempestate ... orta (Z. 19): nachdem plötzlich ein Unwetter ausgebrochen war

flumine superato (Z. 24f.): nachdem der Fluss überwunden worden war

quibus verbis auditis (Z. 28): nachdem diese Worte gehört worden waren

5

Damon bemühte sich, den Tyrannen zu töten. – Er wurde gefasst und verurteilt. – Er sagte, dass er seine Schwester verheiraten müsse und am dritten Tag zurückkehren werde. – Er ließ einen Freund für sich zurück. – Nachdem er seine Schwester verheiratet hatte, konnte er bei der Rückkehr einen Fluss nicht überqueren, weil ein Unwetter ausbrach. – Dennoch überquerte er den Fluss mit höchsten Kräften. – Er befreite den Freund aus der Todesgefahr. – Dionysios bestrafte Damon nicht, weil er dessen Freundschaft mit seinem Gefährten bewunderte.

Exercitationes

I.

rogatus: gefragt – rogaturus: einer, der fragen wird – rogans: fragend – rogandi causa: um zu fragen

II.

1. die Gelegenheit zu flüchten (Gerundium) 2. um die Mädchen zu erschrecken (Gerundiv) 3. um zu üben (Gerundium) 4. um zu schreiben (Gerundium) 5. um die Aufgaben zu schreiben (Gerundiv) 6. die Begierde zu lehren (Gerundium) 7. die Begierde, Wein zu trinken (Gerundiv) 8. die Hoffnung zu siegen (Gerundium) 9. um den Sohn zu loben (Gerundiv) 10. der Eifer, zu lernen (Gerundium) 11. um fremde Sprachen zu lernen (Gerundiv) 12. beim Singen (Gerundium)

III.

1. Wenn ich mehr Zeit zu lernen hätte, würde ich meine Aufgaben selbst schreiben. 2. Habt ihr schon jenes sehr berühmte lateinische Buch über die Kunst des Liebens gelesen? 3. Der Autor jenes Buches schrieb dies: Einige Frauen kommen nicht ins Theater, um zu schauen, sondern damit sie selbst angeschaut werden. 4. Wie groß ist meine Begierde zu schlafen! 5. Der König, der einen Krieg vorbereitete, schickte die Söhne, um das Orakel zu befragen. 6. Um die Feinde zu besiegen, führte Mark Aurel ein großes Heer in deren Gebiet. 7. Nachdem Rom gegründet

worden war, raubten die römischen Bürger die Jungfrauen der Sabiner, um sich Ehefrauen zu verschaffen. 8. Weil in Rom kein Platz mehr war, ein riesiges Haus zu erbauen, soll Nero die Stadt angezündet haben. 9. Beim Trinken von Wein sagen viele Menschen die Wahrheit.

IV.

1. Du musst viel lernen. Daher darfst du jetzt nicht schlafen. 2. Auch die alten Griechen mussten die lateinische Sprache lernen. 3. Warum darf ich nicht mit Julia am Forum spazieren? 4. Kassandra warnte: „Dieses Pferd darf nicht in die Stadt gezogen werden." 5. Weil Tantalus seinen Sohn getötet hatte, musste er immer Hunger und Durst ertragen. 6. Weil die römischen Bürger keine Frauen hatten, mussten sie Frauen rauben. 7. Nachdem Troja besetzt worden war, musste Odysseus zehn Jahre durch die Meere irren.

V.

Warum eine (gewisse) Frau für das Wohl des Tyrannen gebetet hat

Einst erblickten die Soldaten des Dionysios eine (gewisse) Frau. Diese bat die Götter mit lauter Stimme, dass sie diesem Tyrannen ein langes Leben geben. Weil die übrigen Menschen Dionysios sehr fürchteten und nicht für sein Wohl beteten, glaubten die Soldaten, dass diese Frau Dionysios verspotte. So ergriffen sie diese und führten sie zum Tyrannen.

Dort erzählte die Frau, die vom Tyrannen gefragt worden war, dies: „Einst, als ein Tyrann grausam regierte, wünschte ich, dass wir von diesem grässlichen Mann befreit werden. Als dies geschehen war, folgte ein grausamerer Tyrann. Wieder betete ich, dass jener sterbe. Aber nach dessen Tod hast du, der grausamste Tyrann, die Herrschaft übernommen. Weil ich einen Tyrannen, der grausamer als du ist, nicht ertragen kann, begann ich von den Göttern zu erbitten, dass sie dir ein sehr langes Leben schenken." Als sie diese Worte gehört hatten, meinten alle, die anwesend waren, dass Dionysios sie nun zum Tod verurteilen werde. Jener aber schickte die Frau ohne irgendeine Strafe nach Hause, weil sie nicht gezögert hatte die Wahrheit zu sagen.

Wortklauberei 30–35

1

sentence: sententia,-ae f. = Satz; Meinung

to admire: admirari 1 = bewundern

to punish: punire 4 = bestrafen

ridiculous: ridere 2 = lachen

to finish: finis,-is m. = Ende

anniversary: annus,-i m. + vertere 3 = Jahr + wenden

inhabitant: habitare 1 = wohnen

question: quaerere 3 = fragen

mortal: mors,-tis f. = Tod

to use: uti 3 = gebrauchen

invisible: videre 2 = sehen

to possess: possidere 2 = besitzen

2

a) gebrauchen, benützen b) Gebrauch, Nutzen c) nützlich d) unnütz e) Nützlichkeit

3

accedere: ad- + cedere = hingehen

illaesus: in- + laesus = unverletzt

attrahere: ad- + trahere = hinziehen, heranziehen

alloqui: ad- + loqui = ansprechen

acclamare: ad- + clamare = zurufen

effugere: ex- + fugere = entfliehen, entkommen

importare: in- + portare = hineintragen

4

inferre = hineintragen

afferre = herbeitragen, herantragen

auferre = wegtragen, wegbringen

offerre = (entgegentragen =) anbieten

conferre = zusammentragen

efferre = hinaustragen

referre = zurücktragen; berichten

transferre = hinübertragen

5

a) re- und tenere = zurückhalten

b) ex- und capere = herausnehmen

c) ad- und facere = versehen (mit) (wörtlich: dazumachen)

d) con- und canere = zusammen singen

e) re- und cadere = zurückfallen

f) con- und quaerere = zusammensuchen

6

apparere = erscheinen ↔ aperire = öffnen

redire = zurückkehren ↔ reddere = zurückgeben

servire = dienen ↔ servare = retten

ornare = schmücken ↔ orare = bitten, beten

sic = so ↔ si = wenn, falls

alter = der andere ↔ altus = hoch; tief

mora = Aufschub ↔ mors = Tod

quoniam = weil ↔ quondam = einst

curare = sich sorgen ↔ currere = laufen

abesse = abwesend sein ↔ adesse = anwesend sein

Repetitiones 1–5

I.

1: 4. Fall Sg.: das Wasser 2: 1. und 4. Fall Pl.: die Schauspiele 3: 2. Fall Pl.: der Augen 4: 2. Fall Sg.: der Frau, 3. Fall. Sg.: der Frau, 1. Fall Pl.: die Frauen 5: 2. Fall Sg.: des Schwertes, 1. Fall Pl.: die Schwerter

II.

1. Quid spectatis, pueri? – Templum novum spectamus.
2. Quis post Iuliam sedet? – Gaius Quintusque post Iuliam sedent.
3. Cur gaudes, Quinte? – Gaudeo, quod pensum non habemus.
4. Placetne vobis puellas terrere? – Libenter puellas terremus.
5. Ubi amicas exspectatis, puellae? – In foro amicas exspectamus.

III.

Claudia cum amicis ad scholam properat. Ante scholam Iulia iam amicam exspectat. Numquam sine amica in aedificium intrat. Nunc magister multum de viris claris narrat. Discipuli iam diu in schola sunt. Postremo a schola domum properare licet. Post scholam otium discipulos exspectat. Alii cum magno gaudio spectacula vident, aliis diu per Romam pulchram ambulare placet.

Claudia eilt mit Freundinnen (Freunden) zur Schule. Vor der Schule erwartet Julia schon die Freundin. Niemals tritt sie ohne (die) Freundin in das Gebäude ein. Jetzt erzählt der Lehrer viel über berühmte Männer. Die Schüler sind schon lange in der Schule. Schließlich ist es erlaubt, von der Schule nach Hause zu eilen. Nach der Schule erwartet die Schüler Freizeit. Die einen sehen mit großer Freude Schauspiele, den anderen gefällt es, durch das schöne Rom zu spazieren.

IV.

1. Properate ad scholam, Quinte et Iulia! – Eilt zur Schule, Quintus und Julia! 2. Narra nobis de viris claris, Gai! – Erzähle uns von berühmten Männern, Gaius! 3. Pugnate pro vita vestra, viri! – Kämpft für euer Leben, Männer! 4. Responde magistro, Claudia! – Antworte dem Lehrer, Claudia! 5. Monstra nobis aedificia clara, amice/a! – Zeige uns die berühmten Bauwerke, Freund / Freundin! 6. Lauda discipulos tuos, magister! – Lobe deine Schüler, Lehrer! 7. Gaudete et ridete, pueri! – Freut euch und lacht, Buben!

V.

Über Quintus´ neue Freundin

Quintus spaziert mit einem hübschen Mädchen durch die Straßen Roms. Dann sieht Gaius den Freund und ruft: „Sei gegrüßt, Quintus! Spaziert ihr zum Forum? Sicher ist es mir erlaubt, mit euch zu spazieren." Jetzt fragt Gaius den Freund: „Wer ist dieses Mädchen?" „Dieses Mädchen ist Corinna, meine Freundin", sagt Quintus, „Ist Corinna nicht ein hübsches Mädchen?" Gaius schaut das Mädchen an und antwortet: „Sicher ist Corinna ein hübsches Mädchen, aber mir gefallen alle deine Freundinnen."

Gaius´ Worte erfreuen das Mädchen keineswegs. „Warum sagt Gaius ‚alle'?", ruft Corinna, „Hast du etwa viele Freundinnen, Quintus?" „Keineswegs, ich liebe nur dich. Andere Mädchen gefallen mir nicht!" Aber Corinna fragt auch Gaius: „Antworte, Gaius: Hat Quintus andere Freundinnen?" „Hat er nicht. Claudia und Julia sind nicht Quintus´ Freundinnen. Auch Cornelia gefällt Quintus nicht und Lydia …" „Jetzt ist es Gaius nicht mehr erlaubt, mit uns zu spazieren – er hat nämlich große Aufgaben!", ruft Quintus zornig und eilt mit Corinna zum Forum.

VI.

1. Die Schüler zeigen dem Lehrer ihre Aufgaben. 2. Die Mädchen sehen Gaius und ihren Lehrer auf dem Forum. 3. Die Schüler erzählen oft über die Schule und ihren Lehrer. 4. Gaius erwartet schon lange Quintus und seine Freundin. 5. Julia und Claudia erwarten ihre Freunde. 6. Claudia spaziert mit Gaius und ihrer Freundin über das Forum.

VII.

1. Nonne spectacula te delectant? 2. Cur magister me non laudat? 3. Narra mihi de te! 4. Cur statuae deorum tibi non placent? 5. Amici nobis Romam pulchram monstrant.

VIII.

1. monstra (Verbalform) 2. nostris (Possessivpronomen) 3. donas (Verbalform) 4. animo (Nomen) 5. gaudia (Neutrum Plural) 6. terres (Verbalform)

IX.

1. Claudia magistro pensum suum monstrat. 2. Quintus pensum suum secum non habet. 3. Magister interrogat: „Cur non laboras, Quinte?" 4. Puer respondet: „Laborare amo. Pensa nostra me delectant." 5. Puellae de verbis pueri rident. 6. Magister nunc Quinto multa pensa dat. 7. „Certe pensa tibi magnum gaudium sunt."

X.

1. litterator 2. in amphitheatro 3. comoedias 4. theatrum

XI.

		S	P	E	C	T	A	
	A	M	I	C	I	S		
		P	U	G	N	A	S	
L	A	B	O	R	A	R	E	
	G	A	U	D	E	T	I	S
	A	L	I	U	D			
H	A	B	E	M	U	S		
P	U	E	R	O	S			

Repetitiones 6–10

I.

1.b., 2.e., 3.a., 4.f., 5.d., 6.g., 7.c., 8.h.

II.

1. magna virtute: Manlius, ein Mann von großer Tapferkeit, konnte die Gallier vom Kapitol abhalten. 2. timore magno: Weil die Römer viele Soldaten töteten, flüchteten die Feinde mit großer Furcht. 3. vocum multarum: Während wir uns dem Forum näherten, hörten wir das Geschrei vieler Stimmen.
4. imperatorem nostrum: Die Truppen der Feinde eroberten in der Nacht das Lager und töteten unseren Feldherrn. 5. militibus ceteris: Weder dem Feldherrn noch den übrigen Soldaten gefiel es, im Lager zu bleiben. 6. hostis sui: Auch Scipio lobte die Tapferkeit seines Feindes. 7. parti magnae: Einem großen Teil der Schüler gefällt die Freizeit. 8. vocem tuam: Wenn ich deine Stimme höre, freue ich mich sehr.

III.

Quintus Alexandrum, amicum Graecum, interrogat: „Placetne tibi mecum in circum venire?" Alexander autem respondet: „Amicus equorum non sum." Quintus nunc dicit: „Multi homines, quamquam equos non amant, tamen in circo sunt. Nam ibi non solum equos, sed etiam multas puellas pulchras spectare potes." Ita Alexander paulo post ad Lydiam dicit: „Hora decima Quintus mihi circum monstrare in animo habet." – „Bene!", Lydia inquit. „Ego quoque libenter tecum venio, Quinte!" – „Pulchrum ibi non est", Alexander clamat, „mane domi! Clamor multorum hominum tibi certe non placet." – „Si ibi pulchrum non est, cur vos in circum contenditis?", Lydia interrogat. „Vobiscum venire certe necesse est!" Ita Alexander, quod amicam circo prohibere non potest, cum Quinto et Lydia in circum properat.

Quintus fragt Alexander, seinen griechischen Freund: „Gefällt es dir, mit mir in den Zirkus zu kommen?" Alexander aber antwortet: „Ich bin kein Freund von Pferden." Quintus sagt nun: „Viele Menschen sind dennoch im Zirkus, obwohl sie Pferde nicht lieben. Denn dort kannst du nicht nur Pferde, sondern auch viele hübsche Mädchen anschauen." So sagt Alexander wenig später zu Lydia: „Quintus hat vor, mir in der zehnten Stunde den Zirkus zu zeigen." – „Gut!", sagt Lydia. „Auch ich komme gerne mit dir, Quintus!" – „Es ist dort nicht schön", ruft Alexander, „bleibe zu Hause! Das Geschrei vieler Menschen gefällt dir sicher nicht." – „Wenn es dort nicht schön ist, warum eilt ihr in den Zirkus?", fragt Lydia. „Es ist sicher notwendig, mit euch zu kommen!" So eilt Alexander, weil er die Freundin nicht vom Zirkus abhalten kann, mit Quintus und Lydia in den Zirkus.

IV.

Über Karthago

Der König von Tyrus hatte zwei Kinder, Dido und Pygmalion. Nach dem Tod des Königs machte das Volk Pygmalion zum König. Sychäus, ein Mann von höchstem Ansehen (ein sehr angesehener Mann), heiratete Dido. Aber wenig später tötete Pygmalion Sychäus, weil er eine große Menge Goldes hatte. Daher war Dido nun in großer Furcht und flüchtete mit vielen anderen Menschen aus der Heimat nach Afrika zu einem anderen König, wo sie vorhatte, eine neue Stadt zu erbauen.

Aber der König hörte vom Plan der fremden Menschen und schenkte Dido kein Land. Daher sagte Dido, eine sehr kluge Frau, zum König: „Schenkst du uns Land, das mit einer Rinderhaut bedeckt werden kann?" Der König antwortete: „Ein so kleines Land schenke ich euch gerne!" Aber dann schnitt Dido die Rinderhaut in dünne Teile. Weil so die Rinderhaut einen großen Teil des Landes einschloss, konnte Dido mit Hilfe der übrigen Menschen eine großartige Stadt mit dem Namen Karthago erbauen.

V.

1. parebas, paruisti 2. dormiebant, dormiverunt 3. adiuvabat, adiuvit 4. vincebamus, vicimus 5. eratis, fuistis 6. poteram, potui

VI.

[1] V	I	[2] D	E	O					[3] E
I		I			[4] V	[b] I	D	E	S
[5] D	I	[a] C	I	T	E				S
E		E			N		[6] V	'	[d] E
T		[e] R		[7] V	I	D	E	T	
I		E			S		N		[8] D
S				[9] D			I		I
	[10] V	E	N	I	U	N	T		[c] C
				C			I		I
[11] V	E	N	I	[f] O		[12] E	S		S

Lösung: CICERO

VII.

1. Mars 2. Scipio 3. septem 4. Romulus

VIII.

De Romulo

Amulius Romulum et Remum, filios Rheae Silviae, in flumine exposuit. Sed pastor liberos vidit et secum domum portavit. Ita pueri diu apud pastorem habitabant. Multis annis post Romulus Remusque pastores reliquerunt. Arma ceperunt et Amulium occiderunt. Deinde oppidum novum aedificare in animo habuerunt. Dum autem Romulus vallum oppidi novi aedificat, Remus venit et de vallo parvo risit. Itaque Romulus iratus Remum gladio necavit.

Quod in oppido novo feminae non erant, Romulus consilium cepit: Sabinos in oppidum suum invitavit. Dum autem spectaculum/a pulchrum/a exspectant, Romani filias Sabinorum rapuerunt. Ita Romulus Romanis feminas paravit. Sabini autem irati in patriam contenderunt et filias armis liberare constituerunt. Itaque paulo post milites Sabinorum ad urbem venerunt. Quod autem viri Romani puellis placebant, Sabini et Romani pacem fecerunt. Romulus deinde diu magna iustitia regnabat. Sed post multos annos, dum orationem ad milites suos habet, subito magna nube ex oculis hominum evanuit. Paulo post Romulus non iam inter homines, sed apud deos fuit.

Über Romulus

Amulius setzte Romulus und Remus, die Söhne der Rhea Silvia, in einem Fluss aus. Aber ein Hirte sah die Kinder und trug sie mit sich nach Hause. So wohnten die Buben lange bei dem Hirten. Viele Jahre später verließen Romulus und Remus den Hirten. Sie ergriffen die Waffen und töteten Amulius. Dann hatten sie vor, eine neue Stadt zu bauen. Während aber Romulus den Wall der neuen Stadt erbaute, kam Remus und lachte über den kleinen Wall. Daher tötete Romulus zornig Remus mit dem Schwert.

Weil in der neuen Stadt keine Frauen waren, fasste Romulus einen Entschluss: Er lud die Sabiner in seine Stadt ein. Während sie aber ein schönes Schauspiel (schöne Schauspiele) erwarteten, raubten die Römer die Töchter der Sabiner. So verschaffte Romulus den Römern Frauen. Die Sabiner aber eilten zornig in die Heimat und beschlossen, die Töchter mit Waffen zu befreien. Daher kamen wenig später die Soldaten der Sabiner zur Stadt.

Weil aber die römischen Männer den Mädchen gefielen, machten (schlossen) (die) Sabiner und (die) Römer Frieden. Romulus herrschte dann lange mit großer Gerechtigkeit. Nach vielen Jahren aber, während er eine Rede an seine Soldaten hielt, verschwand er plötzlich mit einer großen Wolke aus den Augen der Menschen. Wenig später war Romulus nicht mehr unter den Menschen, sondern bei den Göttern.

Repetitiones 11–15

I.

1.g.: ein gewisses Tier 2.d.: dasselbe Haus 3.h.: jener Gefahr 4.f.: durch diese Sache 5.j.: den Eltern selbst 6.a.: durch welche Furcht? 7.e.: diesem jungen Mann 8.b.: diese Mädchen 9.c.: diese Tage

II.

1. Quidam homines semper eadem oppida petunt, quae iam saepe spectaverunt. – Einige Menschen suchen immer dieselben Städte auf, die sie schon oft angeschaut haben. 2. Gaius eodem die multos amicos invitavit, quo parentes urbem reliquerunt. – Gaius lud am selben Tag viele Freunde ein, an dem die Eltern die Stadt verließen. 3. Quintus pulchritudinem Iuliae iisdem verbis laudat, quibus Claudiam laudare solet. – Quintus lobt Julias Schönheit mit denselben Worten, mit denen er Claudia zu loben pflegt. 4. Liberi iam multas horas idem carmen canunt, quod magister eos docuit. – Die Kinder singen schon viele Stunden dasselbe Lied, das der Lehrer sie gelehrt hat. 5. Ibi venit eadem puella, quam iam in foro vidimus. – Dort kommt dasselbe Mädchen, das wir schon am Forum gesehen haben. 6. Amici eadem nave domum navigaverunt, qua venerant. – Die Freunde segelten mit demselben Schiff nach Hause, mit dem sie gekommen waren.

III.

1. Habt ihr schon von der Untat gehört, die Tantalus begangen hat? 2. Welche Untat hat jener Freund der Götter begangen? 3. Tantalus beging jene Untat, weil er beschlossen hatte, die Klugheit der Götter auf die Probe zu stellen. 4. Wie böse diese Untat war! 5. Welche Strafe muss Tantalus büßen? 6. Weil Tantalus eine so böse Untat begangen hatte, war die Strafe, die ihm die Götter gaben, groß.

IV.

1. quaerebat, quaesivit, quaesiverat (er hatte gesucht)
2. neglegebatis, neglexistis, neglexeratis (ihr hattet missachtet)
3. dabam, dedi, dederam (ich hatte gegeben) 4. reddebamus, reddidimus, reddideramus (wir hatten zurückgegeben) 5. erant, fuerunt, fuerant (sie waren gewesen)

V.

Auch Herkules sucht die Unterwelt auf

Nicht nur Orpheus, sondern auch Herkules war es erlaubt, die Unterwelt vor dem Tod zu betreten. Denn jener sehr tapfere Mann musste zwölf Werke ausführen, die ihm König Eurystheus befohlen hatte. Nachdem Herkules schon einige sehr große Tier getötet hatte, befahl ihm Eurystheus auch das: „Steige in die Unterwelt hinab und bringe den Hund Cerberus herbei!" Jener Hund, der drei Köpfe hat, bewacht am Tor der Unterwelt die Toten. So kann niemand die Unterwelt verlassen. Herkules, der nicht einmal diese Gefahr fürchtete, gehorchte und suchte die Unterwelt auf. Dort bat er Pluto: „Gib mir den Cerberus. Ich muss ihn zu Eurystheus bringen!" Dieser antwortete: „Ich kann dir den Cerberus nicht geben. Wenn du aber jenen ohne Waffen besiegen kannst, ist es dir erlaubt, den Cerberus mit dir zu führen." Und nachdem Herkules lange mit höchster Kraft mit jenem Hund gekämpft hatte, besiegte er ihn mit den Händen und trug ihn zu Eurystheus. Weil dieser aber den Cerberus sehr fürchtete, gab Herkules jenen wenig später Pluto zurück.

VI.

Iulia Claudiae salutem dicit.

Certe gaudes, quod tibi nunc cum parentibus in insulis Graecis esse licet. Cui nostrum iter in Graeciam facere non placet? Quem ad mare ludere et templa clara spectare non delectat? Quas insulas visistis? Quae insula tibi maxime placuit? In qua insula nunc estis? Quid ibi facitis? Quos montes ascenditis? Quae oppida spectatis? Quis vobis aedificia clara monstrat? Suntne ibi adulescentes pulchri? Quocum nocte ambulare soles? Certe non solum cum parentibus! Te iam exspecto! Certe multum narrare potes.

Julia sagt Claudia einen Gruß.

Sicher freust du dich, weil es dir erlaubt ist, jetzt mit den Eltern auf den griechischen Inseln zu sein. Wem von uns gefällt es nicht, eine Reise nach Griechenland zu machen? Wen erfreut es nicht, am Meer zu spielen und berühmte Tempel anzuschauen? Welche Inseln habt ihr besichtigt? Welche Insel hat dir am meisten gefallen? Auf welcher Insel seid ihr nun? Was macht ihr dort? Welche Berge besteigt ihr? Welche Städte schaut ihr an? Wer zeigt euch die berühmten Gebäude? Gibt es dort hübsche junge Männer? Mit wem pflegst du in der Nacht spazieren zu gehen? Sicher nicht nur mit den Eltern! Ich erwarte dich schon! Sicher kannst du viel erzählen.

VII.

1. Wer von den Freunden befreit mich von dieser Sorge? 2. Nicht einmal mit großen Strafen kann der Lehrer jene Buben von Untaten abhalten. 3. Der Lehrer erfreut uns immer mit Aufgaben von dieser Art (mit derartigen Aufgaben). 4. Niemand von den jungen Männern liebt Julia, ein Mädchen sowohl von großer Schönheit als auch von höchster Klugheit, nicht. 5. Wem von euch gefällt es, an diesem schönen Tag in der Schule zu sein? 6. Jenen Mann, der eine Gattin von höchstem Ansehen hat, haben wir schon oft mit gewissen Mädchen gesehen.

VIII.

1. Strafsumme 2. Taggelder, Ernährungsvorschriften
3. Zuhörerschaft 4. Zuruf

IX.

	1 P	A	R	E	2 N	T	E [B]	3 S			
	O				O			E			4 S
5 D [A]	E	U	S 6		X			P			I
	N [H]		C					T			T
	A		7 H	O	R	A		E [I]			I [D]
8 P			O					9 M	O	10 R	S
11 O	C	U	L	U	12 S		13 P			E	
R			A		O		E			G	
T					L [C]		14 N	A	V	I	S
A	R [E]	M	A				S [G]			N	
				16 F	O	R	U	M		A [F]	
							M				

Lösung: DELIRASNE?

V.

	1 I	E	R	[A]	T	I	S				
	T							2 T	U	L	3 I
	4 I	S [C]	T	5 I	S			U			E
	S			B		6 T		L			R
7 I				A [D]		U		8 E	O		A [K]
9 I	10 I	M	U [H]	S		L		R			M
	T [J]					11 I	B	A [F]	T		U
12 F	E	R	E [B]	B	A	M		S		13 I	S
E						U					
T [E]		14 T	U	L	15 I	S	T	I	S [I]		
R					I						
16 E	U [G]	N	T		17 T	U	L	I	T		

Lösung: CAESAR-AUGUSTA

Repetitiones 16–20

I.

1. augemus – augebimus – augebamus – auximus – auxeramus
2. ponunt – ponent – ponebant – posuerunt – posuerant
3. aufers – auferes – auferebat – abstulit – abstulerat
4. adit – adibit – adibat – adiit – adierat

II.

1. atrocibus – atrocioribus – atrocissimis 2. acris – acrioris – acerrimi 3. facile – facilius – facillimum 4. parvam – minorem – minimam 5. magnae – maiori – maximae

III.

1. die breviore: an einem kürzeren Tag 2. iudicium peius: ein schlechteres Urteil 3. civis improbus: ein schlechter Bürger 4. legis novae: des neuen Gesetzes 5. mulieribus honestis: den ehrenwerten Frauen 6. exercitui fortiori: dem tapfereren Heer 7. rerum atrocium: der grässlichen Dinge 8. virum prudentem: einen klugen Mann 9. litteras breves: einen kurzen Brief 10. oratio clara: eine berühmte Rede

IV.

Wem von den Schülern gefallen die Lateinstunden nicht sehr? Niemand von uns liebt die Lateinstunden nicht. Nichts kann uns von den Lateinstunden abhalten. Denn die Lateinstunden, die schöner als alle übrigen Stunden sind, bereiten uns immer große Freude. Unser Lehrer, ein sehr kluger Mann, erfreut uns immer mit schönen lateinischen Büchern. Auch am Nachmittag und in der Nacht, wenn wir Freizeit haben, lesen wir gerne lateinische Bücher.

VI.

Welcher Redner war berühmter als Cicero? Während dieser Konsul war, rettete er den Staat, der in höchster Gefahr war. Denn er zwang Catilina, der beschlossen hatte die Konsuln zu töten, Rom zu verlassen. Im Senat, den er selbst zusammengerufen hatte, hielt er diese Rede: „Welches Verbrechen hast du nicht begangen, Catilina? Alles, was du gemacht hast, haben wir gesehen. Wie schlecht sind deine Untaten! Auch die Beschlüsse, die du mit deinen sehr schlechten Gefährten gefasst hast, sind uns nicht unbekannt. Befreie den Staat, den du mit deinen Verbrechen schon lange erschreckt hast, von großer Furcht!" So ging Catilina freiwillig aus Rom weg und zog sich zu seinen Truppen zurück, die er vor der Stadt vorbereitet hatte.

VII.

1. socios vocatos: die gerufenen Gefährten 2. civem defensum: den verteidigten Bürger 3. nationis victae: des besiegten Volkes 4. animali occiso: dem getöteten Tier 5. librum redditum: das zurückgegebene Buch 6. carminum auditorum: der gehörten Lieder 7. virgini iutae: dem unterstützten Mädchen 8. facinora commissa: die begangenen Untaten

VIII.

1. spectatus/a sum 2. exercuerant 3. moti/ae/a sunt 4. clausistis 5. auctus/a/um erat 6. abstulerunt

IX.

1. Amicus a pueris servatus est. (Der Freund wurde von den Buben gerettet.) 2. Consilium prudentius a rege captum est. (Vom König wurde ein klügerer Beschluss gefasst.) 3. Urbs a Gallis expugnata erat. (Die Stadt war von den Galliern erobert worden.) 4. Milites fortissimi ab imperatore convocati sunt. (Die tapfersten Soldaten wurden vom Feldherrn zusammengerufen.) 5. A puellis (nos) iam exspectati/ae eramus. (Wir waren von den Mädchen schon erwartet worden.) 6. A patre certe punitus/a es. (Du wurdest sicher vom Vater bestraft.)

X.

1. Verres, qui multa artificia pulcherrima e Sicilia abstulerat, oratione Ciceronis adductus Roma fugere constituit. 2. Iuppiter, quod Tantalo prudentior erat, facinus atrocissimum intellexit. 3. Populus Romanus, qui Hannibalem maxime timebat, magno cum metu clamavit: „Hannibal ante portas!" 4. Quod iis uxores non erant, Romani feminas rapere constituerunt. 5. Caesar, qui paucis annis omnes fere civitates Gallorum vicerat, legiones suas Romam duxit. 6. Orpheus, cuius carmina pulcherrima erant, uxorem in Tartaro quaerebat.

XI.

Caesar, ille imperator clarissimus, priusquam bellum in Gallia gessit, a senatu in Hispaniam provinciam missus erat. Dum iter per montes in eam provinciam facit, cum nonnullis sociis ad vicum quendam minimum venit, ubi pauci homines vivebant. Unus e sociis, cui Caesaris cupiditas potestatis ignota non erat, risit dixitque: „Vide, Caesar, istas domus miserrimas! Incolis illius vici potestas honoresque certe curae non sunt." Cui Caesar hoc respondit: „Malo eo in vico primus esse quam Romae secundus."

Bevor Cäsar, jener sehr berühmte Feldherr, in Gallien Krieg führte, war er vom Senat in die Provinz Spanien geschickt worden. Während er durch die Berge in diese Provinz reiste, kam er mit einigen Gefährten zu einem sehr kleinen Dorf, wo wenige Menschen lebten. Einer von den Gefährten, dem Cäsars Gier nach Macht nicht unbekannt war, lachte und sagte: „Sieh, Cäsar, diese sehr armen Häuser! Die Einwohner jenes Dorfes sorgen sich sicher nicht um Macht und Ehrenämter." Diesem antwortete Cäsar dies: „Ich will lieber in diesem Dorf der Erste sein, als in Rom der Zweite."

Repetitiones 21–25

I.

1. clarus, clarior, clarissimus; clare, clarius, clarissime 2. acer, acrior, acerrimus; acriter, acrius, acerrime 3. facilis, facilior, facillimus; facile, facilius, facillime 4. malus, peior, pessimus; male, peius, pessime

II.

Adjektiva: acerrimis, celeribus, dulciora, forte, breve, firmiores, laetissimam, honestissimum, noviores, nobiliori, veros, difficillimi

Adverbia: diligenter, crudeliter, pulchre

beides: altius, magnifice, facilius, peius

III.

1. orabit, orabat, oravit, oraverat, oraverit 2. ponent, ponebant, posuerunt, posuerant, posuerint 3. aderimus, aderamus, adfuimus, adfueramus, adfuerimus 4. voles, volebas, voluisti, volueras, volueris

IV.

spectare – spectavisse – spectatum esse – spectans – spectatum – spectandum

punire – punivisse – punitum esse – puniens – punitum – puniendum

deligere – delegisse – delectum esse – deligens – delectum – deligendum

V.

1.f.: der versprochenen Freiheit 2.e.: die erkannte Sache 3.d.: die missachtete Schönheit 4.b.: die verbrachte Zeit 5.c.: den angezündeten Häusern 6.a.: des lobenden Wortes 7.g.: dem geschickten Heer 8.g.: die erscheinenden Pferde

VI.

1 P			2 D		3 F	A	4 K	T	E	N	
O			A				O				
5 S[E]	T	A	T	U	T	E	N				
T			U				F		6 V		
U[C]			M		7 K	R	E	D	I	T	
L							K		S[D]		8 R
A		9 M	A	N	10 D	A[G]	T		U		E
T					E				M		L
	11 A	D	V	O[A]	K	A	T				I[F]
					R						K
					12 E	X	T	R[B]	A	K	T
13 R	E	Z	E	P	T						

Lösung: BORUSSIA

VII.

1. sperantium: der hoffenden Freunde; 2. decernenti: dem beschließenden Senat; 3. laedentia: die verletzenden Waffen; 4. discentes: die lernenden Buben; 5. flentem: die weinende Königin; 6. cadentis: des fallenden Felsen

VIII.

1. Graecorum – pugnantium: Odysseus war der tapferste der Griechen, die bei Troja kämpften. 2. proelia – commissa, milites – convocatos: Nach vielen Schlachten, die vor den Mauern der Stadt vergeblich geschlagen worden waren, sagte Odysseus zu den Soldaten, die im Lager versammelt worden waren: 3. Troiam – oppugnatam: „Troja, das von euch so lange vergeblich belagert worden ist, könnt ihr mit Gewalt nicht erobern. 4. Troianos – defendentes: Wenn wir aber eine List vorbereiten, können wir die Trojaner, die ihre Heimat sehr tapfer verteidigen, besiegen." 5. Troiani – exeuntes: Eines Tages fanden die Trojaner, die in der ersten Stunde aus der Stadt hinausgingen, das Lager verlassen. 6. equum ingentem – aedificatum: Vor dem Lager erblickten sie ein riesiges Pferd, das von den Griechen mit höchster Kunst erbaut worden war. 7. Troiani – putantes: Dann rissen die Trojaner, die dieses Pferd für ein Geschenk an Minerva hielten, einen Teil der Mauern ein. 8. ille equus – continens: Dann wurde jenes Pferd, das mehrere griechische Soldaten enthielt, zur Burg gezogen. 9. Troianos – celebrantes: In der folgenden Nacht griffen die Griechen die Trojaner an, die den Sieg mit viel Wein feierten.

IX.

1. Beim Lesen höre ich nichts. 2. Diese Tiere suchen diesen Fluss auf, um zu trinken. 3. Der Vater pflegt uns durch Schweigen zu bestrafen. 4. Hast du jetzt Zeit, nach Hause zu segeln? 5. Ich bin gekommen, um zu lernen, nicht um zu spielen. 6. Dieser Redner

trainierte seine Stimme durch Singen. 7. Du hast nicht das Recht zu töten. 8. Ich zog mich unter einen Baum zurück, um ein Buch zu lesen.

X.

1. discipulos – narrare: Der Lehrer befiehlt, dass die Schüler ihm über ihre Ferien erzählen. (Der Lehrer lässt die Schüler ...) 2. se – convenisse: Quintus erzählt, dass er in den Ferien mit einigen sehr hübschen Mädchen zusammengekommen ist. 3. se – voluisse: Gaius sagt, dass er viel lernen wollte, aber immer von den Freunden abgehalten wurde. 4. se – navigavisse: Claudia sagt, dass sie mit höchster Freude zu den griechischen Inseln gesegelt ist. 5. se – fecisse: Julia erzählt nicht, dass sie heimlich mit ihrem neuen Freund eine Reise ans Meer gemacht hat. 6. se – delectatos esse: Mehrere Schüler sagen, dass sie durch die Freizeit sehr erfreut worden sind. 7. se – exspectavisse: Aber niemand von den Schülern sagt dem Lehrer, dass er die Schule und die Lehrer schon mit großer Freude erwartet hat. 8. Plurimos discipulos – putare: Es steht fest, dass die meisten Schüler die Ferien für die schönste Zeit halten.

XI.

1. Daedalus filium mortuum esse videt. = Dädalus sieht, dass sein Sohn gestorben ist. 2. Theseus Minotaurum liberos interficere audit. = Theseus hört, dass der Minotaurus die Kinder tötet. 3. Cleopatram se ipsam necavisse constat. = Es steht fest, dass Kleopatra sich selbst getötet hat. 4. Troiani Graecos domum navigare putant. = Die Trojaner glauben, dass die Griechen nach Hause segeln. 5. Gallos a Caesaris copiis victos esse legimus. = Wir lesen / lasen, dass die Gallier von Cäsars Truppen besiegt worden sind / waren. 6. Orpheus se uxorem iterum amisisse intellegit. = Orpheus bemerkt, dass er die Gattin wieder verloren hat.

XII.

Penelopa, uxor Ulixis, multos annos maritum amatum exspectare debuit. Saepe, cum de mortibus quorundam virorum fortium audiverat, metu magno affecta est. Sperabat deos Ulixem adiuvare. Post decem annos magno cum gaudio a nuntiis audivit Troiam tandem expugnatam esse. Iidem dixerunt Ulixem cum ceteris Graecis navem ascendisse et illam terram alienam reliquisse domum redeundi causa. Penelopa valde gaudebat, sed tamen Ulixes non rediit. Itaque nuntios ad alios reges Graecos, qui interea domum redierant, misit. Nemo autem Ulixem post illud bellum atrox viderat.

Plurimi homines Ulixem interfectum esse putabant. Itaque multi viri apud Penelopam convenerunt, qui hanc feminam pulchram et divitem in matrimonium ducere volebant. At fides illius mulieris maxima erat. Nemo ei persuadere potuit Ulixem mortuum esse.

Penelope, Odysseus´ Gattin, musste ihren geliebten Ehemann viele Jahre erwarten. Oft, wenn sie über die Tode einiger tapferer Männer gehört hatte, wurde sie mit großer Angst versehen (= befiel sie große Angst). Sie hoffte, dass die Götter Odysseus helfen. Nach zehn Jahren hörte sie mit großer Freude von Boten, dass Troja endlich erobert worden war. Dieselben sagten, dass Odysseus mit den übrigen Griechen ein Schiff bestiegen und jenes fremde Land verlassen hatte, um nach Hause zurückzukehren. Penelope freute sich sehr, aber dennoch kehrte Odysseus nicht zurück. Daher schickte sie Boten zu den anderen griechischen Königen, die inzwischen nach Hause zurückgekehrt waren. Aber niemand hatte Odysseus nach jenem grässlichen Krieg gesehen.

Die meisten Menschen glaubten, dass Odysseus getötet worden war. Daher kamen viele Männer bei Penelope zusammen, die diese schöne und reiche Frau heiraten wollten. Aber die Treue jener Frau war sehr groß. Niemand konnte sie überzeugen, dass Odysseus gestorben war.

Repetitiones 26–30

I.

1. accusamus, accusabimus, accusabamus, accusavimus, accusaveramus, accusaverimus

2. scis, scies, sciebas, scivisti, sciveras, sciveris

3. sunt, erunt, erant, fuerunt, fuerant, fuerint

4. hortatur, hortabitur, hortabatur, hortatus/a est, hortatus/a erat, hortatus/a erit

II.

1. nuntiare, nuntiari, nuntiavisse, nuntiatum esse, nuntiaturum esse; nuntia!, nuntiate!; nuntians, nuntiatum, nuntiaturum

2. scribere, scribi, scripsisse, scriptum esse, scripturum esse; scribe!, scribite!; scribens, scriptum, scripturum

3. tollere, tolli, sustulisse, sublatum esse, sublaturum esse; tolle!, tollite!; tollens, sublatum, sublaturum

4. pati, passum esse, passurum esse; patere!, patimini!; patiens, passum, passurum

III.

1. missus/a sum 2. amatur 3. invitabimur 4. includebantur 5. consultus/a es 6. laedar 7. rogamini 8. laudatus/a/um erat 9. ducimur 10. sumptum erit 11. laedi 12 rogatum esse

IV.

1. timebatur – Weil Nero viele Menschen grausam töten lassen hatte, wurde er von den meisten römischen Bürgern sehr gefürchtet. 2. questus est – Orpheus, der seine geliebte Gattin verloren hatte, klagte mit vielen Tränen über sein Schicksal. 3. quaerebatur – Europa, die von Jupiter geraubt worden war, wurde von ihren Brüdern lange gesucht. 4. patiuntur – Die römischen Soldaten, die vom Heer der Feinde umzingelt worden sind, ertragen kaum den Durst. 5. locutus est – Nachdem er die Furcht der Soldaten bemerkt hatte, sprach der Feldherr: „Fürchtet die Truppen der Feinde nicht!"

V.

Deponentia: hortamini (ihr fordert auf), sequi (folgen), locuti sunt (sie sprachen), queruntur (sie klagen), passa erat (sie hatte erduldet), sequor (ich folge), loquere (sprich!)

Passiv: superamini (ihr werdet übertroffen), traditur (es wird überliefert), ornatum (geschmückt), referetur (es wird berichtet werden), dubitatur (es wird gezweifelt), rogari (gebeten werden), metuebamur (wir wurden gefürchtet), quaeruntur (sie werden gesucht), divisum est (es wurde geteilt), ducor (ich werde geführt), iuvaris (du wirst unterstützt)

VI.

1 R	E	S	I	S	2 T	E	N	T			
					A				3 K		
4 P	A	T	I	E	N	T			O		
					G				N		5 K
6 S		7 T	O	L	E	R	A	N	T		O
T					N				I		N
U			8 D		T				N		S
9 D	E	P	O	N	E	N	S		E		U
E			C						N		M
N		10 R	E	F	E	R	E	N	T		E
T			N								N
	11 I	N	T	E	L	L	I	G	E	N	T

Lösung: REPETENT

VII.

1. Discipuli – lecturi: Die Schüler kamen in die Schule, um schöne Lateinbücher zu lesen. 2. magistrum – ferentem: Die Schüler erblicken nun mit großer Freude den Lehrer, der neue Lateinbücher bringt. 3. libros – scriptos: Denn nichts ist schöner, als Bücher zu lesen, die in lateinischer Sprache geschrieben worden sind. 4. libros – acceptos: Aber die Bücher, die sie vor einigen Tagen vom Lehrer erhalten hatten, haben sie schon gelesen. 5. discipulis – amantibus: Denn es gefiel den Schülern, die die lateinische Sprache sehr liebten (lieben), diese Bücher nicht nur in der Schule, sondern auch zu Hause zu lesen.
6. Quintus – questus: Auch Quintus, der oft über die schwierigen Lateinhausübungen geklagt hat, beginnt heute ein lateinisches Buch zu lesen.

VIII.

1.b.: Nachdem er Christus gesehen hatte, beschloss Petrus, der Gott dankte, in die Stadt zurückzukehren. 2.i.: Nachdem Kassandras Worte missachtet worden sind, wird das Pferd in die Stadt gezogen. 3.e.: Nachdem er das Orakel befragt hatte, fürchtete Maxentius, durch Angst vor dem Tod bewegt, Rom zu verlassen. 4.c.: Als die Soldaten den Durst kaum ertrugen, soll plötzlich ein Wunder geschehen sein. 5.a.: Weil sich Achill von den Schlachten fernhält, können die Griechen die Feinde nicht besiegen. 6.h.: Nachdem die Stadt durch einen Brand verwüstet worden war, ließ der Kaiser die Christen ergreifen und bestrafen. 7.g.: Nachdem Troja besetzt worden ist, wird Odysseus zehn Jahre von der Heimat ferngehalten. 8.d.: Nachdem er viele Sklaven versammelt hatte, zögerte Spartakus nicht, mit den römischen Truppen zu kämpfen. 9.f.: Als die Römer schliefen, begannen die Gallier, das Kapitol zu besteigen.

IX.

1. Daedalus – fugiens: Dädalus, der mit Ikarus über den Himmel flüchtete, bemerkte, dass der Sohn ihm nicht mehr folgte.
2. Helenam – raptam et ductam esse; Quam rem – fuisse: Wir lasen (lesen), dass Helena, die schönste Frau, geraubt und nach Troja geführt worden war (ist). Es steht fest, dass diese Sache der Grund eines grässlichen Krieges gewesen ist. 3. se – abstenturum esse: Achill, dem eine sehr schöne Sklavin weggenommen worden war, rief zornig, dass er sich von da an von den Schlachten fernhalten werde. 4. Christianos – liberatos esse: Mark Aurel wurde gemeldet, dass die Christen, die zu ihrem Gott beteten, oft aus den größten Gefahren befreit worden waren.
5. exercitum suum – vinci: Weil Maxentius bemerkt hatte, dass sein Heer von den Truppen Konstantins besiegt wurde, vertraute er sich der Flucht an. 6. virum pauperem – adiuvari: Martin, der sah, dass der arme Mann von den übrigen Menschen nicht unterstützt wurde, teilte seine Kleidung mit dem Schwert.
7. se – fore: Nachdem er Gallien erobert hatte, führte Cäsar seine Truppen gegen Pompeius und hoffte, dass er auch in diesem Krieg siegreich sein werde.

X.

1. des Konsuls, du befragst 2. die Gesetze, du wirst lesen
3. wodurch, wohin 4. dadurch, dorthin, ich gehe

XI.

Magister, qui nonnullos discipulos pensa iterum non fecisse animadvertit, eos verbis acerrimis monet. Magistro locuto quidam discipuli interrogare audent: „Scripsistine ipse semper pensa tua?" Magister respondet: „Nonne scitis me discipulum optimum fuisse? Numquam sine pensis diligentissime scriptis in scholam veni. Nam pensa facere mihi magno gaudio erat. Itaque saepe plura ac difficiliora pensa a magistris postulabam. Iam puer enim intellexeram nos non scholae, sed vitae discere. Itaque pensis factis saepe totam noctem libros lingua Latina aut Graeca scriptos legebam. Aestate quoque amicis itinera facientibus magno studio discere solebam. Ita semper a magistris laudabar et omnibus discipulis exemplo eram." Quibus verbis auditis Quintus intellegit magistro iam puero mentem sanam non fuisse.

Der Lehrer, der bemerkt, dass einige Schüler ihre Aufgaben wieder nicht gemacht haben, ermahnt diese mit sehr heftigen Worten. Nachdem der Lehrer gesprochen hat, wagen es einige Schüler zu fragen: „Haben Sie selbst immer ihre Aufgaben geschrieben?" – „Wisst ihr nicht, dass ich der beste Schüler gewesen bin? Niemals kam ich ohne sehr sorgfältig geschriebene Aufgaben in die Schule. Denn Aufgaben zu machen bereitete mir große Freude. Daher verlangte ich von den Lehrern oft mehr und schwierigere Hausübungen. Denn schon als Bub hatte ich erkannt, dass wir nicht für die Schule, sondern für das Leben lernen. Daher las ich, nachdem ich die Aufgaben gemacht hatte, oft die ganze Nacht Bücher, die in lateinischer oder griechischer Sprache geschrieben waren. Auch im Sommer, während die Freunde Reisen machten, pflegte ich mit großem Eifer zu lernen. So wurde ich von den Lehrern immer gelobt und war für alle Schüler ein Vorbild." – Als er diese Worte gehört hat, erkennt Quintus, dass der Lehrer schon als Bub keinen gesunden Verstand gehabt hat.

Repetitiones 31–35

I.

1. adesse, adsum, adfui 2. dux ducis m. 3. sequi, sequor 3, secutus sum 4. canere, cano 3, cecini 5. fuga,-ae f. 6. sedere, sedeo 2, sedi, sessum 7. dives, divitis 8 incola,-ae m. 9. vis, vim f.

II.

Indikativ: perveneras: du warst gekommen, mandata sunt: sie wurden anvertraut, sedemus: wir sitzen, trahes: du wirst ziehen, toleratis: ihr ertragt, venisti: du kamst, quaerebat: er/sie/es suchte; vicit: er/sie/es siegte, tacebunt: sie werden schweigen, usus erat: er hatte gebraucht

Konjunktiv: petivisset: er/sie/es hätte angestrebt, vetet: er/sie/es soll verbieten, tegeretis: ihr würdet bedecken, mutemus: wir wollen verwandeln, responsum esset: es wäre geantwortet worden, reddatur: er/sie/es soll zurückgegeben werden, ingressa esset: sie wäre eingetreten, regas: du sollst regieren, paterer: ich würde erdulden

Ind. oder Konj.: sciam: ich werde wissen / ich soll wissen

III.

1. Die Griechen glaubten: „Würde sich Achill nicht von den Schlachten fernhalten, würden wir die Feinde sicher besiegen." 2. Um den freien Staat zu bewahren, beschlossen Cassius und Brutus: „Julius Cäsar soll getötet werden!" 3. Dädalus ermahnte seinen Sohn: „Wir wollen diese Insel verlassen und die Heimat aufsuchen!" 4. Als die Trojaner das gewaltige Pferd erblickt hatten, riefen sie: „Dieses Kunstwerk soll in der Burg aufgestellt werden!" 5. Wenn die Trojaner den Worten Kassandras geglaubt hätten, wäre die Stadt nicht erobert worden. 6. Als die drei Göttinnen stritten, beschloss Jupiter: „Paris soll urteilen und die Schönste auswählen!" 7. Als Theseus das Schiff bestieg, sprach er zu den Eltern der ausgewählten Kinder: „Die Götter mögen mich unterstützen, dass euch eure Kinder bald zurückgegeben werden." 8. Um nicht selbst für den Urheber des Brandes gehalten zu werden, beschloss Nero: „Weil die Christen Rom angezündet haben, sollen sie bestraft werden!"

IV.

1. Wir wollen dieses grausame Schauspiel beenden! 2. Ich hätte deine Aufgabe gemacht, wenn du mich gebeten hättest. 3 Wer könnte dies ertragen? 4. Du mögest/sollst immer glücklich sein! 5. Niemand soll sagen, dass er immer glücklich ist. 6. Wir wollen (lasst uns) die Aufgaben sehr sorgfältig machen! 7. Die Befehle des Lehrers sollen ausgeführt werden! 8. Was soll ich Claudia schenken? 9. Dieses Geschenk soll euch nützlich sein! 10. Ich wäre glücklich, wenn du mit mir ins Theater gehen würdest.

V.

1. esset – Wenn Spartakus das römische Heer wieder besiegen würde, wäre das Reich in großer Gefahr. 2. relinquemus – Wenn der König uns kein Schiff gibt, werden wir auf andere Weise diese Insel verlassen. 3. expugnavisset – Wenn Hannibal Rom angegriffen hätte, hätte er die Stadt sicher erobert. 4. neglegerer – Wenn ich größten Reichtum hätte, würde ich von Julia sicher nicht ignoriert werden. 5. accepisset – Wenn kein Wunder geschehen wäre, hätte Mark Aurel eine Niederlage erlitten.

VI.

1. venias (du sollst kommen), venires (du würdest kommen), venisses (du wärest gekommen) 2. damnetur (er/sie soll verurteilt werden); damnaretur (er/sie würde verurteilt werden); 3 sint (sie sollen sein), essent (sie wären), fuissent (sie wären gewesen)

VII.

1. Konj. Präsens, zweifelnde Frage – Quintus fragte Julia: „Wo soll ich dich erwarten?"

2. Gerundiv – Quintus ist immer begierig, Julia zu erwarten.

3. Infinitiv Präsens Passiv, NCI – Julia soll oft vergeblich von Quintus erwartet werden.

4. Konj. Imperfekt, Konj. im Hauptsatz – Quintus sagte: „Wenn du das wünschtest, würde ich dich auch viele Stunden erwarten."

5. Konj. Imperfekt, ut/ne-Satz – Julia forderte Quintus auf, dass er sie nicht vor der Schule erwarte.

6. Gerundiv – Dennoch war der Bub zu Mittag vor der Schule, um Julia zu erwarten.

7. Konj. Imperfekt, indirekter Fragesatz – Einige Freunde fragten Quintus, wen er erwartete.

8. prädikatives Gerundiv – Quintus antwortete, dass er nun ein gewisses Mädchen erwarten müsse.

9. Infinitiv Präsens Aktiv, ACI – Aber alle wussten, dass Quintus Julia erwartete.

10. Infinitiv Perfekt Aktiv, ACI – Und sie wussten, dass Quintus sie schon oft vergeblich erwartet hatte.

11. PPA, Ablativus absolutus – Während Quintus Julia erwartete, eilten die Freunde nach Hause.

12. Gerundiv – Um Julia zu erwarten, stand Quintus lange am Tor der Schule.

13. Gerundium – Beim Erwarten (Warten) sah Quintus auch viele andere hübsche Mädchen.

14. PPA, Participium coniunctum – Aber Quintus, der Julia erwartete, schaute jene Mädchen nicht an.

15. Konj. Imperfekt, cum-Satz – Obwohl Julia erwartet wurde, beschloss sie dennoch, die Aufgaben in der Schule zu schreiben.

16. Konj. Imperfekt, ut-Satz – So geschah es, dass Quintus Julia vergeblich erwartete.

17. PPP, Ablativus absolutus – Nachdem er Julia eine Stunde erwartet hatte, brach Quintus nach Hause auf.

18. Futur – Er wusste: „Niemals werde ich Julia wieder so lange erwarten!"

19. PPP, Participium coniunctum – Schließlich verließ Julia, die von Quintus lange erwartet worden war, die Schule.

20. Infinitiv Perfekt Passiv, ACI – Die Freunde berichten Julia, dass sie von Quintus lange erwartet worden ist.

21. Konj. Perfekt, indirekter Fragesatz – Am nächsten Tag fragen sie Quintus, ob er Julia vergeblich erwartet hat.

22. Konj. Perfekt, indirekter Fragesatz – Quintus erzählt den Freunden nicht, wie lange er Julia erwartet hat.

23. Infinitiv Futur Aktiv, ACI – Quintus sagt, dass er Julia nicht mehr erwarten wird.

24. PFA, nachzeitiger indirekter Fragesatz – Aber die Freunde wissen, wer am nächsten Tag Julia wieder erwarten wird.

VIII.

1. oppugnandam – Um Troja zu belagern, verließen die Griechen mit vielen Schiffen die Heimat. 2. oppugnata – Nachdem Troja zehn Jahre belagert worden war, fasste Odysseus einen sehr klugen Beschluss. 3. oppugnandae – Nachdem das römische Heer besiegt worden war, wurde Hannibal die Gelegenheit gegeben, Rom zu belagern. 4. oppugnanda – Die Gallier zerstörten beim Belagern Roms viele Gebäude. 5. oppugnari – Cäsar ließ die Stadt der Gallier belagern. 6. oppugnandum – Die römischen Soldaten mussten die Stadt der Feinde lange belagern.

IX.

1. ich herrsche / dem Reich 2. schenke! / die Geschenke 3. du regierst / des Königs 4. der Sonne / allein (Dativ) 5. die Sorgen / du sorgst 6. geführt zu werden / dem Führer

Vokabellernen leicht gemacht

1

Vergangenheit / Anfang:
tunc (= tum) (1) = damals
primus (8) = der Erste
postquam (8) = nachdem
primo (11) = zuerst
olim (15) = einst
antiquus (17) = alt
incipere (18) = beginnen
prior (18) = der frühere
antea (20) = vorher
quondam (33) = einst

Zukunft / Ende:
postremo (4) = schließlich
mox (11) = bald
denique (13) = schließlich
priusquam (17) = bevor
ultimus (19) = der Letzte
futurus (19) = zukünftig
perpetuus (19) = ununterbrochen
finis (20) = Ende
sperare (24) = hoffen
posterus (25) = der Folgende
tandem (25) = endlich
spes (28) = Hoffnung
procul (35) = in der Ferne

Gegenwart / Mitte:
semper (1) = immer
nunc (1) = nun
saepe (1) = oft
paulo post (6) = wenig später
deinde (6) = dann
dum (7) = während
subito (7) = plötzlich
secundus (8) = der Zweite
medius (12) = der Mittlere
interea (23) = inzwischen
postea (26) = danach
proximus (27) = der Nächste
adhuc (28) = bis jetzt

Ortsangaben:
hic (1) = hier
ubi (2) = wo
ad (3) = zu, an, bei
ibi (3) = dort
in (5) = in, auf, bei, nach
sub (5) = unter
trans (6) = über
locus (11) = Ort, Stelle
eo (21) = dorthin
inde (24) = von dort
quo (27) = wohin
proximus (27) = der Nächste
prope (29) = nahe (bei)
procul (35) = von / in der Ferne

2

Miles Romanus summa virtute pugnavit. = Der römische Soldat kämpft mit höchster Tapferkeit.

Magister magna voce clamavit. = Der Lehrer schreit mit lauter Stimme.

1. Die Römer schlossen Frieden mit den Feinden.
2. Der Feldherr befahl die Truppen vor den Mauern aufzustellen.
3. Auf Befehl des Führers ergriffen die Soldaten die Waffen.
4. Cäsar verbrachte einige Jahre in Griechenland, um zu studieren.
5. Ciceros Begeisterung für die Griechen war groß.
6. Ein gewisser Feind nützte schnell die Gelegenheit zu fliehen.
7. Beide Heere kämpften mit höchstem Mut.
8. Zu einer bestimmten Zeit werde ich dich aufsuchen.
9. Die Gallier erlitten eine sehr große (schwere) Niederlage.
10. Eine grässliche Schlacht wurde begonnen (geschlagen).
11. Cicero hielt dann eine berühmte Rede.
12. Wien ist die Hauptstadt Österreichs.
13. Der Konsul brachte im Senat ein neues Gesetz ein.
14. Die meisten Einwohner wurden vom Hunger getötet.
15. Zu dieser Zeit siedelten sich viele Griechen in Italien an.
16. Flüsse fließen immer zum Meer.
17. Dieses Buch ist in fremder Sprache geschrieben.

3 a

1. Körper = [illegible]s 2. Kopf = caput 3. Haare = capilli
4. Gesicht [illegible]. Stirn = frons 6. Auge = oculus 7. Zahn = dens
8. Schulter = umerus 9. Brust = pectus 10. Arm = bracchium
11. Hand = manus 12. Finger = digitus 13. Fuß = pes
14. Zehe = digitus pedis

3 b

1. Schwester = soror 2. Bruder = frater 3. Tochter = filia
4. Sohn = filius 5. Frau = femina, mulier 6. Mann = vir
7. Gattin = uxor 8. Gatte = maritus 9. Mutter = mater
10. Vater = pater 11. Eltern = parentes 12. Kinder = liberi
13. Familie = familia 14. alter Mann = senex 15. Sklave = servus

3 c

1. Himmel = caelum 2. Sonne = sol 3. Berg = mons
4. Gipfelkreuz = crux 5. Stein = saxum 6. Wald = silva
7. Baum = arbor 8. Feld = campus, ager 9. Haus = domus
10. Quelle = fons 11. Wasser = aqua 12. Fluss = flumen
13. Meer = mare 14. Tier = animal 15. Stier = taurus
16. Pferd = equus 17. Hund = canis 18. Flugzeug = aeroplanum
19. Schiff = navis

4 c

z. B.:
cor: Chor – Der <u>Chor</u> singt <u>herzzerreißend</u>.
ver: wer? – <u>Wer</u> freut sich nicht auf den <u>Frühling</u>?
origo: Oregano – Der <u>Ursprung</u> aller Würzung ist <u>Oregano</u>.
nec: necken – Ich <u>neck</u> dich <u>und</u> du bist <u>nicht</u> froh.
superbus: super, Bus – Ich bin so <u>stolz</u> auf meinen <u>Superbus</u>!

Serviceteil für LehrerInnen

- die wichtigsten Neuerungen in *Medias In Res! 3-4* auf einen Blick
- Tipps für den Einsatz im Unterricht
- Hinweise zur Gestaltung von Schularbeiten
- Lösungen zu allen Übungen aus dem Schülerbuch

Zum Weiterüben

Schulbuch Nr: 185.492

Medias In Res! 3-4 Übungsbuch für das sechsjährige Latein

ISBN 978-3-7101-2623-9

Medias In Res! Schularbeiten-training L4 und L6
für den Anfangsunterricht (vierjähriges und sechsjähriges Latein)

ISBN 978-3-7101-3442-5

Medias In Res! L6. 3-4 NEU. Interaktive Übungen (PLUS-Modul)

ISBN 978-3-7101-3438-8
Kautzky / Hissek
Medias In Res! L6. 3-4 NEU. Serviceteil für LehrerInnen
VERITAS-Verlag
1. Auflage (2019) www.veritas.at

www.veritas.at

B) Indikativ Passiv

		Präsens Passiv				
		a-Konj.	e-Konj.	kons. Konj.	Mischkonj.	i-Konj.
Singular	1.P.	*amor*	*moneor*	*mittor*	*capior*	*audior*
	2.P.	*amaris*	*moneris*	*mítteris*	*cáperis*	*audiris*
	3.P.	*amatur*	*monetur*	*mittitur*	*capitur*	*auditur*
Plural	1.P.	*amamur*	*monemur*	*mittimur*	*capimur*	*audimur*
	2.P.	*amamini*	*monemini*	*mittimini*	*capimini*	*audimini*
	3.P.	*amantur*	*monentur*	*mittuntur*	*capiuntur*	*audiuntur*

		Imperfekt Passiv				
		a-Konj.	e-Konj.	kons. Konj.	Mischkonj.	i-Konj.
Singular	1.P.	*amabar*	*monebar*	*mittebar*	*capiebar*	*audiebar*
	2.P.	*amabaris*	*monebaris*	*mittebaris*	*capiebaris*	*audiebaris*
	3.P.	*amabatur*	*monebatur*	*mittebatur*	*capiebatur*	*audiebatur*
Plural	1.P.	*amabamur*	*monebamur*	*mittebamur*	*capiebamur*	*audiebamur*
	2.P.	*amabamini*	*monebamini*	*mittebamini*	*capiebamini*	*audiebamini*
	3.P.	*amabantur*	*monebantur*	*mittebantur*	*capiebantur*	*audiebantur*

		Futur Passiv				
		a-Konj.	e-Konj.	kons. Konj.	Mischkonj.	i-Konj.
Singular	1.P.	*amabor*	*monebor*	*mittar*	*capiar*	*audiar*
	2.P.	*amaberis*	*moneberis*	*mittéris*	*capieris*	*audieris*
	3.P.	*amabitur*	*monebitur*	*mittetur*	*capietur*	*audietur*
Plural	1.P.	*amabimur*	*monebimur*	*mittemur*	*capiemur*	*audiemur*
	2.P.	*amabimini*	*monebimini*	*mittemini*	*capiemini*	*audiemini*
	3.P.	*amabuntur*	*monebuntur*	*mittentur*	*capientur*	*audientur*

		Perfekt Passiv*				
		a-Konj.	e-Konj.	kons. Konj.	Mischkonj.	i-Konj.
Singular	1.P.	*amatus sum*	*monitus sum*	*missus sum*	*captus sum*	*auditus sum*
	2.P.	*amatus es*	*monitus es*	*missus es*	*captus es*	*auditus es*
	3.F.	*amatus est*	*monitus est*	*missus est*	*captus est*	*auditus est*
Plural	1.P.	*amati sumus*	*moniti sumus*	*missi sumus*	*capti sumus*	*auditi sumus*
	2.P.	*amati estis*	*moniti estis*	*missi estis*	*capti estis*	*auditi estis*
	3.P.	*amati sunt*	*moniti sunt*	*missi sunt*	*capti sunt*	*auditi sunt*

		Plusquamperfekt Passiv*				
		a-Konj.	e-Konj.	kons. Konj.	Mischkonj.	i-Konj.
Singular	1.P.	*amatus eram*	*monitus eram*	*missus eram*	*captus eram*	*auditus eram*
	2.P.	*amatus eras*	*monitus eras*	*missus eras*	*captus eras*	*auditus eras*
	3.F.	*amatus erat*	*monitus erat*	*missus erat*	*captus erat*	*auditus erat*
Plural	1.P.	*amati eramus*	*moniti eramus*	*missi eramus*	*capti eramus*	*auditi eramus*
	2.P.	*amati eratis*	*moniti eratis*	*missi eratis*	*capti eratis*	*auditi eratis*
	3.P.	*amati erant*	*moniti erant*	*missi erant*	*capti erant*	*auditi erant*

* Bei allen zweiteiligen Verbformen wird das PPP an das Subjekt angepasst → Endung *-us/a/um* (Singular) bzw. *-i/ae/a* (Plural).

Konjugationen

C) Konjunktiv Aktiv

		Konjunktiv Präsens Aktiv				
		a-Konj.	e-Konj.	kons. Konj.	Mischkonj.	i-Konj.
Singular	1.P.	*amem*	*moneam*	*mittam*	*capiam*	*audiam*
	2.P.	*ames*	*moneas*	*mittas*	*capias*	*audias*
	3.P.	*amet*	*moneat*	*mittat*	*capiat*	*audiat*
Plural	1.P.	*amemus*	*moneamus*	*mittamus*	*capiamus*	*audiamus*
	2.P.	*ametis*	*moneatis*	*mittatis*	*capiatis*	*audiatis*
	3.P.	*ament*	*moneant*	*mittant*	*capiant*	*audiant*

		Konjunktiv Imperfekt Aktiv				
		a-Konj.	e-Konj.	kons. Konj.	Mischkonj.	i-Konj.
Singular	1.P.	*amarem*	*monerem*	*mitterem*	*caperem*	*audirem*
	2.P.	*amares*	*moneres*	*mitteres*	*caperes*	*audires*
	3.P.	*amaret*	*moneret*	*mitteret*	*caperet*	*audiret*
Plural	1.P.	*amaremus*	*moneremus*	*mitteremus*	*caperemus*	*audiremus*
	2.P.	*amaretis*	*moneretis*	*mitteretis*	*caperetis*	*audiretis*
	3.P.	*amarent*	*monerent*	*mitterent*	*caperent*	*audirent*

		Konjunktiv Perfekt Aktiv				
		a-Konj.	e-Konj.	kons. Konj.	Mischkonj.	i-Konj.
Singular	1.P.	*amaverim*	*monuerim*	*miserim*	*ceperim*	*audiverim*
	2.P.	*amaveris*	*monueris*	*miseris*	*ceperis*	*audiveris*
	3.P.	*amaverit*	*monuerit*	*miserit*	*ceperit*	*audiverit*
Plural	1.P.	*amaverimus*	*monuerimus*	*miserimus*	*ceperimus*	*audiverimus*
	2.P.	*amaveritis*	*monueritis*	*miseritis*	*ceperitis*	*audiveritis*
	3.P.	*amaverint*	*monuerint*	*miserint*	*ceperint*	*audiverint*

		Konjunktiv Plusquamperfekt Aktiv				
		a-Konj.	e-Konj.	kons. Konj.	Mischkonj.	i-Konj.
Singular	1.P.	*amavissem*	*monuissem*	*misissem*	*cepissem*	*audivissem*
	2.P.	*amavisses*	*monuisses*	*misisses*	*cepisses*	*audivisses*
	3.F.	*amavisset*	*monuisset*	*misisset*	*cepisset*	*audivisset*
Plural	1.P.	*amavissemus*	*monuissemus*	*misissemus*	*cepissemus*	*audivissemus*
	2.P.	*amavissetis*	*monuissetis*	*misissetis*	*cepissetis*	*audivissetis*
	3.P.	*amavissent*	*monuissent*	*misissent*	*cepissent*	*audivissent*

D) Konjunktiv Passiv

		Konjunktiv Präsens Passiv				
		a-Konj.	e-Konj.	kons. Konj.	Mischkonj.	i-Konj.
Singular	1.P.	*amer*	*monear*	*mittar*	*capiar*	*audiar*
	2.P.	*ameris*	*monearis*	*mittaris*	*capiaris*	*audiaris*
	3.P.	*ametur*	*moneatur*	*mittatur*	*capiatur*	*audiatur*
Plural	1.P.	*amemur*	*moneamur*	*mittamur*	*capiamur*	*audiamur*
	2.P.	*amemini*	*moneamini*	*mittamini*	*capiamini*	*audiamini*
	3.P.	*amentur*	*moneantur*	*mittantur*	*capiantur*	*audiantur*

		Konjunktiv Imperfekt Passiv				
		a-Konj.	e-Konj.	kons. Konj.	Mischkonj.	i-Konj.
Singular	1.P.	*amarer*	*monerer*	*mitterer*	*caperer*	*audirer*
	2.P.	*amareris*	*monereris*	*mittereris*	*capereris*	*audireris*
	3.P.	*amaretur*	*moneretur*	*mitteretur*	*caperetur*	*audiretur*
Plural	1.P.	*amaremur*	*moneremur*	*mitteremur*	*caperemur*	*audiremur*
	2.P.	*amaremini*	*moneremini*	*mitteremini*	*caperemini*	*audiremini*
	3.P.	*amarentur*	*monerentur*	*mitterentur*	*caperentur*	*audirentur*

		Konjunktiv Perfekt Passiv*				
		a-Konj.	e-Konj.	kons. Konj.	Mischkonj.	i-Konj.
Singular	1.P.	*amatus sim*	*monitus sim*	*missus sim*	*captus sim*	*auditus sim*
	2.P.	*amatus sis*	*monitus sis*	*missus sis*	*captus sis*	*auditus sis*
	3.P.	*amatus sit*	*monitus sit*	*missus sit*	*captus sit*	*auditus sit*
Plural	1.P.	*amati simus*	*moniti simus*	*missi simus*	*capti simus*	*auditi simus*
	2.P.	*amati sitis*	*moniti sitis*	*missi sitis*	*capti sitis*	*auditi sitis*
	3.P.	*amati sint*	*moniti sint*	*missi sint*	*capti sint*	*auditi sint*

		Konjunktiv Plusquamperfekt Passiv*				
		a-Konj.	e-Konj.	kons. Konj.	Mischkonj.	i-Konj.
Singular	1.P.	*amatus essem*	*monitus essem*	*missus essem*	*captus essem*	*auditus essem*
	2.P.	*amatus esses*	*monitus esses*	*missus esses*	*captus esses*	*auditus esses*
	3.F.	*amatus esset*	*monitus esset*	*missus esset*	*captus esset*	*auditus esset*
Plural	1.P.	*amati essemus*	*moniti essemus*	*missi essemus*	*capti essemus*	*auditi essemus*
	2.P.	*amati essetis*	*moniti essetis*	*missi essetis*	*capti essetis*	*auditi essetis*
	3.P.	*amati essent*	*moniti essent*	*missi essent*	*capti essent*	*auditi essent*

*) Bei allen zweiteiligen Verbformen wird das PPP an das Subjekt angepasst → Endung *-us/a/um* (Singular) bzw. *-i/ae/a* (Plural).

Unregelmässige Verba

A) Indikativ

		Präsens Aktiv				
		esse	*posse*	*ire*	*ferre*	*velle*
Singular	1.P.	*sum*	*possum*	*eo*	*fero*	*volo*
	2.P.	*es*	*potes*	*is*	*fers*	*vis*
	3.F.	*est*	*potest*	*it*	*fert*	*vult*
Plural	1.P.	*sumus*	*possumus*	*imus*	*ferimus*	*volumus*
	2.P.	*estis*	*potestis*	*itis*	*fertis*	*vultis*
	3.P.	*sunt*	*possunt*	*eunt*	*ferunt*	*volunt*

		Imperfekt Aktiv				
		esse	*posse*	*ire*	*ferre*	*velle*
Singular	1.P.	*eram*	*poteram*	*ibam*	*ferebam*	*volebam*
	2.P.	*eras*	*poteras*	*ibas*	*ferebas*	*volebas*
	3.F.	*erat*	*poterat*	*ibat*	*ferebat*	*volebat*
Plural	1.P.	*eramus*	*poteramus*	*ibamus*	*ferebamus*	*volebamus*
	2.P.	*eratis*	*poteratis*	*ibatis*	*ferebatis*	*volebatis*
	3.P.	*erant*	*poterant*	*ibant*	*ferebant*	*volebant*

		Futur Aktiv				
		esse	*posse*	*ire*	*ferre*	*velle*
Singular	1.P.	*ero*	*potero*	*ibo*	*feram*	*volam*
	2.P.	*eris*	*poteris*	*ibis*	*feres*	*voles*
	3.F.	*erit*	*poterit*	*ibit*	*feret*	*volet*
Plural	1.P.	*erimus*	*poterimus*	*ibimus*	*feremus*	*volemus*
	2.P.	*eritis*	*poteritis*	*ibitis*	*feretis*	*voletis*
	3.P.	*erunt*	*poterunt*	*ibunt*	*ferent*	*volent*

		Perfekt Aktiv				
		esse	*posse*	*ire*	*ferre*	*velle*
Singular	1.P.	*fui*	*potui*	*ii*	*tuli*	*volui*
	2.P.	*fuisti*	*potuisti*	*isti*	*tulisti*	*voluisti*
	3.F.	*fuit*	*potuit*	*iit*	*tulit*	*voluit*
Plural	1.P.	*fuimus*	*potuimus*	*iimus*	*tulimus*	*voluimus*
	2.P.	*fuistis*	*potuistis*	*istis*	*tulistis*	*voluistis*
	3.P.	*fuérunt*	*potuérunt*	*iérunt*	*tulérunt*	*voluérunt*

		Plusquamperfekt Aktiv				
		esse	*posse*	*ire*	*ferre*	*velle*
Singular	1.P.	*fueram*	*potueram*	*ieram*	*tuleram*	*volueram*
	2.P.	*fueras*	*potueras*	*ieras*	*tuleras*	*volueras*
	3.F.	*fuerat*	*potuerat*	*ierat*	*tulerat*	*voluerat*
Plural	1.P.	*fueramus*	*potueramus*	*ieramus*	*tuleramus*	*volueramus*
	2.P.	*fueratis*	*potueratis*	*ieratis*	*tuleratis*	*volueratis*
	3.P.	*fúerant*	*potúerant*	*íerant*	*túlerant*	*volúerant*

B) Konjunktiv

		Konjunktiv Präsens Aktiv				
		esse	*posse*	*ire*	*ferre*	*velle*
Singular	1.P.	*sim*	*possim*	*eam*	*feram*	*velim*
	2.P.	*sis*	*possis*	*eas*	*feras*	*velis*
	3.F.	*sit*	*possit*	*eat*	*ferat*	*velit*
Plural	1.P.	*simus*	*possimus*	*eamus*	*feramus*	*velimus*
	2.P.	*sitis*	*possitis*	*eatis*	*feratis*	*velitis*
	3.P.	*sint*	*possint*	*eant*	*ferant*	*velint*

		Konjunktiv Imperfekt Aktiv				
		esse	*posse*	*ire*	*ferre*	*velle*
Singular	1.P.	*essem*	*possem*	*irem*	*ferrem*	*vellem*
	2.P.	*esses*	*posses*	*ires*	*ferres*	*velles*
	3.F.	*esset*	*posset*	*iret*	*ferret*	*vellet*
Plural	1.P.	*essemus*	*possemus*	*iremus*	*ferremus*	*vellemus*
	2.P.	*essetis*	*possetis*	*iretis*	*ferretis*	*velletis*
	3.P.	*essent*	*possent*	*irent*	*ferrent*	*vellent*

		Konjunktiv Perfekt Aktiv				
		esse	*posse*	*ire*	*ferre*	*velle*
Singular	1.P.	*fuerim*	*potuerim*	*ierim*	*tulerim*	*voluerim*
	2.P.	*fueris*	*potueris*	*ieris*	*tuleris*	*volueris*
	3.F.	*fuerit*	*potuerit*	*ierint*	*tulerit*	*voluerit*
Plural	1.P.	*fuerimus*	*potuerimus*	*ierimus*	*tulerimus*	*voluerimus*
	2.P.	*fueritis*	*potueritis*	*ieritis*	*tuleritis*	*volueritis*
	3.P.	*fuerint*	*potuerint*	*ierint*	*tulerint*	*voluerint*

		Konjunktiv Plusquamperfekt Aktiv				
		esse	*posse*	*ire*	*ferre*	*velle*
Singular	1.P.	*fuissem*	*potuissem*	*issem*	*tulissem*	*voluissem*
	2.P.	*fuisses*	*potuisses*	*isses*	*tulisses*	*voluisses*
	3.F.	*fuisset*	*potuisset*	*isset*	*tulisset*	*voluisset*
Plural	1.P.	*fuissemus*	*potuissemus*	*issemus*	*tulissemus*	*voluissemus*
	2.P.	*fuissetis*	*potuissetis*	*issetis*	*tulissetis*	*voluissetis*
	3.P.	*fuissent*	*potuissent*	*issent*	*tulissent*	*voluissent*

C) Infinitive und Imperative

	Infinitive				
Präs. Aktiv	*esse*	*posse*	*ire*	*ferre*	*velle*
Präs. Pass.	---	---	*iri*	*ferri*	---
Perf. Aktiv	*fuisse*	*potuisse*	*isse*	*tulisse*	*voluisse*
Perf. Pass.	---	---	*itum esse*	*latum esse*	---
Futur Aktiv	*futurum esse*	---	*iturum esse*	*laturum esse*	---
	Imperative				
Sg.	*es!*	---	*i!*	*fer!*	--- *(noli!)*
Pl.	*este!*	---	*ite!*	*ferte!*	--- *(nolite!)*

Lateinische Sprichwörter und Redewendungen

Die lateinische Sprache begegnet dir, wie du sicher schon bemerkt hast, auch im Alltag auf Schritt und Tritt. Deshalb gibt's hier noch einmal einen Überblick über die häufigsten lateinischen Redensarten – so hast du für jede Gelegenheit den passenden Spruch auf Lager! (Bei allen Sprichwörtern, die in diesem Buch näher besprochen wurden, ist die jeweilige Lektion angegeben. Die Bedeutung der übrigen findest du mithilfe deiner Eltern oder eines Lexikons leicht heraus!)

Alea iacta est. (→ Lec. 19)*	
*Ave, Caesar, morituri te salutant!**	
Bella gerant alii, tu, felix Austria, nube! (→ Lec. 28)*	
Carpe diem!	
Cave canem! (→ Lec. 9)	
*Ceterum censeo Carthaginem esse delendam.**	
Citius, altius, fortius (→ Lec. 22)	
Cogito, ergo sum.	
De gustibus non est disputandum.	
De mortuis nil (= nihil) nisi bene!	
Domine, quo vadis? (→ Lec. 27)	
Errare humanum est.	
Et tu, Brute? (→ Lec. 19)	
Hannibal ante (ad) portas! (→ Lec. 10)	
*In dubio pro reo.** (→ Lec. 33)	
In vino veritas. (→ Lec. 24)	
Manus manum lavat.	
Mens sana in corpore sano. (→ Lec. 30)	
Noli me tangere! (→ Lec. 24)	
Noli turbare circulos meos! (→ Lec. 33)*	
Nomen est omen. (→ Lec. 9)	
Non scholae, sed vitae discimus. (→ Lec. 1)*	
Ora et labora! (→ Lec. 24)	
Pacta sunt servanda.	
*Panem et circenses.**	
*Pecunia non olet.** (→ Lec. 32)	
Per aspera ad astra.	
Per pedes.	
Plenus venter non studet libenter. (→ Lec. 25)	
Quod erat demonstrandum. = q.e.d.	
Quod licet Iovi, non licet bovi. (→ Lec. 11)	
Roma locuta, causa finita.	
*Si tacuisses, philosophus mansisses.**	
Urbi et orbi. (→ Lec. 10)	
*Vare, redde mihi legiones.**	
Veni, vidi, vici. (→ Lec. 7)*	
Viribus unitis. (→ Lec. 14)	

* Zu den mit * gekennzeichneten Sprichwörtern gibt es auch **Hörgeschichten**: Medias In Res! 5–6 Hörgeschichten (MP3-CD).

Alltagslatein

Du möchtest ab sofort deine Alltagskommunikation auf Latein führen? Kein Problem – hier findest du alle unentbehrlichen Phrasen! Übrigens: Im Lateinischen gibt es keine eigene Höflichkeitsform, das heißt, dass man für „Sie" immer die 2. Person Sg. verwenden kann (vgl. *you* im Englischen!)

1) In der Schule

A) Basics	
Sei/Seid gegrüßt!	*Salve!/Salvete!*
Setzt euch!	*Considite!*
Wie geht es dir/euch?	*Quomodo vales/valetis?*
gut/bestens	*bene/optime (valeo)*
schlecht/sehr schlecht	*male/pessime (valeo)*
(ich) bitte	*quaeso*
(ich) danke	*gratias ago*
ja	*ita est*
nein	*minime*
Leb/Lebt wohl!, Auf Wiedersehen!	*Vale!/Valete!*

B) Wichtige Sätze für Lehrer:	
Ruhe!	*Silentium!*
Hör/Hört auf zu reden!	*Fac/facite finem loquendi!*
Wer kann mir antworten?	*Quis mihi respondere potest?*
Sprich lauter!	*Maiore voce loquere!*
Zeigt/Gebt mir eure Hausübungen!	*Monstrate/date mihi pensa vestra!*
Das hast du gut/bestens gemacht.	*Hoc bene/optime fecisti.*
Schläfst du?	*Dormisne?*
Woher kommst du/kommt ihr jetzt?	*Unde nunc venis/venitis?*
Wohin gehst du?	*Quo vadis?*
Macht das zu Hause fertig!	*Haec domi conficite!*
Spuck den Kaugummi aus!	*Cummem Americanam exspue!*
Könnte jemand das Licht aufdrehen?	*Aliquis lumen incendat!*
Es werde Licht!	*Fiat lux!*
Die Klasse schaut aus wie ein Saustall.	*Classis simillima est harae.*
Gebt die Handys weg!	*Telephona mobilia seponite!*
Wer fehlt?	*Quis abest?*
… ist krank?	*… aeger/-gra est?*
… schwänzt die Schule?	*… scholam deserit?*
Du kommst/Ihr kommt zu spät!	*Sero venis/venitis.*
Spät, aber doch.	*Sero, sed tamen.*
Fangen wir an!	*Incipiamus!*
Wo sind deine (Latein-/Englisch-/…) Sachen?	*Ubi sunt tua utensilia (Latina/Anglica/…)?*
Machen wir Schluss!	*Finem faciamus!*

C) Wichtige Sätze für Schüler:	
Die U-Bahn war gestört.	*Ferrivia subterranea impedita erat.*
Ich habe verschlafen.	*Diutius dormiebam.*
Darf ich aufs Klo gehen?	*Licetne mihi abire in latrinam/locum secretum?*
Ich habe meine Aufgabe/mein Buch vergessen.	*Pensum/librum non mecum habeo.*

Alltagslatein

Ich weiß es nicht.	*Nescio.*
Der gibt/Die geben mir keine Ruhe!	*Iste/Isti me semper perturbat/perturbant!*
Ich versteh das nicht.	*Hoc non intellego.*
Könnten Sie das noch einmal wiederholen?	*Potesne hoc iterum repetere?*
Darf ich vorlesen?	*Licetne mihi recitare?*
Warum ich?	*Cur me?*
Darf ich das Fenster aufmachen/zumachen?	*Licetne mihi fenestram aperire/claudere?*
Schauen wir uns einen Film an?	*Spectamusne spectaculum cinematographicum?*
Darf ich das noch aufessen?	*Licetne mihi hoc comedere?*
Mir ist nicht gut. Darf ich zur Schulärztin gehen?	*Non valeo. Licetne mihi medicam scholasticam petere?*
Soll ich die Tafel löschen?	*Visne me tabulam purgare?*
Die Latein-Stunde hat uns sehr gefallen!	*Hora Latina nobis maxime placuit!*

2) Außerhalb der Schule

Guten Morgen/Tag/Abend!	*Salve! (Sg.)/Salvete! (Pl.)*
Gute Nacht!	*Molliter cubes!/Nox tibi fausta sit!*
Glückliches Neujahr!	*Annum Novum faustum (et) felicem!*
Alles Gute zum Geburtstag!	*Dies natalis tibi felix, faustus fortunatusque sit!*
Ich wünsche dir frohe Weihnachten!	*Sollemnem Nativitatem Christi tibi exopto.*
Wie spät ist es?	*Quota hora est?*
Es ist 10 Uhr.	*Decima hora ante meridiem est*
Es ist 22 Uhr.	*Decima hora post meridiem est.*
Wie heißt du?/Wie heißen Sie?	*Quod nomen tibi est?*
Ich heiße Jessica/Kevin.	*Mihi nomen Jessica/Kevin est.*
Wie alt bist du?	*Quot annos natus/-a es?*
Ich bin 14 Jahre alt.	*Quattuordecim annos natus/-a sum.*
Woher stammst du?	*Unde oriundus/-a es?*
Ich bin aus Nieder-/Oberösterreich/Tirol.	*Ex Austria Inferiore/Superiore/Tyrolia oriundus/-a sum.*
Hast du einen Hund/eine Katze?	*Estne tibi canis/cattus?*
Mein Hund beißt alle Fremden.	*Canis meus omnes alienos mordere solet.*
Sprichst du/sprechen Sie Latein?	*Loquerisne Latine?*
Sehr geehrter Herr Bauer!	*Vir clarissime Agricola!*
Sehr geehrte Frau Bauer!	*Femina clarissima Agricola!*
Wo steht dein Auto?	*Ubi est vehiculum tuum/autoraeda tua?*
In der nächsten Gasse.	*In proximo vico.*
Ich habe Hunger/Durst!	*Esurio/sitio!*
Guten Appetit!	*Bene tibi/vobis sapiat!*
Ich möchte jetzt fernsehen!	*Nunc televisorium spectare volo!*
Du bist ein Warmduscher!	*Lavator calidus es!*
Gehen wir Tennis/Fußball spielen?	*Ludemus teniludio/pedifolle?*
Ich gehe lieber auf Julias Party.	*Ballationem Iuliae adire malo.*
Heute gehe ich ins Kino.	*Hodie cinema adibo.*
Schickst du mir ein E-Mail?	*Mittesne mihi epistulam electronicam?*
Ich schicke dir lieber ein SMS.	*Tibi Brevem Nuntium Electronicum mittere malo.*
Können wir YouTube schauen?	*Licetne nobis TuTubam spectare?*

Stille Nacht, heilige Nacht

Sancta nox, placida nox,
nusquam est ulla vox.
Par sanctissimum vigilat,
crispo crine quieti se dat.
Puer dulcissimus,
puer dulcissimus.

Sancta nox, placida nox,
certior fit pastor mox,
angelorum Halleluia.
Sonat vox clarissima:
Iesus salvator adest,
Iesus salvator adest.

Sancta nox, placida nox,
Nate Dei, suavis vox
manat ex ore sanctissimo,
cum es nobis auxilio,
Christe, natalibus,
Christe, natalibus.

Caelestis Eichenseer: Latinitas viva. Pars cantualis. Saarbrücken: Verlag Societas Latina 1986

O Tannenbaum

O abies, o abies,
quam es fideli fronde!
Aestivo vires tempore
ac tum, cum ningit hieme.
O abies, o abies,
quam es fideli fronde!

O abies, o abies,
quantopere me iuvas!
Quam saepe iam placebas mi
natali die Domini!
O abies, o abies,
quam es fideli fronde!

O abies, o abies,
me vestis vult docere,
ut spes det ac constantia
et vires et solacia.
O abies, o abies,
quam es fideli fronde!

Caelestis Eichenseer: Latinitas viva. Pars cantualis. Saarbrücken: Verlag Societas Latina 1986

Jingle Bells

Tintinna-, tintinna-, tintinnabula
tintinnant in nivibus et dant gaudia.
Tintinna-, tintinna-, tintinnabula
tintinnant in nivibus et dant gaudia.

Vehimur trahis, trahimur equis,
vehimur per nemora, ridemus frigora.
Vehimur trahis, trahimur equis,
vehimur per nemora, ridemus frigora.

Tintinna-, tintinna-, tintinnabula …

Sonant cantica, resonant culmina,
rapimur per nemora et arva candida.
Sonant cantica, resonant culmina,
rapimur per nemora et arva candida.

Tintinna-, tintinna-, tintinnabula …

Johannes Hamacher. In: Der Altsprachliche Unterricht 1995/6. Hannover: Friedrich Verlag, S. 100

Vokabellernen …

1) Ein Thema – viele Wörter

Im Buch hast du die Vokabel jeweils in der Reihenfolge ihres Vorkommens im Lektionstext vorgefunden. Zum Wiederholen und Einprägen von Vokabeln kann es aber günstiger sein, sie nach ihrem Inhalt zusammenzustellen – wie im Folgenden z. B. zum Thema „Zeit".

? Ergänze die deutschen Bedeutungen!

- Vergangenheit/Anfang:

tunc (= tum) (1)		antiquus (17)	
primus (8)		incipere (18)	
postquam (8)		prior (18)	
primo (11)		antea (20)	
olim (15)		quondam (33)	

- Gegenwart/Mitte:

semper (1)		secundus (8)	
nunc (1)		medius (12)	
saepe (1)		interea (23)	
paulo post (6)		postea (26)	
deinde (6)		proximus (27)	
dum (7)		adhuc (28)	
subito (7)			

- Zukunft/Ende:

postremo (4)		finis (20)	
mox (11)		sperare (24)	
denique (13)		posterus (25)	
priusquam (17)		tandem (25)	
ultimus (19)		spes (28)	
futurus (19)		procul (35)	
perpetuus (19)			

? Und nun bist du selbst gefragt: Wie viele Wörter (Adverbia, Präpositionen, Adjektiva, Nomina …) zum Thema „Ortsangaben" fallen dir ein? Liste die lateinischen Wörter und ihre Übersetzungen auf!

lat. Wort	dt. Übersetzung	lat. Wort	dt. Übersetzung

Du kannst dir ganz leicht noch mehr „Themenwortschätze" zusammenstellen – z. B. zu den Themen „„Aussehen", „Liebe und Freundschaft", „Krieg und Kämpfen".

2) Die Geschichte rundherum

Bei manchen Vokabeln, die du bis jetzt in *MIR* kennengelernt hast, findest du zwei oder gar drei Bedeutungen angegeben. Wenn du in einem Latein-Wörterbuch blätterst, wirst du bei Wörtern wie *agere, facere, res, animus* etc. oft sogar zehn oder mehr Bedeutungen finden! Umso wichtiger ist es, die Grundbedeutung(en) zu beherrschen. Aus dem Kontext (d. h. aus dem Textzusammenhang) heraus ist es dann meist gar nicht so schwer, die genaue Bedeutung herauszufinden.

Beispiel *virtus:* Dieses Wort hat, wie du (hoffentlich ☺) weißt, zwei Grundbedeutungen:

a) „Tapferkeit"
b) „Tugend"

Welche dieser Bedeutungen trifft im folgenden Satz zu?

Miles Romanus summa virtute pugnavit. = ______________________________

Manchmal muss man sich auch für eine Bedeutung entscheiden, die man eigentlich gar nicht gelernt hat. Obwohl du z. B. von *magnus* die Bedeutung „groß" weißt, wirst du dich wahrscheinlich in dem folgenden Satz trotzdem für eine andere Übersetzung entscheiden. Für welche?

Magister magna voce clamavit. = ______________________________

? Versuche bei den folgenden Sätzen die zum Kontext passende Bedeutung des jeweils fett gedruckten Wortes herauszufinden!

1. *Romani cum hostibus pacem* ***fecerunt****.* = ______________________________
2. *Imperator copias ante moenia* ***statuere*** *iussit.* = ______________________________
3. *Iussu ducis milites arma* ***ceperunt****.* = ______________________________
4. *Caesar studendi causa nonnullos annos in Graecia* ***egit****.* = ______________________________
5. *Ciceronis* ***studium*** *Graecorum magnum fuit.* = ______________________________
6. *Quidam hostis occasione fugiendi celeriter* ***usus est****.* = ______________________________
7. *Uterque exercitus summo* ***animo*** *pugnabat.* = ______________________________
8. ***Certo*** *tempore te adibo.* = ______________________________
9. *Galli cladem maximam* ***acceperunt****.* = ______________________________
10. *Proelium atrox* ***commissum est****.* = ______________________________
11. *Cicero tunc orationem claram* ***habuit****.* = ______________________________
12. *Vindobona est* ***caput*** *Austriae.* = ______________________________
13. *Consul in senatu legem novam* ***tulit****.* = ______________________________
14. *Plurimi incolae fame* ***consumpti sunt****.* = ______________________________
15. *Eo tempore multi Graeci in Italia* ***consederunt****.* = ______________________________
16. *Flumina semper* ***eunt*** *ad mare.* = ______________________________
17. *Hic liber* ***sermone*** *alieno scriptus est.* = ______________________________

Vokabellernen …

3) Ein Bild sagt mehr als tausend Worte

Wenn du dir Vokabel gut durch Bilder merken kannst, bist du ein visueller Typ. In diesem Fall werden dir die folgenden „Vokabelbilder" sicher helfen, deinen Wortschatz aufzupolieren bzw. zu perfektionieren!

a) VOKABELBILD Mensch:

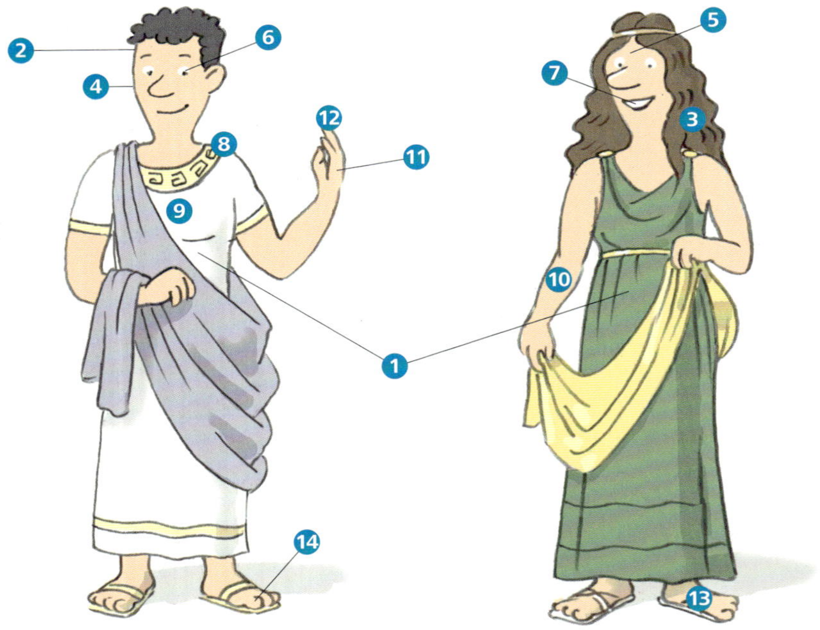

1 Körper =

2 Kopf =

3 Haare = capilli

4 Gesicht =

5 Stirn =

6 Auge =

7 Zahn = dens

8 Schulter = umerus

9 Brust = pectus

10 Arm = bracchium

11 Hand =

12 Finger = digitus

13 Fuß = pes

14 Zehe = digitus pedis

b) VOKABELBILD römische Familie:

1 Schwester = soror

2 Bruder =

3 Tochter =

4 Sohn =

5 ♀ Frau =

6 ♂ Mann =

7 ⚭ Gattin =

8 ⚭ Gatte =

9 Mutter = mater

10 Vater =

11 Eltern =

12 Kinder =

13 Familie =

14 alter Mann =

15 Sklave =

c) VOKABELBILD Landschaft:

1. Himmel =
2. Sonne =
3. Berg =
4. Gipfelkreuz = crux
5. Stein =
6. Wald = silva
7. Baum =
8. Feld =
9. Haus =
10. Quelle = fons
11. Wasser =
12. Fluss =
13. Meer =
14. Tier =
15. Stier =
16. Pferd =
17. Hund =
18. Flugzeug = aeroplanum
19. Schiff =

Vokabellernen leicht gemacht!

4) Der Trick mit dem Kontrabass

Vokabellernen durch Bilder im Kopf – funktioniert das? Und wie! Der Trick dabei: Du musst nur die Vokabel mit Bildern verknüpfen und sie so in deinem Gedächtnis abspeichern. Da sich unser Gedächtnis Bilder viel leichter merkt als Begriffe allein, kannst du auf diese Weise viel mehr Vokabel in kürzerer Zeit lernen.

Ein einfaches Beispiel: Das Vokabel *contra* („gegen“) kannst du dir ganz leicht merken, wenn du dir vorstellst, dass du mit deinem Fuß **gegen** einen **Kontra**bass trittst. Du brauchst dir diesen Satz nur als „Minifilm“ oder Bild vorstellen, und schon wirst du das lateinische Wort und seine Bedeutung nicht mehr vergessen!

Und hier die einfache Gebrauchsanweisung:

1) Lass dir zu einem lateinischen Vokabel ein ähnlich klingendes deutsches Wort einfallen (z. B. lat. *caput* → dt. „kaputt“).
2) Bastle einen (deutschen) Satz, in dem die beiden Wörter gemeinsam vorkommen (z. B. „Nach dem Steinwurf war der Kopf kaputt.“). Ob die deutsche Rechtschreibung mit der lateinischen übereinstimmt, spielt dabei übrigens keine Rolle, genausowenig wie die Frage, ob der Satz sonderlich sinnvoll ist – Hauptsache, du merkst ihn dir leicht!
3) Stelle dir diesen Satz als Bild oder Szene vor und speichere ihn in deinem Gedächtnis ab. Am besten geht das, wenn du nach dem Lesen jeder Szene für einige Minuten die Augen schließt.

Du wirst sehen – auf diese Weise wird Vokabellernen zum lustigen Kopfkino!

a Zunächst ein paar Vokabel aus dem *MIR*-Wortschatz, die du dir mit den folgenden Merksätzen leichter merken kannst:

lat. Vokabel	Mögliches Bild, mögliche Szene....	dt. Bedeutung
post	Der Postler bringt das Packerl später als erhofft.	später
parvus	Als ich noch klein war, bin ich oft barfuß gelaufen.	klein
servus	Der Sklave wäscht sich sehr selten den Fuß.	Sklave
lux	Der Luchs sieht auch ohne Licht gut.	Licht
equus	Das Pferd holt sich gleich ums Eck Wurst.	Pferd
tantus	Meine Tante ist soooo groß!	so groß
celer	Als Geldzähler werd' ich schnell reich.	schnell
cadere	Der Kater wird bald vom Zaun fallen.	fallen
classis	Klass' is' die flotte Lotte!	Flotte

b Und hier einige lateinische Wörter, die du noch nicht kennst, die du dir aber mithilfe der angeführten Sätze sicher problemlos merken kannst:

lat. Wort	Mögliches Bild	Beispiel für Merksatz/Merkbild	dt. Bedeutung
auris	Riss	Au, jetzt hab ich einen Riss im Ohr!	Ohr
cras	Gras	Morgen mäht Papi endlich Gras.	morgen
ambo	am Po	Beide kratzen sich völlig ungeniert am Po.	beide
tot	tot	So viele Sprachen sind schon tot! (nur Latein nicht ☺)	so viele

c Und zuletzt musst du selbst aktiv werden: Welche Bilder und Merksätze fallen dir zu den folgenden Vokabeln ein?

lat. Wort	Mögliches Bild	Beispiel für Merksatz/Merkbild	dt. Bedeutung
cor			Herz
ver			Frühling
origo			Ursprung
nec			und nicht
superbus			stolz

Einer der bekanntesten lateinischen Merksprüche lautet übrigens „In die Semmel biss der Kater.“ Mit seiner Hilfe kannst du dir die lateinischen Wörter für „einmal“/„zweimal“/„dreimal“/„viermal“ ganz leicht merken: *semel/bis/ter/quater!*

Die Bedeutung lateinischer Vorsilben (Präfixe)

Viele lateinische Präpositionen werden auch für die Bildung zusammengesetzter Wörter (besonders Verba) verwendet. Wenn du die Bedeutung dieser Vorsilben weißt, kannst du dir beim Vokabellernen viel Mühe ersparen, da sich die Bedeutungen solcher Komposita (= Zusammensetzungen) dann von selbst ergeben:

EXEMPLUM: *ire* = „gehen" → *ab-ire* = „weg-gehen", *ex-ire* = „hinaus-gehen", *ad-ire* = „hin-gehen" (etc.)

NOTA BENE!

Manche Vorsilben können sich auch verändern, indem sie sich an den nachfolgenden Buchstaben anpassen (→ Assimilation). Besonders oft ist das bei ***ad-*** der Fall, wie man z. B. gut beim Wort ***afferre*** (aus ***ad-ferre***) sieht: Perfekt ***attuli*** (aus *ad-tuli*), PPP ***allatum*** (aus ***ad-latum***).

NOTA BENE!

Gelegentlich ändert sich bei Komposita gegenüber dem Grundwort auch der Vokal (sog. Vokalschwächung, vgl. S. 165): Exempla: *facere* → *conficere*
tenere → *continere*
capere → *accipere*

Präfix	Bedeutung	Beispiele
ab- (a-/abs-)	„weg-"	abstinere, abire, abesse; abscedere*
ad- (ac-/af-/ag- …)	„hin-", „heran-"	adducere, adire, advenire, accipere, aggredi, appropinquare, adspicere; attrahere
ante-	„voran-"	anteire, anteponere
circum-	„herum-"	circumvenire; circumferre, circumfluere
con- (com-/co-)	a) „zusammen-", b) (Verstärkung)	convenire, coniungere, continere, convocare, concilium; conferre, coire, conclamare, componere
contra-	„dagegen-"	contradicere
de-	„weg-", „herab-", „ab-"	deponere, desinere, deesse; desilire
dis- (di-)	„auseinander-", „weg-"	dividere, discordia, disputare; discedere, dimittere
ex- (e-)	„hinaus-"	exire, expellere, expugnare, explorare; eripere, excedere
in- (im-)	a) „hinein-" (bei Verben)	inire, includere; inducere, immittere
	b) „un-" (bei Adj./Nomen)	iniuria, improbus; inimicus, immortalis, ingratus, incredibilis, incertus
inter-	„(da)zwischen-"	interesse, interea; interregnum, intervenire
intro-	„hinein-"	introducere, introire
ne-	(Gegenteil)	neglegere, nescire, nefas; negotium
ob-	„entgegen-"	obviam, oppugnare; obire, offerre, opponere
per-	a) „durch-"	pervenire; perferre, percurrere
	b) (Verstärkung): „sehr"	permagnus, permulti, perfacilis, perantiquus
post-	„(da)hinter-"	postea; postponere
prae-	„vor(an)-"	praeparare, praecurrere, praemittere, praeesse
pro-	„voran-"	procedere; progredi, prodere
re-	„zurück-"	reddere, redire, referre, relinquere, resistere, reverti; revenire
sub-	„(da)runter-"	subesse, subire
trans- (tra-)	„hinüber-"	tradere, traducere, transire, transferre; transportare

* Unter den Beispielwörtern sind zuerst diejenigen aufgelistet, die in diesem Buch vorkommen; die übrigen, kleiner gedruckten, werden dir zwar unbekannt sein, du wirst ihre Bedeutung aber leicht erschließen können!

Die Bedeutung lateinischer Nachsilben (Suffixe)

Ein Suffix ist eine Silbe, die hinten an einen Wortstamm angefügt ist und dem Wort eine bestimmte Bedeutung gibt.

Suffixe beim Nomen	Bedeutung	Beispiele
-tor *(-toris)*	Täter (Nomen agentis)	*genitor* = „Erzeuger", „Vater" (vgl. Dok**tor**, Impera**tor**)
-trix *(-tricis)*	Täterin	*genitrix* = „Erzeugerin", „Mutter"
-tudo *(-dinis)*	Eigenschaft (vgl. „-heit")	*pulchritudo* = „Schönheit" (vgl. Ampli**tude**)
-tas *(-atis)* ***-tus*** *(-utis)*	Eigenschaft (vgl. „-keit")	*crudelitas* = „Grausamkeit" (vgl. Quali**tät**, Mobili**tät**) *virtus* = „Tapferkeit"
-ia/-itia	Eigenschaft, Zustand	*concordia* = „Eintracht", *amicitia* = „Freundschaft"
-tio *(-ionis)*	Handlung (vgl. „-ung")	*quaestio* = „Frage" (vgl. Reak**tion**, Korrup**tion**)
-mentum/-trum	Mittel, Werkzeug	*instrumentum* (vgl. Medika**ment**, Funda**ment**)
-ulus, -olus, -ellus	Verkleinerung (Deminutiv; vgl. „-lein", „-chen")	*navicula* = „kleines Schiff", „Schiffchen" *filiolus* = „kleiner Sohn", „Söhnlein"

Suffix beim Adjektiv	Bedeutung	Beispiele
-ilis/-bilis	Fähigkeit (vgl. „-bar", „-haft", „-lich")	*mirabilis* = „wunderbar" (vgl. varia**bel**, sta**bil**)

Die wichtigsten Stilmittel

Alliteration (Stabreim):	Aufeinanderfolgende Wörter beginnen mit demselben Laut, z. B. *Manner mag man eben.*
Anapher:	Wiederholung desselben Wortes am Anfang aufeinander folgender Satzteile/Sätze, z. B. *Einfach gut, einfach schnell, einfach lecker.*
Antithese:	Betonte Gegenübergestellung von Gegensätzen, z. B. *schwarz – weiß, hell – dunkel, gut – böse*
Asyndeton:	Unverbundene Aneinanderreihung von Wörtern/Sätzen, z. B. *Veni, vidi, vici.*
Chiasmus („Kreuzstellung"):	Spiegelbildliche Anordung einander entsprechender Wörter oder Wortgruppen (Abfolge ABBA), z. B. *Die Kunst ist lang, kurz ist das Leben.*
Ellipse:	Auslassung selbstverständlicher Wörter, z. B. *Dafür hat er die gelbe* (ergänze: *Karte*) *bekommen. Ende gut, alles gut.*
Hyperbaton (Sperrung):	Zusammengehörige Wörter sind voneinander getrennt: z. B. *Magno me metu liberabis.*
Klimax:	Stufenweise Steigerung, z. B. *Verliebt, verlobt, verheiratet.*
Metapher:	Bildlicher Ausdruck, z. B. *Die Zeit läuft mir davon.*
Parallelismus:	Parallele Anordnung einander entsprechender Wörter oder Wortgruppen (Abfolge ABAB), z. B. *Die Kunst ist lang, das Leben ist kurz.*
Pleonasmus:	Eine Sache wird doppelt ausgedrückt, z. B. *der weiße Schimmel, eine tote Leiche.*
Polysyndeton:	Aneinanderreihung von Wörtern/Sätzen immer mit „und" (lat. *et, -que*), z. B. *Veni et vidi et vici.*
Rhetorische Frage:	Frage, auf die keine Antwort erwartet wird, da sie klar ist, z. B. *Wie kann man nur so blöd sein?*
Trikolon:	Dreigliedriger Ausdruck, z. B. *Verliebt, verlobt, verheiratet.*

Stammformen der Verba, Lec. 1–35

Diese Liste umfasst alle in *Medias In Res!* vorkommenden Verba mit **unregelmäßiger Perfektbildung**.

Die **fett** gedruckten Wörter kommen in den Lektionen 1–19 vor, d.h. deren vollständige Stammformen musst du bei Lec. 20 nachlernen (sofern du sie nicht von Anfang an mitgelernt hast). Die Stammformen der Vokabel von Lec. 20–35 solltest du im *Vocabularium* der neuen Lektion jeweils mitlernen, für den Gesamtüberblick und zum Wiederholen sind sie aber auch in dieser Liste (nicht fett gedruckt) angeführt.

☐ adspicere, adspicio M	adspexi	adspectum	anschauen
☐ **agere, ago 3**	**egi**	**actum**	**tun; verbringen**
☐ **cogere, cogo 3**	**coegi**	**coactum**	**versammeln; zwingen**
☐ aggredi, aggredior M (D)	aggressus sum		angreifen
☐ aperire, aperio 4	aperui	apertum	öffnen
☐ ardére, ardeo 2	arsi	–	brennen
☐ **ascendere, ascendo 3**	**ascendi**	**ascensum**	**besteigen, hinaufsteigen**
☐ audére, audeo 2 (SD)	ausus sum		wagen
☐ augére, augeo 2	auxi	auctum	vergrößern, steigern, vermehren
☐ **bibere, bibo 3**	**bibi**	–	**trinken**
☐ **cadere, cado 3**	**cécidi**	–	**fallen**
☐ accidere, áccido 3	áccidi	–	geschehen
☐ caedere, caedo 3	cecídi	caesum	(fällen =) töten
☐ **occidere, occído 3**	**occídi**	**occisum**	**töten**
☐ **canere, cano 3**	**cecini**	–	**singen, besingen**
☐ **capere, capio M**	**cepi**	**captum**	**fassen, fangen, nehmen**
☐ **accipere, accipio M**	**accepi**	**acceptum**	**erhalten, aufnehmen, annehmen**
☐ **incipere, incipio M**	**coepi**	**coeptum**	**beginnen**
☐ **recipere, recipio M**	**recepi**	**receptum**	**aufnehmen**
☐ cedere, cedo 3	cessi	cessum	weggehen, weichen
☐ accedere, accedo 3	accessi	accessum	herankommen
☐ procedere, procedo 3	processi	processum	vorrücken
☐ censére, censeo 2	censui	censum	meinen; schätzen; beantragen
☐ claudere, claudo 3	clausi	clausum	einschließen; schließen
☐ includere, includo 3	inclusi	inclusum	einschließen
☐ **comprehendere, comprehendo 3**	**comprehendi**	**comprehensum**	**ergreifen, erfassen**
☐ confidere, confido 3 (SD)	confisus sum		vertrauen
☐ **considere, consido 3**	**consedi**	**consessum**	**sich niedersetzen**
☐ **conspicere, conspicio M**	**conspexi**	**conspectum**	**erblicken**
☐ consulere, consulo 3	consului	consultum	befragen, um Rat fragen
☐ **contendere, contendo 3**	**contendi**	**contentum**	**eilen; kämpfen**
☐ credere, credo 3	credidi	creditum	glauben
☐ **cupere, cupio M**	**cupivi**	**cupitum**	**wünschen, begehren**
☐ currere, curro 3	cucurri	cursum	laufen
☐ **dare, do 1**	**dedi**	**datum**	**geben**
☐ condere, condo 3	condidi	conditum	gründen
☐ **reddere, reddo 3**	**reddidi**	**redditum**	**zurückgeben**
☐ **tradere, trado 3**	**tradidi**	**traditum**	**ausliefern; überliefern**
☐ decernere, decerno 3	decrevi	decretum	beschließen
☐ **defendere, defendo 3**	**defendi**	**defensum**	**verteidigen**
☐ **delére, deleo 2**	**delevi**	**deletum**	**zerstören**
☐ **desinere, desino 3**	**desii**	**desitum**	**aufhören, ablassen**
☐ **dicere, dico 3**	**dixi**	**dictum**	**sagen, nennen**
☐ **discere, disco 3**	**didici**	–	**lernen**
☐ dividere, divido 3	divisi	divisum	trennen, teilen
☐ **ducere, duco 3**	**duxi**	**ductum**	**führen**
☐ adducere, adduco 3	adduxi	adductum	hinführen; veranlassen
☐ traducere, traduco 3	traduxi	traductum	hinüberführen

Stammformen der Verba, Lec. 1–35

esse, sum	**fui**	**–**	**sein**
abesse, absum	afui	–	abwesend sein, weg sein
adesse, adsum	**adfui**	**–**	**da sein, anwesend sein**
deesse, desum	defui	–	fehlen
interesse, intersum	interfui	–	beiwohnen, teilnehmen (an)
posse, possum	**potui**	**–**	**können**
prodesse, prosum	profui	–	nützen
exsistere, exsisto 3	exstiti	–	entstehen
experiri, experior 4 (D)	expertus sum		versuchen, erproben
facere, facio M	**feci**	**factum**	**tun, machen**
afficere, afficio M	**affeci**	**affectum**	**erfüllen, versehen (mit)**
conficere, conficio M	**confeci**	**confectum**	**ausführen, beenden**
interficere, interficio M	**interfeci**	**interfectum**	**töten**
favére, faveo 2	favi	fautum	begünstigen, bevorzugen
ferre, fero	**tuli**	**latum**	**tragen, bringen; ertragen**
afferre, affero	attuli	allatum	herbeischaffen
auferre, aufero	abstuli	ablatum	wegtragen, wegnehmen
referre, refero	rettuli	relatum	zurückbringen; berichten
transferre, transfero	transtuli	translatum	hinüberbringen
fieri, fio	factus sum		(gemacht) werden; geschehen
flere, fleo 2	**flevi**	**fletum**	**weinen**
fugere, fugio M	**fugi**	**–**	**flüchten, fliehen**
gaudére, gaudeo 2 (SD)	gavisus sum		sich freuen
gerere, gero 3	**gessi**	**gestum**	**(Krieg) führen**
iacere, iacio M	ieci	iactum	werfen
incendere, incendo 3	incendi	incensum	anzünden
ingredi, ingredior M (D)	ingressus sum	–	betreten, eintreten
ire, eo	**ii**	**itum**	**gehen**
abire, abeo	abii	abitum	weggehen
adire, adeo	**adii**	**aditum**	**hingehen, sich wenden an; angreifen**
exire, exeo	**exii**	**exitum**	**hinausgehen**
inire, ineo	inii	initum	hineingehen, betreten
interire, intereo	interii	interitum	sterben, untergehen
redire, redeo	redii	reditum	zurückkehren
transire, transeo	transii	transitum	überqueren, hinübergehen
iubére, iubeo 2	**iussi**	**iussum**	**befehlen, lassen**
iungere, iungo 3	iunxi	iunctum	verbinden
coniungere, coniungo 3	**coniunxi**	**coniunctum**	**verbinden, vereinigen**
iuvare, iuvo 1	**iuvi**	**iutum**	**unterstützen, helfen**
adiuvare, adiuvo 1	**adiuvi**	**adiutum**	**unterstützen, helfen**
laedere, laedo 3	laesi	laesum	verletzen
legere, lego 3	**legi**	**lectum**	**lesen**
deligere, deligo 3	delegi	delectum	auswählen
intellegere, intellego 3	**intellexi**	**intellectum**	**erkennen, einsehen**
neglegere, neglego 3	**neglexi**	**neglectum**	**missachten, ignorieren**
loqui, loquor 3 (D)	locutus sum		sprechen
ludere, ludo 3	**lusi**	**lusum**	**spielen**
manére, maneo 2	**mansi**	**–**	**bleiben**
metuere, metuo 3	metui	–	fürchten
mittere, mitto 3	**misi**	**missum**	**schicken**
amittere, amitto 3	**amisi**	**amissum**	**verlieren**
committere, committo 3	**commisi**	**commissum**	**begehen; beginnen**
promittere, promitto 3	promisi	promissum	versprechen
movére, moveo 2	**movi**	**motum**	**bewegen**
commovére, commoveo 2	commovi	commotum	(heftig) bewegen; veranlassen

mori, morior M (D)	mortuus sum		sterben
nolle, nolo	nolui	–	nicht wollen
noscere, nosco 3	novi	notum	erfahren; Perf.: kennen, wissen
cognoscere, cognosco 3	**cognovi**	**cognitum**	**erkennen, erfahren, kennenlernen**
oriri, orior 4 (D)	ortus sum		entstehen, aufgehen
ostendere, ostendo 3	ostendi	ostentum	zeigen
pati, patior M (D)	passus sum		ertragen; erleiden
pellere, pello 3	pepuli	pulsum	schlagen, stoßen
expellere, expello 3	**expuli**	**expulsum**	**vertreiben, verjagen**
persuadére, persuadeo 2	**persuasi**	**persuasum**	überreden; überzeugen
petere, peto 3	**petivi**	**petitum**	**anstreben; bitten**
ponere, pono 3	posui	positum	stellen, legen
deponere, depono 3	deposui	depositum	ablegen, weglegen
poscere, posco 3	poposci	–	fordern
premere, premo 3	pressi	pressum	drücken, bedrängen
proficisci, proficiscor 3 (D)	profectus sum		aufbrechen
quaerere, quaero 3	**quaesivi**	**quaesitum**	**suchen; fragen**
queri, queror 3 (D)	questus sum		klagen
rapere, rapio M	**rapui**	**raptum**	**rauben**
regere, rego 3	rexi	rectum	lenken, leiten; regieren
relinquere, relinquo 3	**reliqui**	**relictum**	**verlassen, zurücklassen**
resistere, resisto 3	**restiti**	–	**sich widersetzen**
respondére, respondeo 2	**respondi**	**responsum**	**antworten**
ridére, rideo 2	**risi**	**risum**	**lachen**
scribere, scribo 3	scripsi	scriptum	schreiben
sedére, sedeo 2	**sedi**	**sessum**	**sitzen**
possidére, possideo 2	possedi	possessum	besitzen
sequi, sequor 3 (D)	secutus sum		folgen
solére, soleo 2 (SD)	solitus sum		gewohnt sein, pflegen
solvere, solvo 3	**solvi**	**solutum**	**(auf)lösen; büßen**
stare, sto 1	**steti**	**statum**	**stehen**
constat 1	constitit	–	es steht fest
statuere, statuo 3	**statui**	**statutum**	**beschließen; aufstellen**
constituere, constituo 3	**constitui**	**constitutum**	**beschließen, festsetzen**
sumere, sumo 3	sumpsi	sumptum	nehmen
consumere, consumo 3	consumpsi	consumptum	vernichten; verbrauchen
tangere, tango 3	**tetigi**	**tactum**	**berühren**
tegere, tego 3	texi	tectum	bedecken
tollere, tollo 3	sustuli	sublatum	aufheben, (er)heben
trahere, traho 3	traxi	tractum	ziehen
uti, utor 3 (D)	usus sum		gebrauchen, benützen
velle, volo	volui	–	wollen
venire, venio 4	**veni**	**ventum**	**kommen**
advenire, advenio 4	**adveni**	**adventum**	**hinkommen, ankommen**
circumvenire, circumvenio 4	**circumveni**	**circumventum**	**umzingeln**
convenire, convenio 4	conveni	conventum	zusammenkommen
invenire, invenio 4	**inveni**	**inventum**	**finden; erfinden**
pervenire, pervenio 4	perveni	perventum	kommen, gelangen
veréri, vereor 2 (D)	veritus sum		fürchten; sich scheuen
vertere, verto 3	**verti**	**versum**	**wenden, drehen**
animadvertere, animadverto 3	animadverti	animadversum	bemerken, wahrnehmen
reverti, revertor 3 (SD)	reverti	reversum	zurückkehren
vidére, video 2	**vidi**	**visum**	**sehen**
vincere, vinco 3	**vici**	**victum**	**siegen, besiegen**
vivere, vivo 3	**vixi**	–	**leben**

Vocabularium

	A	
4	a, ab (+ Abl.)	von
35	abesse, afui	abwesend sein, weg sein
34	abire,-ii,-itum	weggehen
35	absens,-entis	abwesend
35	patre absente	in Abwesenheit des Vaters
22	abstinere 2,-ui,-tentum (+ Abl.)	(sich) fernhalten (von)
12	ac (= atque)	und
31	accedere 3,-cessi,-cessum	herankommen
28	accidere 3, accidi	geschehen
9	accipere M,-cepi,-ceptum	erhalten, aufnehmen, annehmen
26	accusare 1,-avi,-atum	anklagen
18	acer/acris/acre	heftig; spitz, scharf
3	ad (+ Akk.)	zu, an, bei
29	adducere 3,-duxi,-ductum	hinführen; veranlassen
16	adductus/a/um	veranlasst
19	adesse, adfui, (adfuturus)	da sein, anwesend sein
28	adhuc	bis jetzt, bisher
17	adire,-ii,-itum	hingehen; angreifen; sich wenden (an)
7	adiuvare 1,-iuvi,-iutum	unterstützen, helfen
34	admirari 1, admiratus sum	bewundern; sich wundern
34	adspicere M,-spexi,-spectum	anschauen
12	adulescens,-entis m.	junger Mann
18	advenire 4,-veni,-ventum	hinkommen, ankommen
6	aedificare 1,-avi,-atum	(er)bauen
3	aedificium,-i n.	Gebäude
28	aestas,-atis f.	Sommer
18	aetas,-atis f.	Alter; Zeitalter, Zeit
34	afferre, attuli, allatum	herbeischaffen
17	afficere M,-feci,-fectum (+ Abl.)	versehen (mit), erfüllen (mit)
15	ager, agri m.	Feld; Pl.: Gebiet(e)
16	agere 3, egi, actum	tun; verbringen
25	gratias agere	danken
16	diem agere	den Tag verbringen
31	aggredi M, aggressus sum	angreifen
4	alienus/a/um	fremd
32	aliqui,-qua,-quod	(irgend)ein
32	aliquis, aliquid	(irgend)jemand, -etwas
4	alius/a/ud	ein anderer
4	alius – alius	der eine – der andere
30	alter/era/erum	der andere (von zweien)
30	alter – alter	der eine – der andere
22	altus/a/um	hoch; tief
3	ambulare 1,-avi,-atum	gehen, spazieren
1	amica,-ae f.	Freundin
18	amicitia,-ae f.	Freundschaft
1	amicus,-i m.	Freund
10	amittere 3,-misi,-missum	verlieren
2	amare 1,-avi,-atum	lieben
13	amor,-oris m.	Liebe
20	animadvertere 3,-verti,-versum	bemerken, wahrnehmen
15	animal,-alis n.	Tier; Lebewesen
5	animus,-i m.	Sinn, Geist; Mut
5	in animo habere	vorhaben
6	annus,-i m.	Jahr
2	ante (+ Akk.)	vor
20	antea	vorher, früher
17	antiquus/a/um	alt
23	aperire 4, aperui, apertum	öffnen
22	Apollo,-inis m.	Apoll(o)
23	apparere 2, apparui	erscheinen
26	appellare 1,-avi,-atum	nennen; rufen
6	appropinquare 1,-avi,-atum	sich nähern
7	apud (+ Akk.)	bei
5	aqua,-ae f.	Wasser
34	arbitrari 1, arbitratus sum	glauben
14	arbor,-oris f.	Baum
24	ardere 2, arsi, (arsurus)	brennen

7	arma,-orum n. (Pl.)	Waffen
13	ars, artis f.	Kunst; Technik
13	artificium,-i n.	Kunstwerk
23	arx, arcis f.	Burg
9	ascendere 3,-scendi,-scensum	hinaufsteigen, besteigen
18	at	aber
31	Athenienses,-ium m. (Pl).	die Athener
12	atque (= ac)	und
16	atrox,-ocis	wild, grässlich
26	auctor,-oris m.	Autor; Urheber, Anstifter
18	auctoritas,-atis f.	Ansehen, Einfluss
10	audere 2, ausus sum	wagen
7	audire 4,-ivi,-itum	hören
20	auferre, abstuli, ablatum	wegtragen, wegnehmen
20	augere 2, auxi, auctum	vergrößern, steigern, vermehren
22	aurum,-i n.	Gold
18	aut	oder
6	autem (nachgestellt)	aber
6	auxilium,-i n.	Hilfe
	B	
33	beatus/a/um	glücklich
7	bellum,-i n.	Krieg
4	bene (Adv.)	gut
30	beneficium,-i n.	Wohltat
14	bibere 3, bibi	trinken
1	bonus/a/um	gut
16	brevis/e	kurz
	C	
13	cadere 3, cécidi, (casurus)	fallen
22	caedere 3, cecídi, caesum	(fällen), töten
19	caedes,-is f.	Ermordung, Mord
13	caelum,-i n.	Himmel
18	Caesar, Caesaris m.	Cäsar
28	campus,-i m.	Feld
15	canere 3, cecini	singen, besingen
9	canis,-is m.	Hund
7	capere M, cepi, captum	fassen, ergreifen, fangen; nehmen
12	caput, capitis n.	Kopf; Haupt
9	carere 2,-ui, (-iturus) (+ Abl.)	frei sein (von ...), nicht haben
15	carmen,-inis n.	Lied
9	castra,-orum n. (Pl.)	Lager
13	casus,-us m.	Fall; Zufall; Unglück(sfall)
24	causa,-ae f.	Grund, Ursache
24	causa (nach Gen.)	wegen; um zu
20	cedere 3, cessi, cessum	weggehen, weichen
23	celebrare 1,-avi,-atum	feiern
16	celer/eris/ere	schnell
14	cena,-ae f.	Mahl, Mahlzeit
31	censere 2, censui, censum	meinen, glauben; schätzen
8	centum	hundert
21	certare 1,-avi,-atum	streiten, wetteifern
3	certe (Adv.)	sicherlich
33	certus/a/um	bestimmt, sicher
8	ceteri/ae/a (Pl.)	die übrigen
26	Christiani,-orum m. (Pl.)	Christen
34	cibus,-i m.	Speise, Nahrung
18	circumvenire 4,-veni,-ventum	umzingeln
29	civilis/e	bürgerlich, Bürger-
19	civis,-is m.	Bürger
18	civitas,-atis f.	Stamm; Gemeinde; Staat
20	clades,-is f.	Niederlage
9	clam	heimlich
1	clamare 1,-avi,-atum	rufen, schreien
9	clamor,-oris m.	Geschrei, Lärm
3	clarus/a/um	berühmt; hell
20	classis,-is f.	Flotte
20	claudere 3, clausi, clausum	einschließen, schließen
18	coepi	(siehe: incipio)

17	cogere 3, coegi, coactum	(ver)sammeln; zwingen
2	cogitare 1,-avi,-atum	denken
16	cognoscere 3, cognovi, cognitum	erfahren, erkennen; kennen lernen
34	comes,-itis m.	Begleiter
8	committere 3,-misi,-missum	begehen
27	commovere 2,-movi,-motum	bewegen; veranlassen
22	complures/a (Pl.)	mehrere
17	comprehendere 3,-endi,-ensum	ergreifen; erfassen
18	concilium,-i n.	Versammlung
26	condere 3,-didi,-ditum	gründen
15	condicio,-onis f.	Bedingung
11	conficere M,-feci,-fectum	ausführen, beenden
31	confidere 3, confisus sum	vertrauen
13	coniungere 3,-iunxi,-iunctum	verbinden
15	considere 3,-sedi,-sessum	sich niedersetzen
7	consilium,-i n.	Plan; Rat, Beschluss
11	conspicere M,-spexi,-spectum	erblicken
25	constat, constitit (+ ACI)	es steht fest (dass)
9	constituere 3,-ui,-utum	beschließen, festsetzen
17	consul,-ulis m.	Konsul
29	consulere 3,-sului,-sultum	befragen
23	consumere 3,-sumpsi,-sumptum	vernichten, verbrauchen
7	contendere 3,-tendi,-tentum	eilen; kämpfen
16	continere 2,-tinui,-tentum	zusammenhalten; enthalten
14	contra (+ Akk.)	gegen
21	controversia,-ae f.	Auseinandersetzung, Streit
20	convenire 4,-veni,-ventum	zusammenkommen
17	convocare 1,-avi,-atum	zusammenrufen
4;10	copia,-ae f.	Menge, Vorrat; Pl.: Truppen
11	corpus,-oris n.	Körper
24	credere 3,-didi,-ditum	glauben
26	crimen,-inis n.	Verbrechen; Vorwurf
16	crudelis/e	grausam
16	crux, crucis f.	Kreuz
9	cui	wem
8	culpa,-ae f.	Schuld
27	cultus,-us m.	Verehrung
4	cum (+ Abl.)	mit
14	cum (+ Ind.)	wenn, sooft, als
32	cum (+ Konj.)	als; weil; obwohl
15	cuncti/ae/a (Pl.)	alle
13	cupere M, cupivi, cupitum	wünschen, begehren
16	cupiditas,-atis f.	Begierde, Gier
26	cupidus/a/um (+ Gen.)	gierig (nach)
1	cur	warum
12	cura,-ae f.	Sorge
31	curare 1,-avi,-atum	sorgen für; sich kümmern um
35	currere 3, cucurri, cursum	laufen
20	custos,-odis m.	Wächter
	D	
35	damnare 1,-avi,-atum	verurteilen
35	capitis damnare	zum Tod verurteilen
12	dare 1, dedi, datum	geben
4	de (+ Abl.)	über, von (... herab)
3	dea,-ae f.	Göttin
12	debere 2,-ui,-itum	müssen
8	decem	zehn
21	decernere 3,-crevi,-cretum	beschließen
8	decimus/a/um	der zehnte
28	deesse,-fui, (defuturus)	fehlen
19	defendere 3,-fendi,-fensum	verteidigen
6	deinde	dann
5	delectare 1,-avi,-atum	(jemanden) erfreuen
9	delere 2, delevi, deletum	zerstören
21	deligere 3,-legi,-lectum	auswählen
31	demonstrare 1,-avi,-atum	zeigen
13	denique	schließlich
22	deponere 3,-posui,-positum	ablegen
15	desinere 3, desii, desitum	aufhören, ablassen

3	deus,-i m.	Gott
6	di (= dei)	die Götter
7	dicere 3, dixi, dictum	sagen; nennen
27	dicitur / dicuntur (+ Inf.)	er/sie soll(en); man sagt, dass ...
19	dictator,-oris m.	Diktator
13	dies,-ei m.	Tag
16	difficilis/e	schwierig
27	dignus/a/um (+ Abl.)	würdig
25	diligens,-entis	sorgfältig, genau
33	diligentia,-ae f.	Sorgfalt
16	discere 3, didici	lernen
1	discipula,-ae f.	Schülerin
1	discipulus,-i m.	Schüler
21	discordia,-ae f.	Zwietracht, Streit
32	disputare 1,-avi,-atum	diskutieren, erörtern
1	diu	lange
21	dives,-itis	reich
28	dividere 3,-visi,-visum	teilen, trennen
28	divinus/a/um	göttlich
17	divitiae,-arum f. (Pl.)	Reichtum
2	docere 2, docui, doctum	lehren, unterrichten
15	dolere 2, dolui	trauern, Schmerz empfinden
15	dolor,-oris m.	Schmerz
27	dominus,-i m.	Herr
15	domus,-us f.	Haus
7	domi	zu Hause
7	domum	nach Hause
4	donare 1,-avi,-atum	schenken
20	donum,-i n.	Geschenk
9	dormire 4,-ivi,-itum	schlafen
27	dubitare 1,-avi,-atum (de)	zögern; zweifeln (an)
33	dubium,-i n.	Zweifel
10	ducere 3, duxi, ductum	führen
25	dulcis/e	süß
7	dum (+ Präs.)	während
6;8	duo, duae, duo	zwei
6	duodecim	zwölf
31	dux, ducis m.	Führer, Feldherr
	E	
4	e, ex (+ Abl.)	aus, von
28	ecce	siehe
5	ego	ich
11	eius	dessen, deren
21	eiusmodi	derartig
20	enim (nachgestellt)	denn, nämlich
21	eo (Adv.)	dorthin
11	eorum	deren
28	eques,-itis m.	Reiter, Ritter
22	equus,-i m.	Pferd
24	errare 1,-avi,-atum	(sich) irren
31	ergo	daher, folglich
6	esse, fui, (futurus)	sein
1	et	und
15	et – et	sowohl – als auch
2	etiam	auch, sogar
23	etsi	wenn auch, obwohl
8	exemplum,-i n.	Beispiel
16	exercere 2,-ui,-itum	trainieren, üben
16	exercitus,-us m.	Heer
17	exilium,-i n.	Exil, Verbannung
17	exire,-ii,-itum	hinausgehen
25	exitus,-us m.	Ausgang; Ende; Tod
8	expellere 3,-puli,-pulsum	vertreiben, verjagen
34	experiri 4, expertus sum	versuchen, erproben
32	explorare 1,-avi,-atum	ausforschen, erforschen
9	expugnare 1,-avi,-atum	erobern
26	exsistere 3,-stiti	entstehen
2	exspectare 1,-avi,-atum	erwarten
29	extra (+ Akk.)	außerhalb

Vocabularium

	F	
8;10	facere M, feci, factum	tun, machen
15	iter facere	reisen, marschieren
19	facilis/e	leicht
14	facinus,-oris n.	Tat, Untat
32	factum,-i	die Tat
26	fama,-ae f.	Gerücht; Ruf
14	fames,-is f.	Hunger
8	familia,-ae f.	Familie
23	favere 2, favi, fautum (+ Dat.)	begünstigen, bevorzugen
28	felix,-icis	glücklich, erfolgreich
4	femina,-ae f.	Frau
17	fere	ungefähr; fast
17	ferre, tuli, latum	tragen, bringen; ertragen
28	fessus/a/um	erschöpft, müde
21	fides,-ei f.	Treue, Vertrauen
34	fieri, factus sum	(gemacht) werden; geschehen
6	filia,-ae f.	Tochter
6	filius,-i m.	Sohn
20	finis,-is m.	Ende, Grenze; Pl.: Gebiet(e)
23	firmus/a/um	stark
23	flamma,-ae f.	Flamme
15	flere 2, flevi, fletum	(be)weinen
9	flumen,-inis n.	Fluss
28	fore (= futurum esse)	sein werden
25	forte (Adv.)	zufällig
16	fortis/e	tapfer
21	fortitudo,-inis f.	Tapferkeit
28	fortuna,-ae f.	Glück, Schicksal
3	forum,-i n.	Forum (Marktplatz)
22	frater,-tris m.	Bruder
25	frons, frontis f.	Stirn
18	frumentum,-i n.	Getreide
15	frustra	vergeblich
27	fuga,-ae f.	Flucht
9	fugere M, fugi, (fugiturus) (+ Akk.)	flüchten/fliehen (vor)
19	futurus/a/um	zukünftig
	G	
9	Galli,-orum m. (Pl.)	die Gallier
18	Gallia,-ae f.	Gallien
1	gaudere 2 (+ Abl.), gavisus sum	sich freuen (über)
4	gaudium,-i n.	Freude
20	gaudio esse	Freude bereiten
28	gens, gentis f.	Volk
14	genus,-eris n.	Geschlecht; Art
7	gerere 3, gessi, gestum	(aus)führen
7	bellum gerere	Krieg führen
16	gladiator,-oris m.	Gladiator
4	gladius,-i m.	Schwert
9	gloria,-ae f.	Ruhm, Ehre
5	Graeci,-orum m. (Pl.)	Griechen
2	Graecus/a/um	griechisch
21	Graecia,-ae f.	Griechenland
25	gratia,-ae f.	Dank
25	gratias agere	danken
6	gratus/a/um	dankbar; angenehm
26	gravis/e	schwer; schwerwiegend
	H	
2	habere 2,-ui,-itum	haben
32	haberi 2, habitus sum	für … gehalten werden
7	habitare 1,-avi,-atum	(be)wohnen
1	hic (Adv.)	hier
14	hic, haec, hoc	dieser, diese, dieses
30	hiems, hiemis f.	Winter
29	hodie	heute
9	homo,-inis m.	Mensch
18	honestus/a/um	ehrenhaft, ehrenvoll
10	honor,-oris m.	Ehre, Ansehen
8	hora,-ae f.	Stunde

30	hortari 1, hortatus sum	auffordern, ermuntern
10	hostis,-is m.	Feind
30	humanus/a/um	menschlich
	I	
21	iacere M, ieci, iactum	werfen, schleudern
2	iam	schon
3	ibi	dort
11	idem, eadem, idem	derselbe, dieselbe, dasselbe
31	igitur	daher, deshalb
25	ignis,-is m.	Feuer
33	ignorare 1,-avi,-atum	nicht wissen, nicht kennen
15	ignotus/a/um	unbekannt
15	ille, illa, illud	jener, jene, jenes
11	imperare 1,-avi,-atum	befehlen
10	imperator,-oris m.	Feldherr; Kaiser
22	imperium,-i n.	Befehl; Herrschaft; Reich
14	improbus/a/um	schlecht, böse
5	in (+ Abl.)	in, auf; bei (Frage: wo?)
5	in (+ Akk.)	in, nach, gegen (Frage: wohin?)
22	incendere 3,-cendi,-censum	anzünden
26	incendium,-i n.	Brand
18	incipere M, coepi, coeptum	beginnen, anfangen
23	includere 3,-clusi,-clusum	einschließen
17	incola,-ae m.	Bewohner, Einwohner
24	inde	von da an; von dort
20	ingens,-entis	riesig, gewaltig
34	ingredi M, ingressus sum	betreten, eintreten
25	inire,-ii,-itum	hineingehen, betreten
7	iniuria,-ae f.	Unrecht
5	inquit	er/sie sagt(e)
11	insula,-ae f.	Insel
14	intellegere 3,-lexi,-lectum	erkennen, einsehen
7	inter (+ Akk.)	zwischen
23	interea	inzwischen
22	interesse,-fui (+ Dat.)	beiwohnen, teilnehmen (an)
12	interficere M,-feci,-fectum	töten
35	interim	inzwischen
24	interire,-ii,-itum	untergehen, sterben
1	interrogare 1,-avi,-atum	fragen
23	intra (+ Akk.)	innerhalb
2	intrare 1,-avi,-atum	eintreten, betreten
12	invenire 4,-veni,-ventum	finden; erfinden
14	invitare 1,-avi,-atum	einladen
15	ipse, ipsa, ipsum	(er, sie, es) selbst
22	ira,-ae f.	Zorn
2	iratus/a/um	zornig, erzürnt
17	ire, ii, itum	gehen
11	is, ea, id	dieser/e/es; er, sie, es
19	iste, ista, istud	dieser/e/es da
5	ita	so
1	itaque	deshalb, daher
15	iter, itineris n.	Weg; Reise
15	iter facere	reisen, marschieren
5	iterum	wieder
17	iubere 2, iussi, iussum (+ Akk.)	befehlen; lassen
21	iudicare 1,-avi,-atum	urteilen; richten
17	iudicium,-i n.	Urteil
21	iungere 3, iunxi, iunctum	verbinden
9	Iuno,-onis f.	Juno
11	Iuppiter, Iovis m.	Jupiter
17	ius, iuris n.	Recht
11	iussum,-i n.	Befehl
26	iussu	auf Befehl
17	iustitia,-ae f.	Gerechtigkeit
33	iustus/a/um	gerecht
12	iuvare 1, iuvi, iutum	unterstützen, helfen
17	iuvenis,-is m.	junger Mann
	L	
1	laborare 1,-avi,-atum	arbeiten

27	lacrima,-ae f.	Träne
25	laedere 3, laesi, laesum	verletzen
1	laetus/a/um	froh; fröhlich
2	Latinus/a/um	lateinisch
16	latus/a/um	weit, breit
1	laudare 1,-avi,-atum	loben
33	legatio,-onis f.	Gesandtschaft
31	legatus,-i m.	Gesandter
7	legere 3, legi, lectum	lesen
18	legio,-onis f.	Legion
19	lex, legis f.	Gesetz
1	libenter (Adv.)	gern
2	liber, libri m.	Buch
10	liberare 1,-avi,-atum	befreien
6	liberi,-orum m. (Pl.)	Kinder
19	libertas,-atis f.	Freiheit
5	licet 2,-uit	es ist erlaubt, möglich
2	lingua,-ae f.	Sprache; Zunge
17	littera,-ae f.	Buchstabe; Pl.: Wissenschaft; Brief
11	litus,-oris n.	Küste, Strand
11	locus,-i m.	Ort, Stelle
15	longus/a/um	lang
30	loqui 3, locutus sum	sprechen
11	ludere 3, lusi, lusum	spielen
15	lux, lucis f.	Licht
	M	
22	magis	mehr
2	magister,-tri m.	Lehrer
6	magnificus/a/um	großartig, prächtig
26	magnitudo,-inis f.	Größe
1	magnus/a/um	groß
19	maior, maius	größer
1	malus/a/um	schlecht
21	mandare 1,-avi,-atum	anvertrauen
5	manere 2, mansi, mansum	bleiben
13	manus,-us f.	Hand
10	mare,-is n.	Meer
21	maritus,-i m.	Gatte, Ehemann
15	matrimonium,-i n.	Ehe
15	in matrimonium ducere	heiraten
8	maxime	am meisten, sehr
19	maximus/a/um	der größte, sehr groß
12	medius/a/um	der mittlere; in der Mitte
12	medio in labyrintho	mitten im Labyrinth
19	melior, melius	besser
33	meminisse (+ Gen.)	sich erinnern (an)
30	mens, mentis f.	Geist, Verstand
34	mensa,-ae f.	Tisch
13	meridies,-ei m.	Mittag
29	metuere 3, metui	(sich) fürchten
13	metus,-us m.	Furcht, Angst
1	meus/a/um	mein
5	mihi	mir
9	miles,-itis m.	Soldat
30	militaris/e	militärisch, Militär-
8	mille (Pl.: milia,-ium)	tausend
5	minime	keineswegs
19	minimus/a/um	der kleinste
19	minor, minus	kleiner
28	miraculum,-i n.	Wunder
12	miser/era/erum	arm, elend; unglücklich
30	misericordia,-ae f.	Mitleid
7	mittere 3, misi, missum	schicken
12	modus,-i m.	Art, Weise
22	moenia,-ium n. (Pl.)	(Stadt-)Mauern
2	monere 2,-ui,-itum	ermahnen
11	mons, montis m.	Berg
3	monstrare 1,-avi,-atum	zeigen
35	mora,-ae f.	Verzögerung, Aufschub
33	mori M, mortuus sum	sterben

14	mors, mortis f.	Tod
13	mortuus/a/um	gestorben, tot
19	mos, moris m.	Sitte, Brauch
15	movere 2, movi, motum	bewegen; beeindrucken
11	mox	bald
20	mulier,-eris f.	Frau
3	multi/ae/a (Pl.)	viele
11	multitudo,-inis f.	Menge
3	multum	viel
27	mundus,-i m.	Welt
32	mutare 1	verändern; verwandeln
	N	
7	nam	denn, nämlich
4	narrare 1,-avi,-atum	erzählen
16	natio,-onis f.	Volk
14	natura,-ae f.	Natur
16	natus/a/um (+ Abl.)	geboren, abstammend
12	navigare 1,-avi,-atum	segeln, mit dem Schiff fahren
10	navis,-is f.	Schiff
3	-ne	(Fragepartikel, unübersetzt)
31	ne (+ Konj.)	dass/damit nicht; (im HS:) nicht
10	ne … quidem	nicht einmal …
4	nec (= neque)	und nicht, auch nicht
4	necare 1,-avi,-atum	töten
7	necesse est	es ist notwendig
35	nefas n.	Frevel, Unrecht
13	neglegere 3,-lexi,-lectum	missachten, ignorieren
12	nemo	niemand
4	neque (= nec)	und nicht
8	neque – neque (= nec – nec)	weder – noch
32	nescire 4, nescivi, nescitum	nicht wissen
12	nihil	nichts
12	nihil nisi	nichts außer
8;12	nisi	wenn nicht; außer
16	nobilis/e	vornehm; adelig
17	nobilitas,-atis f.	Adel
24	nolle, nolui	nicht wollen
9	nomen,-inis n.	Name
1	non	nicht
8	non iam	nicht mehr
2	non solum – sed etiam	nicht nur – sondern auch
5	nonne?	nicht (in der Frage)
6	nonnulli/ae/a (Pl.)	einige
8	nonus/a/um	der neunte
5	nos	wir; uns
32	noscere 3, novi, notum	erfahren, erkennen; Perf.: kennen, wissen
5	noster/tra/trum	unser
29	notus/a/um	bekannt
8	novem	neun
4	novus/a/um	neu
9	nox, noctis f.	Nacht
30	nudus/a/um	nackt
8	nullus/a/um	kein
5	num (dir. Frage)	etwa
33	num (indir. Frage)	ob
26	numerus,-i m.	Zahl, Anzahl
23	numquam	niemals
1	nunc	jetzt, nun
29	nuntiare 1,-avi,-atum	melden
7	nuntius,-i m.	Bote; Nachricht
	O	
33	ob (+ Akk.)	wegen
35	obses,-idis m.	Geisel
22	obtinere 2,-tinui,-tentum	innehaben, besitzen
27	obviam	entgegen
21	occasio,-onis f.	Gelegenheit
10	occidere 3,-cidi,-cisum	töten
8	occupare 1,-avi,-atum	besetzen

Vocabularium

8	octavus/a/um	der achte
8	octo	acht
2	oculus,-i m.	Auge
15	olim	einst
18	omnis/e	jeder, ganz; Pl.: alle
33	opes,-um f. (Pl.)	Reichtum, Schätze
6	oppidum,-i n.	Stadt
9	oppugnare 1,-avi,-atum	bestürmen, belagern
19	optimus/a/um	der beste
35	optare 1,-avi,-atum	wünschen
13	opus,-eris n.	Werk
29	oraculum,-i n.	Orakel(spruch)
24	orare 1,-avi,-atum	beten, bitten
17	oratio,-onis f.	Rede
17	orator,-oris m.	Redner
35	oriri 4, ortus sum	entstehen, aufgehen
26	ornare 1,-avi,-atum	schmücken
33	ostendere 3, ostendi, ostentum	zeigen
5	otium,-i n.	Freizeit, Erholung, Muße
	P	
14	paene	fast, beinahe
7	parare 1,-avi,-atum	(vor)bereiten; erwerben
12	paratus/a/um	bereit
12	parentes,-um m. (Pl.)	Eltern
8	parere 2,-ui, (-iturus)	gehorchen
10	pars, partis f.	Teil
6	parvus/a/um	klein
12	pater,-tris m.	Vater
30	pati M, passus sum	ertragen; erleiden
10	patria,-ae f.	Heimat
18	pauci/ae/a (Pl.)	wenige
6	paulo post	wenig später
30	pauper,-eris	arm
10	pax, pacis f.	Friede
32	pecunia,-ae f.	Geld
19	peior, peius	schlechter
29	pellere 3, pepuli, pulsum	schlagen, stoßen
1	pensum,-i n.	Aufgabe
3	per (+ Akk.)	durch
12	periculum,-i n.	Gefahr
19	perpetuus/a/um	ununterbrochen, ewig
19	persuadere 2,-suasi,-suasum (+ Dat.)	überreden; überzeugen
25	pervenire 4,-veni,-ventum	kommen, gelangen
19	pessimus/a/um	der schlechteste
13	petere 3, petivi, petitum	aufsuchen, anstreben
13	petere a (+ Abl.)	bitten
32	philosophus,-i m.	Philosoph
4	placere 2,-ui,-itum	gefallen
29	plebs, plebis f.	(niedriges) Volk
25	plenus/a/um	voll
19	plures/a (Pl.)	mehr, mehrere
19	plurimi/ae/a (Pl.)	die meisten, sehr viele
19	plus	mehr
14	poena,-ae f.	Strafe
25	poeta,-ae m.	Dichter
20	ponere 3, posui, positum	legen, stellen
29	pons, pontis m.	Brücke
7	populus,-i m.	Volk
10	porta,-ae f.	Tor
6	portare 1,-avi,-atum	tragen, bringen
34	poscere 3, poposci	fordern
6	posse, potui	können
30	possidere 2,-sedi,-sessum	besitzen
3	post (+ Akk.)	nach; hinter
6	post (nach Abl.)	später, nachher
26	postea	später, danach
25	posterus/a/um	folgend, nachfolgend
8	postquam (+ Perf.)	nachdem
4	postremo	schließlich
25	postulare 1,-avi,-atum	fordern
34	potens,-entis	mächtig
19	potestas,-atis f.	Macht
(4)	prae (+ Abl.)	vor
24	praebere 2,-ui,-itum	bieten, anbieten, geben
21	praemium,-i n.	Belohnung, Preis
21	praeter (+ Akk.)	außer
21	praeterea	außerdem
22	preces,-um f. (Pl.)	Bitten
29	premere 3, pressi, pressum	drücken; bedrängen
11	primo	zuerst
8	primus/a/um	der erste
26	princeps,-cipis (Adj./Nomen)	der erste / Prinzeps, Kaiser
18	prior, prius	der frühere
17	priusquam	bevor
26	privatus/a/um	privat
4	pro (+ Abl.)	für
31	procedere 3,-cessi,-cessum	vorrücken
35	procul	von/in der Ferne
25	prodesse, profui, (-futurus)	nützen
18	proelium,-i n.	Schlacht
31	proficisci 3, profectus sum	aufbrechen
10	prohibere 2,-ui,-itum	ab-/fernhalten, (ver)hindern
24	promittere 3,-misi,-missum	versprechen
29	prope (+ Akk.)	nahe bei
5	properare 1,-avi,-atum	eilen
35	propter (+ Akk.)	wegen
17	provincia,-ae f.	Provinz
27	proximus/a/um	der nächste
18	prudens,-entis	klug
14	prudentia,-ae f.	Klugheit
26	publicus/a/um	öffentlich
2	puella,-ae f.	Mädchen
2	puer,-eri m.	Bub
10	pugna,-ae f.	Kampf
4	pugnare 1,-avi,-atum	kämpfen
2	pulcher/chra/chrum	schön
11	pulchritudo,-inis f.	Schönheit
14	punire 4,-ivi,-itum	bestrafen
21	putare 1,-avi,-atum	glauben; halten für
	Q	
12	quaerere 3, quaesivi,-situm	suchen; (+ ex/a:) fragen
29	qua de causa	deshalb; weshalb
2	quam	wie
18	quam (nach Komparativ)	als
35	quam (vor Superlativ)	möglichst
9	quamquam	obwohl
8	quartus/a/um	der vierte
26	quasi	gleichsam (als), wie
8	quattuor	vier
3	-que	und
9	quem?	wen?
30	queri 3, questus sum	klagen
12	qui, quae, quod	welcher?, der; dieser
22	quia	weil
2	quid?	was?
14	quidam, quaedam, quoddam	ein (gewisser), Pl.: einige
19	quidem	zwar, freilich
10	ne ... quidem	nicht einmal ...
8	quinque	fünf
8	quintus/a/um	der fünfte
2	quis?	wer?
5	quis nostrum / vestrum	wer von uns / euch
30	quidquid	alles, was
27	quo	wohin
2	quod	weil; dass; (relativ:) was
12	quomodo	wie
33	quondam	einst
35	quoniam	weil (ja)
5	quoque (nachgestellt)	auch
	R	
7	rapere M, rapui, raptum	rauben

32	ratio,-onis f.	Art, Weise; Vernunft
16	recipere M,-cepi,-ceptum	aufnehmen
16	se recipere	sich zurückziehen
14	reddere 3,-didi,-ditum	zurückgeben
23	redire,-ii,-itum	zurückkehren
27	referre, rettuli, relatum	zurückbringen; berichten
33	regere 3, rexi, rectum	lenken, leiten; regieren
15	regina,-ae f.	Königin
33	regius/a/um	königlich
6	regnare 1,-avi,-atum	herrschen, regieren
20	regnum,-i n.	(König-)Reich; Herrschaft
7	relinquere 3,-liqui,-lictum	verlassen, zurücklassen
30	reliquus/a/um	übrig
27	repente	plötzlich
13	res, rei f.	Sache
17	res publica f.	Staat
8	resistere 3,-stiti	Widerstand leisten
1	respondere 2,-spondi,-sponsum	antworten
31	reverti 3, reverti, reversum	zurückkehren
11	rex, regis m.	König
1	ridere 2, risi, risum	lachen
28	rogare 1,-avi,-atum	bitten, fragen
3	Roma,-ae f.	Rom
3	Romanus/a/um	römisch
4	Romani,-orum m. (Pl.)	die Römer
	S	
9	sacer/cra/crum	heilig, geweiht
31	sacerdos,-otis m.	Priester
1	saepe	oft
27	salus,-utis f.	Heil, Rettung; Gruß
2	salve! / salvete!	sei(d) gegrüßt!
27	sanctus/a/um	heilig
30	sanus/a/um	gesund; vernünftig
32	sapiens,-entis	weise, klug
32	sapientia,-ae f.	Weisheit, Klugheit
34	satis	genug
14	saxum,-i n.	Fels
14	scelus,-eris n.	Verbrechen
1	schola,-ae f.	Schule
24	scientia,-ae f.	Wissen, Kenntnis
11	scire 4, scivi, scitum	wissen
29	scribere 3, scripsi, scriptum	schreiben
5	se	sich (im ACI: dass er/sie)
2	secum	mit sich, bei sich
8	secundus/a/um	der zweite
1	sed	aber; sondern
1	sedere 2, sedi, sessum	sitzen
1	semper	immer
17	senator,-oris m.	Senator
16	senatus,-us m.	Senat
33	senex,-is m.	Greis, alter Mann
31	sententia,-ae f.	Satz; Meinung
8	septem	sieben
8	septimus/a/um	der siebente
30	sequi 3, secutus sum (+ Akk.)	folgen
32	sermo,-onis m.	Gespräch
20	serva,-ae f.	Sklavin
9	servare 1,-avi,-atum	retten, bewahren
30	servire 4,-ivi,-itum	dienen
18	servitus,-utis f.	Sklaverei
8	servus,-i m.	Sklave
21	seu – seu (= sive – sive)	sei es (dass) – sei es (dass)
6	sex	sechs
8	sextus/a/um	der sechste
4	si	wenn, falls
27	sic	so
29	signum,-i n.	Zeichen
30	similis/e	ähnlich
33	singuli/ae/a	einzelne, je ein
4	sine (+ Abl.)	ohne
14	sitis,-is f.	Durst

21	sive – sive	sei es (dass) – sei es (dass)
17	socius,-i m.	Gefährte
13	sol, solis m.	Sonne
11	solere 2, solitus sum	gewohnt sein, pflegen
3	solum	nur
8	solus/a/um	allein
13	solvere 3, solvi, solutum	(auf)lösen
14	poenas solvere	eine Strafe verbüßen
35	soror,-oris f.	Schwester
3	spectaculum,-i n.	Schauspiel
2	spectare 1,-avi,-atum	anschauen, betrachten
24	sperare 1,-avi,-atum	hoffen, erhoffen
28	spes,-ei f.	Hoffnung
17	sponte (sua)	freiwillig
14	stare 1, steti, statum	stehen
9	statim	sofort, sogleich
3	statua,-ae f.	Statue
19	statuere 3, statui, statutum	beschließen; aufstellen
17	studere 2,-ui (+ Dat.)	sich bemühen (um), streben (nach)
29	studium,-i n.	Eifer; Begeisterung
5	sub (+ Abl.)	unter (Frage: wo?)
5	sub (+ Akk.)	unter (Frage: wohin?)
7	subito	plötzlich
25	sumere 3, sumpsi, sumptum	nehmen
10	summus/a/um	der höchste, sehr hoch
14	summo in monte	auf der Spitze des Berges
4	superare 1,-avi,-atum	besiegen, übertreffen
34	supra (+ Akk.)	über, oberhalb
4	suus/a/um	sein, ihr
	T	
24	tacere 2,-ui, (taciturus)	schweigen
34	talis/e	so beschaffen, solch
3	tam	so
6	tamen	dennoch, trotzdem
25	tandem	endlich, schließlich
11	tangere 3, tetigi, tactum	berühren
32	tantus/a/um	so groß
11	taurus,-i m.	Stier
22	tenere 2,-ui	halten
30	tegere 3, texi, tectum	bedecken
3	templum,-i n.	Tempel
16	tempus,-oris n.	Zeit
4	terra,-ae f.	Land, Erde
5	terrere 2,-ui,-itum	(jemanden) erschrecken
8	tertius/a/um	der dritte
3	theatrum,-i n.	Theater
9	timere 2,-ui	(sich) fürchten
33	timeo, ne …	ich fürchte, dass …
10	timor,-oris m.	Furcht, Angst
7	tolerare 1,-avi,-atum	ertragen
24	tollere 3, sustuli, sublatum	(auf)heben; erheben
18	totus/a/um	ganz
18	tradere 3,-didi,-ditum	ausliefern; überliefern
18	se tradere	sich ergeben
28	traducere 3,-duxi,-ductum	hinüberführen
22	trahere 3, traxi, tractum	ziehen
6	trans (+ Akk.)	über, jenseits von
31	transferre, transtuli,-latum	hinüberbringen
28	transire,-ii,-itum	überqueren, hinübergehen
8	tres, tria	drei
21	Troia,-ae f.	Troja
22	Troiani,-orum m. (Pl.)	die Trojaner
23	Troianus/a/um	trojanisch
5	tu	du
1	tum (= tunc)	dann, damals
35	turpis/e	schändlich; hässlich
2	tuus/a/um	dein
	U	
2;18	ubi	wo; sobald
23	Ulixes,-is m.	Odysseus

Vocabularium

28	ullus/a/um	(irgend)ein
18	ultimus/a/um	letzter
23	universi/ae/a (Pl.)	alle (gemeinsam)
8	unus/a/um	ein(s), einzig
10	urbs, urbis f.	(Haupt-)Stadt
26	usque ad (+ Akk.)	bis zu
24	usus,-us m.	Nutzen, Gebrauch
24	usui esse	nützlich sein
7	ut (+ Ind.)	wie; als
31	ut (+ Konj.)	dass, damit, sodass
29	uterque, utraque, utrumque	jeder von beiden, beide
33	uti 3, usus sum (+ Abl.)	gebrauchen, benützen
32	utilis/e	nützlich
15	uxor,-oris f.	Gattin, Ehefrau
	V	
27	vadere 3, –	gehen
35	valde	sehr
16	varius/a/um	verschieden
26	vastare 1,-avi,-atum	verwüsten
32	vel	oder
32	vel – vel	entweder – oder
24	velle, volui	wollen
7	venire 4, veni, ventum	kommen
21	Venus,-eris f.	Venus
2	verbum,-i n.	Wort
30	vereri 2, veritus sum	fürchten; sich scheuen
24	veritas,-atis f.	Wahrheit
25	vero	aber
15	vertere 3, verti, versum	wenden, drehen
24	verus/a/um	wahr, echt
5	vester/tra/trum	euer
30	vestis,-is f.	Kleidung
3	via,-ae f.	Weg, Straße
29	victor,-oris m.	Sieger; siegreich
23	victoria,-ae f.	Sieg
3	videre 2, vidi, visum	sehen
27	videri 2 (+ Inf.)	scheinen
10	vincere 3, vici, victum	(be)siegen
23	vinum,-i n.	Wein
3	vir, viri m.	Mann
14	vires,-ium f. (Pl.)	Kräfte
11	virgo,-inis f.	Mädchen, Jungfrau
10	virtus,-utis f.	Tapferkeit, Tugend
14	vis, vim, vi f.	Kraft, Gewalt
4	vita,-ae f.	Leben
19	vivere 3, vixi, (victurus)	leben
28	vix	kaum
11	vocare 1,-avi,-atum	rufen; nennen
5	vos	ihr; euch
9	vox, vocis f.	Stimme
19	vulnus,-eris n.	Wunde
32	vultus,-us m.	Gesicht, Miene

Grammatikregister

Sach- und Personenregister

Überblick über die römische Geschichte

Königszeit*	753 v. Chr.	Gründung Roms durch ____________, Raub der ____________ (→ Lec. 6 + 7)
	510 v. Chr.	Selbstmord der ____________, Vertreibung des letzten Königs Tarquinius Superbus; Einführung der römischen Republik (→ Lec. 8)
Republik	390 v. Chr.	Die ____________ belagern das Kapitol in Rom (Geschichte von den kapitolinischen ____________, → Lec. 9)
	264–146 v. Chr.	Drei Punische Kriege gegen ____________, im zweiten bringt ____________ die Römer an den Rand der Niederlage. (→ Lec. 10)
	73–71 v. Chr.	Sklavenaufstand des ____________. (→ Lec. 16)
	63 v. Chr.	Cicero wird Konsul, Verschwörung des ____________. (→ Lec. 17)
	58–52 v. Chr.	Cäsar erobert ____________, Sieg über ____________. (→ Lec. 18)
	49–48 v. Chr.	Bürgerkrieg zwischen Cäsar und ____________; Cäsar wird Alleinherrscher
	46–44 v. Chr.	Kleopatra hält sich bei Cäsar in Rom auf.
	15. 3. 44 v. Chr.	Cäsar wird an den ____________ des März ermordet. (→ Lec. 19)
	42 v. Chr.	Mark Anton und Octavian besiegen die Cäsarmörder und teilen sich das römische Reich auf. Antonius bekommt die Osthälfte, Octavian die Westhälfte.
	42–31 v. Chr.	Mark Anton hält sich im Orient auf und heiratet Kleopatra. (→ Lec. 20)
	31/30 v. Chr.	Bürgerkrieg Mark Anton gegen Octavian; Sieg des ____________ in der Schlacht bei ____________; Selbstmord von Mark Anton und Kleopatra. (→ Lec. 20)
Kaiserzeit	27 v.–14 n. Chr.	Herrschaft des ____________ (= Octavian), Beginn der Kaiserzeit.
	54–68	Kaiser ____________: Brand Roms, erste Christenverfolgung; Tod des Apostels Petrus. (→ Lec. 26 + 27)
	98–117	Kaiser Trajan: Das römische Reich erreicht seine größte Ausdehnung.
	161–180	Herrschaft von Kaiser ____________, der sich im Kampf gegen die Markomannen und Quaden auch in Österreich aufhält. (→ Lec. 28)
	284–305	Kaiser Diokletian lässt die Christen grausam verfolgen; Tod vieler christlicher Märtyrer, z. B. des Hl. ____________. (→ Lec. 30)
	313	Kaiser Konstantin lässt nach der Schlacht an der ____________ Brücke das Christentum zu („Mailänder Vereinbarung"). (→ Lec. 29)
	316–397	Der heilige ____________ wirkt in Frankreich (Mantelteilung; → Lec. 30)
	379–395	Kaiser Theodosius: Das Christentum wird Staatsreligion; Teilung in ein Ost- und ein Weströmisches Reich
	476	Ende des Weströmischen Reiches: Der erst 16 Jahre alte Kaiser Romulus Augustulus wird vom Germanenfürst Odoaker abgesetzt.

* Die Daten der römischen Königszeit sind historisch nicht gesichert.